KB203981

마가복음

마가복음

최원준

홍성사

그리스도인을 위한 통독 주석 시리즈를 펴내며

'주석'은 신학생이나 목회자 등 이른바 '전문직 종사자'들이 읽는 책이라는 인식이 있다. 시중에 나와 있는 주석서들은 신학 혹은 성서학 배경 없이 읽기에는 난해할 뿐 아니라 어렵게 읽었다 하더라도 성경 본문과 어떤 연관이 있는지 알 수 없는 경우가 많다. 왜냐하면 한글로 성경을 읽을 때 자연스럽게 떠오르는 질문이 아닌, 학자들의 논쟁을 주로 소개하기 때문이다. 한편 성경 강해집은 전문성과 정확성이 떨어지는 경우가 많아 참고서로 활용하기 힘들다. '그리스도인을 위한 통독 주석 시리즈'는 이러한 상황을 타개하기 위해 기획되었다. 성경을 진지하게 공부하려는 그리스도인이라면 누구나 쉽게 읽을 수 있도록 기획된 이 시리즈의 특징은 다음과 같다.

첫째, 학자들의 논쟁보다 본문 자체의 해설에 집중했다. 한국의 그리스도인들이 성경을 읽을 때 자연스럽게 떠오르는 질문들을 다루었다. 둘째, 단어 중심보다 문단 중심 주석으로 통독이 가능하다. 이는 본문의 흐름을 유지하면서 필요한 해설들을 수록하였기 때문이다. 셋째, 필요할 때마다 참고할 수 있도록 다양한 도표, 지도, 배경 글을 수록하였다. 넷째, 질문과 적용, 묵상을 돕는 글을 각 장 끝에 실음으로써 성경 공부 교재로 활용이 가능하며 개인 묵상에도 유용하다. 다섯째, 평이한 문체로 저술하되 최신의 학문적 성과를 본문 곳곳에 반영하였다.

'그리스도인을 위한 통독 주석 시리즈'는 한국의 독자를 가슴에 품은, 뜻 있는 학자들의 합류로 계속해서 쓰여질 것이다.

그리스도인을 위한 통독 주석 시리즈 편집위원

김구원, 기민석, 조재천

추천사

주석의 지평을 넓히는 주석서를 만나게 되어 기쁘다. 목회자들도 주석서는 설교 준비할 때나 펼치게 마련인데 최원준 목사의 그리스도인을 위한 통독 주석 시리즈《마가복음》은 큐티나 통독할 때도 곁에 두고 싶은 통찰력이 돋보이는 책이다. 무엇보다도 오랜 목회 경험을 통해 목회자와 성도들이 반드시 적용해야 할 복음서의 핵심을 놓치지 않았다는 것이 중요하다. 그리스도인을 위한 통독 주석 시리즈라는 새로운 장르를 열어 가는 출판사와 탁월한 실력으로 이에 부응하는 저자에게 박수를 보내며 이 귀한 책을 추천한다. _ **이재훈(온누리교회 위임목사)**

성서학이 회개해야 할 것은 지나친 학설 위주와 이론 중심으로 난해(難解)와 불통(不通)을 자처하였다는 점이다. 그리스도인을 위한 통독 주석 시리즈가 돋보이는 것은 학설과 이론을 떠나 본문 자체를 다루었고 통독이 가능한 점이다. 최원준 박사의《마가복음》이 밝히 빛나는 것은 누구든 앉은 자리에서 소리 내어 읽기를 가능케 하였기 때문이다. 마가복음이 통용되던 현장은 읽고 쓰는 문화가 아니라 구연하여 듣는 문화가 아니었던가. 1장부터 16장까지 ① 본문 사역, ② 둘러보기, ③ 풀어보기의 절차를 따랐는데, '사역'(私譯)은 우리말 번역이 약하기 때문이다. '둘러보기'는 본문을 개관하는 바 이 책의 가장 큰 장점이다. '풀어보기'는 모든 주석과 학설 및 이론을 섭렵하였으되, 쭉쭉 읽히도록 쉽게 썼다. 저자는 목회에 충실하고 학문에도 통달하였다. 하여, 목회자들에게는 학문을 겸비하게 하고 목회를 지향하는 신학도들에게는 좋은 길잡이가 된다. _ **조태연(한국신약학회장)**

성경을 사랑하는 성도들에게 큰 도움이 될 그리스도인을 위한 통독 주석 시리즈《마가복음》 출간을 진심으로 축하한다. 영성 깊은 목회자요, 탁월한 신학자인 저자는 문학적 관점에서 성서 본문을 관찰하여 본서를 저술함으로 목회자에게는 설교 주제로, 성도들에게는 묵상의 재료로 활용되도록 하였다. 이 책이 널리 읽혀 마가복음이 전해 주는 메시지로 한국 교회가 새롭게 되는 계기가 되었으면 한다. _ **최흥진(호남신학대학교 총장)**

서문

나이 50대 중반에 첫 책을 출간하게 됐다. 올해는 필자가 신대원에 입학한 지 32년째, 신약을 전공한 지는 28년째, 마가복음으로 박사학위를 받은 지는 20년째 되는 해다. 외교관이 되고 싶어 정치외교학과에 들어갔지만 하나님은 하나님 나라의 대사를 하라시며 신대원에 보내셨다. 20대 중반에 신대원에 들어가 박사학위를 받을 때까지 12년 동안 신학을 공부하는 학생으로, 신약을 가르치는 강사로, 또 성서학 연구원으로 지냈다. 신학교 교수를 꿈꾸면서 말이다. 하지만 박사학위를 받을 무렵 하나님께서 목회에 대한 마음을 강하게 주셔서 결국 신학교 대신 목회 현장으로 가게 되었다. 온누리교회 하용조 목사님의 배려로 목회를 하면서도 장신대 외래 교수나 겸임교수로 신학교에서 가르칠 수 있었고, 두란노 〈목회와신학〉 편집장으로도 섬길 수 있었다. 지금은 하늘나라에 계신 하 목사님께 감사를 드린다. 또 신약학을 가르쳐 주신 박수암 교수님, 김지철 교수님, 성종현 교수님께 깊은 감사를 드린다. 필자의 박사학위 논문을 지도해주신 박수암 교수님은 마가복음의 권위자로, 마가복음을 편집비평의 눈으로 보는 안목을 길러주셨다.

필자는 '신학이 있는 목회, 교회를 위한 신학'을 나름대로 추구해왔다고 자부한다. 마침 홍성사에서 발간해 오고 있는 '그리스도인을 위한 통독 주석 시리즈'는 이런 필자의 소신과 잘 맞아 마가복음 주석서를 내게 되었다. 하나님께 감사와 영광을 올려 드린다. 출판의 기회를 주신 홍성사 정애주 대표님과 편집위원장 김구원 박사님께 감사의 말씀을 드린다. 원고를 근사한 책으로 만들어 주신 편집부에 감사드린다. 지난 5년 동안 섬기고 있는 안양제일교회 장로님들과 부목사님들의 격려, 그리고 성도님들의 기도는 늘 든든한 힘이 되었다. 감사드린다.

추천사를 써 주신 이재훈 목사님, 최흥진 총장님, 조태연 회장님, 그리고 참된 목회를 가르쳐 주신 이재철 목사님께 감사드린다. 지금은 하늘나라에 계신 보고픈 부모님과 장모님의 기도에도 마땅히 감사드린다. 존경하는 장로님이신 우리 장인어른과 모든 가족께 사랑과 고마움을 전한다. 집에 오면 언제나 나를 반겨 주고 응원해 주는 두 딸 예지와 예린이는 나의 자랑이요 기쁨이다. 그리고 28년 동안 내 곁에 있어 준 나의 돕는 배필 사랑하는 미원에게 고마움과 미안함을 전하며 이 책을 바친다.

들어가기 전에

이 책은 그리스도인을 위한 통독 주석 시리즈의 마가복음 주석서다. 통독은 처음부터 끝까지 다 읽는다는 뜻이다. 성경은 창세기부터 요한계시록까지 다 읽어야 한다. 성경은 1,189장 31,102구절로 이뤄졌다. 쪽수로 하면 1,754(구약 1331+신약 423)쪽이다. 출판사의 편집에 따라 약간 차이가 나기는 하지만 넉넉히 보더라도 1,800쪽이다. 일반적으로 권당 300쪽이라 하면 6권에 해당하는 분량이다. 평생 읽어야 할 하나님의 말씀이 1,800쪽이라면 많은 분량이 아니라고 본다. 필자가 소리를 내어 읽을 경우 1쪽에 약 2분 30초 걸린다. 성경 전체를 소리 내어 읽는 데는 4,500분, 즉 75시간 정도 소요된다. 하루에 1시간씩 매일 읽으면 두 달 보름이면 다 읽을 수 있다. 일주일에 한 차례 1시간 30분 정도 시간을 내서 읽으면 1년 안에 다 읽을 수 있다. 그럼에도 불구하고 1,000만 명에 육박하는 개신교 그리스도인 중에서 성경통독을 한 번도 해보지 못한 사람이 많을 것이다. 성경통독을 못하는 이유는 분량보다는 내용이 어렵고 낯설며 지루한 부분이 적지 않기 때문인 것 같다. 독자들의 이해를 돕는 통독 성경주석이 필요한 이유가 여기에 있다.

성경 66권 전체를 통독하는 것도 중요하지만, 성경 한 책을 한 번에 다 읽는 것도 중요하다. 영화 한 편을 2시간 내외 동안 앉은 자리에서 한 번에 보는 것처럼 말이다. 마가복음은 16장, 33쪽 분량이다. 80분 정도면 다 읽을 수 있다. 더군다나 마가복음은 이야기(narrative) 형식으로 기록되어서 술술 읽힌다. 구약 소선지서들은 설교 본문으로 잘 등장하지 않지만 요나서만큼은 어린이도 안다. 이야기이기 때문이다. 이 주석을 읽는 독자들은 우선 마가복음을 앉은 자리에서 통독해 보시라. 눈으로 읽기 보다는 소리 내어 읽는 것을 추천한다.

성경은 읽고 쓰는 문화가 아니라 말하고 듣는 문화로 이해할 필요가 있다. 한국인이면 대다수가 글을 읽을 줄 안다. 하지만 2021년 현재에도 글을 읽지 못하는 사람이 전 세계에 많다. 우리나라도 20세기 초중반까지는 글을 모르는 분들이 적지 않았다. 하물며 2,000년 전에 글을 읽고 쓸 줄 알았던 사람들은 소수에 불과했다. 신약의 서신들은 글을 읽을 줄 아는 성도가 읽어 주면 여러 성도들이 들으며 내용을 이해했다. 필자가 초등학교에 다닐 때는 국어 시간에 선생님이 학생을 한 명씩 일으켜 세워 책을 읽게 하는 광경이 흔했다. 어떤 선생님은 한 사람이 읽다가 틀리면 틀린 지점부터 다음 사람이 읽게 했다. 어떤 친구가 틀리지 않고 오래 읽는가가 관심사였다. 사실 옛날 서당에서는 "하늘 천, 따 지" 하며 소리 내어 읽는 것 자체가 배움 아니었던가? 성경은 모름지기 소리 내어 읽어야 제맛이다. 다른 사람에게 방해되지 않는 한 소리 내어 읽어 보길 바란다. 주석을 통해 도움도 받아야겠지만, 일단 읽는 게 중요하다. 가능하다면 스스로 각 장의 내용을 요약 정리해 본다면 더욱 좋다. 그런 다음 이 주석서를 참조하여 다시 읽어 가면 좋겠다.

이 책은 먼저 마가복음의 의의, 저자, 신학적 주제 등을 개관한 후 1-16장을 본문 사역(私譯) → 둘러보기 → 풀어보기 순서로 설명했다. 강단용 성경인 개역개정 성경을 먼저 읽고 필자의 사역을 읽기 바란다. 둘러보기에서는 각 장의 내용을 요약했고, 시각적으로 이해하기 편하게 단락을 구분했다. 한 절 한 절 풀이하는 것만큼 이야기의 흐름(narrative flow)을 파악하는 것도 중요하다. 풀어보기는 쭉쭉 읽어 나갈 수 있도록 쉽게 쓰려고 노력했다. 본문 이해에 꼭 필요하지 않거나 전문적인 내용은 미주로 처리했다. 미주는 목회자나 전문적 내용에 관심 있는 성도가 보면 된다. 특정 구절이나 단락에 대해서는 '묵상'이라는 이름하에 필자의 묵상을 실었다. 목회자에겐 설교의 대지를 얻는 데 도움이 되길 바란다.

이 책은 두란노에서 발행하는 월간지 〈그말씀〉 2016년 8월 호부터 12월 호까지 필자가 연재한 마가복음 주해, 〈그말씀〉에 게재된 필자의 글들, 그리고 필자의 박사학위 논문 "마가복음 논쟁대화의 서사적 기능"(장로회신학대학원, 2002년) 등을 수정 보완하여 홍성사의 그리스도인을 위한 통독 주석 시리즈 편집 원칙에 따라 집필하였음을 밝혀 둔다. 마지막으로 미주의 원칙에 관한 필자의 생각을 밝혀 둔다. 미주는 타 저서의 인용, 요약, 해당 주제의 보충설명 이 세 가지만 미주를 달았다. 학계에서 다수가 인정하여 널리 알려진 내용은 굳이 미주를 달지 않았다.

차례

4장

5장

6장

14장

15장

16장

【일러두기】

본문에 사용된 마가복음 본문은 저자의 사역(私譯)입니다.

마가복음 둘러보기

1. 최초의 '이야기' 복음서

신약성경 27권은 크게 복음서 4권, 사도행전 1권, 서신서 21권, 계시록 1권으로 되어 있다. 이 가운데 마태복음부터 요한복음까지는 '복음(서)'라는 공통된 단어가 있다. 복음서의 내용은 '예수님의 생애'다. 예수님이 어떤 말씀을 하셨고, 어떤 행동을 하셨는지, 그분이 누구인지를 기록하고 있다. 이런 점에서 복음서는 전기(傳記, biography)와 비슷하다. 그러나 대개 전기는 한 개인의 탄생부터 죽음에 이르기까지 연대기적으로 서술하지만, 복음서가 모두 탄생부터 시작하지는 않는다. 마가복음과 요한복음에는 예수님의 탄생 이야기가 없다. 예수님의 공생애는 크게 보면 갈릴리 사역부터 시작하여 예루살렘에서의 죽음과 부활과 승천까지 연대기적으로 구성되어 있다고 할 수 있다.

또 복음서는 예수님 한 분에 대해서만 말하는 것이 아니라, 예수님을 따르는 제자란 누구인지 말한다는 점에서 한 개인의 전기라고 말하기 어렵다. 복음서의 내용은 크게 예수님과 그분을 따르는 제자들은 누구인가로 요약된다.

복음서는 '이야기'(narrative) 형식으로 구성되어 있다. 'narrative'를 '서사'(敍事)로 번역하기도 하는데, 필자는 '이야기'를 선호한다. 복음서는 논문이 아니다. 시편도 아니다. 바울서신이 그렇듯 편지도 아니다. 이야기다. 사실 성경은 상당 부분이 이야기다. 아브라함 이야기, 이삭 이야기, 야곱 이야기, 다윗 이야기 등등. 시편은 시 형식이고, 잠언은 많은 잠언들의 모음집이다. 그러나 그 밖의 많은 성경은 이야기 형식이다.

마가복음은 예수님의 생애를 통일된 한 이야기로 기록한 최초의 책이다. 마가복음이 기록되기 이전에는 예수님의 말씀이나 행하신 일들은 단편적으로 전해졌으리라 추정된다. Q[1]나 도마복음서는 예수님의 말씀만 모아 놓았다. 그러나 신약의 사복음서는 예수님의 말씀뿐 아니라 예수님이 행하신 일들까지 포함하여 그분의 생애를 '이야기식'으로 기록하고 있다. 물론 마태복음에는 산상수훈(5-7장) 등이, 요한복음에는 여러 긴 설교(혹은 담론, discourse, 13-17장)가 중간중간 나온다. 마가복음도 4장과 13장에 비교적 긴 설교가 자리 잡고 있다.

마가복음이 이야기 형식이라는 뜻은 저자가 예수님과 제자에 관한 여러 사건들을 배열하고 관련시켜 통일성 있는 하나의 이야기로 구성했다는 뜻이다. 이야기에 통일성을 부여하는 원리가 바로 '플롯'(plot)이다. 저자가 여러 사건을 엮는 방식과 그것을 통해 말하고자 하는 저자의 생각을 플롯이라 한다.

플롯은 몇 가지 원리가 있는데, 먼저 '순서의 원리'가 있다. 이야기는 도입, 전개, 절정, 결말로 진행되는 '시간적 순서'가 있다. '도입'은 이야기를 시작하는 부분이다. '전개'는 주인공과 주변인물과의 갈등이 시작되고 발전되는 부분이다. '절정'은 갈등이 최고조에 다다른 부분으로서, 플롯의 주요 전환점이 된다. '결말'은 갈등이 해결되고, 앞서 있었던 사건들의 성취가 나타나는 부분이다.

또 '인과관계의 원리'가 있다. 인과관계에 의해 사건들은 사슬처럼 엮이면서 결말을 향해 간다. 결말의 관점에서 볼 때, 이전의 모든 사건들은 결국 그렇게 될 수밖에 없는 것이다. 세 번째는 '갈등의 원리'

다. 만약 갈등이 없다면 이야기에 긴장감이나 기대감이 사라지며, 단순한 사건들의 나열이 된다. 이 갈등은 이야기에 등장하는 인물들 간에 발생한다.

이야기(narrative)는 화자(話者, narrator)와 등장인물들(characters)로 구성되어 있다. 화자는 저자가 독자에게 이야기를 들려주기 위해 만든 수사학적 장치로서 이야기를 이끌어간다. 예를 들어 "옛날옛날 어느 마을에 마음씨 착한 아무개가 살고 있었습니다"라고 말하는 존재가 화자다. 이 책을 읽는 분들 중 화자라는 말이 익숙하지 않은 분들을 위해 필자는 마가복음의 저자로 알려진 마가라고 하겠으며, 필요한 경우 '화자'라고 언급하겠다.

이야기는 등장인물 간에 관계가 맺어지고 전개되는 것인데, 복음서에는 주인공인 예수님을 중심으로 여러 인물의 관계 양상이 나온다.

첫째, 예수님과 제자들과의 관계다. 예수님은 제자들을 부르셔서 말씀과 사건으로 가르치신다. 이에 대해 제자들은 믿음의 반응을 보이기도 하지만, 불신과 무지로 반응할 때가 많다. 열두 제자를 가장 부정적으로 묘사하는 복음서가 마가복음서다. 마가복음에서 이야기가 진행될수록 열두 제자의 무지와 불신은 점점 선명히 부각된다. 그들은 마침내 예수님을 배신하고 도망가 버린다. 마가복음에서 예수님의 수난 현장에 제자들은 없었다.

둘째, 예수님과 종교지도자들 간의 관계가 있다. 복음서는 예수님과 종교지도자들이 심각한 갈등 관계에 있었음을 보여 준다. 마가복음의 경우 2장 1절에서 3장 6절까지 다섯 논쟁이 연속해서 나오는데, 다섯 논쟁이 끝나면서 화자는 "바리새인들이 나가서 곧 헤롯당과 함께 어떻게 하여 예수를 죽일까 의논하니라"(3:6)라고 말한다. 마가복음은 이야기 초반부터 결말을 암시하고 있는 것이다. 복음서의 기본적인 흐름은 예수님이 종교지도자들과 갈등하시다가 그들에 의해 죽임을 당하는 이야기다. 그렇다면 왜 예수님이 종교지도자들과 갈등하셨는지, 왜 그들 손에 죽임을 당하셨는지 물어야 한다. 거기에서 예수님이 어떤 분인지가 드러난다.

셋째, 예수님과 엑스트라와의 관계다. 여기서 '엑스트라'란 제자들과 종교지도자들을 제외한 나머지 인물로서 대부분 한 차례 등장한다(영어로는 'minor characters'라고 한다). 복음서에 등장하는 엑스트라들은 대개 참된 제자가 어떤 사람인지를 보여 주는 기능을 한다. 12년 동안 혈루증을 앓았던 여인을 두고 예수님은 "네 믿음이 너를 구원하였다"(5:34)라며 칭찬하셨다. 그러나 제자들은 믿음이 없는 사람들로 나타난다(4:40).

넷째, 예수님과 그 밖의 등장인물들과의 관계다. 예수님과 하나님 아버지, 예수님과 사탄 및 귀신들, 예수님과 자연세력(풍랑, 무화과나무) 등이다. 예수님은 귀신 들린 자와 수차례 만나시는데, 그때마다 영적 전사(divine warrior)로서 귀신들을 꾸짖고 내쫓으신다.

이상 네 가지 관계는 예수님 중심 관계다. 제자들과 사탄 및 귀신들 간의 갈등, 제자들과 종교지도자들 간의 갈등도 부분적으로, 또 암시적으로 나온다. 예수님이 제자들을 세운 목적은 그들에게 권위를 주어 귀신들을 쫓아내기 위함이었다(3:15; 6:7). 실제로 제자들은 많은 귀신들을 쫓아냈다(6:13). 또 제자들은 '벙어리 되고 귀먹은 더러운 귀신'과 싸우기도 한다(9:17-18, 25). 종교지도자들은 제자들의 행동을 문제 삼아 이의를 제기한다(2:18; 7:5). 마가복음에서 이상의 관계들은 각자 독립적으로 진행되면서도 다른 관계에 영향을 미친다. 어떻게 영향을 미치는지는 앞으로 본문을 해설하면서 언급하겠다.

2. 마가복음의 저자, 저술 연대, 독자

마가복음의 저자, 청중, 저술 연대 등은 학자들 사이에서 논쟁이 치열하여 단정하기가 매우 어렵다. 이 주석의 성격상 복잡한 논쟁은 피하고 필자가 생각하는 바를 간략히 말하겠다.

우리는 마가복음의 저자를 '마가'(Μᾶρκος, 마르코스)로 알고 있다. 이름이 마가복음이기 때문이다. '마가'라는 이름은 당시 매우 흔한 이름이었기 때문에 구체적으로 어떤 마가인지 알 수 없지만 여러 교부들의 증언에 따르면 마가 요한일 가능성이 높다. 마가복음의 저자에 대해 가장 먼저 언급한 사람은 주후 2세기 중엽에 살았던 히에로폴리스(Hieropolis)의 주교 파피아스(Papias, 주후 100-150?)였다. 유세비우스(Eusebius, 주후 263-339)가 전하는 바에 따르면 파피아스는 마가복음으로 알려진 복음서의 저자가 마가이고, 마가는 베드로의 통역자로서 베드로로부터 들은 바를 정확히 썼다고 전한다. 그는 아마도 사도행전에 나오는(행 12:12; 13:5, 15:37) '마가 요한'인 것 같다. 베드로전서 5장 12-13절에 따르면 베드로와 마가는 서로 잘 아는 사이였다. 또 많은 교부 문헌들이 마가복음의 저자를 베드로와 함께 다녔던 마가라고 말한다. 예를 들어서 이레니우스(Irenaeus)는 베드로의 제자요 통역가였던 마가가 베드로와 바울이 죽은 후 글을 썼다고 한다.

베드로는 네로 황제 때인 주후 64년 로마 대화재 발생 후 대대적인 기독교인 박해 때 순교한 것으로 전해진다. 그렇다면 마가복음의 저술 연대는 64년 이후와 주후 70년 예루살렘 멸망 사이, 즉 65년에서 69년 사이에 저술되었을 것이다. 하지만 13장에 나오는 예루살렘 멸망 예언을 사후 예언으로 보는 학자들은 마가복음이 70년 직후에 기록되었다고 여긴다. 기록 장소에 대해서는 로마설, 시리아설, 갈릴리설 등이 있는데, 필자는 전통적 견해인 로마설을 받아들인다.

베드로를 수행했던 마가 요한이 마가복음의 저자라고 단정하기 어려운 점도 있다. 예를 들어서 마가복음에 나타난 베드로는 마태복음과 누가복음에서 그려진 베드로보다 더 부정적이다. 만약 저자가 마가 요한이라면 베드로가 지금보다는 더 긍정적이고 두드러지게 묘사되어야 하지 않을까? 또 이스라엘 지리에 대한 지식이 부정확하다(마가복음 5장에 나오는 '거라사'는 마태복음에서 '가다라'로 수정됨. 아래 5장 1절 풀어보기 참조). 또 마가복음에는 아람어를 헬라어로 번역하거나(예: '달리다굼', 5:41; '에바다', 7:34; '엘리 엘리 라마 사박다니', 15:34), 유대 풍습에 해설을 첨가(7:2-4)한 내용이 나오는데, 이것은 마가복음의 독자들이 이스라엘 바깥 이방 세계에 살았음을 암시한다. 그래서 저작 장소가 시리아라는 주장도 나름 설득력이 있는데, 시리아는 압도적으로 이방인이 많은 지역이었으며, 마가복음에서 예수님이 이방인들과 접촉하는 내용, 유대 관습과 아람어 용어를 굳이 설명해 주는 이유는 이방인 독자를 위한 배려로 보이기 때문이다.[2]

3. 마가복음의 이야기 흐름

마가복음은 예수님의 사역 장소에 따라 셋으로 나눌 수 있다.

- **갈릴리와 인근 이방 지역에서의 활동**(1:1-9:50)
- **유대 지경과 예루살렘으로 올라가는 길**(10장)
- **예루살렘에서**(11:1-16:8)

갈릴리와 인근 이방 지역에서의 사역이 아홉 장을 차지하며, 예루살렘 사역은 여섯 장이다. 예수님의 하나님 나라 사역은 갈릴리를 중심으로 이뤄졌다. 그래서 부활하신 예수님은 제자들에게 갈릴리에서 만나자고 하신 것이다. 반면에 예수님의 수난과 죽음은 예루살렘에서 이뤄졌다.

예루살렘에서 예수님이 체류하신 기간은 불과 일주일에 불과한데도 마가복음의 3분의 1이 넘는 분량이 예루살렘에서 있었던 사건을 기록하고 있다. 본격적인 수난 이야기(the Passion Narrative)는 14장부터 시작되지만, 예루살렘이 예수님의 고난의 장소라고 할 때 마가복음에서 수난 이야기는 11장부터 시작된다고 할 수 있다. 이렇게 수난 이야기의 비중이 커서 신학자 켈러(Martin Kähler)는 마가복음을 '긴 서론이 붙은 수난 이야기'라고 불렀다.

이상의 내용은 마가복음을 사역 장소에 따라 구분한 것이다. 그러나 필자는 마가복음이 '이야기'라는 점에 집중하여 이야기의 전형적인 흐름인 기(도입)—승(전개)—전(절정)—결(결말)로 나눠 보겠다. '도입'에서는 이야기가 시작되고, '전개'에서는 주인공과 주변인물과의 갈등이 시작되고 발전된다. '절정'에서 갈등은 최고조로 다다르며, '결말'에서는 갈등이 해결되고, 앞서 있었던 사건들의 성취가 나타난다.

1) 도입(1:1-15)

마가복음 도입부는 1장 1-15절이다. 1절은 마가복음의 본문 내용과 구분되어, 전체 내용을 함축적으로 보여 주는 일종의 표제(標題) 구실을 한다. 2-13절은 예수님의 선구자인 세례자 요한의 등장, 그리고 예수님의 세례와 광야 시험을 언급한다. 이로써 본격적으로 공생애를 시작할 준비가 끝난 것이다. 14-15절은 예수님의 사역이 어떤 것일지 단적으로 보여 주는 "주제 선언적 의미"를 가지고 있다. 예수님의 사역은 하나님의 복음, 곧 하나님의 나라가 가까이 왔으니 회개하고 복음을 믿으라는 선포다.

2) 전개(1:16-10:52)

전개부는 1장 16절부터 10장 52절까지다. 전개부는 예수님과 제자들 간의 관계를 중심으로 네 부분으로 나눌 수 있다.

전개부의 구조

단락	본문	단락의 시작
1	1:16-3:12	네 제자를 부름
(전환본문)	3:7-12	
2	3:13-6:6	열두 제자를 세움
(전환본문)	6:6b	
3	6:7-8:26	제자 파송
(전환본문)	8:22-26	
4	8:27-10:52	베드로의 신앙고백
(전환본문)	10:46-52	

위에서 볼 수 있듯이 전개부는 모두 네 단락으로 구성되어 있으며, 각 단락과 단락 사이에는 전환 본문이 나온다. 각 단락은 예수께서 네 제자를 부르는 사건, 열두 제자를 세우는 사건, 열두 제자를 파

송하는 사건, 그리고 베드로의 신앙고백으로 시작하고 있다. 전환 본문은 요약문(summary statement)이라고도 하는데 앞의 내용을 요약할뿐더러 앞에서 간략한 이야기 형태로 서술된 사건들이 공간적으로 보다 광범위한 차원에서, 그리고 시간적으로는 보다 오랜 시간에 걸쳐 이루어졌음을 나타내는 기능을 행한다. 예를 들어서 3장 7-12절은 예수님이 앞서 갈릴리에서 행하신 치유와 귀신 축출, 그리고 놀라운 가르침에 대해 여러 지역에서 많은 사람들이 듣고 예수께 찾아왔다고 보고한다. 그 지역은 유대와 예루살렘, 이두매와 요단강 동편 이방 지역, 그리고 두로와 시돈 지역에 이르기까지 두루 다양하다. 이런 보도는 예수님의 명성이 높아지고 예수님을 통해 임하는 하나님 나라가 광범위한 차원에서 이뤄지고 있음을 보여 준다.

한편 전개부에 나타난 예수님과 종교지도자들 간의 관계는 갈등이 대부분이다. 이 부분에 대해서는 아래 '5. 마가복음의 주제'에서 언급하도록 하겠다. 위 전개부 각 단락을 다시 세분화하는 문제는 본문을 다룰 때 언급하겠다.

3) 절정(11:1-13:37)

이 부분을 절정으로 보는 이유는 2장부터 나타난 예수님과 종교지도자들 간의 갈등이 점점 고조되어 예수님의 성전사역(11-12장)에서 절정을 이루기 때문이다. 예수님과 종교지도자들 간의 갈등은 마가복음 전체를 이끌어가는 갈등이다. 예수님이 종교지도자들의 손에 돌아가시기 때문이다.

2장부터 13장에 이르기까지 예수님은 언제나 종교지도자들과의 갈등에서 주도권을 쥐고 승리하신다. 그들의 도전에 대해 예수님은 하나님의 권위와 그들보다 우월한 지혜, 때로는 신랄한 비판으로 그들에게 응전하셨다. 그러나 14장이 시작되면서부터는 종교지도자들이 주도권을 쥔다. 예수님은 그들에게 끌려갈 뿐이다.[3] 또 11장 이전까지 예수님과 종교지도자들 간의 갈등은 주로 율법 해석의 문제였다. 하지만 11장에 들어서면 성전에 들어가서 매매하는 자들을 쫓으시는 등 예수님이 성전 심판을 상징하는 행동을 보이신다. 또 성전을 강도의 소굴로 언급하는 등 노골적으로 성전을 비판하신다. 예수님의 이런 행동 때문에 대제사장들과 서기관들은 살해를 모의한다(11:18). 물론 예수님의 살해를 모의한 것은 마가복음의 초반부(3:6)부터였지만 11장에 오면 이제 실행에 옮기는 일만 남았다(14:1-2 참조).

4) 결말(14:1-16:8)

마가복음은 예수님의 죽음과 부활로 마감된다. 한글성경은 마가복음 16장 20절까지 있지만, 다수의 학자들은 마가복음이 원래 16장 8절로 끝났을 것이라고 본다('4. 마가복음의 종결 문제' 참조). 마가복음은 예수님의 부활에 대해 예수님의 무덤에 앉아있던 어떤 사람의 보도(16:6)로 간략히 처리하고 있다. 9절 이하에 가서 비로소 부활하신 예수님이 등장하신다. 이에 반해 예수님의 수난과 죽음은 14장부터 15장까지 모두 2장 119절에 걸쳐 서술되고 있다. 마가는 예수님의 수난과 죽음에 많은 '강화 시간'(discourse time, 화자가 어떤 사건을 보도하는 데 소요되는 총 시간)을 할당하고 있는 것이다. 수난 이야기는 '이야기 시간'(story time, 어떤 사건이 이야기 세계 안에서 소요된 시간)에 의하면 이틀 동안 일어났다(14장 17절을 기점으로 그 이전에 하루, 그 이후에 하루가 소요된다). 그러나 강화 시간은 매우 길다(총 2장 119절). 이해를 돕기 위해 영화 관람을 생각해 보자. 영화를 보면 가끔 '10년 후'라고 이야기하면서 영화의 이야기 세계 안에서 10년을 훌쩍 뛰어넘는다. 하지만 실제 시간은 순간이다. 이야기 시간은 10년이 흘렀지만 그것을 말하는 '강화 시간'은 순간이다.

또 이야기 진행속도도 마가복음 전반부에 비해 현저히 느리다. 마가는 이야기 전반부를 긴박하게 진행시키고 있다. 마가의 애용어인 '즉시', '곧'을 의미하는 '유쒸스'(εὐθύς)의 분포가 이것을 잘 보여 준다. 마가복음에서 '유쒸스'(εὐθύς)는 총 41회, 유쎄오스(εὐθέως)는 1회(7:35) 사용되고 있다. 그런데 이 두 단어는 8장 27절 이전 본문에 집중적으로 나온다(32회). 수난 이야기에서는 4회(14:43, 45; 14:72; 15:1)만 나온다. 이는 예수님의 죽음이 마가복음에서 중요한 사건임을 보여 준다.[4]

예수님의 죽음은 종교지도자들 간의 갈등의 결과인데, 예수님의 죽음으로 이 갈등이 끝난다. 동시에 예수님의 죽음은 예수님이 말씀하신 수난 예언(8:31; 9:31; 10:33-34)과 자기 죽음 암시(2:20; 12:8), 자기 소명 언급(10:45; 참조. 14:24), 그리고 예수님의 죽음에 관한 성경 예언(9:12; 14:21, 27, 49)의 '성취'이기 때문에 마가복음의 결말이다.

그러나 주인공 예수님의 죽음이 마가복음의 결말이지만 마가는 예수님의 부활과 제자들에게 마지막 사명(갈릴리로 가서 부활하신 예수님을 만나는 것)을 부여함으로써(16:6-7) 또다른 결말을 제시하고 있다. 또한 예수님의 재림은 마가의 이야기 세계 안에서는 성취되지 않았으며 예언되고 있다. 재림은 모든 갈등의 최종 해결이다. 예수님이 이루고자 했던 하나님의 통치는 그가 미래에 영광과 권능으로 임함으로써(8:38; 9:1) 궁극적으로 성취될 것이다.

4. 마가복음의 종결 문제

개역개정 성경에서 마가복음은 16장 20절까지 있지만, 다수의 학자들이 원래 마가복음은 16장 8절에서 끝난다고 본다. 개역개정 성경은 9절부터 20절까지 꺽쇠괄호로 묶어 이 부분의 진정성 문제를 표시하고 있다. 그런데 8절 이후에 추가된 부분은 한 개가 아니라 두 개다.

먼저, '짧은 종결'(shorter ending)이 있는데, 개역개정 성경에는 나오지 않는다. 그 내용은 다음과 같다. "그러나 그들은 베드로와 함께 있는 자들에게 자신들이 들은 것을 간략하게 보고하였다. 그 후에 예수께서 친히 그들을 통해 동에서부터 서쪽까지 영원한 구원에 대한 거룩하고도 불멸의 선포를 보내셨다."[5]

'짧은 종결'이 후대에 첨가에 된 것이라고 볼 수 있는 근거는 다음과 같다. ① 교회사가 유세비우스는 "마가복음의 정확한 사본은 8절에서 끝난다. 16장 9-20절은 거의 모든 사본에는 없다"라고 말한다. 히에로니무스(제롬) 역시 유사한 언급을 하고 있다. ② 8절에서는 여인들이 무서워서 아무에게 아무 말도 하지 못했다고 했는데, 갑자기 그들이 베드로 및 그와 함께 있는 자들에게 들은 모든 것을 보고했다는 것은 잘 맞지 않는다. ③ 16장 8절 이전에 마가가 사용하지 않은 어휘가 나오고 있다. 예를 들자면, 쉰토모스(συντόμως, '간략하게'), 엑셍게이란(ἐξήγγειλαν, '보고하다') 등이다. '짧은 종결'은 후대에 어떤 필사가가 8절로 끝이 나는 것이 어색하다고 생각하여(마태복음과 누가복음에는 부활 현현 기사가 있기 때문에) 이 어색함을 없애기 위해서 추가한 것으로 보인다.

두 번째, '긴 종결'(longer ending)이 있는데, 개역개정 성경에 나오는 9-20절이 '긴 종결'이다. 개역개정 성경은 난하주에 "어떤 사본에는 9-20절까지 없음"을 명시하고 있다. 긴 종결은 후대 첨가이고 마가복음이 원래 16장 8절에서 끝났다고 볼 수 있는 증거는 아래와 같다. ① 오래된 양질의 사본(시내 사본 א, 바티칸 사본 B 등)에는 9-20절이 없다. 시내 사본(א)과 바티칸(B)사본은 9-20절이 포함되어 있는 사본들(A, C, D, W)보다 약 1세기가 빠르다. ② 문체적인 상이함과 흐름의 부자연스러움이다. 예를 들어서 1-8절에 따르면 부활하신 예수님은 나타나지 않으신다. 예수님은 제자들보다 먼저 갈릴리로 가실 것이고, 제자들은 갈릴리에서나 그분을 만날 수 있으리라는 인상이 짙다. 그런데 9절에서 예수님이 느닷없이 막달라 마리아에게 나타나신다. 1-8절에서 예수님이 주어로 언급되지 않다가 9절에서 갑자기 주어로 나타나고 있다. 또 막달라 마리아는 이미 앞에서 여러 차례 언급되었다. 그런데 9절에서 막달라 마리아는 "전에 일곱 귀신을 쫓아내어 주신 막달라 마리아"(눅 8:2 참조)로 소개되고 있어서, 마치 9절에서 처음 등장하는 것 같은 느낌이 든다.

9-13절은 마태복음, 누가복음, 그리고 요한복음의 부활 현현 기사와 유사하다. 원래 마가복음에 9-13절이 있었고, 이것을 다른 복음서가 확대했다기보다는, 다른 세 복음서의 부활 현현 기사를 본 후대의 어떤 사람이 이것을 요약하여 마가복음 16장 8절 이후에 첨가한 것 같다.[6] 9-20절은 예수님의 부활 이후의 사건들과 예수님의 승천 등 초대 교회의 교리를 첨가하여 마가복음을 교리적으로 완결한 것 같다.

5. 마가복음의 주제

1) 기독론: 예수님은 그리스도요 하나님의 아들

a. '메시아'와 '하나님의 아들'의 의미 마가복음은 "하나님의 아들이요 그리스도인 예수의 복음의 시작"(1:1)이라는 말로 시작하고 있다. 이것은 앞으로 마가가 예수님이 어떻게 그리스도요 하나님의 아들인지 들려준다는 말이다. 먼저 헬라어 '그리스도'는 히브리어로 '메시아'다. 예수님 당시 메시아관은 다양했다. 이스라엘의 적을 멸하고 그 땅을 정화하여 이스라엘을 회복시킬 군사적·정치적 지도자로서의 메시아, 즉 이스라엘의 왕으로서의 메시아관이 그중 대표적이다. 베드로가 예수님을 '그리스도'로 고백했는데(8:29) 이런 의미였을 것이다.

마가는 '그리스도'라는 용어보다 '하나님의 아들'을 보다 많이 사용한다. 구약에서 '하나님의 아들'은 이스라엘에 대한, 또 이스라엘을 대표하는 이스라엘의 왕에 대한 하나님의 주권적 선택과 은혜를 강조하는 표현이다. 여호와 하나님은 이스라엘에 대해 "내 아들 내 장자라"(출 4:22) 하셨고, 이스라엘 왕에 대해서도 "나는 그에게 아버지가 되고 그는 내게 아들이"(삼하 7:14) 될 것이라고 약속하셨다(시 2:7; 89:26-27 참조). 그러나 "너는 내 아들이라 오늘날 내가 너를 낳았도다"(시 2:7)라고 해서 이스라엘의 왕이 일반인과 다른 신적 존재임을 내세워 통치권을 정당화내지 절대화하려는 것이 아니다. 고대 근동 세계에서 왕은 신의 아들 혹은 신의 현현으로 불려졌다. 로마제국의 황제들 역시 마찬가지로 '신의 아들'(*divi filius*)로 불렸다. 신의 아들은 곧 로마 황제였다. 대표적으로 아우구스투스(주전 30년~주후 14년 통치)는 '황제 가이사 아우구스투스 신의 아들'(*Imperator Caesar divi filius Augustus*)로 불렸다.[7] 이것은 왕의 권위를 절대화하기 위한 목적이었다. 하지만 이스라엘 왕은 다르다. 그는 이스라엘을 대표하는 존재로서, 하나님은 이스라엘을 은혜로 택하셔서 당신의 장자로 삼으셨고, 그래서 하나님과 이스라엘은 아버지와 아들과 같은 친밀한 관계에 있다는 것을 보여 줄 뿐이다.

하지만 이스라엘은 하나님께 불순종하여 하나님의 아들의 면모를 보여 주지 못했다. 아담 역시 예수님의 족보(눅 4:23-38)에 따르면 하나님의 아들이었지만 범죄함으로써 아들의 지위를 상실했다. 이후에 하나님은 이스라엘을 당신의 아들로 삼으셨지만, 역시 이스라엘도 불순종했다. 그리하여 진정한 하나님의 아들을 고대하게 됐고, 예수님이 바로 하나님의 아들임을 복음서는 증거하고 있다. 이런 점에서 예수님은 참 아담, 새 아담이요, 참 이스라엘이라고 할 수 있다. 그러나 단순한 한 인간으로서 하나님의 아들이 아니라, 하나님과 동일 본질이신 하나님으로서 아버지와 아들의 관계에 있으신 분이다.

b. 마가가 예수님을 하나님의 아들로 말하는 방법 예수님이 누구신가 말할 때 복음서는 "나는 길이요 진리요 생명이다", "인자는 안식일의 주인이다" 등과 같이 예수님이 직접 자신의 정체를 밝히는 선언(pronouncement)을 하기도 하지만, '기독론적 선언문들'로만 구성되어 있지는 않다. 복음서는 이야기 전체를 통해서 예수님이 누구인지를 말한다(narrative christology).

먼저 마가는 1장 1절을 통해 예수님이 하나님의 아들이요 그리스도라고 '직접' 말한다. 또 등장인물을 통해 예수님이 하나님의 아들임을 말한다. 먼저 두 차례에 걸쳐 하늘의 음성(=하나님 아버지)을 통해 예수께서 하나님의 아들이심을 밝힌다. 예수님이 세례를 받고 물에서 올라오실 때 성령이 임하시고 "너는 내 사랑하는 아들이라 내가 너를 기뻐하노라"라는 하늘의 음성이 들렸다(1:11). 또 다른 하늘의 음성은 예수님이 산에서 변화하셨을 때다. "이는 내 사랑하는 아들이니 너희는 그의 말을 들으라"(9:7). 그리고 예수님이 하나님의 아들이라는 사실은 십자가 현장에 있었던 백부장에 의해서 고백되었다. "예수를 향하여 섰던 백부장이 그렇게 숨지심을 보고 이르되 이 사람은 진실로 하나님의 아들이었도다 하더라"(15:39). 사람으로서 예수님을 하나님의 아들로 고백한 사람은 백부장뿐이었다. 예수님과 함께 다니며 예수님의 가르침을 받고, 또 행하시는 이적을 본 제자들은 예수님을 하나님의 아들로 고백하지 않는다. 마태복음에서는 베드로가 "당신은 그리스도시요 살아 계신 하나님의 아들"(마 16:16)이라고 고백하지만 마가복음에서는 "당신은 그리스도"(막 8:29)라고만 할 뿐이다. 그 의미도 이스라엘을 로마제국에서 해방시킬 정치적 메시아였다. 백부장만이 예수님을 하나님의 아들로 고백하였다. 구성 측면에서 볼 때 예수님이 하나님의 아들이심은 마가복음 처음(1:11), 중간(9:7), 그리고 마지막(15:39)에서 선포되고 있다.

흥미롭게도 더러운 귀신(들)은 예수님의 신분을 제대로 알고 있다. 먼저 예수님이 가버나움 회당에 들어가셨을 때 그곳에 있던 더러운 귀신 들린 자가 예수님을 '하나님의 거룩한 자'(1:24)로 고백한다. 또 3장 11절에 따르면 더러운 귀신들이 예수님을 보기만 하면 그 앞에 엎드려 "당신은 하나님의 아들이니이다"라고 부르짖었다. 거라사에 살던 더러운 귀신 들린 자 역시 예수님을 보자 "지극히 높으신 하나님의 아들 예수"(5:7)라고 말한다. 귀신들마저 예수님을 하나님의 아들로 고백함으로써 예수님의 정체가 분명하게 드러난다. 그러나 귀신들도 이렇게 예수님을 하나님의 아들로 고백하지만, 제자들과 종교지도자들은 그렇지 못했다. 오히려 서기관들은 예수님이 더러운 귀신에 사로잡혔다고 비난한다(3:22). 이것은 종교지도자들이 영적으로 눈이 먼 사람들임을 보여 준다.

예수님이 자신을 하나님의 아들이라고 가리키기도 했다. '악한 포도원 소작인의 비유'(12:1-12)에서 예수님은 하나님을 포도원 주인으로, 자신을 하나님의 아들로 암시하셨다. 13장 32절에서도 예수님은 자신을 아들로, 하나님을 아버지로 언급하셨다("그러나 그 날과 그 때는 아무도 모르나니 하늘에 있는 천사들도, 아들도 모르고 아버지만 아시느니라"). 또 산헤드린 공회 앞에서 당신의 정체를 분명히 밝히셨다. "네가 찬송 받을 자의 아들 그리스도냐"(14:61)라는 대제사장의 물음에 예수님은 "내가 그니라"(14:62)라고 말씀하셨다. 마가복음 1장 1절 예수께서 하나님의 아들이요 그리스도라는 사실을 예수님 본인 자신이 인정하신 것이다.

c. 예수님이 하나님의 아들이요 그리스도인 이유—하나님의 권위를 가짐 '권위'(ἐξουσία, 엑수시아)는 마가복음의 핵심어다. 예수님과 종교지도자들 사이의 갈등의 근본 이유는 과연 이 땅에서 누가 하나님의 권위를 대신하는가에 있다고 할 수 있다.

첫째, 예수님이 가버나움 회당에서 가르치셨을 때 사람들은 놀랐다. "그가 가르치시는 것이 권위 있는 자와 같고 서기관들과 같지 아니"(1:22)하였기 때문이다. 또 예수께서 회당에 있던 더러운 귀신 들린 자를 고치시자 사람들은 "권위 있는 새 교훈이로다 더러운 귀신들에게 명한즉 순종하는도다"(1:27)라며 더욱 놀라워했다. 사람들이 예수님의 가르침을 듣고 귀신 축출을 보고 하나님의 권위를 인정한 것이다.

둘째, 예수님은 죄사함의 권세를 가지신 분이시다(2:1-12). 예수께서 중풍병자를 고치신 사건은 예수의 치유의 능력이나 중풍병자를 데려온 친구들의 믿음에 초점이 있지 않다. 물론 믿음의 주제도 분명 나온다. 하지만 이 이야기의 핵심은 예수께 죄사함의 권위가 있다는 선포다. 예수님은 하나님 한 분 외에는 그 어느 누구도 할 수 없는 사죄의 권세를 당신이 가졌다고 주장하셨고, 이것이 서기관들이 보기에는 신성모독이었다. 그러자 예수님은 자신이 이 땅에서 죄사함의 권세를 가진 인자라고 말씀하시면서 그 증거로 중풍병자를 치유하셨다.

셋째, 예수께서는 당신이 안식일의 주인이라고 선포하셨다(2:28). 구약의 전통에 따르면 안식일의 주인은 여호와 하나님이시다. 예수님이 자신이 안식일의 주인이라고 주장한 것은 하나님만이 가지는 절대적 권위를 자신에게 돌리는 것으로서 안식일 제정의 근본 취지가 무엇인지를 밝힐 권위가 있다는 뜻이다. 또 예수께서는 이혼에 관한 바리새인들의 율법 해석 전통을 거부하고 창조에 나타난 하나님의 뜻을 밝히는 권위 있는 교사로서 나타나고 있다. 예수님은 진정 '권위 있는 새 교훈'을 가르치는 교사셨다.

넷째, 자연이적에 나타난 예수님의 권위다. 예수님은 바람을 꾸짖으셨다(4:39). 여기서 '꾸짖다'라는 헬라어 '에피티마오'(ἐπιτιμάω)는 예수님이 귀신을 꾸짖으실 때도 사용된다(1:25; 3:12; 9:25). 예수께서 귀신들을 꾸짖는 행위는 악의 세력을 제어하는 행위로서, 하나님만이 하실 수 있다. 바람과 바다까지도 그에게 순종하는(4:41) 예수님의 권위는 가버나움 회당에서 더러운 귀신들이 그에게 순종하였던(1:27) 그 권위와 일치한다. 그리고 거라사의 더러운 귀신들이 예수님을 보고 절하며(5:6), 그분을 '지극히 높으신 하나님의 아들'로 말한 것(5:7)도 예수님의 신적인 권위를 보여 준다. 예수께서 바다 위를 걸으신 사건(6:45-52) 역시 그분이 하나님의 권위를 가진 자임을 보여 준다. 구약에서 바다 위를 걷는 일은 하나님만이 하실 수 있는 일(욥 9:8; 합 3:15)이기 때문이다. 또 바다 위를 걸으신 예수께서 제자들에게 자신의 정체를 밝힌 말 '에고 에이미'는 출애굽기 3장 13-14절에서 하나님이 모세에게 자신의 정체를 밝힐 때 사용한 표현으로서, 이것은 바다 위를 걸으신 예수님이 구약의 하나님이란 것을 암시한다.

다섯째, 예수께는 성전을 정화시키는 권위가 있으셨다(11:15-17, 27-33). 예수님은 예루살렘 성전에 가셔서 성전의 기능을 정지시키셨다. 예수님이 매매하는 자들, 돈 바꾸는 자들, 비둘기 파는 자들의 상행위를 금한 것은 성전체제에 대한 직접적인 도전 행위이다. 왜냐하면 성전세를 내기 위해 돈을 바꾸는 일, 그리고 제의에 사용할 비둘기를 파는 일 등은 모두 성전 제의를 위해 성전 당국의 허가를 받고 이루어진 일들이기 때문이다. 또 예수께서 사람들이 기구를 가지고 성전 안으로 다니는 일을 금지한 것은 성전의 제사 기능을 금지한 것이다. 이러한 행동은 "성전보다 더 큰 이"(마 12:6)라는 권위의식이 있을 때 가능하다. 이 사건 후에 종교지도자들이 예수께 "무슨 권위로 이런 일을 하느냐 누가 이런 일 할 권위를 주었느냐"(11:28)라고 물은 것은 예수님의 성전정화 사건은 '권위'의 문제임을 잘 보여 준다.

d. 십자가 고난을 통해 하나님의 아들(왕)임을 드러냄 앞서 살펴본 것처럼 예수님이 하나님의 아들이란 사실은 놀라운 가르침과 이적을 통해 나타났다. 마가복음의 전반부(예수님의 수난 예언이 나타나는 단락인 8:27 이전)

까지는 그렇다. 그러나 8장 27절 이후부터 예수님은 당신께서 고난을 당하실 것을 드러내 놓고(8:32) 말씀하신다. '하나님의 아들'을 그저 놀라운 이적을 행하는 '신적인 인간'(divine man, θεῖος ἀνήρ, 쎄이오스 아네르)으로만 생각하는 잘못을 고치기 위해서, 기적과 승리와 영광의 관점에서 예수님을 바라보는 시각을 고치기 위해서 마가는 '하나님의 아들'(Son of God)이신 예수님은 십자가의 길을 걸어가는 '인자'(사람의 아들, Son of Man)라는 것을 보여 주려고 했다. 이것을 '교정 기독론'(corrective christology)이라고 한다. '하나님의 아들'은 놀라운 권위를 발휘하는 분이면서도 동시에 십자가를 짊어지시는, 이사야가 말한 '고난당하는 하나님의 종'이시다(사 42:1-4; 49:1-6; 50:4-9; 53:1-12 참조).

마가복음 후반부에서는 귀신 들린 소년을 고치는 사건과 시각 장애인 바디매오를 치유하는 사건 외에는 예수님의 이적 사건이 나오지 않고, 주로 십자가의 길에 대한 가르침이 나온다. 그렇지만 예수님의 수난 이야기에서조차 마가는 예수께서 이스라엘의 왕, 즉 하나님의 아들이심을 말한다.

먼저 예수께서 예루살렘에 입성하시는 과정을 보자. 제자들이 예수님의 지시에 따라 나귀 새끼를 데리고 오는 과정은 모든 것을 알고 있는 예수님의 권위를 보여 주며, 예수께서 남의 소유의 나귀 새끼를 사용한 것은 왕의 권위(징발권)를 보여 준다. "주가 쓰시겠다 하라"에서 예수님은 '주님'(κύριος, 퀴리오스, 11:3)으로 불린다. '주'는 왕의 칭호다. 제자들이 나귀 새끼 위에다 자기들의 겉옷을 얹어 놓은 행위나 무리들이 자기들의 겉옷을 길 위에 펼쳐 놓는 행동은 구약 시대 이스라엘 왕의 즉위식과 관련된다(왕상 1:38-40; 왕하 9:13 참조). 무리들이 예수님을 향하여 외친 찬송("호산나 찬송하리로다 주의 이름으로 오시는 이여 찬송하리로다 오는 우리 조상 다윗의 나라여 가장 높은 곳에서 호산나", 11:9-10)도 예수님이 다윗의 나라를 가져오는 메시아임을 보여 준다.

둘째, 예수님을 재판하고 조롱하는 사람들이 비아냥이기는 하지만 그에게 왕('유대인의 왕' 혹은 '이스라엘의 왕')이란 용어를 사용한다. 빌라도의 입을 통해서(15:2, 9, 12), 로마 군병들(15:16-20)과 대제사장들

및 서기관들을 통해서(15:31-32) 나타난다. 예수님의 십자가 위에 달린 명패에 쓰인 글씨도 "유대인의 왕"(15:26)이었다. 켈버는 이것을 '굴욕 속의 즉위'라는 말로 표현하였다. "예수님의 십자가형은 그의 하나님 나라 메시지와 반대되기는커녕 역설적으로 그의 대관식의 순간이다."[8]

이렇게 15장에서 예수님이 왕으로 계속 언급되다가(6회 언급) 39절에서 백부장에 의해 예수님은 진실로 하나님의 아들이었다고 고백된다. 이는 예수님의 정체에 관한 절정에 다다른 고백이요, 앞서 나온 예수님을 왕으로 언급한 내용에 신학적 의미를 부여하고 있다.

2) 제자도

복음서는 예수님을 따르는 제자들이 어떤 사람이어야 하는지, 즉 제자도를 말한다.[9] 마가가 제자도를 말하는 방식은 크게 두 가지다. 첫째, 예수님이 직접 제자도에 대해 설명하시는 방식이다(1:17; 8:34-35; 9:33-50; 10:23-31, 32-45 등). 둘째, 예수님과 제자 간에 있었던 사건을 통해서다. 갈릴리 바다를 건널 때 예수님이 배에 계심에도 불구하고 두려워했던 제자들에게 예수님은 그들의 믿음 없음을 질타하셨다(4:35-41). 예수님이 만물을 다스리는 권세가 있다고 믿는다면 제자들이 두려워할 이유가 없다. 제자는 그래야 한다. 셋째, 이야기에 등장하는 다른 인물들과 제자를 직·간접적으로 비교(유사한 점이 있을 경우) 혹은 대조(반대되는 점이 있을 경우)하는 방식이다. 바디매오는 예수님께 믿음으로 응답하고, 고난의 길을 가는 예수님을 뒤따르는 제자의 진정한 모습을 보여 줬는데(10:46-52), 이런 모습은 예수께서 세 차례에 걸쳐 고난을 예언하셨음에도 불구하고 깨닫지 못하고 계속해서 높아지려는 제자들의 부정적인 모습들(9:33-37; 10:35-45)과 대조를 이루면서, 독자들에게 제자들의 모습을 버리고 바디매오처럼 될 것을 촉구한다.[10]

이제 마가복음에 나타난 제자란 어떤 것인지 전반적인 흐름을 살펴보도록 하자. 자세한 내용은 본문 해설에서 다루도록 하고, 여기서는 핵심적인 내용만 정리하겠다.

먼저 예수님이 하나님의 복음을 전파하신 후 행한 첫 번째 일은 4명의 제자를 부르는 일이었다(1:16-20). 이것은 하나님의 나라가 예수님에 이어 제자들을 통해 이루어진다는 것을 말한다. 예수님은 네 제자를 부르면서 그들에게 '사람을 낚는 어부'의 사명을 맡기셨다.

예수님은 산에 올라가 열두 제자를 세우셨다(3:13-19). 열두 제자를 세우신 목적을 세 가지로 말씀하셨는데, 이 세 가지는 사람을 낚는 어부가 된다는 의미가 무엇인지 구체적으로 설명한다. 예수님은 자기와 함께 있게 하기 위해 제자들을 세우셨고, 그들을 보내어 전도하게 하셨다. 실제로 예수님은 제자들을 둘씩 짝지어서 전도하러 보내셨다. 전도의 내용은 예수님의 첫 일성(1:14-15)처럼 "회개하라"였다(6:12, "제자들이 나가서 회개하라 전파하고"). 예수님은 제자들에게 귀신을 내쫓는 권세도 있게 하셨다(6:7, 13 참조). 예수님이 이루시는 하나님 나라는 악의 세력을 물리쳐 하나님의 통치를 이루는 것이다. 제자들은 이 일에 부름을 받은 자들이다. 제자들은 전도 여행을 통해 이 일을 잘 수행하기도 하지만(6:7-13), 귀신이 들려 말하지 못하고 듣지 못하는 한 소년을 고치지 못하기도 한다(9:4-29).

4장 이전까지 제자들은 대부분 긍정적으로 묘사된다. 그러나 4장부터 예수님의 말씀을 이해하지 못하는 모습을 제자들이 보이기 시작한다. 예수님이 '씨 뿌리는 자의 비유'(4:3-9)를 말씀하시고 난 뒤 홀로 계실 때에 사람들이 열두 제자들과 함께 이 비유의 의미를 물었다. 그러자 예수님은 "너희가 이 비유를 알지 못할진대 어떻게 모든 비유를 알겠느냐"(4:13)라며 마치 꾸짖듯이 말씀하신다. 제자들에게 하나님 나라에 대한 가르침을 잘 깨닫도록 요청하신 것이다. 예수님이 사람을 더럽게 하는 것이 무엇인지 비유로 말씀하실 때도 제자들은 깨닫지 못한다(7:14-23).

제자들의 믿음 없는 모습은 특별히 배를 이용한 여행에서 나타난다. 예수님이 갈릴리에서 활동하실 때 세 차례에 걸쳐 제자들을 데리고 갈릴리 바다 서편에서 동편으로 여행을 하신다. 이 여행에서 예수님은 하나님의 권위를 가지신 분으로 드러난다. 첫 번째 여행에서 예수님은 바람과 바다도 순종케 하시는 분이시며(4:41), 하나님처럼 바다 위를 걸으시는 분(6:45-52)으로 나타난다. 그러나 이 배 여행에서 제자들은 믿음이 없고, 예수님의 가르침을 깨닫지 못한다. 먼저 첫 번째 배 여행(4:35-41)에서 제자들은 바람과 바다의 위협 앞에서 믿음이 없고, 무서워하는 자로 나타나고 있다(4:40). 더구나 그들은 예수님이 바람과 바다를 잔잔케 한 후에 이분이 누구냐고 묻는다(4:41). 그들은 이미 예수님의 많은 이적들을 보았음에도 불구하고, 또 예수님이 자기들이 탄 배안에 계셨지만 두려워하고 믿음을 가지지 못했으며, 또 예수님이 누구인지(바람과 바다를 제압하는 권위를 가지신 하나님의 아들이라는 것)를 깨닫지 못하고 있다. 제자들의 이 같은 우둔한 모습은 "네 믿음이 너를 구원하였다"며 칭찬을 들은 혈루증 앓던 여인의 믿음(5:34)과 대조된다.

예수님이 오병이어의 이적을 행하실 때도 제자들은 "너희가 먹을 것을 주라"(6:37)라는 예수님의 요청에 "우리가 가서 이백 데나리온의 떡을 사다 먹이리이까"(6:37)라고 믿음 없는 반응을 보인다. 예수님은 오병이어의 이적을 행하신 후 제자들만 배에 태워 갈릴리 바다 건너편 벳새다로 가게 하신다. 두 번째 배 여행이다(6:45-52). 하지만 제자들이 탄 배가 거스르는 바람 때문에 바다 한가운데에서 나가지도, 돌아가지도 못한 채 힘겨워하고 있었다. 이때 한밤중에 예수님은 바다 위를 걸어서 제자들에게 오신다. 마가는 바로 앞서 제자들이 오병이어의 이적을 보았음에도 불구하고 바다 위를 걸어오시는 예수님을 보고 유령으로 착각하고 두려워하는 모습(6:50, 51)에 대해 그들의 마음이 둔하여져서 오병이어의 이적을 깨닫지 못하고 있다고 설명한다(6:52). '칠병이어의 이적'(8:1-9)에서도 마찬가지다. 왜 마가는 급식(給食) 이적 이야기를 두 개나 기록했을까? '칠병이어' 이적은 이적을 일으키는 예수님의 능력을 강조하기보다는 제자들의 깨닫지 못함을 부각시킨다. "이 광야에서 어디서 떡을 얻어 이 사람들로 배부르게 할 수 있으리이까"(8:4)라고 말하는 제자들은 오병이어의 기적을 전혀 기억하지 못하고 있는 것 같다.

이어지는 세 번째 배 여행에서 제자들의 우둔함은 절정에 이른다. 제자들은 "바리새인들의 누룩과 헤롯의 누룩을 주의하라"(8:15)

라는 예수님의 말씀을 깨닫지 못한다. 제자들은 자기들이 떡을 안 가져 와서 꾸중을 듣는 것으로 생각한 것이다. 벌써 두 차례에 걸쳐 수천 명을 먹이신 예수님이신데, 배에 탄 10여 명이 먹을 떡이 없다고 해서 예수님이 꾸중하신다고 생각한 것이다. 이에 예수님은 다음과 같이 매우 심하게 꾸중하신다.

> 너희가 어찌 떡이 없음으로 수군거리느냐 아직도 알지 못하며 깨닫지 못하느냐 너희 마음이 둔하냐 너희가 눈이 있어도 보지 못하며 귀가 있어도 듣지 못하느냐 또 기억하지 못하느냐 내가 떡 다섯 개를 오천 명에게 떼어 줄 때에 조각 몇 바구니를 거두었더냐 이르되 열둘이니이다 또 일곱 개를 사천 명에게 떼어 줄 때에 조각 몇 광주리를 거두었더냐 이르되 일곱이니이다 이르시되 아직도 깨닫지 못하느냐(8:17-21, 개역개정).

제자들의 마음은 둔했다. 여기서 예수님이 지적하신 '둔한 마음'은 놀랍게도 예수님이 바리새인들을 향해 하신 비난과 동일하다. "저희 마음의 완악함을 근심하사 노하심으로 저희를 둘러보시고"(3:5). 제자들의 둔한 마음은 곧 예수님을 적대했던 바리새인들의 완악한 마음인 것이다! 문제는 완악한 마음, 둔한 마음이었다. 이와는 대조적으로 수로보니게 여인은 '떡'에 관한 예수님의 말씀을 잘 깨닫고 대답을 잘하여 그녀의 소원이었던 딸의 치유를 경험하게 된다(7:24-30).

마가복음의 후반부인 8장 27절부터 10장 52절까지는 예수님이 제자들과 함께 예루살렘으로 올라가는 길에 있었던 일을 기록하고 있는데, 주된 내용이 제자도다. 이 부분은 예수님의 세 번에 걸친 수난 예언과 이에 대한 제자들의 우둔한 반응으로 구성되어 있으며, 예수님이 시각 장애인을 치유하신 두 가지 사건에 의해 감싸져 있다(아래 표 참조). 이런 구조는 예수님의 가르침을 깨닫지 못하는 제자들이야말로 영적인 시각 장애인임을 보여 준다.

8:22-26	벳새다 시각 장애인 치유—벳새다(8:22)
8:27-9:29	첫 번째 수난 예언 단락—빌립보 가이사랴로 가는 길(8:27) 예수님의 길을 가로막는 베드로(및 제자들)
9:30-10:31	두 번째 수난 예언 단락—갈릴리를 지나갈 때(9:30) 누가 더 크냐고 싸우는 제자들
10:32-45	세 번째 수난 예언 단락—예루살렘으로 올라가는 길(10:32) 영광의 자리를 구하는 야고보와 요한, 이를 알고 싸우는 제자들
10:46-52	시각 장애인 바디매오 치유—여리고에서 나올 때(10:46)

이상에서 예수님이 제자들에게 요구하시는 것은 '자기를 부인하고 나를 좇으라'(8:34)이다. '자기 부인'은 베드로처럼 사람의 일을 생각하는 것이 아니라 하나님의 일을 생각하는 것이다(8:33). 하나님의 일은 자기 십자가를 지고 예수님을 따르는 것이다(8:34). 예수님과 복음을 위하여 목숨을 잃을 각오를 해야 한다(8:35). 그러나 제자들은 예수님이 겟세마네에서 체포될 때에 예수님을 버렸다(14:50). 이에 반해 시각 장애인 바디매오는 예수님으로부터 치유를 받아 눈을 뜨게 된 후 "길에서" (예수님을) 따랐다(10:52). 그 길은 예수님이 고난을 당하시고 십자가에서 죽으시는 예루살렘을 향한 길이다.

예수님은 누가 크냐고 쟁론하던 제자들에게 모든 사람을 섬기는 자가 되어야 한다고 말씀하신다(9:35-37). 9장 30절부터 10장 31절은 아래서 볼 수 있듯이 섬김에 관한 두 가지 말씀이 가운데 내용을 감싸는(inclusio)구조로 되어 있다. 즉 가운데 내용은 섬김이라는 시각에서 바라봐야 한다.

> 예수께서 앉으사 열두 제자를 불러서 이르시되
> 누구든지 첫째가 되고자 하면 뭇 사람의 끝이 되며
> 뭇 사람을 섬기는 자가 되어야 하리라 하시고(9:35)

9:36-10:30

> 그러나 먼저 된 자로서 나중 되고
> 나중 된 자로서 먼저 될 자가 많으니라(10:31)

위 두 구절에 나타난 예수님의 가르침은 당대의 통념을 뒤집는 것이다. 그 안에 있는 내용 역시 마찬가지다. 당시의 통념과 생각을 뒤집는 예수님의 가르침을 수용하고 따라야 하나님 나라 사람이다. 실제로 여기에 나타난 예수님의 교훈들은 대부분 하나님(9:37; 10:9, 18, 27)에 관한 것이거나 하나님 나라에 들어가는 것(9:47; 10:15, 23, 25) 혹은 영생에 들어가거나 영생을 얻는 것(9:43, 45; 10:17, 30)과 관계되어 있다. 9장 30절부터 10장 31절에 등장하는 인물들은 서로 대조되는 두 가지 인물군으로 분류된다. 한 부류의 인물들은 어린이, 작은 자, 여인, 가난한 자와 같은 사회적으로 힘과 지위와 재물이 없는 자들이다. 그러나 예수님은 이들을 옹호하고, 특히 어린이와 작은 자에 대해서는 하나님 나라에 들어가는 데 있어서 기준이 되는 인물로 제시한다. 또 다른 부류의 인물들은 이들과 대조적으로 힘이나 지위 혹은 재물을 가진 자들인데, 여기에는 바리새인들, 그리고 이혼 논쟁에서 암시되고 있는 헤롯 안티파스와 헤로디아와 같은 정치적인 인물들, 또 재물이 많은 한 사람이 있다. 제자들은 여전히 세상 가치를 따르는 모습을 보이며, 예수님은 그런 제자들을 꾸짖기도 하시며 가르치신다.

예수님은 예루살렘을 향한 길 위에서의 가르침을 마감하면서 제자도의 절정을 언급하신다. "인자가 온 것은 섬김을 받으려 함이 아니라 도리어 섬기려 하고 자기 목숨을 많은 사람의 대속물로 주려 함이니라"(10:45). 십자가의 죽음은 예수님이 보여 주신 최고의 섬김이었다.

예수님의 수난 이야기에 나타난 제자들은 배반자다. 그 배반은 먼저 가룟 유다에게서 시작된다(14:10-11). 제자들은 겟세마네에서 예수님이 체포될 때 다 도망한다(14:50). 이후로 마가복음에서 제자들은 등장하지 않는다. 베드로만 등장한다. 그러나 그 베드로마저 예수님을 세 번 부인한다(14:66-72). 마가복음에서는 그 어떤 제자도 십자가 현장에 있지 않았다. 그들은 십자가의 고난 속에서 예수님이 왕으로 즉위하는 것을 보지 못했다.

이상에서 살펴보았듯이 마가복음에서 제자들은 처음에는 긍정적인 모습을 보이지만, 대부분 부정적인 모습을 보인다. 믿음이 없고 두려워하며, 우둔하여 예수님이 누구신지 깨닫지 못한다. 예수님의 수난 예언이 세 번씩 반복됨에도 불구하고 제자가 걸어가야 할 길이 무엇인지 제대로 알지 못한 채 섬김을 받으려고만 한다. 결국 예수님을 버리고 도망친다.

그렇다면 마가복음은 이렇듯 허망하게 이야기를 끝내고 있는가? 그렇지 않다. 예수님의 부활 소식을 전하는 이야기(16:1-8)는 제자들에 대한 소망을 보여 준다. 마가는 짧지만 의미심장하게 예수님의 부활을 보도하고 있다. 마가는 예수님의 부활, 제자들에게 마지막 사명(갈릴리로 가서 부활하신 예수를 만나는 것) 부여(16:6-7)로 그의 복음을 매듭짓고 있다. 제자들이 부활하신 예수님을 갈릴리에서 보게 될 것이라는 청년의 전언(16:7)은 예수님과 제자들의 관계회복을 암시하고 있다는 점에서 새로운 시작이다. 갈릴리는 어떤 곳인가? 갈릴리는 예수님을 적대하고 죽인 예루살렘과는 달랐다. 갈릴리는 예수님의 하나님 나라 사역이 승리를 거둔 곳이다. 비록 그곳에도 적대하는 자들이 있었지만 말이다. 그 갈릴리에서 예수님은 제자들을 다시 만나기를 원하신다. 자신을 대신해 하나님의 통치를 이루어 주기를 기대하면서 말이다.

하지만 마가복음은 청년이 전해 준 말에 대해 여인들이 두려워하며 아무에게도 아무 말도 전하지 못했다(16:8)라고 부정적으로 묘사한다. 마가복음의 원본이 16장 8절로 끝이 났다면 마가는 예수님과 제자들 간의 관계 회복에 대해 가능성과 불가능성을 모두 제시하고 있는 것이다. 마가복음을 읽는 독자들은 여인들의 도망과 침묵과 두려움이 잘못되었음을 깨달아야 한다. 두려움을 극복하고 예수님의 부활을 알리고 갈릴리에서 이뤄진 하나님의 나라를 이어가야 한다. 그래서 마가복음은 하나님의 아들이신 그리스도 예수의 복음의 '시작'일 뿐이다.

3) 묵시적 종말론: 예수님과 사탄 마귀의 우주적 투쟁

종말은 말 그대로 끝이다. 성경이 말하는 역사의 끝은 파국이라기보다 완성이다. 하나님의 뜻이 이뤄지는 하나님 나라의 완성이다. 예수님은 당신의 사역을 한마디로 '하나님의 나라'(ἡ βασιλεία τοῦ θεοῦ, 헤 바실레이아 투 쎄우)로 요약하셨다(1:14-15). '하나님의 나라'란 하나님이 왕으로서 통치하시는 '장소'라기보다 하나님이 왕으로서 주권을 드러내시는 '통치'라는 뜻이다. 마가복음은 예수님이 하나님의 아들이요 그리스도로서 어떻게 하나님의 통치를 이뤘는지를, 또 이 하나님의 통치를 받아들인 사람들을 소개한다. 동시에 하나님의 통치를 이루는 과정에서 예수님과 사탄, 귀신, 종교지도자들, 그리고 제자들 사이에 일어난 갈등을 전하고 있다.

로빈슨[11]에 따르면 예수님과 사탄, 귀신, 종교지도자들 간의 투쟁 혹은 갈등은 예수님-하나님-성령을 한 축, 사탄-마귀-종교지도자들을 한 축으로 진행되는데, 이들 간의 투쟁은 묵시적 종말론(apocalyptic eschatology)의 시각에서 이해되어야 하는 '우주적 투쟁'(cosmic struggle), '영적 전쟁'(spiritual war)이다.

묵시적 종말론에 따르면 인간의 역사는 처음과 중간, 그리고 마지막이 있다. 묵시적 종말론은 시간의 중간에 해당하는 인간의 역사를 악의 세력이 장악하고 있다고 본다. 사람은 자신의 노력으로 악의 세력에서 해방될 수 없고, 오직 새로운 구원의 시대를 여는 하나님의 종말론적 행위로만 가능하다. 마가복음은 인간의 상황을 '강한 자' 사탄에게 결박되어 있는 상황으로 말한다(3:27). 거라사의 귀신 들린 자가 결박된 상태에 대해 "아무도 제어할 힘이 없었다"(5:4)라고 한 마가의 설명은 인간이 악한 영적 세력에 의해 압제당하고 있음을 보여 준다. 따라서 인간은 '더 강한 자'(1:7)가 와서 '강한 자'를 결박할 때 비로소 자유롭게 된다(3:27).

또 묵시적 종말론은 인간의 역사를 악이 지배하는 '이 세대'와 하나님의 통치가 이루어질 '저 세대'로 양분한다. 이것을 두 세대 사상이라고 한다. 마가복음은 역사를 '이 세대'(8:12, 38; 13:30)와 '오는 세대'(10:30)로 구분하는 두 세대 사상을 보이고 있으며, 이 세대에 대한 묘사(믿음이 없음, 음란함, 죄 많음. 8:38; 9:19 참조)도 묵시적 종말론의 두 세대 사상에 따라 이루어지고 있다.

예수님이 선포한 하나님의 복음의 내용은 '때가 찼고 하나님 나라가 가까이 왔다'는 것으로서, 악의 세력이 이 세상을 지배하던 '때'(καιρός, 카이로스)는 끝이 나고, 하나님이 통치하는 구원의 새 시대가 열렸다는 것을 의미한다. 이 시대를 맞아 인간이 해야 할 일은 회개하고 복음을 믿는 것이다. 여기서 회개한다는 것은 단순히 윤리적으로 잘못한 것을 뉘우친다는 뜻이 아니다. 이 말은 악의 세력이 지배하던 세상에서 돌이켜서, 예수님 안에서 하나님이 왕으로서 통치하는 구원의 새 시대가 열렸음을 믿고, 그것을 향하여 돌아서라는 뜻이다.[12]

예수님이 세례를 받으실 때 일어난 사건은 하나님의 구원이 도래했음을 보여 준다. 예수님이 요한에게 세례를 받고 올라오실 때 세 가지 현상이 있었다. 먼저 하늘이 갈라지는 것을 보셨다. 마태와 누가는 '열렸다'(ἀνοίγω, 아노이고, 마 3:16; 눅 3:21)라고 표현한 반면에 마가는 하늘이 '갈라졌다'(σχίζομαι, 스키조마이)라고 했다. 열린 것은 다시 닫힐 수도 있겠지만, 갈라진 것 혹은 찢어진 것은 다시 닫히지 않는다. 이것은 예수님을 통해 하나님의 계시가 궁극적으로 임했다는 것, 또 하나님의 종말론적 구원이 나타나는(사 64:1) 것을 뜻한다.[13] 성령이 예수님께 내려온 것 역시 종말론적 사건이다. 이미 구약의 여러 예언자들이 성령의 임재를 종말론적 선물로 언급했다(사 32:15; 겔 36:26-27; 욜 2:28-29).

예수님의 귀신 축출은 이 땅에서 예수님이 이 세대를 지배하는 사탄의 세력을 물리치고 하나님의 통치를 여는 우주적 투쟁이다. "예수의 귀신 축출사역은 두 왕국의 충돌에 해당한다. …… 하나님의 나라를 위해 전쟁을 행하는 일이 귀신 축출의 본질적인 목적이다."[14] 예수님은 바알세불 논쟁(3:22-30)에서 자신을 사탄의 왕국 혹은 집을 '약탈하는 자'로 비유함으로써 당신의 귀신 축출이 우주적 투쟁임을 분명히 밝히고 있다. 또 예수님과 귀신이 서로 만났을 때, 그들의 적대적 분위기, 그리고 그들 간에 이루어지는 대화가 그들의 만남이 우주적 투쟁임을 보여 준다. 가버나움 회당의 더러운 귀신이 예수님에게 "우리를 멸하러(ἀπολέσαι, 아폴레사이) 왔나이까"(1:24)라고 말한 것은 예수님이 이 땅에 귀신들을 궁극적이고도 종말론적으로 멸망시키려 왔음을 보여 준다. 거라사 귀신 들린 자가 예수님께 자신들을 '괴롭게'(5:7)[15]하기 위해서 왔냐고 물은 것 역시 이들의 갈등이 우주적 투쟁임을 보여 준다. 늘 귀신들은 예수님을 만나면 소리를 지르고(1:23; 3:11; 5:7; 9:26) 자신들과 예수님이 무슨 상관이 있느냐고 말하는데(1:24; 5:7), 이에 대해 예수님이 언제나 명령하고(1:27; 9:25), 꾸짖으신다(1:25; 3:12; 9:25).

예수님이 바다를 잔잔케 한 사건은 단순한 자연 이적이 아니라, 하나님의 권위로써 악의 세력을 제어하고 있음을 보여 주는 우주적 투쟁의 사건이다. 이 이적에서 바다는 악의 세력을 상징하며, 바다와 광풍으로 인해 제자들이 죽게 된 것(ἀπολλύμεθα, 아폴뤼메싸, 4:38. 이 단어는 1:24에서 귀신이 "우리를 멸하러 왔나이까"라고 말할 때 사용한 단어와 동일하다)은 악의 세력의 위협을 상징한다. 이에 대해 예수님은 귀신들을 꾸짖은 것처럼(ἐπιτιμάω, 에피티마오, 1:25; 3:12; 9:25) 동일하게 바람을 꾸짖으신다(ἐπιτιμάω, 에피티마오, 4:39). 역풍을 맞아 오도 가도 못하는 제자들이 탄 배를 향해 예수님이 한밤중에 바다 위를 걸어오시는 사건도 악의 세력을 발바닥으로 밟으시고 제자들을 구원하심을 보여 준다(6:45-52).

우주적 투쟁 모티브는 예수님의 비유에도 나타난다. 예수님은 생베 조각과 헌옷, 그리고 새 포도주와 헌 가죽부대 비유를 말씀하셨는데(2:21-22), 이 두 비유는 예수님이 이루시는 새로운 구원의 질서와 사탄이 지배하는 구질서가 양립 불가능함을 말하고 있다. 먼저 생베조각을 헌옷에 붙이면 헌옷이 찢어진다는 말씀(2:21)에서 '찢어짐'으로 번역된 '스키스마'(σχίσμα)는 '하늘이 갈라지다'에 사용된 '스키조마이'(σχίζομαι)의 명사형이다. 생베조각에 의해 헌 옷이 찢어진다는 것은 예수님으로 말미암아 도래한 하나님의 새 질서로 인하여 구질서가 붕괴되었음을 뜻한다. 시편 102편 26-28절에서 볼 수 있듯이 옷은 천지(우주)를 상징한다. 이 시편 본문을 인용한 히브리서 1장 10-12절은 그리스도가 재림할 때 낡은 옷과 같은 우주를 접어 버리고 새로운 우주를 펼칠 것을 묘사하고 있다. '스키조마이'는 예수님이 돌아가실 때 성전 휘장이 찢어지는 사건에서 다시 사용된다(15:38). 예수님의 죽으심으로 강도의 소굴로 타락한 성전은 하나님의 심판을 받아 끝이 났다는 뜻이다. 새 포도주가 가죽부대를 '터뜨린다'는 묘사도 예수님이 가져온 하나님의 통치가 구질서에 가하는 놀라운 충격을 보여 준다.

씨 뿌리는 자의 비유도 마찬가지다. 이 비유의 해설(4:14-20)에 따르면 씨가 길가에 뿌려졌다는 것은 어떤 사람이 말씀을 들었을 때에 사탄이 즉시 와서 그들에게 뿌려진 말씀을 빼앗는 것을 의미한다. 여기서 사탄은 예수님의 말씀 사역(복음 전파, 가르침 등)을 방해한다. 어떤 사람이 예수님의 말씀을 듣지만 받아들이지 못하는 이유가 사탄의 방해 때문이라는 것은 인간의 의지가 초자연적 세력의 영향력 아래 있음을 의미한다.

부활은 묵시적 종말론의 주요 주제이다. 사망을 이긴 부활 사건은 이 세대를 지배하는 죄에 대한 승리다. 마가복음이 '십자가의 신학'을 강조한다고 해서, 또 다른 복음서와는 달리 예수님의 부활 현현 사건은 보도가 되고 있지 않고 빈 무덤 사건만 나온다고 해서(16장 8절이 원래 마가복음의 끝이라는 가정에서) 부활의 주제가 없는 것은 결코 아니다. 예수님은 당신의 죽음과 함께 부활을 언급하셨다(8:31; 9:31; 10:33-34). 또 예수님은 사두개인들 간의 논쟁을 통해 부활이 하나님의 능력에 의해 이루어질 것을 선언하였으며(12:18-27), 실제로 그의 예언대로 다시 살아난 것으로 마가는 보도하고 있다(16:6).

4) 예수님과 종교지도자들의 갈등

예수님은 종교지도자들과 내내 갈등하셨고, 결국 종교지도자들에 의해 죽임을 당하셨다. 예수님과 종교지도자들의 갈등은 예수님의 수난 이야기(14-15장) 이전까지는 주로 논쟁으로 나타났다. 14장에 들어서면서 체포와 심문, 사형 집행 등으로 나타난다.

a. 예수님과 종교지도자들 간 논쟁의 특징 예수님과 종교지도자들의 논쟁은 양식적인 면에서 볼 때 '예수님 혹은 제자들의 행동 혹은 말' → '이에 대한 종교지도자들의 이의 제기' → '예수님의 답변'으로 구성되어 있다. 영어로는 '선언문 이야기'(Pronouncement Story)라고도 하는데, 예수

님의 답변이 대부분 선언 형식을 띠기 때문이다. 예를 들어 "인자는 안식일에도 주인이니라"(2:28)와 같은 형식이다. 마가복음에 나오는 논쟁들은 아래와 같이 총 11개다.

마가복음에 나오는 논쟁

본문	명칭	등장하는 종교지도자	갈등의 이유
2:1-12	사죄권 논쟁	서기관들	'예수님의' 죄사함의 권세
2:13-17	식탁 교제 논쟁	바리새인의 서기관들	'예수님의' 세리 및 죄인들과 식탁 교제
2:18-22	금식 논쟁	바리새인의 서기관들(?)	'제자들의' 금식
2:23-28	안식일 논쟁 1	바리새인들	'제자들의' 안식일법 위반
3:1-6	안식일 논쟁 2	바리새인들과 헤롯당	'예수님의' 안식일법 위반
3:22-30	바알세불 논쟁	예루살렘에서 내려온 서기관들	'예수님의' 귀신 축출
7:1-13	정결법 논쟁	바리새인들과 예루살렘에서 온 서기관들	'제자들의' 정결법 위반
10:1-9	이혼 논쟁	바리새인들	남자가 여자를 버려도 되는가?
11:27-33	권위 논쟁	대제사장들과 서기관들과 장로들	'예수님의' 상징적 성전심판 행위의 권위
12:13-17	납세 논쟁	바리새인과 헤롯당	가이사에게 납세해야 하는가?
12:18-27	부활 논쟁	사두개인들	부활은 있는가?

위 도표에서 볼 수 있듯이 논쟁은 두 군데에서 집중적으로 나온다. 하나는 갈릴리를 배경으로 하는 다섯 논쟁(2:1-3:6)인데, '갈릴리 논쟁'이라고 부른다. 다른 하나는 예루살렘 성전을 배경으로 한 11장 27-33절, 12장 13-17절, 12장 18-27절(3개)이다. 이 3개를 '예루살렘 논쟁'이라고 한다. 그리고 그 중간에 세 논쟁(3:22-30; 7:1-13; 10:1-9)이 나온다.

예수님과 종교지도자들 간 논쟁의 성격은 지리적 배경에 따라 차이가 난다. 갈릴리 논쟁은 바알세불 논쟁(3:22-30)과 예수님의 죄 용서 권세(2:1-12) 문제를 제외하면 율법 해석과 관련된다. 바리새인의 관심은 안식일법, 정결법, 장로들의 전통에 있다. 그들의 관심은 예수님이나 제자들의 말이나 행동이 종교지도자들의 율법전통에 비추어 '합당한가'(2:24, 26; 3:4; 10:2; 12:14)에 있었다. 반면에 예루살렘 논쟁은 납세 문제나 부활 문제와 같은 정치적 문제나 교리 문제이며, 권위 논쟁은 예수님의 권위에 관한 논쟁이다. 종교지도자들은 성전에 대한 그들의 권위와 기득권에 도발하는 예수의 언행을 문제 삼았다. 이들은 자신들이 합법적으로 허가한 성전 내 매매 행위를 예수님이 금하는 것(11:15-19)과 성전을 강도의 소굴로 만들었다는 비판에 예수님을 어떻게 죽일까 모의한다. 예수님은 서기관들을 외식하는 자요 과부의 가산까지 삼키는 탐욕스러운 자라고 비판하셨는데(12:40), 이런 서기관들은 '강도의 소굴'(11:17)로 타락한 성전체제의 단면을 보여 준다. 예수님은 종교지도자들의 본거지인 예루살렘 성전에서 타락한 성전을 직접적으로 비판하셨다.

이처럼 예수님의 적대자들은 유대 종교지도자들 모두를 망라하고 있으며 유대교의 두 기둥인 율법 및 성전과 관련하여 예수님과 갈등을 빚었다. 즉 한 마디로 예수님의 반(反) 유대교적 사역 때문에 충돌한 것이다. 자신들의 권위에 도전하고 자신들이 지키는 체제에 위협을 했기에 종교지도자들은 예수님을 죽였던 것이다. 사도행전에서 스데반이 공회에 잡혀 와 심문을 당하고 결국 돌에 맞아 죽은 이유도 마찬가지였다. "거짓 증인들을 세우니 이르되 이 사람이 이 거룩한 곳(성전)과 율법을 거슬러 말하기를 마지 아니하는도다"(행 6:13).

수난 이야기(14-15장) 전까지, 즉 1장부터 13장까지 예수님은 종교지도자들의 논쟁에 적극 대응하시고 승리하신다. 13장에 들어서는 "돌 하나도 돌 위에 남지 않고 다 무너뜨려지리라"(13:2)라며 완전한 성전멸망을 예언하신다. 앞서 '악한 포도원 농부의 비유'(12:1-12)에서도 예수님은 하나님께서 보내신 자들(선지자들과 세례자 요한)을 대적하고, 심지어 그의 아들을 죽이기까지 한 종교지도자들을 하나님께서 '진멸할 것'(12:9)이라고 말씀하신 바 있다.

그러나 수난 이야기(14-15장)에서 예수님은 수동적으로 끌려가신다. 종교지도자들이 주도권을 쥐고 십자가 처형으로 이끌어간다.

예수님의 수난 이야기의 시작은 대제사장들과 서기관들이 흉계로 예수님을 잡아 죽일 방도를 구하는 것으로 시작한다(14:1). 이들의 흉계에 이바지한 사람이 바로 가룟 유다이다. 종교지도자들은 유다의 배반을 계기로 예수 살해를 적극 추진한다. 그동안 예수님의 권위에 수차례 논쟁과 대결에서 패배했던 종교지도자들이 대반격에 나선 것이다. 예수님은 결국 체포되어 산헤드린 공회에서 심문당하시고, 사형판결에 처해진다. 종교지도자들은 예수님을 빌라도에게 넘겨주었고, 빌라도는 예수님의 십자가 처형을 허락한다.

b. 예수님과 종교지도자들의 갈등: 자비와 정결의 대결 마커스 보그는 예수님이 당시 종교지도자들과 빚은 갈등은 두 형태의 '하나님 닮기'(*Imitatio Dei*), 즉 두 개의 다른 사회 비전(공동체 내에서 구현되어야 할 하나님의 속성으로서 거룩함과 자비) 간의 갈등으로 본다.[16] 예수님에게 있어서 긍휼이 하나님의 핵심적 본질이요, 하나님을 중심으로 한 삶의 핵심적 도덕성이라면, 종교지도자들에게는 거룩함이 하나님의 백성에게 구현되어야 할 최고의 가치였다. 거룩은 '모든 부정한 것과의 분리', 곧 '정결'을 뜻한다.

예루살렘 성전체제의 대표자들인 대제사장들은 성전제의를 통해 죄사함을 얻는 '제의적 정결'(cultic purity)을 추구했다. 바리새인들은 성문 율법과 구전 율법을 연구하여 엄격한 정결법 규정들을 삶에 적용하고 실천함으로써, 생활에서의 제의적 정결을 추구했다. 특히 바리새인들은 '땅의 제사장'으로서 식탁의 제의적 정결을 강조했다. 조태연은 바리새인들에게 있어서 식탁정결의 의의를 다음과 같이 설명한다.[17]

> (바리새인들은) 음식을 마치 자신이 성전의 제사장인 것처럼 정결한 상태에서 먹어야 한다고 생각했다. 음식의 정결을 위한 이 바리새적 노력으로부터 유대교의 식탁 교제법(dietary law)이 나왔고, 이 법은 언제 무엇을 어떻게 그리고 누구와 함께 먹을 수 있나를 규정하고 있다. 음식과 그 소

> 비는 제사적 행위로 이해되고 있으며, 따라서 식탁, 부엌, 경작지 등 모두는 성전의 개념처럼 이해되고 있다. 이런 바리새 전통에서 식탁 교제는 인간의 구원과 관련하여 설명된다. 랍비 문헌의 한 구절은 이렇게 읽는다: '성전이 서 있을 때 이스라엘을 구속한 것은 제단이다. 그러나 이제는 사람의 식탁이 그를 구속한다'(B. Berakhoth 55a). 분명 이 구절은 유대 전쟁과 성전 파괴 이후의 것이지만, 이것은 오래전부터 있었던 바래새인들이 '땅의 제사장'으로서 식탁의 사건을 통하여 정결을 확보하고 유지하려 했던 전통에서부터 발전한 것이다.

유대 종교지도자들은 정결법 혹은 정결 제도를 통해 사회 자체를 정결 체제로 조성해 갔다. 정결 제도는 "사물들을 각자의 적합한 위치에 따라 분류하고 조정하는 사회체제의 지도"[18]로서, 사람과 장소와 시간을 가장 정결한 것과 가장 더러운 것을 양극단으로 하여 모든 것을 정결의 정도에 따라 분류하고, 이에 따라 사회를 구성하는 제도이다. 정결과 불결의 양극은 하나의 스펙트럼(spectrum), 혹은 '정결 지도'(purity map)를 형성하게 된다.[19] 정결 지도에는 '장소의 정결 지도', '사람의 정결 지도', '시간의 정결 지도'가 있다.

첫째, '장소의 정결 지도'란 정결함의 정도에 따라 가장 정결한 곳으로부터 가장 부정한 곳까지 나누는 분류 시스템을 말한다. 미쉬나(Mishnah)의 여섯 번째 편인 '토호로트'(Tohoroth, 정결함)의 케림(Kelim, 그릇들) 항목 1.6-9에 따르면[20] 거룩함의 정도에 따라 열한 장소를 구분하고 있다(화살표의 진행 방향에 따라 정결함이 감소한다). 지성소 → 성소 → 성전 현관과 제단 사이 → 제사장들의 뜰 → 이스라엘 남자들의 뜰 → 여인들의 뜰 → 성벽 → 성전산 → 예루살렘 성벽 안에 있는 것들 → 이스라엘 땅 안에 있는 성벽 도시들 → 이스라엘의 땅. 이방인의 땅은 아예 취급조차 하지 않고 있음을 알 수 있다.

둘째, '시간의 정결 지도'는 거룩한 시간들을 거룩함의 정도에 따라 분류한 지도이다. 미쉬나의 두 번째 편 모에드(Moed, 절기들)는 거룩한 시간들의 목록을 가장 거룩한 것부터 순서대로 열거하고 있다.[21] Shabbath & Erubin(안식일) → Pesahim(유월절) → Yoma(속죄일) → Sukkoth(장막절) → Yom Tob(축제일) → Rosh ha-Shana(신년 절기) → Taanith(금식일) → Megillah(부림절) → Moed Katan(중[中] 축제일 = Mid-Festival Days). 가장 거룩한 시간은 안식일이다. 안식일은 하나님이 세상을 창조할 때 만든 시간으로서, 하나님 자신도 쉬신 날이므로 가장 거룩하다. 따라서 마가복음에서 예수님이 안식일을 어긴 것은 거룩한 시간을 침범한 것으로서, 안식일을 더럽히는 행위라고 볼 수 있다.

셋째, '사람들의 정결 지도'란 정결한 정도에 따라 사람들을 분류한 정결 지도로서, 토세프타 메길라(Tosefta. Megillah) 2.7은 '사람들의 정결 지도'를 다음과 같이 제시하고 있다(화살표의 진행 방향에 따라 더욱 부정해진다). 제사장 레위인 → 이스라엘 사람 → 개종자 → 자유를 얻은 노예 → 자격을 상실한 제사장(제사장들의 사생아) → 성전 노예 → 사생아 → 내시 → 고환이 상한 자 → 남자 성기가 없는 자.[22]

위에서 나타난 사람들의 정결 지도에 따르면 사람의 거룩함을 규정하는 것은 출생 신분과 몸이 온전한가이다. 또 성전에 가까운 곳에 위치한 사람일수록 거룩하다. 이런 점에서 사람들의 정결 지도는 장소들의 정결 지도를 따라간다. 사람들의 정결 지도는 출생이나 몸의 온전함뿐만 아니라 직업이나 성(性), 그리고 경제적인 수준 등에 의해서도 결정되었다. 한센병 환자나 중풍병자, 시각 장애인 등이 신체상의 결함 때문에 부정한 자였다면, 세리나 목자, 창녀들은 정결법을 제대로 지키지 못하는 직업에 종사했기에 부정한 자, 즉 죄인이었다. 여자는 출산과 월경으로 인하여 남자보다 부정한 자였다.

종교지도자들은 하나님의 거룩한 백성이 되기 위해서는 정결 지도에 따른 정결의 경계선을 세우고, 그 경계선을 지켜야 한다고 믿었다. 자신의 경계선을 넘지 말아야 부정해지지 않는다. 정결한 사람이 자신의 정결함 혹은 거룩함을 지키기 위해서는 부정한 자와의 접촉을 피해야 한다. 그러나 예수님은 종교지도자들의 정결 개념을 거부하고 '마음'의 정결을 강조하셨다(7:14-23). 또 예수님은 성령이 임한 '하나님의 거룩한 자'(1:24)로서 부정한 자로 여겨졌던 자들(병든 자들, 시체 등)을 거리낌 없이 만나시고, 손을 잡으시고, 치유해 주셨다. 예수님은 정결법상 매우 부정한 자인 문둥병자에게 손을 대어 치유하셨다(1:40-45). 12년 동안 혈루증을 앓은 부정한 여인이 자신의 옷에 손을 댔지만, 예수님은 부정해지지 않고, 오히려 그분의 거룩한 능력으로 혈루 근원까지 말려 버렸다(5:27-29). 죽은 야이로의 딸을 말씀으로만 살릴 수도 있으셨을 텐데, 굳이 시신의 손을 잡아 다시 살리기도 하셨다(5:22-24, 35-43).

예수님은 부정한 유대인들만 치유한 것이 아니라 부정한 이방인들까지도 포용하셨다. 이방 지역에 사는 사람들이 예수님을 찾아와 치유를 받는가 하면(3:8-10), 정결법상 부정한 이방 지역인 거라사에 가서 가장 부정한 곳인 무덤 사이에서 사는 '더러운 귀신' 들린 자를 고쳐주셨다(5:1-20). 이방 지역인 두로에 가서 이방 여인과 대화하며, 또 그녀의 더러운 귀신 들린 딸을 고쳐 주기도 하셨고(7:24-30), 부정한 자인 귀먹고 어눌한 자의 양쪽 귀에 자기 손가락을 넣고, 또 자기 손에 침을 뱉어 병자의 혀에 대기도 하셨다(7:31-33). 예수님을 통해 도래하는 하나님의 나라는 형식적인 정결법을 철폐하고 모든 부정한 자, 이방인을 치유하고 정결케 하여 그 나라의 백성이 되게 한다.

이렇게 예수님은 병에 걸려 부정해진 자들을 치유하고, 부정한 자들과 만나 식사를 하는 과정에서 필연적으로 종교지도자들과 부딪힐 수밖에 없으셨다. 예수님은 부정한 세리 및 죄인들과 식탁 교제를 나누고, 당시 유대교의 경건한 삶으로 여겨졌던 금식을 거부하고 당신을 통해 하나님의 나라가 임하였음을 축하하고 기뻐하는 것이 마땅하다고 가르치셨다. 또 안식일법에 대한 바리새적 율법 전통을 어기셨다(2:23-28; 3:1-6). 안식일의 주인이 되심을 선언하심으로써 하나님의 권위를 보이셨고, 그 권위로 안식일의 근본정신을 가르치셨다. 또한 예수님은 음식 정결법에 관한 바리새적 율법 전통을 하나님의 계명과 대립되는 것으로 신랄하게 비판하기도 하셨다(7:1-13). 그리고 마음의 정결을 가르치셨다(7:14-23). 뿐만 아니라 예수님은 예루살렘에 가서 성전의 기능을 폐지하는 상징적 시위를 벌이셨다(11:15-17).

이렇게 마가복음에서 예수님은 제의적 정결을 거부하시고, 부정한 자를 긍휼히 여기셔서 그들에게 다가가셨다. 자신을 찾아오는 이들을 마다하지 않았다. 종교지도자들은 경계선들을 지킴으로써 그들의 권력을 확보했다면, 예수님은 경계선을 넘어가고, 부정한 자들을 찾아 나섬으로써 하나님의 능력을 드러내고, 하나님의 권위를 가진 자임을 보여 주셨다. 예수님은 부정한 자들을 피함으로써 자신의 정결함을 지킨 것이 아니라, 오히려 성령이 임한 자로서 자신의 거룩함을 퍼뜨리셨다.[23]

c. 예수와 종교지도자들의 갈등—하나님 나라와 악의 세력의 투쟁 마가는 예수님과 번번이 논쟁하고 결국 예수님을 죽이기까지 한 종교지도자들이 사탄과 한 통속이라고 본다.

첫째, 사탄은 예수님을 '시험하는데'(πειράζω, 페이라조), 마가복음에서 예수님을 시험하는 또 다른 인물은 종교지도자인 바리새인밖에 없다. 바리새인은 예수님을 시험하여 하늘로부터 오는 표적을 구했고(8:11), 또 이혼에 관한 질문과 가이사에게 세금을 바치는 문제를 질문한 것도 역시 예수님을 시험하는 의도였다(10:2; 12:15).

둘째, 정결법 논쟁(7:1-13)에서 예수님은 바리새인들과 서기관들이 지키는 유전을 '사람의' 계명 혹은 '사람의' 유전으로 규정하고, 이들의 유전이 '하나님의' 계명과 대립되고 있음을 강조하고 있다. 마가복음에서 '사람'은 하나님을 대적하는 세력을 의미할 때가 있다. 예수님이 수난을 예언하셨을 때 베드로가 이를 말리자 예수께서는 "사탄아 내 뒤로 물러가라 네가 하나님의 일을 생각하지 아니하고 도리어 사람의 일을 생각하는도다"(8:33)라고 꾸짖으셨는데, 여기서 '하나님의 일'과 '사람의 일'은 서로 대립하고 있으며, '사람의 일'은 '사탄'과 관계되어 있음을 알 수 있다. 마찬가지로 종교지도자들이 하나님의 계명을 저버리고, 하나님의 적대 세력을 의미하는 '사람'의 계명을 지킨다는 것은 그들이 사탄의 세력임을 보여 준다.

셋째, 이혼 논쟁(10:1-9)도 이혼에 관한 예수님과 종교지도자들 간의 학문적 논쟁이 아니라, 하나님의 창조 질서를 파괴한 악의 세력과 창조에 나타난 하나님의 원래 의지를 실현시키려는 예수님과의 우주적 투쟁이다. "하나님이 짝지어 주신 것을 사람이 나누지 못할지니라"(10:9)에서 하나님과 사람이 대립되고 있는데, 여기서 사람은 단순히 이혼증서를 써주고 아내를 쉽게 버리는 남자들만을 넘어, 그들을 통해 하나님의 창조질서를 거역하는 악의 세력까지도 포함한다. 안식일 논쟁(2:23-28)에서도 바리새인의 율법 해석은 창조에 나타난 하나님의 원래 의지를 왜곡하는 사탄적인 것으로 나타나고 있으며, 예수님의 안식일에 관한 선언(2:27)은 안식일에 관한 하나님의 본래적인 뜻을 회복시킨 것이다.

1장

1장
둘러보기

1:1-45

1 그리스도요 하나님의 아들인 예수의 복음의 시작. 2 예언자
이사야의 글에 "보라 내가 내 사신을 네 앞에 보낼 것이다. 그가 네
길을 준비할 것이다. 3 광야에서 외치는 자의 소리가 있다. 너희는
주님의 길을 준비하라. 그분의 길들을 곧게 하라"라고 기록되어
있는 것처럼 4 세례자 요한이 광야에 나타나 죄 용서를 위한 회개의
세례를 선포했다. 5 유대 온 지역과 예루살렘의 모든 사람들이
요한에게 나아와 자기의 죄들을 고백하고 요단강에서 그에게
세례를 받았다. 6 요한은 낙타털 옷을 입었고 허리에는 가죽 띠를
둘렀으며 메뚜기와 야생 꿀을 먹었다. 7 요한은 이렇게 선포했다.
"나보다 더 강하신 분이 내 뒤에 오실 것이다. 나는 허리를 굽혀
그분의 신발 끈을 풀 자격도 없다. 8 나는 너희에게 물로 세례를
주지만 그분은 너희에게 성령으로 세례를 주실 것이다." 9 그 무렵에
예수께서 갈릴리 나사렛으로부터 오셔서 요단강에서 요한에게
세례를 받으셨다. 10 강에서 올라오시자마자 하늘이 갈라지고,
성령이 마치 비둘기처럼 자신 안으로 내려오는 것을 보셨다.

11 또 하늘에서 소리가 들려왔다. "너는 내 사랑하는 아들이다. 내가
너를 기뻐한다." 12 그리고 즉시 성령께서 예수를 광야로 몰아내셨다.
13 예수께서는 광야에서 사십 일을 계셨고, 사탄에게 시험을
받으셨다. 또한 들짐승들과 함께 계셨으며, 천사들이 그분의 시중을
들었다. 14 요한이 잡힌 후 예수께서 갈릴리에 오셔서 하나님의
복음을 선포하셨다. 15 말씀하시되 "때가 찼고 하나님의 나라가
가까이 왔다. 회개하고 복음을 믿으라." 16 예수께서 갈릴리
바닷가를 거니시다가 시몬과 그의 형제 안드레가 바다에서 그물
던지는 것을 보셨다. 그들은 어부였다. 17 예수께서 그들에게
말씀하셨다. "나를 따라오너라. 내가 너희를 사람 낚는 어부가
되게 하겠다." 18 그러자 그들은 즉시 그물을 버리고 그분을 따랐다.
19 좀더 가시다가 세베대의 아들 야고보와 그의 형제 요한을
보셨다. 그들은 배에서 그물을 깁고 있었다. 20 예수께서 즉시
그들을 부르시니 그들이 아버지 세베대와 일꾼들을 배에 두고
그분의 뒤를 따라갔다. 21 그들이 가버나움에 들어갔다. 그리고 곧
안식일이 되자 예수께서는 회당에 들어가셔서 가르치셨다. 22 이에
사람들은 그분의 가르침에 놀라워했다. 예수께서 서기관들과는
달리 권위를 가지고 있는 분처럼 그들을 가르치셨기 때문이다.
23 바로 그때 그들의 회당에는 더러운 귀신이 들린 사람이 있었는데,
소리를 질러댔다. 24 그리고 말했다. "나사렛 예수여, 우리가 당신과
무슨 상관이 있습니까? 우리를 멸하러 오셨습니까? 나는 당신이
누구인지 압니다. 하나님의 거룩한 분입니다." 25 예수께서 그를
꾸짖어 말씀하셨다. "잠잠하라. 그에게서 나와라." 26 더러운 귀신이
그에게 발작을 일으키더니 큰 소리를 지르며 그에게서 떠나갔다.
27 모든 사람들이 놀라워하며 서로 수군거리며 말했다. "이게
무슨 일인가? 권위 있는 새로운 가르침이다. 더러운 귀신들에게
명령하니 그들이 순종하는구나." 28 이에 즉시 예수에 관한 소문이
갈릴리 온 사방에 퍼져나갔다. 29 예수께서 즉시 회당에서 나와
야고보와 요한과 함께 시몬과 안드레의 집으로 가셨다. 30 시몬의

장모가 열병으로 누워 있었는데, 그들이 즉시 그녀에 대해 예수께
말씀드렸다. 31 예수께서 다가가셔서 그녀의 손을 잡아 일으켜
세우셨다. 그러자 열병이 그녀에게서 떠나갔다. 이에 그녀는 그들을
섬겼다. 32 저녁이 되어 해가 졌는데도 사람들이 모든 병든 자와
귀신이 들린 자들을 예수께 데려왔다. 33 온 동네 사람들이 문 앞에
모여들었다. 34 예수께서는 각종 병든 많은 사람들을 고치셨고,
많은 귀신들을 쫓아내셨다. 그리고 귀신들이 말하는 것을 금하셨다.
왜냐면 그들은 예수님이 누구신지 알고 있었기 때문이다. 35 매우
이른 새벽, 아직 어두운데 예수께서는 일어나 한적한 곳으로 가셔서
거기서 기도하셨다. 36 시몬과 그와 함께하는 자들이 예수님을 찾아
나섰다. 37 마침내 예수님을 찾자 그분께 말했다. "모두가 당신을
찾고 있습니다." 38 그러자 예수께서 그들에게 말씀하셨다. "다른
가까운 마을들로 가서 거기서도 전도하자. 내가 이것을 위해 왔다."
39 그리고 그들의 회당들과 온 갈릴리 지역을 다니시며 선포하시고
귀신들을 내쫓으셨다. 40 어떤 한센병 환자가 예수께 다가와
무릎을 꿇고 간구했다. 그리고 말했다. "당신께서 원하시면 저를
깨끗하게 하실 수 있습니다." 41 예수께서 불쌍히 여기시며 당신의
손을 내밀어 그를 만지시며 그에게 말씀하셨다. "내가 원한다.
깨끗하게 되거라." 42 그러자 즉시 한센병이 그에게서 떠나갔고,
그는 깨끗하게 되었다. 43 예수께서는 즉시 그를 보내시면서 그에게
엄중히 경고하셨다. 44 그리고 그에게 말씀하셨다. "이 일에 대해
아무에게도 어떤 말도 하지 말라. 다만 제사장에게 가서 네 몸을
보여라. 네가 깨끗하게 되었으니 모세가 명한 것을 드려 그들에게
증거로 삼아라." 45 그러나 그 사람은 가서 이 일을 많이 전하고
퍼뜨렸다. 그래서 예수께서는 사람의 눈에 띌까봐 더는 마을에
들어가지 못하시고, 바깥 한적한 곳에서 계셨다. 그런데도 사람들이
사방에서 예수께 모여들었다.

마가가 들려 준 첫 음성은 복음에 대한 간명한 선포다. 복음은 예수님

이 그리스도요 하나님의 아들이시라는 소식이다! 이는 마가복음 전체의 메시지를 한 문장으로 요약한 것이다. 마가는 먼저 예수님의 선구자 세례자 요한을 소개한다. 요한의 외모는 엘리야와 외모와 비슷했고, 죄 사함을 받게 하는 회개의 세례를 전파하였다. 요한은 말라기가 예언한 엘리야와 같은 사람이다. 또 요한은 자신 뒤에 올 예수님이 성령으로 세례를 베푸실 것을 예언하는데, 이어지는 장면은 요한의 예언이 금방이라도 이뤄진 것을 보여 주듯 예수님이 요단강에서 세례를 받고 물에서 올라오실 때 있었던 사건을 전한다. 성령이 비둘기처럼 예수께 내려오고, 너는 내가 기뻐하는 아들이라는 하늘의 음성이 들려온다. 예수님이 하나님의 아들이심이 하늘의 음성으로 직접 선포된 것이다. 하지만 성령은 예수님을 광야로 몰아내셨고, 예수님은 거기서 40일 동안 계시며 사탄에게 시험을 받으셨다. 마태나 누가와는 달리 마가는 3가지 시험 내용을 전하지 않는다. 단지 예수께서 들짐승과 함께 계시고 천사들이 수종 들었다는 언급을 통해 시험을 이겨 에덴을 회복하셨음을 암시할 뿐이다.

이제 본격적으로 사역할 준비를 마쳤다. 요한이 체포되어 투옥되자 마침내 예수께서 등장하신다. 첫 일성은 하나님의 복음이었다. 하나님 나라가 당신을 통해 가까이 왔으니 회개하라는 촉구요 초대였다. 하나님 나라 사역은 혼자 감당할 수 없다. 예수님은 네 명의 제자들을 불러 사람을 낚는 어부라는 사명을 주신다. 장면은 신속하게 전환된다. 안식일이 되자 예수님은 회당에 들어가셔서 가르치시고 더러운 귀신 들린 자를 고치신다. 이에 사람들이 놀라며 권세 있는 새 교훈이라고 칭송한다. '권세'와 '새로움'은 예수님의 가르침과 행하심의 본질을 나타내는 핵심어다. 예수님은 하나님의 권세로 지금까지 볼 수 없었던, 마지막 날에야 이뤄질 새 일을 행하신다. 그런 점에서 예수님은 하나님의 아들이요 메시아시다. 예수님의 소문은 빠르게 퍼져 나간다. 예수님은 베드로의 장모와 가버나움의 모든 병자들과 귀신이 들린 자들을 고쳐 주신다. 아마도 밤늦게까지 이뤄졌을 것이다. 그런 와중에도 새벽 일찍 일어나 광야로 가서 기도하신다. 이어 예수님을 찾으러 온 제자들과 갈릴리를 두루 다니며 전도하시고 귀신을 내쫓는 등 하나님 나라를 이뤄 가신다. 한센병 환자의 치유는 비교적 소상히 기록되었는데, 천형(天刑)이라고 알려진 한센병을 치유받은 그 사람은 자발적으로 자신에게 일어난 일을 적극 전파한다. 예수를 통해 하나님의 나라가 임했다는 소식일 것이다. 1장의 내용을 간략히 정리하면 아래와 같다.

그리스도요 하나님의 아들이신 예수(1절)

요한의 세례 사역과 예수의 등장(2-15절)

- 세례자 요한의 등장과 그의 사역(2-8절)
- 예수께서 세례를 받으실 때 일어난 사건(9-11절)
- 광야에서 시험을 받으시다(12-13절)
- 하나님의 복음을 선포하시다(14-15절)

가버나움에서의 첫 사역(16-45절)

- 네 명의 제자를 부르시다(16-20절)
- 권위 있는 새 교훈(21-28절)
- 가버나움에서의 치유 사역(29-34절)
- 기도하시고, 전도하시다(35-39절)
- 한센병자를 고치시다(40-45절)

1장
풀어보기

마가복음의 표제(1절)

1 그리스도요 하나님의 아들인 예수의 복음의 시작

성경 66권 가운데 인상적인 도입부가 여럿 있다. "태초에 하나님이 천지를 창조하시니라"(창세기), "복 있는 사람은 악인들의 꾀를 따르지 아니하며"(시편), "아브라함과 다윗의 자손 예수 그리스도의 계보라"(마태복음), "태초에 말씀이 계시니라"(요한복음) 등이 그러하다. 마가복음의 시작도 인상적이다. 헬라어 원문 순서에 따라 직역하면 "시작 복음의 예수 그리스도 하나님의 아들"이다. 복음은 예수가 그리스도요 하나님의 아들이라는 것이다. 얼마나 간명하고 명료한 정의인가! 복음은 인간이 만들어 낸 이론이 아니다. 예수님이 복음이다.

먼저, 1절은 예수님이 그리스도요 하나님의 아들이라고 말한다.[1] 그리스도와 하나님의 아들은 예수님의 정체를 드러내는 호칭으로, 앞으로 화자가 들려 줄 이야기는 어떻게 예수님이 그리스도요 하나님의 아들인지에 관한 내용이 될 것이다. 둘째, 지금부터 말하는 이야기는 '복음'이다. 여기서 '복음'(εὐαγγέλιον, 유앙겔리온)은 이사야 40장 9-10절을 반영하는 것으로 보인다. 여기에 따르면 '아름다운 소식을 전하는 자', 즉 '복음을 전하는 자'가 전하는 소식은 이제 이스라엘은 바벨론에서의 포로 생활을 끝내고 다시 고국으로 돌아온다는 소식이다. 8월 15일에 우리가 맞은 해방 소식과도 같다. 그러면 이스라엘은 어떻게 포로생활에서 해방될 수 있었나? 하나님이 강한 자로 임하셔서 친히 그 팔로 이스라엘을 다스리실 것이기 때문이다. '팔'은 능력의 상징이다. 그래서 복음은 '승리의 소식'이요 '기쁨의 소식'이다. 바로 이 복음이 그리스도시요 하나님의 아들이신 예수님을 통해 이뤄졌음을 전하는 것이 마가복음이다. 예수께서는 아픈 자들을 치유하심으로 병에서 해방시키셨고, 귀신 들린 자를 자유케 하셨으며, 죄사함을 통해 죄로부터 자유케 하셨다.

셋째, 앞으로 전개될 이야기는 복음의 '시작'(ἀρχή, 아르케)이다. 태초에 하나님이 천지를 창조하셔서 혼돈과 어둠으로부터 질서와 빛의 세상이 탄생한 것처럼, 또 태초에 말씀이 계셨고 하나님과 함께 만물을 지으셨던 것처럼 복음은 새로운 세상을 연다. 예수 그리스도 하나님의 아들이 하신 일은 만물을 새롭게 하시는 하나님의 창조 사역이다.[2] 또 복음의 시작이라고 말한 이유는 마가복음이 들려주는 복음은 16장으로 끝나지 않기 때문이다. 예수님이 다시 올 때까지 복음을 전해야 한다. 세상을 새롭게 해야 한다. 마가복음을 읽는 것은 복음의 시작일 뿐이다. 마가복음은 예수님이 전한 복음을 보여 주는 동시에 예수님에 관한 복음이기도 한 것이다.

세례자 요한의 등장과 그의 사역(2-8절)

2 예언자 이사야의 글에 "보라 내가 내 사신을 네 앞에 보낼 것이다.
그가 네 길을 준비할 것이다. 3 광야에서 외치는 자의 소리가 있다.
너희는 주님의 길을 준비하라. 그분의 길들을 곧게 하라"라고
기록되어 있는 것처럼

마가복음의 첫 번째 등장인물은 세례자 요한이다. 세례자 요한이 누구이며 그가 한 일이 무엇인가는 이미 구약에서 예언했음을 마가는 구약 인용문을 통해 말하고 있다. 세례자 요한이 '광야'에서 회개의 세례를 '선포'한 것(4절)은 2절의 '사신'(messenger), 또 3절에서 언급된 '광야에서 외치는 자'의 모습과 일치한다.[3]

그런데 2절은 출애굽기 23장 20절, 말라기 3장 1절의 합성이고, 3절은 이사야 40장 3절이지만, 마가는 이 구약 인용문 전체를 선지자 이사야의 글로 언급한다(2절, "예언자 이사야의 글에"). 이는 이사야의 '새로운 출애굽' 모티브를 강조하는 것 같다. 하나님께서 이집트의 이스라엘 백성들을 자유케 하신 사건을 출애굽 사건(the Exodus)이라고 한다면 바벨론 포로 생활에서 해방된 사건은 제2의 출애굽 혹은 새로운 출애굽(the New Exodus)이라고 한다. 마가복음에는 '새로운 출애굽'의 모티브가 여러 곳에 나온다. 1절에서 언급한 대로 복음의 의미부터 새로운 출애굽에서 나온 용어다. 신약은 구약 없이 결코 이해할 수 없다. 마가는 구약을 직접 인용하는 것은 물론 구약의 모티브를 사용하여 예수님 및 관련 사건을 자주 소개한다. 예를 들어 오병이어 사건은 구약의 엘리야와 엘리사를 연상케 한다. 배불리 먹은 사람들이 푸른 잔디 위에 앉아 있는 것은 시편 23편 1-2절을 연상시킨다.

> **4** 세례자 요한이 광야에 나타나 죄 용서를 위한 회개의 세례를 선포했다. **5** 유대 온 지역과 예루살렘의 모든 사람들이 요한에게 나아와 자기의 죄들을 고백하고 요단강에서 그에게 세례를 받았다.

세례자 요한의 사역은 '회개의 세례' 선포였다. 앞서 2-3절에서 말한 주의 길을 예비하는 일은 다름 아닌 회개하여 죄사함을 받는 것임을 알 수 있다. 예수님도 하나님 나라가 가까이 왔기 때문에 "회개하고 복음을 믿으라" 선포하셨고(1:14), 나중에 예수님의 제자들 역시 '회개하라' 선포한다(6:12). '세례자 요한 → 예수님 → 예수님의 제자들'이 '회개 사역'으로 이어지고 있음을 볼 수 있다.

요한의 사역은 성공적이었다. '온 유대 지역과 예루살렘 사람'이 다 그에게 나아가 자기 죄를 고백하고 세례를 받았다. 이것은 요한의 권위를 하나님으로부터 온 것으로 사람들이 인정했다는 것을 보여 준다(막 11:32 참조).

6 요한은 낙타털 옷을 입었고 허리에는 가죽 띠를 둘렀으며 메뚜기와
야생 꿀을 먹었다.

마가는 왜 세례자 요한이 무슨 옷을 입었는지, 뭘 먹고 살았는지를 알려 주는 것일까? 구약의 엘리야 선지자와 닮았다는 걸 보여 주기 위해서다. 요한이 광야에서 살면서 낙타털 옷을 입고 허리에 가죽 띠를 띠고 있었던 것처럼, 엘리야도 털이 많고, 가죽 띠를 띠었다(왕하 1:8). 특히 '가죽 띠를 띠었다'(막 1:6)라는 묘사는 문자적으로 거의 일치한다. 외모뿐만 아니라 세례자 요한이 회개를 촉구한 것처럼, 엘리야도 이스라엘의 모든 백성들을 향해 바알을 버리고 여호와에게 돌아올 것을 촉구한 것(왕상 18:21)도 닮았고, 요한의 활동 장소인 광야와 요단강은 엘리야와 관련되어 있다(왕상 19:3-18; 왕하 2:4-11). 예수님도 세례자 요한을 엘리야에 비유한 바 있다(막 9:11-13).

이렇게 세례자 요한을 엘리야와 견주는 이유는 종말에 엘리야가 메시아의 선구자로 올 것이라는 말라기 4장 5절("보라 여호와의 크고 두려운 날이 이르기 전에 내가 선지자 엘리야를 너희에게 보내리니")의 말씀이 성취되었음을 보여 주는 것이다. 세례자 요한이 엘리야라면 그 뒤에 오시는 예수님은 바로 주님이시다. 마가는 이 점을 말하고 싶은 것이다.

'광야'라는 장소적 배경이 주는 의미도 주목할 필요가 있다. 광야에서 회개의 세례를 선포한 세례자 요한은 메뚜기와 야생 꿀(석청)을 먹고 살았다. 광야에서 나는 야생 음식으로 지내는 금욕주의적 삶을 보여 주는 동시에 광야는 제2의 출애굽과 언약 갱신이 이루어질 곳이다(사 40:3; 48:20-21 참조). 이러한 장소적 배경은 세례자 요한이 종말에 구원을 이루러 올 메시아의 선구자임을 암시한다.[4]

묵상

요한은 자신의 역할이 말라기가 예언한 엘리야임을 알고 외모도 엘리야처럼 했던 것 같다. 좋은 옷도 입지 않고, 좋은 음식도 먹지 못했다. 엘리야처럼 살기 위해서다. 누가복음 1장에 따르면 세례자 요한은 나실인으로 부름을 받았다. 나실인은 포도나무의 소산, 포도주, 독주를 마셔서는 안 되며, 그 어떤 부정한 것도 먹어서는 안 된다고 지시하였다. 또 나실인은 머리를 깎지 않았다. 나실인은 주님께 헌신하기로 한 사람이요 하나님께서 거룩한 사람으로 따로 구별해 놓은 사람이기 때문에 평범한 사람과는 다른 삶을 살아야 했다. 성도 역시 나실인처럼 하나님의 사랑을 받아 구별된 사람들이다. 하나님께 헌신하기로, 주님만을 위해 살겠다고 결심한 사람들이다. 성도는 주님을 위해서라면 남들은 자유롭게 행하는 일도 포기할 줄 알아야 한다.

7 요한은 이렇게 선포했다. "나보다 더 강하신 분이 내 뒤에 오실
것이다. 나는 허리를 굽혀 그분의 신발 끈을 풀 자격도 없다."

요한이 선포한 첫 번째 내용이 회개의 세례였다면(4절), 두 번째 그가 선포한 메시지는 자기 뒤에 오실 예수님에 대한 예언이다. 한 마디로 자신은 철저히 예수님보다 못한 존재라는 것이다. 신발 끈을 푸는 일은 노예가 담당하는 천한 일이었다. 당시에 요한의 세례 사역은 매우 큰 반향을 일으켰고, 사람들은 그가 하나님이 보낸 참 선지자라고 인정하였다. 또 세례자 요한에게는 제자들도 있었다(2:18 참조). 그가 죽은 후에도 그를 따르던 자들이 일종의 종파를 형성하기까지 하였다. 이 정도의 인기를 끌었던 세례자 요한이었지만, 그는 자신의 한계를 아는 사람이었다. 요한은 광야에서 외치는 자의 소리일 뿐이다. 그는 주님으로서 오시는 예수님의 길을 예비하는 자다.

8 "나는 너희에게 물로 세례를 주지만 그분은 너희에게 성령으로
세례를 주실 것이다."

많은 사람들이 나와서 물세례를 받았고 그만큼 권위가 있었지만 요한은 예수님이 행할 성령세례에 비견될 바가 못 된다고 말한다. 자신에 비해 예수님의 권위와 신분이 얼마나 높은가를 말해 주는 것이다. 헬라어 원문은 주어 '나'를 강조하는 '에고'(ἐγώ)와 '그'를 강조하는 '아우토스'(αὐτός)가 사용되면서 명확한 대조를 이루고 있으며, 각 문장의 제일 처음에 위치하여 '나'와 '그'가 두드러지고 있다.

그러면 예수님이 성령으로 세례를 베푼다는 말은 무엇일까?[5] 우선 '성령세례'에 대해 교파마다, 사람마다 다르게 이해한다는 점을 기억하자. 하지만 예수를 믿고 세례를 받을 때 성령이 임하신다(고전 12:13 참조. "우리가 유대인이나 헬라인이나 종이나 자유인이나 다 한 성령으로 세례를 받아 한 몸이 되었고 또 다 한 성령을 마시게 하셨느니라")는 사실에 대해서는 이론이 없다. 물론 세례 받기 전에도 예수를 믿는 회심의 과정에 성령이 역사하신다. 개혁교회에서는 이것을 성령세례라고 말한다. '성령충만'이라는 말도 있다. 세례 받을 때 성령이 임하시지만, 이후에 성령께서 온전히 우리의 모든 것을 주관하실 때 성령충만하다고 말한다. 한편 오순절교파에서는 우리가 예수 믿을 때 성령이 임하시지만, 그러나 그 이후에 별도로 성령의 강력한 임재를 체험해야 한다고 주장한다. 이것을 성령세례 혹은 두 번째 축복(Second Blessing)이라고 부른다. 흔히 성령세례를 받을 때 방언을 하게 된다고 하여, 방언을 성령세례 여부의 기준으로 삼는다. 오순절주의자들은 이 성령세례를 모든 성도가 반드시 경험해야 한다고 강조한다. 그렇지 않으면 예수를 믿어도 밋밋한 신앙생활을 하게 된다고 본다. 한국 교회의 많은 부흥집회에서 '성령세례'를 받자고 말하는 것을 들을 수 있는데, 이때 '성령세례'란 오순절주의에서 말하는 성령의 강력한 임재와 역사로서, 방언을 말하고 병이 낫는 것을 뜻한다.

'성령으로 세례를 준다 혹은 받는다'는 표현, 흔히 '성령세례'라는 말은 신약성경에 모두 일곱 번 나온다. 이 가운데 여섯 번은 세례자 요한이 예수님이 베푸실 세례를 묘사할 때 사용한 말이다(막 1:8; 마 3:11; 눅 3:16; 요 1:33; 행 1:5; 11:16). 성도가 세례를 받을 때 성령이 임한다는 뜻으로는 고린도전서 12장 13절만 있을 뿐이다. 즉 복음서와 사도행전은 예수님이 주체가 되어 베푸실 세례를 성령세례라고 한다. 그런데 예수님은 이 땅에 계실 때 물세례조차 주신 적이 없다. 다만 제자들이 세례를 주었을 뿐이다(요 4:1-2). 그렇다면 예수님이 주실 성령세례란 무엇인가? 우선 성령충만하신 분으로서(1:10) 예수님이 베푸시는 죄 용서를 뜻한다. 에스겔 36장 25-27절은 성령의 임재와 종말론적 죄 용서 사상을 잘 보여 주고 있다.

> 맑은 물로 너희에게 뿌려서 너희로 정결케 하되 곧 너희 모든 더러운 것에서와 모든 우상을 섬김에서 너희를 정결케 할 것이며 또 새 영을 너희 속에 두고 새 마음을 너희에게 주되 너희 육신에서 굳은 마음을 제하고 부드러운 마음을 줄 것이며 또 내 신을 너희 속에 두어 너희로 내 율례를 행하게 하리니 너희가 내 규례를 지켜 행할지라

실제로 예수님은 중풍병자에게 사죄를 선포하고, 인자로서 사죄권을 주장하셨다(2:10). 하나님만이 가지고 계신 사죄권을 이 땅에선 예수님이 대행하셨다. 또 후술하겠지만 예수께서 정결법적으로 부정한 세리 레위를 부르시고 여러 세리들 및 죄인들과 같이 식탁 교제를 나눈 것도 하나님의 죄 용서 사건이다. 세례자 요한이 선포한 내용도 회개의 세례였고, 예수님이 처음 외치신 하나님의 복음도 "회개하라"였다는 사실은 예수님의 성령세례가 죄사함이라는 것을 뒷받침한다. 또한 아래에서 설명하겠지만 그분에게 임한 성령의 능력으로 병자를 깨끗케 하시고, 귀신을 쫓아내시며, 권위 있는 가르침으로 하나님의 나라를 이루시는 모든 것이 결국 성령세례라고 할 수 있겠다.

예수께서 세례를 받으실 때 일어난 사건(9-11절)

> 10 강에서 올라오시자마자 하늘들이 갈라지고, 성령이 마치
> 비둘기처럼 자신 안으로 내려오는 것을 보셨다. 11 또 하늘에서 소리가

들려왔다. "너는 내 사랑하는 아들이다. 내가 너를 기뻐한다."

예수님은 갈릴리 나사렛으로부터 요단강에 오셔서 요한에게 세례를 받으셨다. 예수님이 물에서 나오실 때 세 가지 현상을 보셨다. 첫째, 하늘이 '갈라졌다'(σχίζομαι, 스키조마이). '찢어졌다'로도 번역할 수 있다. 하늘이 열렸다고 하지 않고, 하늘이 갈라졌다고 표현한 사실에 주목하자. 마태와 누가는 '열렸다'(ἀνοίγω, 아노이고. 마 3:16; 눅 3:21)로 표현했다. 마치 지진이 나서 땅이 갈라진 것처럼 하늘이 갈라졌다는 말인데, 갈라진 하늘은 더 이상 봉합될 수 없다. 더 이상 닫히지 않는다. 예수를 통해 하나님의 계시가 궁극적으로 임했으며 하나님의 종말론적 구원이 나타났다(사 64:1)는 것을 암시한다.

한편 예수님이 십자가에서 돌아가셨을 때 성전 휘장이 '찢어졌다'. 이는 하늘이 갈라지다의 헬라어와 동일하다. 마가복음에 나타난 예수님의 일생은 하늘이 갈라지는 것으로 시작하여 휘장이 갈라지는 것으로 끝나셨다. 예수님이 이루시는 하나님 나라는 세상을 찢고 파괴한다(이에 대해서는 마가복음 15장 38절과 2장 21-22절에 대한 주해를 참조하라).

둘째, 성령이 비둘기같이 임했다. 헬라어 원문은 '성령이 내려와 예수님 안으로(εἰς, 에이스) 들어가셨다'라고도 번역할 수 있다. 마태(3:16)와 누가(3:22)는 '~위에'를 뜻하는 에피(ἐπί)로 기록했다. 그러나 여기서 에이스(εἰς)가 '~안으로'의 의미로 사용되었는지, 아니면 에피(ἐπί)처럼 '~위에'라는 뜻으로 사용되었는지는 논란이 있다. 필자는 '~안으로'의 의미로 사용했다고 보며, 이 경우 성령과의 합일성이 보다 강조된다. 그러면 성령의 임재를 비둘기에 묘사한 이유는 뭘까? 찬송가 가사처럼 비둘기는 성령의 온유하심을 뜻하는 것이 아니다. 데이비스와 앨리슨은 16가지 견해를 소개하고 있는데,[6] 필자가 보기에 두 가지 견해가 유력하다. 첫째 성령이 '비둘기같이' 내려왔다는 묘사는 노아의 홍수 이야기에서 감람나무 새잎사귀를 물고 온 비둘기와 관계가 있다. 이 비둘기가 하나님의 심판이 끝나고 새로운 시대가 시작되었음을 알렸듯이 성령이 예수님에게 임하심으로써 하나님의 구원의 시대가 시작되었음을 뜻한다. 둘째, 비둘기는 천지 창조 때 수면을 운영하는 성령의 표상이기도 하다. 창세기 1장 2절에 따르면 하나님의 영이 수면 위에 운행하셨다. 유대교 문헌에 따르면 태고의 수면 위를 운행하던 하나님의 영이 새끼를 품은 비둘기에 비유되고 있다. 그렇다면 성령이 비둘기같이 예수께 내려온 것은 새 창조가 시작되었음을 암시한다. 이사야에서도 성령은 종말에 있을 새로운 출애굽과 관계가 있다(사 44:3; 63:10-14).[7]

예수님이 성령을 받은 분이기에 이후에 그분이 행하는 모든 일들은 성령으로 행하는 것이 된다. 예수님이 수많은 병자들을 고치시고, 놀라운 교훈으로 사람들을 가르칠 수 있었던 것은 바로 세례 때 임한 성령의 능력과 지혜 덕분이다. 가버나움 회당에 있던 귀신 들린 자가 예수님을 '하나님의 거룩한 자'(막 1:24)라고 부른 것도 예수님이 성령과 하나 된 분임을 보여 준다.

셋째, 하늘의 음성이 들렸다. 성령강림과 더불어 하늘에서 난 음성 중에서 "너는 내 아들이라"(11절)는 메시아를 예언한 시편으로 알려진 시편 2편 7절을 반영하는 것으로서, 이 역시 예수님이 하나님의 아들이심을 말한다. 하나님은 당신의 아들을 기뻐하셨다(1:11). 구약에서 하나님의 아들은 이스라엘 백성이었다. "이스라엘은 내 아들 내 장자라"(출 4:22). 시편 2편에서는 이스라엘을 대표하는 왕이 하나님의 아들로 불린다. 그러나 이스라엘은 하나님을 거역했다. 특히 출애굽 이후 광야에서 이스라엘 백성은 원망하고 불순종하여 장자다운 모습을 보이지 못했다. 그래서 하나님이 기뻐하지 않으셨다(고전 10:5). 그러나 하나님은 예수님을 기뻐하셨다. 예수님은 하나님이 기뻐하시는 아들이다. 예수님은 아버지께 온전히 순종하시기 때문이다("나의 원대로 마시옵고 아버지의 원대로 하옵소서", 막 14:36). 예수님은 참된 하나님의 아들이 무엇인지 보여 주신 분이시다.

묵상

예수님이 경험하신 성령의 임재와 하늘의 음성은 예수님을 믿는 우리들도 경험할 수 있다. 예수님은 성령으로 우리에게 세례를 베푸시기 때문이다. 성령이 임하시면 하나님 아버지의 음성을 듣게 된다. 우리가 예수님을 믿기 전에는 하나님 아버지와 영적으로 단절된 상태에 있다. 그러다가 예수님을 믿어 성령이 우리에게 임하시면 하나님 아버지와의 관계가 회복된다. 관계 회복은 그분의 음성을 듣는 것이다. 하나님이 들려주신 음성은 예수님이 하나님 아버지께서 사랑하는 아들이라는 것이다. 우리도 마찬가지다. 성령이 하시는 일은 바로 우리가 하나님의 자녀임을 깨닫게 하고(롬 8:16. "성령이 친히 우리의 영과 더불어 우리가 하나님의 자녀인 것을 증언하시나니") 하나님을 아빠 아버지라 부르게 하신다(갈 4:6. "너희가 아들이므로 하나님이 그 아들의 영을 우리 마음 가운데 보내사 아빠 아버지라 부르게 하셨느니라").

광야에서 시험을 받으시다(12-13절)

12 그리고 즉시 성령께서 예수를 광야로 몰아내셨다.

예수께서 세례를 받으신 후 성령께서 예수님을 광야로 '몰아 내셨다'(ἐκβάλλει, 에크발레이). 언뜻 생각하면 예수님은 가기 싫으신데 성령이 등 떠밀어 광야로 가신 것처럼 느껴진다. 마태와 누가는 성령에게 '이끌리어'(ἀνήχθη, 아넥쎄. 마 4:1; 눅 4:1)로 순화시킨다. 아마도 마가는 '몰아내다'라는 단어를 통해 예수님의 광야 시험 사건의 불가피성을 말하고자 했을 것이다. 왜냐면 하나님이 통치하는 새 시대가 오려면 악의 세력과의 우주적 투쟁은 불가피하다. 이 세대의 지배자를 먼저 제압하고 난 뒤에야 하나님의 통치가 시작되는 것이다(막 3:27 참조). 시험을 통과해서 당신이 하나님의 아들이심을 입증하고 하나님의 나라를 이루실 수 있다. 그래서 예수님은 광야에 가서 사탄과 우주적 투쟁을 벌인 후에 하나님의 복음을 선포하셨다.

13 예수께서는 광야에서 사십 일을 계셨고, 사탄에게 시험을
받으셨다. 또한 들짐승들과 함께 계셨으며, 천사들이 그분의

시중을 들었다.

예수님은 광야에서 40일을 계셨고, 사탄에게 시험을 받으셨다. 마태복음(4:1-11)과 누가복음(4:1-13)에는 예수님이 받으신 세 가지 시험 내용과 예수님이 시험을 이기셨음이 자세히 나와 있다. 마가복음은 시험의 내용은 말하지 않는다. 그저 시험 받은 사실과 그 결과를 말할 뿐이다. 심지어 마태와 누가는 예수님이 금식하셨다고 말하지만(마 4:2; 눅 4:2), 마가는 그런 언급이 없다. 하지만 새벽 일찍 광야에서 기도하신 것(막 1:35)을 보면 여기서도 기도하셨다고 볼 수 있다. 광야는 사람이 살기 어렵다. 낮엔 뜨거운 열기로, 밤엔 추위와 짐승들 때문에 위험하다. 그래서 예수님은 광야에 있는 동굴에서 금식하며 기도하셨을 것이다. 다윗과 그 일행도 사울을 피해 다닐 때 동굴에 거하지 않았던가? 광야에 있던 세례자 요한 역시 동굴에 거했을 것이다.

마가는 시험 내용은 언급하지 않지만, 결과에 대해서는 이렇게 말한다. 먼저, 예수님은 "들짐승들과 함께 계셨다". 이에 대해 두 가지 상반된 해석이 있다. 하나는 광야라는 장소적 배경에서 볼 때 들짐승들은 예수님을 적대하는 존재로서, 예수님이 광야에서 고난을 당하셨다는 의미로 보는 견해이다. 신명기 8장 15절은 광야를 "광대하고 위험한 광야 곧 불뱀과 전갈이 있고 물이 없는 간조한 땅"으로 소개하고 있으며, 실제로 하나님은 불순종한 이스라엘 백성들에게 불뱀을 보내 심판하셨다(민 21:6). 또 시편 91편 11-13절은 여호와를 신뢰하는 자를 천사가 모든 길에서 지킬 것이며 사자와 독사를 밟을 것이라고 약속한다.[8] 다른 해석은 타락 전 에덴동산에서 아담과 동물들이 평화롭게 공존했던 것처럼 여기서도 그러하다는 해석이다.[9] 예수님이 사탄의 시험을 이기시고 에덴의 평화를 이루셨다고 보는 게 맞다. 이사야 11장 1-9절은 성령충만한 다윗의 자손, 즉 메시아를 예언하고 있는데 메시아가 오면 인간과 동물, 동물과 동물 간에 적대가 사라진다. 새로운 창조, 새로운 구원의 시대가 열린 것이다. 또 예수님이 들짐승과 함께 계신 것은 하나님이 아담에게 주신 만물에 대한 통치권 행사로 보기도 한다.[10]

다음으로 마가는 천사들이 예수님을 수종들었다고 말한다. 유대 전승에 따르면 타락 전 아담은 천사들로부터 먹을 것을 공급받았다고 한다.[11] 그렇다면 천사들이 예수님을 수종 들었다는 것도 예수님이 사탄의 시험을 이기고 타락 전 에덴을 회복하셨다는 의미로 볼 수 있다. 아담은 인류의 첫 번째 인간으로서 뱀(=사탄)의 시험에 졌지만, 두 번째 아담 예수님은 이기셨다. 그래서 새로운 인류의 시조가 되신 것이다(롬 5:12-21; 고전 15:21-22 참조). 맥스 루케이도는 이것을 아래와 같이 멋들어지게 표현하고 있다.

> 예수님은 왜 광야로 가셨나? 역사상 두 번째로, 타락한 천사가 타락하지 않은 인간에게 싸움을 걸었다. 재대결을 신청한 것이다. 첫째 아담이 실패한 곳에 둘째 아담은 승리하러 오셨다. 그러나 예수님이 당하신 시험은 훨씬 혹독했다. 아담은 아름다운 에덴동산에서 시험받았지만, 그리스도는 황량한 광야에서 시험받으셨다. 아담은 배부른 몸으로 사탄을 대면했지만, 그리스도는 혹독한 굶주림 속에서 대면하셨다. 아담에게는 하와라는 동지가 있었지만, 그리스도는 혼자였다. 아담의 숙제는 죄 없는 세상에 죄 없이 남는 것이었지만, 그리스도의 싸움은 죄로 물든 세상에 죄 없이 남는 것이었다.[12]

하나님은 첫 번째 아담에게 당신이 만든 세상을 다스리게 하셨으나, 아담은 실패했다. 두 번째 아담 예수님은 사탄의 시험을 이기셨다. 그리하여 예수님을 통해 하나님의 통치가 시작됐다. 14-15절은 바로 그것을 선포하고 있다.

하나님의 복음을 선포하시다(14-15절)

14 요한이 잡힌 후 예수께서 갈릴리에 오셔서 하나님의 복음을 선포하셨다.

세례자 요한의 체포를 묘사하는 단어인 '파라도쎄나이'(παραδοθῆναι)는 예수님이나 제자들의 수난과 관련하여서도 사용된다(예수님께 사용된 경우 3:19; 9:31; 10:33; 14:10, 11, 18, 21, 41, 42, 44; 15:1, 15. 제자들에게 사용된 경우 13:9, 11, 12). 즉 '파라도쎄나이'는 세례자 요한과 예수님과 제자들이 동일하게 고난과 죽음의 길을 걷는 사람들임을 말한다. 예수님은 '하나님의' 복음을 선포하셨다. 1절에 따르면 복음은 예수의 복음이다. 예수님은 하나님의 복음을 선포하셨지만, 결국 예수님이 복음의 내용이 된다. 불트만이 말한 것처럼 선포자(The Proclaimer)가 선포의 내용(The Proclaimed)이 된 것이다.

> 15 말씀하시되 "때가 찼고 하나님의 나라가 가까이 왔다. 회개하고 복음을 믿으라."

예수님의 첫 일성은 "때가 찼다"는 것이다. 여기서 '때'(καιρός, 카이로스)란 '하나님이 정하신 시간'(God's appointed time)을 말한다.[13] '무르익다'로 번역할 수도 있겠다. 하나님의 역사는 하나님이 정하신 때를 기다려 성취된다. 이것을 15절은 "때가 찼다"(time is fulfilled)라고 표현하고 있다.

하나님 나라는 예수님을 통해 이뤄질 것이다. 사탄의 때는 이제 끝났다. 이제 곧 예수님을 통해 구원의 시대가 열렸다. 그러니 이제 예수 안에서 하나님이 왕으로서 통치하는 구원을 누리라는 초청이 회개하라는 말의 의미다. 회개는 단순히 윤리적으로, 도덕적으로 잘못한 것을 뉘우친다는 정도가 아니다. 참회만으로는 사람이 달라지지 않는다. 예수님이 왕으로 다스려야 새로워질 수 있다. 하나님 나라가 내 인생에 임해야 한다. 예수님은 병자나 귀신 들린 자를 치유하실 때 잘못을 뉘우치라고 요구하지 않으셨다. 사탄의 지배 속에서 병으로, 귀신 들림으로 신음하는 그들이 찾아왔을 때, 그저 긍휼히 여기사 고쳐 주셨을 뿐이다. 예수님을 찾아오는 것! 예수에게서 하나님의 통치가 이뤄지고 있음을 믿고 그분께 나아오는 것, 바로 그것이 방향전환이요 회개다. 예수께 나아와 치유를 받은 자들은 하나님의 은혜를 경험하게 되고, 평강을 누리며 살아가게 된다.

묵상

하나님의 때는 애매하다. 몇 날 몇 시라고 콕 집어서 말할 수 없다. 하지만 하나님이 정하신 때가 있고, 그때는 반드시 올 것을 믿어야 한다. 하나님의 뜻은 그분이 정하신 때에 이뤄진다. 인간이 아무리 애를 써도 하나님이 정하신 때가 되지 않으면 이루어질 수 없다. "때가 찼다"라는 말의 헬라어는 '신적 수동태'(divine passive)로 되어 있다. 그때가 스스로 채워지는 것이 아니라, 하나님이 그때를 채워 나가신다는 말이다. 이 역사의 주관자는 철저히 하나님이시다.

오순절에 제자들에게 성령이 충만하게 임한 것도 마찬가지다. 개역개정 성경은 "오순절 날이 이미 이르매"라고 번역했으나, 원문(ἐν τῷ συμπληροῦσθαι, 엔 토 쉼플레루스싸이)은 '오순절의 때가 찼다'(was fulfilled)라는 뜻이다. 하나님께서 약속하신 때가 되었다는 의미다. 모세가 40년 동안 미디안 땅에서 도피 생활을 한 후, "40년이 찼을 때"(πληρωθέντων, 플레로쎈톤, 행 7:30) 하나님이 비로소 그를 부르신 것도 그렇다. 성경은 시간이 '지나갔다'라고 말하지 않고, '찼다'라고 말한다. 성경에서 말하는 시간은 그저 지나가는 시간이 아니라, 하나님이 정하신 그때를 목표로 채워지는 시간이다. 하나님께는 버려지는 시간이 없다.

겸손히 하나님이 정하신 때를 기다려야 한다. 우리는 하나님이 정하신 그때가 가장 적기(適期)임을 믿는다. 하나님의 때가 차서 결국 이루어질 내용은 '하나님 나라'다. 하나님 나라란 우리가 죽어서 영혼이 가는 천국만을 가리키는 것은 아니다. 하나님의 통치가 이루어지는 사건에 하나님 나라가 있다. 예수께서 우리에게 가르쳐 주신 기도 역시 하나님 나라가 임하는 것이요, 하나님의 뜻이 이뤄지는 것이다.

네 명의 제자를 부르시다(16-20절)

16 예수께서 갈릴리 바닷가를 거니시다가 시몬과 그의 형제 안드레가
바다에서 그물 던지는 것을 보셨다. 그들은 어부였다.

마가와 마태는 일관되게 갈릴리 '바다'(θάλασσα, 싸랄싸)라고 부른다. 반면에 누가는 게네사렛 '호수'(λίμνη, 림네)라고 부른다(5:1). 신약에서 '림네'는 누가복음(5회)과 계시록(6회)에만 나온다. 요한복음에서는 '디베랴 호수'(요 21:1)로 나오는데, '호수'로 번역되었지만 헬라어로는 '바다'(싸랄싸)다. 마가가 굳이 갈릴리 '바다'라고 한 것은 바다를 악의 세력의 상징으로 묘사하려는 의도가 있기 때문이다. 이에 대해선 4장 35-41절을 보라.

> 17 예수께서 그들에게 말씀하셨다. "나를 따라오라. 내가 너희를 사람 낚는 어부가 되게 하겠다."

예수님은 4명의 제자를 부르면서 그들에게 '사람을 낚는 어부'의 사명을 맡기셨다. 사람을 낚는 어부란 무엇인가? 한국 교회에서는 전도하는 사람이란 뜻으로 사용되는 것 같다. '사람을 낚는 어부'에 대해서는 몇 가지 가능한 해석이 있다.[14]

첫째, 그레코-로만 세계에서 사람을 낚는 어부는 교사를 의미하는 경우가 많다. 예수님이 제자들을 부른 후 행한 첫 사역은 가버나움 회당에서 가르치는 일이었다(1:21, 22, 27). 그리고 사역 내내 가르치는 일을 하셨다(2:2, 13; 4:1, 2, 33; 6:2, 30, 34; 8:31; 9:31; 10:1; 11:17; 12:14, 35; 14:49 등). 흔히 마태복음에서 예수님이 교사로서 나타난다고 하지만, 마가복음에서도 교사로서의 모습이 마태복음 못지않게 부각되고 있다. 제자란 예수님의 가르침을 바로 깨닫고 따르는 자다.

둘째, 구약 선지서에서 고기잡이는 전쟁과 관련된 은유어(metaphor)다. 예레미야 16장 16-18절에서 어부를 불러 낚게 하거나 포수를 불러 사냥하는 일은 하나님 앞에서 죄악을 행한 자들에 대한 하나님의 심판을 뜻한다. 하나님이 외국의 군대를 이용하여 심판하시는 일을 가리키는 것으로 보인다. 에스겔 29장 1-5절도 애굽에 대한 하나님의 심판 행위로 고기를 낚는 행위가 등장한다(암 4:1-3; 합 1:14-17도 참조). 그렇다면 '사람을 낚는 어부'란 이 세상을 향한 하나님의 심판을 선포하는 일과 관련되어 있다.

셋째, 쿰란 공동체의 문헌들에서 사람을 낚는 어부는 사탄의 그물에서 사람들을 빼내어 하나님의 그물로 안전하게 옮기는 일을 한다. 예수님이 제자를 부른 후 가버나움 회당에서 귀신 축출 사역을 행한 것은 이런 의미와 잘 연결된다.

이상 세 가지 모두 가능한 해석이라고 본다. 결국 '사람을 낚는 어부'란 예수님의 가르침을 잘 깨달아 말씀을 잘 전하고, 또 세상에 대한 하나님의 심판(회개)을 외치며, 병을 고치고 귀신을 쫓아냄으로써 하나님의 통치를 이루는 사역을 말한다. 이 세 가지는 예수께서 열두 제자를 세우신 목적, 즉 제자들이 예수님과 함께 있는 것(배움), 전도, 귀신 축출과 일치한다(3:14-15).

> 18 그러자 그들은 즉시 그물을 버리고 그분을 따랐다. 19 좀더
> 가시다가 세베대의 아들 야고보와 그의 형제 요한을 보셨다. 그들은
> 배에서 그물을 깁고 있었다. 20 예수께서 즉시 그들을 부르시니
> 그들이 아버지 세베대와 일꾼들을 배에 두고 그분의 뒤를 따라갔다.

시몬과 안드레가 예수님의 부름을 받자 즉시 그물을 버리고 따랐다. 야고보와 요한은 자신의 아버지 세베대와 일꾼들까지 버렸다. 나중에 베드로는 이렇게 말한다. "베드로가 여짜와 이르되 보소서 우리가 모든 것을 버리고 주를 따랐나이다"(10:28). 그가 말한 모든 것에는 집, 전토와 같은 재산은 물론 가족까지도 포함한다(10:29). 그렇다고 해서 가족과의 인연을 끊었다는 말은 아니다. 예수님이 가버나움에서 사역하실 때 시몬의 집이나 그의 장모의 집을 이용하셨을 가능성이 있다. 레위도 모든 것을 버리고 자기가 일하던 세관을 떠났고(눅 5:28), 바디매오 역시 그의 겉옷을 내어 버리고 예수님을 좇았다(10:50).

묵상

예수께서 시몬과 안드레, 그리고 야고보와 요한를 부르실 때 예수님이 먼저 주도적으로 하셨다. 당시에 스승과 제자의 관계 성립은 제자가 되기를 원하는 사람이 선생님의 명성을 듣고 찾아와 제자로 삼아 달라고 간청함으로써 이뤄졌다. 이와는 달리 예수께서는 먼저 제자들을 부르셨다. 나중에 예수님이 열두 제자를 택하여 세우실 때도 '자기가 원하는 자들'을 부르셨다(3:13). 예수님과 제자의 관계는 단순히 학문의 세계에서 맺어지는 스승과 제자의 관계가 아니었다. 요즘 유행하는 오디션(audition)을 통해 탁월한 재능을 가진 사람을 선발하여 구성한 것도 아니었다. 예수님이 주권적으로 뽑아(열둘을 어떤 기준으로 뽑으셨는지 명확하게 나타나지 않는다) 훈련시킨 사람들, 그들이 열두 제자들이었다. 예수님의 주도적 부르심("나를 따라 오너라!")에 응답하는 것이 제자가 되는 첫 걸음이다. 즉 제자란 예수님의 부름에 순종하여, 그를 '따르는'(1:18, 20) 자다.

권위 있는 새 교훈(21-28절)

21 그들이 가버나움에 들어갔다. 그리고 곧 안식일이 되자
예수께서는 회당에 들어가셔서 가르치셨다. 22 이에 사람들은
그분의 가르침에 놀라워했다. 예수께서 서기관들과는 달리 권위를
가지고 있는 분처럼 그들을 가르치셨기 때문이다.

예수님은 네 제자들과 함께 가버나움으로 가셨다. 안식일이 되자 회당에 들어가셨고, 거기서 가르치셨다. 그런데 예수님이 구체적으로 무엇을 가르치셨는지 본문은 말하지 않는다. 그보다는 예수님의 가르침에 대한 사람들의 반응에 초점을 맞추고 있다. 사람들은 예수님의 교훈에 놀랐다. 예수님은 권위(ἐξουσία, 엑수시아) 있는 자와 같았기 때문이다. 또 마가는 예수님의 가르침을 서기관들과 비교한다. 서기관들의 가르침은 예수님처럼 권위가 있지 않았다는 말이다. 마가복음에서 서기관을 비롯한 대다수의 종교지도자들은 부정적으로 묘사된다. 1장 22절이 첫 번째 부정적 언급이다. 왜 서기관들은 왜 권위가 없었을까? 그들이 성

경 지식이 없어서가 아니다. 12장 35-40절에서 예수님이 비판하시는 것처럼 서기관들의 명예욕, 위선, 탐욕 때문일 것이다.

23 바로 그때 그들의 회당에는 더러운 귀신이 들린 사람이 있었는데,
소리를 질러댔다.

'바로 그때'의 헬라어 원문(καὶ εὐθύς, 카이 유쒸스)을 직역하면 '그리고 즉시'다. 이 표현은 1장에서 11회 사용되고 있는데(10, 12, 18, 20, 21, 23, 28, 29, 30, 42, 43절) 빠른 장면 전환이 이뤄지는 느낌을 준다. '더러운 귀신'이란 이 귀신이 사람에게 들어가면 그 사람은 제의적으로 부정해진다는 뜻이다. 마가복음에서 '더러운 귀신(들)'이란 표현은 모두 11회(1:23, 26, 27; 3:11, 30; 5:2, 8, 13; 6:7; 7:25; 9:25) 나온다. 23절에서는 '더러운 귀신'이 단수이지만, 24절에서 귀신이 '우리'라고 말하고, 27절에서는 복수형 '더러운 귀신들'이 사용되고 있다.

24 그리고 말했다. "나사렛 예수여, 우리가 당신과 무슨 상관이
있습니까? 우리를 멸하러 오셨습니까? 나는 당신이 누구인지
압니다. 하나님의 거룩한 분입니다."

"나사렛 예수여, 우리가 당신과 무슨 상관이 있습니까"는 "무슨 이유로 우리 사이에 적대감이 있는가"라는 뜻을 지닌 구약적 표현으로 보인다(삿 11:12 참조). 우리말 "당신이 무슨 상관이야? 왜 끼어들어?"와 비슷한 느낌을 준다. 그러나 귀신이 예수님과 대등한 관계에서 하는 말은 아니다. 왜냐면 귀신은 예수께서 자신들을 멸하러 왔다는 것을 알고 있기 때문이다.

귀신은 예수님을 '하나님의 거룩한 자'로 부른다. 예수님은 성령이 임하신 분이기 때문이다. 하나님의 거룩한 자와 더러운 귀신이 만난 것이다. 예수님이 이루시는 하나님의 나라는 귀신들이 더럽혀 놓은 세상을 성령으로 충만하신 거룩한 자, 예수님이 정결케 하심으로 이뤄

진다. 하나님의 나라는 거룩하고 정결하다. 또 귀신은 자신들을 멸하러 오셨냐고 말한다. 예수님은 영적 전사로서 귀신들을 멸망시키기 위해 오셨다.

> 25 예수께서 그를 꾸짖어 말씀하셨다. "잠잠하라. 그에게서 나와라."

이에 예수님은 귀신을 꾸짖는다(ἐπιτιμᾶν, 에피티만, 1:25). 그러자 더러운 귀신이 그 사람에게 경련을 일으키더니 큰 소리를 지르며 떠나갔다. 예수님이 귀신들을 꾸짖는 행위는 혼돈의 세력을 제어하는 행위로서, 하나님만이 할 수 있다. "히브리 성경에서 여호와만이 꾸짖을 수 있는 권위를 가지고 있는 것처럼 신약에서는 예수만이 혼돈을 제어할 수 있는 하나님의 권위를 가진 자로서 홀로 서 있다. 예수가 히브리 성경에 나오는 혼돈의 세력들과 매우 닮은 혼돈의 세력들(즉 바다, 더러운 영들, 사탄)을 제어하는 이 같은 신적인 권위를 행사하는 것은 무엇보다도 마가복음에서이다. 이 옛 적들을 꾸짖음으로써 예수는 그 안에서 하나님의 통치가 밝아 오고 있는 하나님의 아들로서 간주되는 것이다."[15]

> 27 모든 사람들이 놀라워하며 서로 수군거리며 말했다. "이게 무슨 일인가? 권위 있는 새로운 가르침이다. 더러운 귀신들에게 명령하니 그들이 순종하는구나." 28 이에 즉시 예수에 관한 소문이 갈릴리 온 사방에 퍼져나갔다.

예수님의 귀신 축출을 본 사람들이 모두 놀랐다. 그런데 사람들의 말이 좀 이상하다. 예수님이 더러운 귀신을 쫓아내는 '행위'를 보고 '가르침'이라고 말하다니! 놀라운 능력이라고 말해야 맞지 않은가? 그러나 사람들이 예수님의 귀신 축출 행위를 보고 '권위 있는 새로운 가르침'이라고 부른 것은 예수님의 가르침은 단순히 말로만 끝나거나 머리로만 이해되고 끝나는 가르침이 아니라, 사람을 치유하고 자유케 하는 능력의 가르침이란 뜻이다. 예수님의 가르침은 치유나 귀신 축출과 같은 이적과 분리되지 않는다. 예수님의 가르침이나 이적 모두 이 세상에 대한 사탄의 권세를 끝장내고 하나님의 권세, 하나님의 통치를 회복하는 것이 목적이기 때문이다.

이런 점에서 예수님의 가르침은 권위가 없던 서기관들과 질적으로 달랐다. 그래서 예수님의 가르침은 '새로운' 교훈이다. '새롭다'(καινή, 카이네)라는 것은 이제까지 보지 못했다는 것으로서, 마지막 때 나타난 하나님으로부터 온 것이라는 뜻이다. 하나님의 통치, 하나님의 나라를 이루는 가르침만이 진정 권위 있는 가르침이다. 이렇게 예수님의 놀라운 가르침에 대한 소문이 삽시간에 갈릴리 온 지역에 퍼졌다.

묵상

예수님이 가르치신 가버나움 회당에 더러운 귀신 들린 자가 버젓이 들어와 있는 것을 볼 수 있다. 다른 사람들이 이 사실을 몰랐는지, 또 더러운 귀신이 들린 자가 하필 예수님이 회당에 오셨을 때만 회당에 있었는지는 확실하지 않다. 하지만 거룩해야 할 회당에 더러운 귀신이 들어와 있다는 것이나 서기관들이 권위가 없다는 것, 그리고 성전이 강도의 소굴로 타락한 것(11:17) 모두 당시 유대교의 영적 실상이 어떠했는지를 보여 준다. 예수님은 성전을 정화시켰던 것처럼 회당에서 권위 있는 가르침으로 하나님의 뜻을 밝히시고, 더러운 귀신을 쫓아냄으로써 회당을 정결케 하셨다. 그리하여 예수님의 권위가 인정받았다. 하나님의 나라는 거룩하고 정결하다. 그래서 권위가 있다. 교회는 성령으로 충만하고 '거룩한 무리'라는 의미처럼 성도가 거룩한 삶을 살 때 세상에 권위가 선다.

가버나움에서의 치유 사역(29-34절)

29 예수께서 즉시 회당에서 나와 야고보와 요한과 함께 시몬과
안드레의 집으로 가셨다. **30** 시몬의 장모가 열병으로 누워
있었는데, 그들이 즉시 그녀에 대해 예수께 말씀드렸다. **31** 예수께서
다가가셔서 그녀의 손을 잡아 일으켜 세우셨다. 그러자 열병이

그녀에게서 떠나갔다. 이에 그녀는 그들을 섬겼다.

예수님과 네 명의 제자들은 회당에서 나와 시몬과 안드레의 집으로 갔다. 그곳에는 시몬의 장모가 열병으로 앓아누워 있었다. 사람들은 '즉시' 시몬의 장모에 대해 예수님께 말씀드렸다. 이때 사람들이란 아마도 예수님이 회당에서 가르치시고 귀신을 쫓아낼 때 그 자리에 있었던 사람들인 것 같다. 이들은 예수님의 권위 있는 가르침과 능력을 보고 예수님에 대해 믿음을 가지게 되었을 것이다. 그래서 시몬의 장모도 고칠 수 있다고 확신하고 예수님께 말씀드린 것이다.

예수님은 그녀에게 다가가셔서 손을 잡아 일으키셨다. 그러자 열병이 떠나갔다. 시몬의 장모는 예수님으로부터 치유를 받은 후 그곳에 있던 사람들을 '섬긴다'. 식사 대접이었을 것이다. 마가복음 끝부분인 15장 41절에도 갈릴리에서부터 예수님을 따랐던 여인들의 섬김이 언급되어 있다. 마가복음 처음과 마지막에 여인들의 섬김이 언급되어 있고, 마가복음 전체를 감싸고 있는 모습(framing)이다. 여인들의 섬김은 이 땅에 섬기러 오신 예수님(10:45)을 따르는 모습으로 마가복음의 주제인 섬김을 보여 준다.

32 저녁이 되어 해가 졌는데도 사람들이 모든 병든 자와 귀신이 들린
자들을 예수께 데려왔다. 33 온 동네 사람들이 문 앞에 모여들었다.

'저녁이 되어 해가 졌다'는 것은 안식일이 끝났다는 뜻이다. 예수님이 회당에서 더러운 귀신을 쫓아내고, 이어서 시몬의 장모를 치유하신 사건은 안식일 하루에 이뤄진 사건이다. 예수님의 이런 치유 사건은 하나님의 통치를 가져오는 구원 사건으로서 사람에게 진정한 안식을 가져다준다. 이제 그 하루가 저물고 새로운 날이 시작된다. 그러나 날은 바뀌었지만 예수님의 하나님 나라 사역은 계속된다. 이미 마가는 예수님이 안식일에 더러운 귀신을 쫓아낸 사건이 갈릴리 전 지역에 퍼졌다고 말했다. 더군다나 시몬의 장모까지도 치유하셨으니, 예수님이 계신 가

버나움 동네의 모든 병자와 귀신 들린 자가 예수님을 찾아 온 것은 당연하다.

> 34 예수께서는 각종 병든 많은 사람들을 고치셨고, 많은 귀신들을 쫓아내셨다. 그리고 귀신들이 말하는 것을 금하셨다. 왜냐면 그들은 예수가 누구인지 알고 있었기 때문이다.

예수님은 그들을 다 치유해 주셨다. 병은 고치고, 귀신은 내쫓으셨다. 34절은 '많다'는 것을 강조한다. 사탄의 지배하에서 예외 없이 병과 귀신 들림으로 신음하고 있는 현실을 보여 준다. 예수님은 당신을 알고 있는 귀신들에게 말하기를 허락하지 않으셨다. 예수님은 더러운 귀신으로부터 신앙고백을 받으실 이유가 없다. 귀신들은 멸망 받아야 할 존재일 뿐이다. 예수님은 언제나 귀신들에 대해 단호하셨다.

기도하시고, 전도하시다(35-39절)

> 35 매우 이른 새벽, 아직 어두운데 예수께서는 일어나셔서 한적한 곳으로 가셔서 거기서 기도하셨다.

마가는 시간적 배경을 설명하면서 '매우 이른 새벽'과 '아직 어두운데' 두 어구를 사용하고 있는데, 후자는 앞의 표현을 보다 자세히 설명한다.[16] 예수님은 '한적한 곳'에서 기도하셨다. 전날에 시몬의 장모를 치유하고, 또 가버나움의 모든 병자와 귀신 들린 자를 고치셨지만 예수님은 기도를 잊지 않으셨다. "주님에게 기도는 무기력하게 울부짖는 군중들로부터 한발 물러서 전열을 가다듬는 피난처이기도 했고, 악과 고통이 없는 영원한 나라를 바라보는 통로이기도 했다."[17] "바쁜 것은 나쁜 것이다"는 말이 있다. 그래서 우리 믿음의 선배들은 "바쁘니까 기도한다"라고 대응했다.

'한적한 곳'은 '광야'다. 마가복음은 '광야에서 외치는 자의 소리'(1:3), 곧 세례자 요한에 대한 예언으로 시작한다. 또 예수님은 세례 받으신 후 성령에 의해 광야로 가셔서 사탄에게 시험을 받으시지만 승리하신다. 이렇듯 광야는 새로운 구원의 역사가 이루어지는 곳이다. 이런 맥락에서 볼 때 예수님이 새벽에 일어나 홀로 광야에 가서 기도하신 것은 구원의 새 시대는 기도의 영성을 통해 이루어짐을 보여 준다.

> 38 그러자 예수께서 그들에게 말씀하셨다. "다른 가까운 마을들로 가서 거기서도 전도하자. 내가 이것을 위해 왔다."

예수님이 광야에서 기도하시는 동안 시몬과 여러 사람들이 예수님을 찾아왔다. 그들은 모두가 예수님을 찾고 있다고 전한다. 그러나 예수님은 이들의 요구를 거부하고 '다른' 가까운 마을들로 가서 전도하자고 하신다. '전도하자'로 번역한 '케뤼쏘'(κηρύσσω)는 보통 '선포하다', '전파하다'로 번역된다. 앞서 세례자 요한이 회개의 세례(4절)와 예수님을 선포한 것(7절), 또 예수께서 하나님의 복음을 선포하신 것(14절)이 그 예다. 필자는 개역개정 성경에 따라 하나님의 복음인 도(道)를 전(傳)한다는 의미에서 '전도하다'로 번역했다. 전도는 예수님이 이 땅에 오신 목적이다. 기도하면 내가 이 땅에 온 이유를 다시 한 번 되새기게 된다. 그러면 인기를 누리는 곳에 안주하려는 유혹을 물리칠 수 있다.

> 39 그리고 그들의 회당들과 온 갈릴리 지역을 다니시며 선포하시고 귀신들을 내쫓으셨다.

39절은 '요약문'이다. '요약문'은 앞에 서술된 몇몇 사건들이 공간적으로 더 광범위한 차원에서, 그리고 시간적으로는 더 오랜 시간 동안에 이루어졌음을 나타내는 기능을 행한다. 즉 예수님은 앞서 가버나움 회당에서 전도하시고(가르치시고), 가버나움 마을의 여러 병자를 고치시고, 귀신들을 쫓아내셨다. 예수님이 이런 사역을 온 갈릴리에 걸쳐 행하셨다는 것을 말해 주는 것이 39절의 기능이다. 그밖에 마가복음에 나오는 요약문으로 3:7-8; 6:6b 등이 있다. 마태복음의 경우 4장 23-25절이 대표적인 요약문이다.[18]

한센병자를 고치시다(40-45절)

40 어떤 한센병 환자가 예수께 다가와 무릎을 꿇고 간구했다. 그리고 말했다. "당신께서 원하시면 저를 깨끗하게 하실 수 있습니다."

여기서 한센병 환자(레 13-14장 참조)는 앞서 예수님에게 치유를 받기 위해 나온 병자들의 '모범적 인물'로 제시되고 있다. 앞서 나온 병자들이나 귀신 들린 자들과는 달리 마가는 한센병 환자의 행동에 대해 자세히 묘사한다. 한센병 환자는 예수께 와서 꿇어 엎드리며, 간청한다. "당신께서 원하시면 저를 깨끗하게 하실 수 있습니다." 이런 행동과 말은 그가 예수님의 권위를 인정하고 신뢰했음을 보여 준다.

한센병 환자가 예수께 나아왔다는 자체가 평범한 일이 아니다. 한센병 환자는 일반 사람들과 격리된 삶을 살아야 했으며, 길을 가다가 어떤 사람이 다가오는 것을 보면, "나는 부정한 사람이요! 나는 부정한 사람이요!"라고 외쳐서 그 사람이 자신을 피해 돌아가도록 해야 했다. 만약 한센병 환자가 이러한 정결법을 어기고 사람들에게 접근할 경우에 그는 죽음을 면치 못했다. 이런 사실을 염두에 둘 때, 한센병 환자가 예수님을 찾아왔다는 것은 죽음을 각오한 대담한 행동이었다. 그는 죽음을 각오할 만큼 절박한 심정을 가지고 있었던 것이다. '예수님이 아니면 나를 고칠 수가 없다'는 믿음을 가지고, 죽음을 각오하고서 나아온 것이다. 예수님의 치유 능력은 바로 이러한 사람에게 나타난다.

둘째, 한센병 환자는 예수께 '무릎을 꿇었다'. 철저히 자기를 낮추고, 완전히 자기를 예수님께 맡기는 행동이다.

셋째, 그는 "주님, 당신이 능력이 있으시다면 저를 고쳐 주십시오"라고 말하지 않았다. "당신께서 원하시면 저를 깨끗하게 하실 수 있습니다"라고 말하였다. 한센병 환자는 지금 예수님의 의지를 묻고 있다. 예수님의 능력은 이미 전제되었다. 그가 보여 준 '믿음을 가지고 나아감 → 자신을 낮추고 의탁함 → 간구함'의 모습은 회당장 야이로(5:22-23), 열두 해 혈루증 앓던 여인(5:27-28), 수로보니게 여인(7:23-26)에게서도 발견할 수 있다.

41 예수께서 불쌍히 여기시며 당신의 손을 내밀어 그를 만지시며
그에게 말씀하셨다. "내가 원한다. 깨끗하게 되거라."

일부 헬라어 사본(D, 고대 라틴어 사본 등)에 따르면 41절에서 예수님이 '불쌍히 여기셨다'라고 되어 있지 않고, '분노하셨다'(ὀργίσθεις, 오르기스쎄이스)라고 되어 있다. 왜 분노하셨나? 누구를 향한 분노인가? 이 분노는 환자를 향한 분노가 아니다. 환자를 사로잡고 있는 악한 영의 세력들에 대한 분노다. 예수님의 긍휼히 여기심과 분노는 동전의 양면과도 같다. 악한 영적인 세력들이 인간들을 얽어매고 있을 때, 예수님은 그 고통 가운데 헤어 나오지 못하는 인간들을 한없이 불쌍히 여기신다. 동시에 하나님의 형상대로 창조된 인간들을 억압하는 악한 영의 세력들에 대해서는 격앙하신다. 둘 다 문맥상 가능한 번역이지만, 예수님의 치유 사역이 긍휼로부터 비롯되었음을 보아 '불쌍히 여기다'로 번역했다. 예수님은 한없이 불쌍히 여기셔서 치유하셨다. 긍휼의 마음이야말로 예수님의 치유 능력의 근원이다. 긍휼의 마음에서 주님은 연약한 우리를 치유하시고, 가르치기도 하셨다(6:34 참조).

또 예수님은 말씀으로만 치유하실 수도 있는데, 굳이 손을 내밀어 만지셨다. 한센병 환자와 접촉한 사람은 부정해진다. 하지만 예수님은 개의치 않으셨다. 앞서 시몬의 장모 역시 예수님은 그녀의 손을 잡아 일으키셨다. 그러자 열병이 떠나가 버렸다. 야이로의 딸을 다시 살리실 때도(5:41), 간질병을 앓던 소년을 고치실 때도(막 9:27) 손을 잡아 일으키셨다. 어느 때 손을 잡게 되는가? 그 사람을 사랑할 때, 그 사람을 불쌍히 여길 때 손을 잡게 된다. 병자의 손을 잡는 것은 때로 꺼

림칙한 일일 수 있다. 전염될까 두렵기 때문이다. 당시 정결법에 따르면 병든 자는 부정했다. 시신은 가장 부정했다. 그러나 사랑하는 마음이 있으면, 전염을 두려워하지 않고 잡는다. 우리가 어떤 환자를 찾아갔을 때, 그 사람을 보고 불쌍히 여기는 마음이 들면 손을 잡게 되지 않는가? 예수님의 치유의 근원은 긍휼이 여기는 마음이었다. 예수님은 성령충만하셨기에 전염되지 않고 오히려 성령의 능력으로 병을 고치셨다.

> 43 예수께서는 즉시 그를 보내시면서 그에게 엄중히 경고하셨다.
> 44 그리고 그에게 말씀하셨다. "이 일에 대해 아무에게도 어떤 말도
> 하지 말라. 다만 제사장에게 가서 네 몸을 보여라. 네가 깨끗하게
> 되었으니 모세가 명한 것을 드려 그들에게 증거로 삼아라."

당시 율법에 따르면 한센병 환자가 다시 사회의 일원으로 살기 위해서는 자신의 병이 다 나았다는 것을 제사장으로부터 입증을 받아야 했다. 제사장은 한센병 환자가 완전히 치유되었는지 검사하는 역할을 했다. 예수님이 그에게 내린 명령은 이제 공식적으로 사람다운 삶을 살아가라는 것이다. 예수님의 치유는 단지 한 개인의 육체적 질병의 치유를 넘어서 사회성의 회복, 인간다운 삶의 회복을 이루신다.

그러나 예수님은 동시에 그에게 아무에게 아무 말도 하지 말라고 경고하셨다. 왜일까? 당시 한센병은 최고의 질병이었다. 치유 불가능했다. 만약 예수님이 한센병을 고친 사실이 알려지면 사람들이 예수님을 기적 치유자로만 이해할 수 있다. 다음에 나오는 이야기를 보면 실제로 그랬다. 그러나 예수님의 하나님의 아들 되심은 십자가를 통해 완성된다. 사람들이 이 사실을 망각한다면 예수님을 오해한 것이다. 그럼에도 불구하고 그 환자는 이 일을 많이 전파했다.

> 45 그러나 그 사람은 가서 이 일을 많이 전하고 퍼뜨렸다. 그래서
> 예수께서는 사람의 눈에 띌까봐 더는 마을에 들어가지 못하시고,

바깥 한적한 곳에서 계셨다. 그런데도 사람들이 사방에서 예수께 모여들었다.

'이 일'로 번역한 헬라어 '톤 로곤'(τὸν λόγον)을 직역하면 '그 말씀을'이다. 여기서는 예수님이 그에게 하신 명령(44절)을 가리키기보다는 자신이 치유받은 사실을 가리키는 것으로 봐야 한다. 예수님에게서 말씀과 능력은 불가분의 관계에 있음을 다시 한 번 확인할 수 있다.

예수님의 발설 금지 명령에도 불구하고 한센병 환자는 오히려 이 일을 많이 전파했다(κηρύσσειν, 케뤼쎄인). 예수께서 치유하신 거라사 귀신 들린 자 역시 예수께서 하신 큰일을 전파했다(κηρύσσειν, 케뤼쎄인, 5:20). 예수님을 만난 자는 전도한다.

한센병 환자의 전파 덕분에 예수님의 명성이 더욱 높아졌다. 결국 예수님은 가버나움 동네에 들어가지 못한 채 한적한 곳에서 머물러 계셔야 했다. 예수님은 며칠이 지난 뒤에야(2:1) 다시 가버나움으로 들어가실 수 있었다. 여기서 우리는 1장 16-45절이 가르침과 이적을 통해 드러난 예수님의 권위와 또 그 권위로 인해 높아진 예수님의 명성을 강조하고 있다는 사실에 주목해야 한다. 마가는 가버나움 회당에서 예수님이 베푼 가르침과 이적으로 인해 예수님에 대한 소문이 온 갈릴리에 퍼졌음을 보도한다(1:28). 이어서 예수님이 시몬의 장모를 치유한 후 가버나움에 사는 사람들이 모든 병자와 귀신 들린 자를 예수께 데려왔다(1:32-34). 예수님이 회당에서 행한 귀신 축출 사역과 시몬의 집에서 행한 병 치유 사역이 가버나움 온 동네 사람들로 확대된 것이다.

예수님의 권위는 한센병 환자 치유에서 결정적으로 강조된다. 문둥병은 당시 유대교에서 매우 심각한 질병이었으며, 문둥병 치유는 마치 죽은 자를 다시 살리는 것과 같이 간주되었다. 예수님의 한센병 환자 치유가 1장의 마지막 부분에 위치한 것은 그의 놀라운 치유 능력과 질병에 대한 권위를 강조하는 것으로 볼 수 있다. 이처럼 1장 16-45절은 예수님의 명성이 귀신 축출과 병 치유 이적으로 인해 확대되고 있으며, 이로써 하나님 나라 사역이 아무런 장애물 없이 승리하고 있음을 보여 주고 있다. 이러한 특징을 도표로 나타내면 다음과 같다:

더러운 귀신 들린 사람을 치유(21-27) / 예수의 명성이 높아짐

("예수의 소문이 곧 온 갈릴리 사방에 퍼지더라", 28)

↓

시몬의 장모치유(29-31)

↓

가버나움의 모든 병자와 귀신 들린 자 치유(32-34)

↓

온 갈릴리로 다니며 귀신 축출 및 전도

("이에 온 갈릴리에 다니시며 그들의 여러 회당에서 전도하시고 또 귀신들을 내쫓으시더라", 39)

↓

한센병 환자의 전파 행위와 예수의 명성이 높아짐

("그 사람이 나가서 이 일을 많이 전파하여 널리 퍼지게 하니…… 사방에서 그에게로 나아오더라", 45)

그러나 2장에 들어서면서 예수님은 심각한 반대에 직면한다. 종교지도자들과 연거푸 다섯 차례에 걸쳐 논쟁을 하신다.

2장

2장

둘러보기

2:1-28

1 며칠 후에 예수께서 가버나움으로 다시 들어가시자 예수께서 집에
계시다는 소문이 들렸다. 2 그러자 많은 사람들이 모여 들었는데,
문 밖까지도 들어설 자리가 없었다. 예수께서는 그들에게 말씀을
전하셨다. 3 네 사람이 한 중풍병자를 들고 예수께로 데리고 왔다.
4 그러나 사람들 때문에 가까이 갈 수 없자 예수께서 계신 곳의
지붕을 뚫어 구멍을 내어 중풍병자가 누워 있는 상을 달아 내렸다.
5 예수께서 그들의 믿음을 보시고 중풍병자에게 말씀하셨다.
"얘야, 네 죄가 용서받았다." 6 거기 앉아 있던 어떤 서기관들이
마음에 생각하기를 7 '이자가 어떻게 이런 말을 하는가?
신성모독이다! 하나님 한 분 외에 누가 죄를 용서할 수 있단
말인가?' 8 예수께서는 그들이 속으로 이렇게 말하는 것을 영으로
곧 알아차리시고 말씀하셨다. "어째서 속으로 이런 것들을
말하는가? 9 중풍병자에게 '네 죄가 용서받았다'라고 말하는 것과
'일어나 네 상을 들고 걸어가라'고 말하는 것 중에서 어느 것이 더
쉽겠느냐? 10 그러나 인자가 땅에서 죄를 용서하는 권세가 있는

것을 너희에게 알게 하겠다." 그리고 예수께서는 중풍병자에게
말씀하셨다. 11 "내가 네게 말한다. 일어나 네 상을 들고 집으로
가라." 12 그러자 그가 곧 모든 사람들 앞에서 일어나더니 상을
들고 밖으로 나갔다. 사람들이 다 놀라워하며 하나님께 영광을
돌리면서 말했다. "이런 일은 이제까지 보지 못했다." 13 예수께서
다시 바닷가로 나가셨다. 모든 사람들이 예수께 나아왔고 예수님은
가르치기를 시작하셨다. 14 또 예수께서는 지나가시다가 알패오의
아들 레위가 세관에 앉아 있는 것을 보시고 그에게 말씀하셨다.
"나를 따라오너라." 그는 일어나 예수님을 따랐다. 15 예수께서
그의 집에서 식사를 하시는데 많은 세리와 죄인들이 예수님과 그의
제자들과 함께 음식을 먹었다. 그 같은 사람들이 많이 예수님을
따랐다. 16 바리새파 서기관들이 예수께서 죄인 및 세리들과 함께
식사하시는 것을 보고 그의 제자들에게 말했다. "어째서 당신의
선생은 세리들 및 죄인들과 함께 먹는가?" 17 예수께서 들으시고
그들에게 말씀하셨다. "건강한 자에게는 의사가 필요하지 않고
병든 자에게는 필요하다. 나는 의인을 부르러 온 것이 아니라 죄인을
부르러 왔다." 18 요한의 제자들과 바리새파인들은 금식을 하고
있었다. 어떤 사람들이 예수께 와서 물었다. "요한의 제자들과
바리새인의 제자들은 금식을 하는데 어째서 당신의 제자들은
금식을 하지 않는가?" 19 예수께서 그들에게 말씀하셨다. "결혼식에
온 손님들이 신랑과 함께 있을 때 금식을 할 수 있느냐? 그들이
신랑과 함께 있을 동안에는 금식할 수 없다. 20 그러나 신랑을
빼앗길 날이 올 것이다. 그날에는 그들이 금식할 것이다. 21 새 천
조각을 낡은 옷에 붙이는 자는 없다. 만일 그렇게 하면 새 천 조각이
낡은 옷을 잡아당겨 더 찢어지게 된다. 22 새 포도주를 낡은 가죽
부대에 담는 사람은 없다. 만일 그렇게 하면 새 포도주가 부대를
터뜨려서 포도주와 부대 모두 버리게 된다. 새 포도주는 새 부대에
담아야 한다." 23 안식일에 예수께서 밀밭 사이를 지나가시는데
제자들이 길을 만들며 이삭을 잘랐다. 24 바리새인들이 예수께

말했다. "보시오. 어째서 저들은 안식일에 하지 말아야 할 일을
하고 있는가?" 25 예수께서 말씀하셨다. "다윗이 자신과 함께 있던
자들이 배가 고파 먹을 것이 필요할 때 그가 한 일에 대해 읽어 보지
못하였느냐? 26 아비아달이 대제사장일 때 그가 하나님의 집에
들어가 제사장 외에는 먹어서는 안 되는 진설병을 먹고 함께 있던
자들에게도 주지 않았느냐?" 27 또 그들에게 말씀하셨다. "안식일이
사람을 위하여 있는 것이지 사람이 안식일을 위해 있는 것이 아니다.
28 그러므로 인자는 안식일에도 주인이다."

1장에서 예수님은 가르치시고 병을 고치시고 귀신을 쫓아내시고 두루 다니면서 전도하시는 등 역동적으로 하나님 나라를 이뤄 가셨다. 그에 따라 명성이 자자해졌다. 하지만 2장에 들어서면서 반대에 부딪힌다. 2장 1절부터 3장 6절까지는 예수님과 종교지도자들 사이에 있었던 5개의 논쟁이다. 갈릴리에서 있었기 때문에 '갈릴리 논쟁'이라고 부른다. 단락 구분과 단락의 명칭은 아래와 같다.

본문	명칭	등장하는 종교지도자	갈등의 이유
2:1-12	사죄권 논쟁	서기관들	'예수의' 죄사함의 권세
2:13-17	식탁 교제 논쟁	바리새인의 서기관들	'예수의' 세리 및 죄인들과 식탁 교제
2:18-22	금식 논쟁	바리새인의 서기관들(?)	'제자들의' 금식
2:23-28	안식일 논쟁 I	바리새인들	'제자들의' 안식일법 위반
3:1-6	안식일 논쟁 II	바리새인들과 헤롯당	'예수의' 안식일법 위반

예수님이나 예수님의 제자들이 한 말이나 행동을 종교지도자들 중 누군가 듣거나 보고 이의를 제기하면서 논쟁이 시작된다. 그러면 예수님이 거기에 반박 혹은 변호를 하신다. 예수님의 답변이 대개는 선언 형식이기 때문에 논쟁 이야기를 '선언문 이야기'(Pronouncement Story)라고도 한다. 예수님의 선언에 사람들의 반응이 뒤따르기도 한다. 반대를 통해 자신의 주장이 또렷하게 부각되는 법이다. 논쟁은 예수님이 이루

시는 하나님 나라가 어떤 것인지 한층 선명하게 드러낸다. 동시에 예수님이 이루시는 하나님 나라가 당시 종교지도자들이 수호한 유대교와 충돌했다는 것은 유대교의 변질과 타락을 보여 준다. 예수님과의 논쟁을 통해 종교지도자들은 자신들의 과오를 회개하기보다는 예수님을 죽임으로써 하나님 나라를 거부하고 기존 체제를 더 공고히하려고 했다.

2장

풀어보기

사죄권 논쟁(1-12절)

이 이야기는 네 친구가 중풍병자를 예수께 데리고 와서 치유받은 사건으로 잘 알려져 있다. 그러나 이야기의 초점은 치유가 아니라 예수님의 사죄권에 있다. 아래서 볼 수 있듯이 치유 이적은 예수님과 서기관들 사이에 이루어진 논쟁을 감싸고 있으며, 또한 논쟁이 1-12절 전체의 중심을 차지하는 동심원적 구조이다.

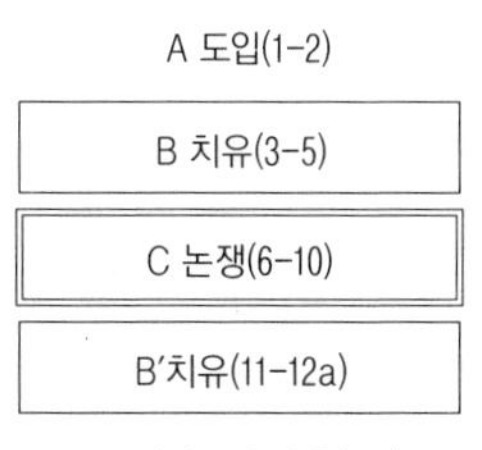

중풍병자를 향한 예수님의 죄 사함 선언은 그 자리에 있던 서기관들에게 논쟁의 빌미를 제공한다. 이에 예수님이 대답하시고 병자를 치유하

심으로 서기관들은 더 이상 할 말이 없어지고, 사람들은 놀라며 하나님께 영광을 돌린다.

> 1 며칠 후에 예수께서 가버나움으로 다시 들어가시자 예수께서 집에 계시다는 소문이 들렸다. 2 그러자 많은 사람들이 모여 들었는데, 문 밖까지도 들어설 자리가 없었다. 예수께서는 그들에게 말씀을 전하셨다.

1절에 따르면 논쟁은 '수일 후에', '가버나움의 어떤 집'에서 일어났다. 아마도 시몬과 안드레의 집(1:29)으로 추측된다. 예수께서 이 집에서 시몬의 장모를 고치셨고, 이 때문에 가버나움에 사는 각색 병자들과 귀신 들린 자들이 모여들었던 적이 있다(1:32-34). 여기서 '수일 후'란 1장 45절에서 언급된 바, 많은 사람들이 예수께 모여드는 일(1:45)로부터 며칠이 지난 후를 말한다.

예수께서 집에 계시다는 소문이 들리자 많은 사람들이 다시 그가 있는 집으로 몰려들었다. 문 앞에조차도 들어설 자리가 없을 만큼 많은 사람들이 몰려들었다. 이러한 상황 묘사는 1장 45절로부터 며칠이 지났음에도 불구하고 여전히 예수님의 명성이 계속되고 있음을 보여 준다.

예수님은 이들에게 말씀을 전하셨다. '말씀'으로 번역된 헬라어는 '로고스'(λόγος)다. 개역개정 성경은 '도'(道)로 번역했는데 필자는 교계에서 보다 일반적으로 사용되는 '말씀'으로 번역했다.[1]

> 3 네 사람이 한 중풍병자를 들고 예수께로 데리고 왔다. 4 그러나 사람들 때문에 가까이 갈 수 없자 예수께서 계신 곳의 지붕을 뚫어 구멍을 내어 중풍병자가 누워 있는 상을 달아 내렸다.

예수께서 집에 계시다는 소문을 듣고 네 사람이 병자를 데려온다. 그러나 사람들이 많이 모여 있어 들어갈 수 없자, 지붕 위로 올라가 지붕을 뜯어 구멍을 내고 병자를 집 안으로 내린다. 당시 이스라엘 사람들의 집은 단층집으로, 사면은 이스라엘에서 흔히 볼 수 있는 석회암으로 쌓았고, 지붕으로 올라갈 수 있는 옥외 계단이 있는 형태였다. 지붕은 먼저 수평으로 돌무화과나무 가지로 만든 대들보를 깔고, 수직으로는 갈대나 종려나무 가지를 깐 후에 진흙을 발랐다.[2] 지붕은 평평하여 작업을 하거나 잠을 잘 수 있었다(행 10:9-10 참조). 또 일종의 객실(guest room)을 만들어 자기 집을 찾은 손님이 이곳에서 묵을 수 있었다. 엘리야는 사르밧 과부에게, 엘리사는 수넴 여인에게 이런 대접을 받았다. 예수님이 제자들과 마지막 만찬을 가지신 장소도 객실이었다(눅 22:11-12).

> 5 예수께서 그들의 믿음을 보시고 중풍병자에게 말씀하셨다. "얘야, 네 죄가 용서받았다."

예수님은 이들의 이런 행동을 '믿음'으로 보셨다. 그렇다. 믿음은 눈에 보인다. 믿음의 외적 표출 형태는 다양할 수는 있어도 예수님을 향한 믿음은 가시적으로 나타난다. 예수님이 보신 믿음은 예수께 나아가는 데 방해물이 있어도 굴하지 않는 불굴의 의지, 꼭 예수님을 만나 병을 고쳐야겠다는 간절함, 예수님은 반드시 고쳐주실 수 있다는 신뢰이다. 이것이 믿음이다.

'그들의 믿음'에서 '그들'이 중풍병자를 데리고 온 네 사람만을 가리키는지, 아니면 중풍병자까지도 포함하는지는 확실하지 않다. 필자는 중풍병자까지 포함하는 믿음이라고 본다. 예수께서 중풍병자에게 "일어나 네 상을 가지고 집으로 가라"(11절) 말씀하셨을 때, 중풍병자가 순종했다는 것은 그가 예수님의 치유 능력을 믿었음을 보여 준다. 중풍병자를 데려온 4명은 예수님이 치유하실 수 있다고 믿었기 때문에 병자를 데려왔다. 예수께 데리고 오는 것이 믿음이다. 포기하지 않는 게 믿음이다. 인산인해를 이룬 사람들 때문에 출입구를 통해서 집에 들어갈 수 없다는 것을 알았지만 이들은 포기하지 않고 지붕 위로 올라가 지붕을 뜯어 구멍을 내고 중풍병자가 실린 침상을 집안으로 내려 보냈다. 한번 상상해 보자. 지붕을 뜯었으니 흙도 떨어졌을 것이다. 예수님도 가르치시는 일에 방해를 받으셨을 것이다. 사람들도 불쾌하게 생각했을 것이다. '뭐 저런 사람들이 다 있냐'며 그들의 '무례함'을 욕하는 사람들도 있었을 것이다. 그런데 이런 '도발적 침범'을 보신 예수님은 그것을 바로 '믿음'이라고 말씀하신다. 새치기를 해도 된다는 말도 아니고, 남들이야 어떻게 됐든 내 욕심만 채우면 된다는 것도 아니다. 예수님을 지금 만나지 않으면 안 된다는 절박함, 오직 예수님만이 고칠 수 있다는 절대 확신이 있었기 때문에 이러한 무모한 행동도 가능했던 것이다.

마가복음 5장에 등장하는 혈루증 앓던 여인도 그랬다. 예수께 나아가고자 할 때 사람들이 얼마나 많던지 예수님을 에워싸 '짓누를'(5:24) 정도였다. 정결법상 혈루증 앓던 여인은 사람들이 많이 모인 곳에 갈 수 없었다. 하지만 여인은 예수님의 옷에만 손을 대어도 나을 것이라는 믿음을 가지고 나갔다. 그래서 예수님은 "네 믿음이 너를 구원하였다"(5:34)라고 하신 것이다. 시각 장애인 바디매오 역시 '많은' 사람들의 제지에 굴하지 않고 큰 소리로 부르짖었고, 결국 예수님이 그를 부르셔서 "네 믿음이 너를 구원하였다"(10:52)라고 칭찬하셨다. 장애물을 극복하는 믿음은 예수님이 아니면 내 문제를 해결할 방법이 없다는 절박감, 예수님만이 나의 치유자요 구원자라는 믿음이다.

예수님은 중풍병자를 '작은 자'로 부르면서 "네 죄 사함을 받았느니라"라며 사죄를 선언하셨다. 개역한글 성경은 '소자'(小子)로 번역했는데, 우리말에서 '소자'는 제자가 스승 앞에서 혹은 자식이 부모 앞에서 자기를 낮출 때 쓰는 말이다. 하지만 헬라어 '테크논'(τέκνον)은 어린 사람을 다정하게 부르는 호칭으로 우리말 "얘야" 정도에 해당한다. 예수님의 사죄선언에 사용된 동사 '아피엔타이'(ἀφίενται)는 '신적 수동태'(divine passive)다. 예수님이 지금 하나님의 이름으로 죄 용서를 선언하고 있음을 뜻한다. 또 '아피엔타이'는 현재시제다. 사죄가 예수님의 선언으로 지금 실현되었다는 말이다. 그래서 '용서받았다'로 번역하는

게 맞다.

예수님이 병을 고치러 온 자에게 병을 고치기에 앞서 사죄를 선언한 것은 치유와 사죄가 밀접한 관계에 있었기 때문이다(왕하 6:20-27; 15:1-5; 대하 7:14; 시 103:3; 사 19:22; 38:17; 57:18-19; 요 9:2; 약 5:15 등). 하지만 이 중풍병자가 반드시 자신의 죄 때문에 병을 얻었다고 할 수는 없다. 죄가 다스리는 이 세상에서 그는 병과 그로 인해 많은 아픔을 겪었고, 예수님은 거기에서 구원하여 주신다는 의미다. 이 병자가 친구들과 함께 믿음을 가지고 예수께로 온 것이 회개이며, 예수님을 통해 그들에게 하나님 나라가 임한 것이다. 구약을 보면 병 치유는 선지자들도 행했다. 타 종교에서도 병을 치유하는 능력을 가진 사람이 있다. 그러나 이스라엘의 선지자들도, 그 어떤 다른 사람도 못한 것은 바로 죄 용서다. 죄 용서는 오직 하나님만이 하실 수 있다. 예수께서는 하나님의 배타적 사죄 권한이 자신에게 있음을 당당히 선언하신 것이다. 예수님은 그리스도요 하나님의 아들이시기 때문이다.

> 6 거기 앉아 있던 어떤 서기관들이 마음에 생각하기를 7 '이자가 어떻게 이런 말을 하는가? 신성모독이다! 하나님 한 분 외에 누가 죄를 용서할 수 있단 말인가?'

이 장소에 서기관들이 있었다. 서기관들은 1장 22절에서 한 차례 언급되기는 했으나 여기서 처음 등장한다. '생각했다'로 번역된 '디아로기조마이'(διαλογίζομαι)는 70인역에서 대부분 악인이 의인을 해하려고 '악한 생각을 하다', '음모를 꾸미다'는 뜻으로 사용되고 있다(시 10:2[70인역 9:23]; 21:11[20:12]; 35:20[34:20]; 140:8[139:9]; 잠 16:30; 17:12).[3] 서기관들은 예수께 대해 경멸적 의미를 담고 있는 '이 사람'(οὗτος, 후토스)으로 부른다. 또 서기관들은 예수님의 사죄선언 주장을 '신성모독죄'(βλασφημεῖ, 블라스페메이)로 규정한다. 신성모독죄는 사형죄에 해당된다(레 24:16). 실제로 예수님은 나중에 산헤드린 공회에서 신성모독죄로 정죄당한다. "그 신성모독하는 말을 너희가 들었도다"(14:64). 예수님이 장차 어떤 일을 당하실지 이미 암시되어 있는 것이다.

> 8 예수께서는 그들이 속으로 이렇게 말하는 것을 영으로 곧 알아차리시고 말씀하셨다. "어째서 속으로 이런 것들을 말하는가?

예수님은 서기관들이 마음속으로 자신을 비난하는 것을 '그의 영으로' '즉시' 알아차렸다. '그의 영으로'(τῷ πνεύματι αὐτοῦ, 토 프뉴마티 아우투)는 '그들(서기관들)의 마음속으로(ἐν ταῖς καρδίαις αὐτῶν, 엔 타이스 카르디아이스 아우톤)'(6절)와 대조된다. 마가복음에서 '마음'은 대개 부정적인 의미를 함축하고 있기 때문에(7:20-23 참조) 의도적으로 피한 것으로 보인다.

예수님의 영은 예수께서 세례 때 받은 성령이다. 예수님은 성령과 합일된 자이기에 다른 사람의 생각을 간파할 수 있고, 자신에게서 치유의 능력이 나간 것도 알 수 있었다(5:30). 또 '즉시'는 예수님의 속마음을 읽는 능력이 뛰어남을 강조한다. 예수께서 서기관들의 속마음을 읽을 수 있다는 것은 그가 하나님의 능력을 가진 자임을 보여 준다(삼상 16:7; 왕상 8:39; 대상 28:9; 시 7:9; 렘 11:20; 17:10 참조).

> 9 중풍병자에게 '네 죄가 용서받았다'라고 말하는 것과 '일어나 네 상을 들고 걸어가라'고 말하는 것 중에서 어느 것이 더 쉽겠느냐?
> 10 그러나 인자가 땅에서 죄를 용서하는 권세가 있는 것을 너희에게 알게 하겠다." 그리고 예수께서는 중풍병자에게 말씀하셨다.

'네 죄가 용서받았다'라고 말하는 것과 '일어나 네 상을 들고 걸어가라'고 말하는 것 중에서 어느 것이 더 쉬운가? 사람이 사람의 죄를 용서할 수는 없다. 하나님을 대신할 수는 없기 때문이다. 그렇다고 중풍병자가 스스로 일어나 걷게 하는 것도 불가능에 가깝다. 이론적으로 보면 하나님을 대신할 수 없는 죄 사함이 더 어렵다. 하지만 '네 죄가 용서받았다'라고 말하는 것은 쉽다. 중풍병자를 고치는 일은 직접 눈으로 확인할 수 있는 반면 죄 사함은 어떤 증거로 확인할 길이 없다. 눈으로 당장 확인 가능한 병 치유를 행하심으로써 당신이 사죄선언을 할 수 있음을 입증하시려는 것이 예수님의 의도다.

"인자가 땅에서 죄를 용서하는 권세가 있는 것을 너희에게 알게 하겠다"라는 대답은 "오직 하나님 한 분 외에는 누가 능히 죄를 사하겠느냐?"(7절)라는 서기관들의 질문에 대한 직접적 대응이다. 즉 예수님은 하나님 한 분 외에 '인자'가 죄 사함의 권세가 있음을 천명하신 것이다. 예수님의 이 주장은 서기관들은 물론 종교지도자들이라면 신성모독으로 들리는 것은 물론 성전을 중심으로 작동된 당시 사회체제의 근간을 흔드는 발언이다. 하나님만이 하실 수 있는 죄 사함의 권세를 이 땅에서 대행하는 유일한 곳은 예루살렘 성전뿐이다. 죄 사함은 오직 성전 제사와 제사장의 선언(레 4:26, 31, 35 참조)에 의해 이루어진다. 이것이 예수님 당시 유대 사회의 근본 신념이다. 그런데 성전에서 제사도 드리지 않은 사람에게, 제사장도 아닌 일개 평신도(?)가 사죄를 선언한다는 것은 도발적이지 않을 수 없다.

> 11 "내가 네게 말한다. 일어나 네 상을 들고 집으로 가라." 12 그러자
> 그가 곧 모든 사람들 앞에서 일어나더니 상을 들고 밖으로 나갔다.
> 사람들이 다 놀라워하며 하나님께 영광을 돌리면서 말했다. "이런
> 일은 이제까지 보지 못했다."

예수께서 중풍병자에게 일어나 상을 들고 집으로 가라고 말하자, 중풍병자는 즉시 그 말씀대로 행한다. 예수님의 말씀이 즉각적으로 현실화되고 있는 것이다. 이것을 보고 무리들은 "이런 일은 이제까지 보지 못했다"라며 놀라워했다. 여기서 '이런 일'(οὕτως, 후토스)은 단지 중풍병자의 치유만을 가리키지 않는다. 이미 예수가 가버나움에서 많은 이적을 베푼 것을 알고 있었을 것이기 때문에(1:28, 32-34, 45), 지금 예수께서 중풍병자를 치유한 것만 가지고 "이런 일은 이제까지 보지 못했다"라고 말하는 것은 맞지 않는다.

사람들은 예수님의 치유와 사죄 선언 모두를 보고 놀라워한

것이다. 예수께 치유와 죄 용서는 나눌 수 없는 관계이다. 예수님은 이 땅에 완전한 구원을 이루기 위해 왔고, 그 같은 권세를 가지고 계시다. 앞서 가버나움 회당에서 예수님이 베푼 가르침이 '권세 있는 새 교훈' 이었다는 사실과 일치한다. 그래서 무리들은 예수님의 치유와 사죄 선언을 보고 놀라워하며 하나님께 영광을 돌린다. 예수님의 치유와 사죄 선언에 하나님이 함께하셨음을 인정하는 것이다. 이런 무리들의 반응은 서기관들이 예수께서 신성모독적인 말을 한다고 비난한 것과 대조가 되고, 서기관들의 비난이 잘못되었음을 보여 준다.

이상에서 본 것처럼 예수님이 말씀을 가르치시고, 치유의 이적이 일어나고, 죄 사함의 선포가 일어나는 곳은 '집'이다. 집에서 세리 및 죄인들과 식탁의 교제를 나누시고(2:15), 집에서 당신을 둘러싼 사람들을 향해 하나님의 뜻대로 행하는 그들이야말로 당신의 가족이라고 말씀하신다(3:31-35). 예수님은 야이로의 집에 가셔서 죽은 야이로의 딸을 살리셨으며(5:41), 집에서 비유의 의미를 설명해 주셨다(7:17-19; 9:28-29; 10:10-12). 또 집에서 수로보니게 여인과 빵 이야기를 나누시고 더러운 귀신이 들린 그녀의 딸을 고쳐 주셨다(7:24-30). 예수님이 가장 부정한 병인 나병에 걸렸었던 환자 시몬의 집에서 식사도 하시고, 거기서 한 여인으로부터 기름 부름을 받으셨다(14:3).

반면에 회당은 더러운 귀신 들린 자가 있고, 권위를 인정받지 못하는 가르침이 행해질 뿐이고(1:21-27), 예수님의 가르침을 듣고, 이적을 보고서도 예수님을 배척하는 불신의 장소다(6:2). 또 회당은 예수를 믿는 자들을 박해하는 곳이다(13:9). 아마도 마가복음의 수신자인 기독교인들이 회당에서 배척당하는 상황에서 집에서 모인 것 같다. 거룩함을 상징하는 건축물인 성전과 회당은 예수님을 따르는 자들에게 더 이상 중심이 아니라, 집이 새로운 중심지이다.[4]

식탁 교제 논쟁(13-17절)

13 예수께서 다시 바닷가로 나가셨다. 모든 사람들이 예수께

나아왔고 예수님은 가르치기를 시작하셨다.

예수님이 바닷가로 가셨을 때 모든 사람들이 몰려들었다. 앞서 세례자 요한의 사역에 대해서도 "유대 온 지역과 예루살렘의 모든 사람들이 요한에게 나아와"(1:5) 세례를 받았다고 했는데, 여기서도 '모든'이란 단어가 사용되고 있다. 세례자 요한과 예수님의 사역에 대한 사람들의 반응이 얼마나 뜨거웠는지를 보여 준다. 예수님은 이들에게 '가르치셨다'. 앞서 가버나움의 한 집에 계실 때 몰려든 많은 사람들을 가르치신 것(2:2)과 일치한다. 또한 4장에서도 바닷가에 모인 수많은 사람들에게 비유를 통해 가르치신다(4:1-2).

14 또 예수께서는 지나가시다가 알패오의 아들 레위가 세관에 앉아 있는 것을 보시고 그에게 말씀하셨다. "나를 따라오너라." 그는 일어나 예수님을 따랐다.

'레위'라는 이름은 그가 유대 집안 출신, 그중에서도 제사장직을 담당하였던 레위 지파 소속이었음을 말해 준다. 제사장직을 담당한 레위 지파 출신의 남자가 부정한 직업을 가진 '세리'였다는 것은 놀랍다. 예수께서 레위를 부르자 레위는 부름에 즉각 순종한다. 앞서 예수께서 4명의 제자들을 부르자 이들이 즉각 순종한 모습(1:16-20)과 동일하다. 예수님이 이루시는 하나님의 나라는 사회적 신분에 관계없이 모든 사람을 제자로 부르신다.

15 예수께서 그의 집에서 식사를 하시는데 많은 세리와 죄인들이 예수님과 그의 제자들과 함께 음식을 먹었다. 그 같은 사람들이 많이 예수님을 따랐다.

예수님의 부름을 받은 레위는 자기 집으로 예수님을 초청하여 식탁을 베풀었다. 이 자리에는 레위와 예수님만이 아니라 '세리와 죄인', 그리고 '예수님의 제자들'도 있었다. 여기서 '죄인들'(ἁμαρτωλοί, 하마르톨로이)은 도둑·강도·살인자 등 극악무도한 자라기보다는 '땅의 사람들'(암하레츠)로서 많이 배우지 못하고 가난했으며, 종교지도자들이 요구하는 엄격한 정결법을 잘 지키지 못했던 서민들을 가리키는 것 같다.[5] 물론 이들 중에는 율법을 어긴 자들, 극악한 죄를 지은 자들도 있었을 것이다. 또 당시 세리는 죄인 취급을 받았다. 세리는 로마제국과 이에 결탁한 극소수 지배계층을 위해 일하는 하수인이었기 때문이다. 세리는 직업상 돈을 취급하는 사람인데, 그 당시 돈에는 로마 황제의 얼굴이 새겨져 있었고, 로마 황제가 신의 아들이라는 글자가 씌어져 있었기 때문에 그런 돈을 만지는 일은 십계명 중 제1계명인 '나 외에 다른 신을 섬기지 말라'와 제2계명인 '너를 위해 우상을 만들지 말라'는 계명을 간접적으로 어기는 일이었다. 그래서 성전에는 성전세를 내기에 합당한 돈으로 바꿔 주는 환전상이 있었다(11:15). 또 세리는 정한 세 이상을 거두어 사람들로부터 원망을 샀다(눅 3:12; 19:8 참조).

마가복음에서 처음으로 '제자'(μαθητής, 마쎄테스)라는 단어가 등장하고 있는데, 그 장소가 예수께서 세리 및 죄인들과 함께 식사하는 장면이라는 데 주목할 필요가 있다. 제자들은 예수님처럼 죄인들과 함께 자유롭게 어울리며, 그들과 함께 식탁 교제를 나눠야 함을 암시한다. 예수님이 이루시는 하나님의 나라는 개방적이고 포용적이다.

> 16 바리새파 서기관들이 예수께서 죄인 및 세리들과 함께 식사하시는 것을 보고 그의 제자들에게 말했다. "어째서 당신의 선생은 세리들 및 죄인들과 함께 먹는가?"

본 논쟁에 등장하는 종교지도자들은 '바리새인들의 서기관들'인데 신약 전체를 통해 여기 외에는 등장하지 않는다. 아마도 '바리새파에 속한 서기관들'을 말하는 것으로 보인다. 이들은 예수께서 죄인 및 세리들과 함께 식사하는 것을 보고 "어찌하여 세리 및 죄인들과 함께 먹는가"라고 질문한다. 당시에 바리새인들은 '세리와 죄인들' 때문에 하나님의 구원이 늦춰지고 있다고 생각하여 그들을 경멸했다. 그런데 예수님은 그들과 같이 식사를 한다. 바리새인들은 예수님의 행동을 도무지 이해할 수 없었다. 또한 세리와 죄인들과 식사를 같이 하는 것은 명백한 정결법 위반이다. 음식 정결법의 3대 핵심은 무엇을, 어떻게, 누구와 먹는가이다. 부정한 자들과 식탁 교제를 나누는 예수님의 거침없는 행동은 그들의 눈으로 볼 때 정결법 위반 행위였다.

하지만 예수님의 식탁 교제는 하나님의 사랑에 감사하는 기쁨을 뜻한다. 구약에서도 여호와 하나님께서 이스라엘 백성을 택하셔서 언약을 맺은 후 이스라엘 백성들은 하나님 앞에서 잔치를 베풀어 기쁨을 나눴다(출 24:11). 또 예수께서 누가복음 15장에서 말씀하신 세 가지 비유는 모두 잃은 양, 잃은 은전, 그리고 잃은 아들을 찾은 기쁨을 다함께 먹고 마시는 것으로 표현한다. 예수님이 이 세 비유를 말씀하시게 된 계기도 예수께서 세리와 죄인들을 영접하고 음식을 같이 먹는다고 바리새인과 서기관들이 수군거리자 이에 대한 대답으로 들려주신 것이다(눅 15:1-3). 예수님이 세리와 죄인들과 나눈 식탁 교제는 종말에 최종적으로 성취될 하나님과 그의 백성 간에 있을 잔치를 미리 이루신 것이다(사 25:6-8; 눅 22:29-30 참조).

> 17 예수께서 들으시고 그들에게 말씀하셨다. "건강한 자에게는 의사가 필요하지 않고 병든 자에게는 필요하다. 나는 의인을 부르러 온 것이 아니라 죄인을 부르러 왔다."

"건강한 자에게는 의사가 필요하지 않고 병든 자에게는 필요하다"는 고대 헬라 문학에서 자주 발견되는 잠언으로서 예수님은 이 말씀을 이용하여 당신께서 많은 병자들을 치유해 주신 의사임을 밝힌 것이다. 구약의 여호와 하나님이 치유하시는 하나님이신 것처럼(출 15:26 참조), 예수님도 그러하시다.

또 예수님은 계속해서 "내가 의인을 부르러 온 것이 아니요 죄인을 부르러 왔다"라고 말씀하신다. 앞서 15, 16절에서 '죄인들'이 등장한 바 있다. 이들은 정결법상 부정한 자들이다. 그렇다고 예수님이 그들을 부정한 자, 죄인이라고 생각했다는 것은 아니다. 그 말은 바리새인들이 붙인 것이다. 오히려 예수님은 그들과 접촉하여 함께 밥을 나누셨다. 또 '의인'도 마찬가지다. 문맥상 여기서 의인은 바리새인의 서기관들을 지칭한다. 그러나 예수님이 그들을 의인으로 인정한 것은 아니다. 마가복음 전체를 통해서 예수는 바리새인이나 서기관들을 의인으로 인정하신 적이 없다. 마가복음에서 '의인'으로 평가되는 사람은 세례자 요한뿐이다(6:20 참조). 예수님이 바리새인의 서기관들을 의인으로 부른 것은 그들이 자신들은 의를 성취한 자라고 하는 주장을 풍자하신 것이다.

앞서 예수님은 중풍병자에게 사죄를 선언하셨다. 지금은 밥상 교제를 통해 그들에게 하나님의 죄 용서를 베푸신다. 식탁 교제는 행동으로 선언된 사죄라고 할 수 있다.[6] 예수님은 바리새인들이 정결법상 더럽다고 하는 죄인들을 멀리하는 것이 아니라, 오히려 그들을 부르러 오셨다. "죄인들을 쫓아내는 것이 제의적 기관들의 사명이라면, 죄인들을 부르는 것은 종말론적 인자의 특권이요 사명이다."[7]

금식 논쟁(18-22절)

18 요한의 제자들과 바리새파인들은 금식을 하고 있었다. 어떤
사람들이 예수께 와서 물었다. "요한의 제자들과 바리새인의
제자들은 금식을 하는데 어째서 당신의 제자들은 금식을 하지
않는가?"

바리새인들이 제자들의 행동을 문제 삼으면서 제자들이 아니라 예수님께 물은 이유는 고대 세계에서는 스승이 자기 제자들의 행동에 대해 책임을 졌기 때문이다.[8] 다른 논쟁들은 예수님이나 제자들이 행한 말이나 행동을 문제 삼아 그 자리에 있던 종교지도자들이 이의를 제기하는 형태이지만, 여기에서는 특정 상황의 행동이 아니라 금식을 하지 않

는 '평상시 관행'이 문제시 되고 있다. 적대자들이 예수께 '와서' 질문한 이유가 여기에 있다. 또한 15-17절의 주제가 식탁 교제였다면 18-22절은 그와는 반대로 '금식'이 주제라는 점에서 다르다.

18절에서 예수께 질문한 자가 누구인지 불분명한데, 금식 문제는 바리새인의 중요한 관심사였기 때문에 바리새인들이었을 것이다. 구약에서 금식은 슬픔(삼상 31:13; 삼하 1:12)과 참회(삼상 7:6; 스 8:21, 23; 느 9:1; 욜 1:14; 2:12 등)를 할 때 행해졌다. 또 국가적 위기 극복을 위해 하나님께 간절히 매달리려 금식하기도 한다. 하나님의 일을 시작하기 전 자신을 준비하는 훈련으로 금식하기도 하였다. 예수님의 금식과 모세의 금식이 이 경우에 해당한다. 금식은 경건한 삶의 한 표현이다.

하나님이 직접 지정하신 대(大)속죄일에 행하는 금식은 모든 이스라엘 사람들이 반드시 행해야 할 의무 금식으로서, 만약 이날에 금식하지 않는 자들은 멸절당할 것이라고 레위기에 규정되어 있다(레 23:29, 30). 만약 예수님의 제자들이 대(大)속죄일의 금식을 지키지 않았다면, 본문에 나오는 것보다 훨씬 더 큰 문제가 되었을 것이다. 따라서 여기서 논란이 되는 금식은 바리새인들이 일주일에 두 번씩(월요일과 목요일) 행했던 금식처럼 자발적 금식을 가리키는 것 같다. 바리새인들은 오랫동안 기다려온 구원이 아직 나타나지 않는 것은 이스라엘에게 죄가 있기 때문이며 그래서 금식하고 회개함으로써 구원을 예비해야 한다고 믿었다.[9] 이렇게 금식은 근본적으로 회개를 통한 '제의적 정결'을 얻어 하나님의 구원에 합당한 자가 되는 것이 목적이었다.[10]

> 19 예수께서 그들에게 말씀하셨다. "결혼식에 온 손님들이 신랑과 함께 있을 때 금식을 할 수 있느냐? 그들이 신랑과 함께 있을 동안에는 금식할 수 없다. 20 그러나 신랑을 빼앗길 날이 올 것이다. 그날에는 그들이 금식할 것이다.

예수님은 적대자의 질문에 대해 먼저 "결혼식에 온 손님들이 신랑과 함께 있을 때 금식할 수 있느냐"라고 물으시면서 세 비유를 통해 대답하신다. 첫 번째 대답인 19-20절은 '신랑과 혼인집 손님들의 비유'이다. 신랑과 혼인집 손님들은 각각 예수님과 그의 제자들이다. 구약에서 하나님과 이스라엘의 관계는 신랑과 신부의 관계로 비유되고 있으며, 결혼 잔치는 하나님과 이스라엘의 관계 회복을 뜻한다(호 2:16-20; 사 54:5-6; 62:4-5; 겔 16:1-62).

혼인집 손님들이 금식할 수 없는 이유는 신랑이 그들과 함께 있기 때문이다. 혼인집 손님들이 금식할 수 없는 이유로 '혼인집 손님과 신랑이 함께 있는 동안'이라는 말이 두 번 반복되어 강조되고 있으며, '신랑을 빼앗기는 날들'과 대조되고 있다. 신랑이 예수님을, 혼인집 손님들이 제자들을 가리킨다면 '신랑이 혼인집 손님들과 함께 있는 동안'이란 예수님이 이 땅에서 제자들과 함께 있는 시기를 말한다. 예수님은 이 시기를 혼인잔치로 비유하고 있다. 혼인과 혼인잔치가 종말론적 구원 시대를 상징한다고 할 때(사 61:10; 62:4-5 참조), '신랑이 혼인집 손님들과 함께 있는 동안'이란 예수님이 오심으로 구원의 시대가 도래하였음을 뜻한다.

이미 구원의 시대가 왔기 때문에 금식이 아니라 기쁨과 축하 잔치가 마땅하다. 따라서 하나님의 구원이 도래하기를 바라는 목적에서 행하는 바리새인들의 금식은 더 이상 무의미하다. 이런 예수님의 대답은 예수님 안에서 이미 하나님의 구원이 임했는데도, 그것을 알지 못한 채 여전히 금식하며 기존의 관행을 고수하고 오히려 하나님의 구원을 누리는 자들을 비난하는 바리새인들을 비판하는 것이다.

그러나 예수님은 금식 그 자체를 거부하신 것은 아니다. 다만 예수님의 제자들이 '어느 때' 금식하는 것이 타당한가를 말씀하신다. 금식을 하느냐 그렇지 않느냐의 구분 기준은 신랑이 혼인집 손님들과 함께 있는 시간이냐, 신랑을 빼앗겨서 더 이상 신랑이 그들과 함께하지 않는 때인가이다(20절). 사실 신랑을 빼앗긴다는 언급은 맞지 않다. 유대인의 결혼식 풍습에서는 혼인집 손님들이 떠나지 신랑이 떠나지 않기 때문이다. 여기서 신랑을 빼앗긴다는 것은 예수님의 죽음을 암시한다. '빼앗길 것이다'의 헬라어 '아파르쎄'(ἀπαρθῇ)는 '강제적 제거'의 의미가 있다.[11] 이런 점에서 20절은 예수님의 첫 번째 수난 예언이라고 할 수 있다.

> 21 새 천 조각을 낡은 옷에 붙이는 자는 없다. 만일 그렇게 하면 새 천 조각이 낡은 옷을 잡아당겨 더 찢어지게 된다. 22 새 포도주를 낡은 가죽 부대에 담는 사람은 없다. 만일 그렇게 하면 새 포도주가 부대를 터뜨려서 포도주와 부대 모두 버리게 된다. 새 포도주는 새 부대에 담아야 한다.

21-22절은 두 개의 경구적 비유(aphoristic parable)로 되어 있다. '탕자의 비유'처럼 이야기 형식의 비유가 있는가 하면, 짧고 깨달음을 주는 경구(警句, aphorism) 형식으로 된 비유도 있다. 이 두 개의 비유에는 서로 대립되는 두 가지가 비교되고 있다: '새 옷 조각'과 '헌 옷', 그리고 '새 포도주'와 '헌 부대'. 비록 비유는 두 개이지만 공통적으로 옛 것과 새 것의 양립 불가능함을 말하고 있다.

시편 102편 26-28절에서 볼 수 있듯이 옷은 천지(우주)를 상징한다. 히브리서 1장 10-12절도 이 시편 구절을 인용하여 그리스도께서 재림하실 때 펼쳐질 새로운 세상을 묘사하고 있다. 그렇다면 20절에서 헌 옷은 사탄이 지배하는 세상을, 새 옷은 예수님이 이루시는 하나의 나라요 구원의 새 시대를 뜻한다. 새 포도주 역시 새 시대의 상징어이다(창 9:20; 요 2:11). 반대로 헌 부대는 구시대를 의미한다. 결국 새 옷이나 새 포도주는 예수님으로 말미암아 도래한 새 시대를 의미한다. 그리고 헌 옷의 찢어짐은 예수님의 오심으로 인한 강력한 변화를, 또 옛 질서에 가해진 충격을 강하게 묘사하는 것이다.[12] 새 포도주가 가죽부대를 '터뜨린다'는 묘사도 예수께서 가져온 하나님의 통치가 옛 질서에 가하는 놀라운 변화를 보여 준다.

새 포도주가 헌 가죽부대에 부어졌을 때, 헌 가죽부대가 못 쓰게 되는 것을 묘사하는 '아폴뤼나이'(ἀπολλύναι)는 예수님의 귀신 축출(1:24)이나 자연 이적(4:38), 그리고 종교지도자들이 예수님을 죽이려는 음모(3:6; 11:8), 또 포도원 주인이 악한 농부들을 진멸하는 행위(12:9) 등에서 사용되고 있으며, 이 모든 문맥에서 '아폴뤼나이'는 하나님의 나라를 이루는 예수님과 악의 세력 간의 투쟁을 암시한다. 헌 가죽부대가 못 쓰게 된다는 것은 하나님을 거역한 옛 세상의 멸망을 가리키며, 이것은 결국 종교지도자들을 포함하여 예수님을 적대하는 모든 세력들의 멸망을 암시한다.

결국 예수님은 21-22절의 비유를 통해 바리새인들에게 다음과 같이 대답하고 있는 것이다. 예수님의 제자들은 종말론적 새 시대에 속한 자들이기 때문에 거기에 맞는 삶을 살아야 한다. 만약 예수님의 제자들이 구원의 새 시대를 연 예수님과 함께 있는 동안에도 그것을 축하하거나 기뻐하지 않고 금식한다는 것은 마치 새 옷 조각을 헌 옷에 붙이고, 새 포도주를 헌 부대에 붓는 것과 같다. 따라서 새 포도주는 새 가죽부대에 담아야 하듯이, 구원의 새 시대를 살아가는 자들은 거기에 합당한 삶을 살아야 한다.

안식일 논쟁 I (23-28절)

23 안식일에 예수께서 밀밭 사이를 지나가시는데 제자들이 길을 만들며 이삭을 잘랐다.

1장 21-27절에 이어 본문은 예수님의 두 번째 안식일 사역을 보도하고 있다. 1장 21-27절에서 예수님은 제자들과 함께 안식일에 회당에 있었으나, 여기서 예수님은 제자들과 함께 밀밭을 지나가고 있다. 왜 안식일에 이곳에 계셨을까? 지금 예수님과 제자들은 한가롭게 들을 거닐고 있는 것이 아니라 전도하러 다니던 중에 이곳을 지나치게 된 것으로 보인다. 통상적으로 유대인들은 안식일에 먹을 양식을 안식일 전날에 예비한다. 그런데 본문에 나타난 예수님과 제자들은 안식일을 예비한 모습이 아니다. 안식일법 준수는 하나님이 이스라엘 백성과 언약을 맺으면서 주신 십계명 중에 있었기 때문에 매우 중요한 문제였다. 안식일 준수와 할례는 이방인과 구분되는 선민으로서의 정체성과 관련된 본질적인 문제다. 마치 기독교인이 세례를 받고 주일성수를 해야 기독교인이라고 할 수 있는 것과 같다.

안식일은 모든 날 중에 가장 거룩한 시간이었다. 이스라엘 사람들은 안식일을 중심으로 한 주를 살아간다는 것은 요일 명칭에서 알 수 있다. 안식일 다음 날인 일요일은 안식 후 첫째 날이라는 뜻에서 '제1일'(욤 리숀)이라 하고, 월요일은 '제2일'(욤 쉐니)라고 한다. 이런 식으로 진행된다. 그러나 안식일만큼은 '제7일'이라고 부르지 않고, 안식을 의미하는 '샤바트'로 부른다.[13] 안식일을 히브리어로 '샤바트'(שבת)라고 하는데, '그치다', '중지하다'라는 뜻을 가지고 있다. 안식일을 거룩히 지키기 위해서는 안식일에는 일하면 안 된다. 그런데 문제는 '일을 하지 않는다'라는 것의 개념 정의였다. 권혁승의 말을 들어 보자.

> '일'이란 '상태의 변화를 일으키는 것'이라고 규정된다. 이에 대한 대표적인 예는 불을 켜는 일이다. 불을 켬으로써 어두운 상태가 밝은 상태로 변한다. 이런 해석에 근거해 이스라엘에서는 안식일에 불을 켜는 것을 금한다. 여기에는 전기 스위치를 켜는 것도 포함된다. 안식일을 철저히 지키는 유대인들이 모여 사는 지역에는 적당한 시간에 자동적으로 소등되도록 장치를 해놓은 집이 많다. 그러나 이런 장치가 없는 집에서는 금요일 저녁에 전등을 켜놓고 토요일 해가 질 때까지 소등을 하지 못하는 일도 벌어진다. 이스라엘에서 자동으로 점화가 되어 음식물을 데울 수 있도록 설계된 특수 가스 오븐이 상품화된 것도 그 때문이다.[14]

미쉬나 샤바트(Mishnah Shabbat) 7.2는 안식일에 금지된 39개의 항목(Melachot)을 열거하고 있다.[15]

> 씨 뿌리기, 밭 갈기, 수확, 곡식단 묶기, 타작, 키질(winnowing), 곡식 분류, 곡식 갈기, 체질(sifting), 반죽, 빵 굽기, 양털 깎기, 양털 빨기, 양털 다듬이질, 양털 염색, 실잣기, 실 엮기, 두 개의 고리 만들기, 두 개

의 실을 엮기, 두 개의 실을 풀기, 묶기, 풀기, 두 개의 조각을 꿰매기, 두 개의 조각을 찢기, 사슴 사냥, 사슴 도살, 사슴 가죽 벗기기, 사슴 가죽에 소금치기(salting), 사슴 가죽 염장(curing), 가죽 문지르기, 가죽 자르기, 두 글자 쓰기, 두 글자 쓰기 위해 두 글자 지우기, 건물 짓기, 건물 부수기, 불 끄기, 불 켜기, 망치질, 물건 옮기기.

예수님과 제자들이 밀밭을 지나갈 때, 제자들이 예수님을 위해 길을 만들었고 이삭을 땄다. 먼저 '길을 만들다'(ὁδὸν ποιεῖν, 호돈 포이에인)는 단순히 '길을 가다'라는 의미가 아니라 없던 길을 만드는 것이다. 제자들이 길을 만드는 모습은 왕이신 예수님의 행차를 암시한다. '주의 길을 예비하라'(1:3)는 이사야 예언이 세례자 요한에게서 이뤄지는 것과 유사하다. 이런 점에서 새국제역(NIV) 번역(as his disciples walked along)보다는 신개정표준역(NRSV)의 번역(as they made their way)이 낫다.

제자들이 길을 만들기 위해서는 남의 사유재산이었을 밀밭을 훼손할 수밖에 없었을 것인데, 이러한 일은 왕만이 가질 수 있는 권한이었다.[16] 예수님이 예루살렘에 가셔서 어떤 사람의 소유인 나귀 새끼를 자신이 주인임을 내세워 사용한 것(11:3)도 왕의 징발권의 또 다른 예다. 또 예수께서 바리새인의 질문에 대답하실 때 다윗의 사례를 인용한 것도 자신이 다윗과 같은 왕으로서의 권위를 가진 존재임을 암시한다.[17] 28절에서 자신을 인자로 부르면서 안식일의 '주인'(κύριος, 퀴리오스) 됨을 선언하는 것도 제자들이 '주의' 길을 예비하듯 길을 만드는 것으로 생각할 수 있다.

24 바리새인들이 예수께 말했다. "보시오. 어째서 저들은 안식일에 하지 말아야 할 일을 하고 있습니까?"

바리새인들은 제자들이 '안식일에 하지 말아야 할 일'을 한 것을 비난한다. 여기서 바리새인들이 지적하고 있는, 제자들이 행한 '안식일에 하지 말아야 할 일'이란 '이삭을 자른 것'이었다. 이는 추수 행위로 간주되었기 때문이다(출 34:21 참조). 안식일 위반은 심각하다. 십계명 중 하나이기 때문이며, 또 안식일법 준수는 이스라엘이 이방인과 구분되는, 하나님의 선민으로서의 자기 정체성과 관련된 문제이기 때문이다.

> 25 예수께서 말씀하셨다. "다윗이 자신과 함께 있던 자들이 배가
> 고파 먹을 것이 필요할 때 그가 한 일에 대해 읽어 보지 못하였느냐?
> 26 아비아달이 대제사장일 때 그가 하나님의 집에 들어가 제사장
> 외에는 먹어서는 안 되는 진설병을 먹고 함께 있던 자들에게도 주지
> 않았느냐?"

바리새인들의 이의 제기에 대해 예수님은 다윗의 이야기를 '읽어 보지 못하였느냐'라고 반문한다. 이것은 바리새인들의 성경에 대한 오해(해석의 잘못), 무지를 비판하는 것이다. 마가복음에서 '읽어 보지 못하다'(부정어 + ἀναγινώσκω, 아나기노스코)는 4회 사용되고 있는데, 그중에서 3회(2:25; 12:10, 26)는 예수님이 종교지도자들의 성경에 대한 오해나 무지를 비판하는 데 사용되고 있다. 이 세 구절에 등장하는 종교지도자들은 각각 바리새인, 대제사장들과 서기관들, 그리고 사두개인들이다. 당시 모든 유대 종교지도자들의 성경에 대한 무지 혹은 오해를 비판하신 것이다. 예수님의 성경 인용은 종교지도자들보다 우월한 그분의 지식과 성경해석의 권위를 보여 주며, 동시에 종교지도자들의 무지를 폭로한다.

예수님은 사무엘상 21장 1-6절에 나오는 다윗의 이야기를 인용하여 대답하신다. 먼저, 예수님은 다윗만이 아니라 '그와 함께한 자들'을 두 번씩(25, 26절)이나 언급하신다. 이것은 현재 예수님보다는 제자들의 행동이 문제시되었기 때문이다. 다윗과 그의 일행이 함께 언급된 것은 다윗의 권위에 의해 일행의 행동(다윗이 나누어 준 진설병을 먹은 것)이 정당화되었듯 제자들의 행동 역시 예수님의 권위로 정당화될 수 있음을 보여 준다.

26절은 다윗의 '권위'를 강조하고 있다. 제사장 외에는 먹지 못하는 진설병(레 24:8, 9 참조)을 먹었다는 것은 다윗이 제사장의 권위를

넘어서는 권위를 가졌음을 암시하는 것이요, 예수께서 이러한 권위를 가진 다윗의 사례를 인용하여 자신의 제자들의 행동을 정당화한 것은 예수님이 '제사장의 권위를 능가하는 권위'를 가진 분임을 보여 준다.

예수께서 다윗의 이야기를 '아비아달 대제사장 때'로 말한 것도 제사장의 권위를 넘어서는 권위를 보여 주려는 마가의 의도와 관련이 있는 것으로 보인다. 사무엘상 21장에 따르면 다윗이 진설병을 먹은 것은 아비아달이 대제사장으로 있을 때가 아니라, 그의 아버지 아히멜렉이 제사장으로 있을 때였다. 그래서 마태(12:4)와 누가(6:4), 그리고 몇 몇 사본(D, W, 1009, 1546, it, Syr)은 '아비아달이 대제사장 때'라는 마가의 언급을 아예 누락시키고 있다. 그러나 흥미롭게도 이들 모두가 아비아달을 아히멜렉으로 수정하지는 않는다. 사실 이미 구약 안에서도 아히멜렉과 아비아달의 관계에 혼선이 나타나고 있다. 사무엘상 22장 20절, 23장 6절, 30장 7절에서는 아히멜렉이 아버지로, 아비아달이 아들로 언급된다. 그러나 사무엘하 8장 17절, 역대상 24장 6절에서는 이 둘의 관계가 바뀐다. 여기에 대해 여러 설명이 있다. 그 가운데서 설득력이 있는 것은 전승의 발전과정에서는 보다 잘 알려진 인물이 그렇지 못한 인물을 대신하는 경향이 있으며, 또 아비아달이 다윗과 더 긴밀히 관련되었던 인물이었기 때문이라는 설명이다.[18]

예수님은 이처럼 다윗의 권위를 언급함으로써 바리새인들의 질문에 다음과 같이 대답하고 있다. 다윗은 제사장만이 먹을 수 있는 진설병을 먹고, 또 그의 일행들에게 주어 먹게 하였지만, 그의 권위로 인하여 그것이 문제가 되지 않았던 것처럼, 예수님과 함께 있는 그의 제자들 역시 구전 율법이 규정한 안식일에 행하지 말아야 할 사항을 어겨도 예수님의 권위로 인해 문제가 되지 않는다. 제자들은 예수님의 권위에 의지하여 바리새인들의 율법 전통으로부터 자유로울 수 있었던 것이다.

27 또 그들에게 말씀하셨다. "안식일이 사람을 위하여 있는 것이지 사람이 안식일을 위해 있는 것이 아니다."

25-26절에서는 다윗의 사례를 인용함으로써 예수님이 제자들의 행동을 정당화했다면, 27절에서는 안식일의 근본 취지를 밝힘으로써 제자들의 행동을 변호하신다. 여기서 예수님은 창조의 맥락에서 안식일과 사람의 관계를 규정한다. 예수님은 안식일이 사람을 위해 만들어졌고 그 반대가 아니라고 선언함으로써, 안식일의 본질적 의미를 회복시킨다. 예수님의 선언은 인간을 율법 조항에 종속시킨 바리새인들의 율법 해석이 결국 하나님의 뜻을 왜곡한 것이라는 선언이기도 하다.[19]

그리고 27절은 안식일의 참된 의미를 보편적 인간의 차원에 적용했다는 점에서, 안식일을 이스라엘에 주어진 특권으로 생각한 유대교의 주장을 뛰어넘고 있다. 예수께서 안식일과 사람의 관계를 창조의 맥락에서 언급하신 것은 당신께서 창조의 본래적인 뜻을 회복하시는 분임을 보여 준다.

28 "그러므로 인자는 안식일에도 주인이다."

28절은 23-27절 전체의 결론구절이다. 여기서 예수님은 인자가 안식일에도 주인이라고 선언한다. 여기서 인자는 예수님을 가리킨다. 28절에서 '역시'(also)의 의미를 가진 '카이'(καί)가 사용된 것은(마태와 누가는 '카이'를 생략하고 있다) 2장 10절에서 예수님이 선언한 바, 자신이 사죄권을 가진 인자일 뿐만 아니라 안식일에 대해서도 주인이라는 말이다. 하나님의 권위를 당신께서 갖고 계시다는 선언이다. 예수께서 안식일의 주인이라는 선언은 자신이 안식일을 제정하였기에 안식일의 근본 취지가 무엇인지를 밝힐 권위가 있다는 뜻이다.

3장

3장

둘러보기

3:1-35

1 예수께서 다시 회당으로 들어가셨다. 거기에는 한쪽 손이
오그라든 사람이 있었다. 2 사람들이 예수를 고발하려고 안식일에
그를 고치나 지켜보았다. 3 예수께서 손 오그라든 사람에게
말씀하셨다. "일어나 가운데로 나오라." 4 그리고 그들에게
물으셨다. "안식일에 선을 행하는 것과 악을 행하는 것, 생명을
구하는 것과 죽이는 것, 어느 것이 옳으냐?" 그들은 말이 없었다.
5 예수님은 노하셔서 그들을 둘러보셨다. 그리고 그들의 마음이
완악한 것을 탄식하시며 그 사람에게 말씀하셨다. "네 손을 펴라."
그가 내밀자 그의 손이 회복되었다. 6 바리새인들이 곧 나가서
헤롯당원들과 함께 어떻게 예수를 죽일지 의논했다. 7 예수께서
제자들과 함께 바닷가로 물러가셨다. 갈릴리에서 많은 사람들이
따라왔다. 8 유대와 예루살렘과 이두매와 요단강 건너편, 두로와
시돈 지방에서 많은 사람들이 예수께서 행하신 모든 일을 듣고
그분께 왔던 것이다. 9 예수께서는 사람들이 자신을 에워싸 밀지
않도록 하기 위해 제자들에게 작은 배를 준비하라고 말씀하셨다.

10 예수께서 많은 사람들을 고쳐 주셨기 때문에 병든 자들은
누구나 그분을 만지려고 몰려들었다. 11 더러운 귀신들은 예수님을
보기만 하면 그 앞에 엎드러져 소리쳐 말했다. "당신은 하나님의
아들입니다." 12 그러나 예수께서는 자기를 나타내지 말라고
그들을 엄중히 꾸짖으셨다. 13 예수께서 산에 올라가셔서 당신이
원하는 사람들을 부르셨다. 그러자 그들이 예수께로 나아왔다.
14 예수께서는 열두 명을 따로 세워(이들을 사도라고 부르셨다)
자기와 함께 있게 하셨고, 그들을 보내셔서 전도하게 하셨다.
15 또한 그들에게 귀신을 내쫓는 권세도 주셨다. 16 예수께서
세우신 열두 명은 베드로라는 이름을 주신 시몬, 17 세베대의 아들
야고보와 야고보의 형제 요한(이들에게는 '우레의 아들들'이란 뜻의
'보아너게'라는 이름을 주셨다), 18 안드레, 빌립, 바돌로매, 마태,
도마, 알패오의 아들 야고보, 다대오, 열심당원 시몬, 19 그리고
예수님을 판 가룟 유다였다. 20 예수께서 집으로 들어가시자
사람들이 또 몰려들어 예수님과 제자들은 식사할 여유도 없었다.
21 예수님의 가족들이 그분을 붙잡으려고 나섰는데, 사람들이
"예수가 미쳤다"라고 말하는 것을 들었기 때문이다. 22 예루살렘에서
내려 온 서기관들이 말했다. "그는 바알세불에게 사로잡혔다.
귀신들의 왕을 힘입어 귀신을 쫓아내는 것이다." 23 예수께서 그들을
불러다가 비유로 말씀하셨다. "사탄이 어떻게 사탄을 쫓아낼 수
있느냐? 24 만일 한 나라가 갈라져 싸우면 그 나라가 설 수 없다.
25 또 만일 한 집이 갈라져 서로 싸우면 그 집은 설 수 없다. 26 또
만일 사탄이 자신을 거슬러 일어나 갈라져 싸운다면 서지 못하고
망할 것이다. 27 사람이 강한 자를 먼저 결박하지 않고서는 그 강한
자의 집에 들어가서 그의 물건을 약탈할 수 없다. 결박한 후에야
그 집을 약탈할 수 있다. 28 내가 진실로 너희에게 말한다. 사람의
모든 죄와 모든 모독하는 일은 용서를 받을 수 있다. 29 그러나
누구든지 성령을 모독하는 사람은 영원히 용서를 받지 못할 것이다.
그것은 영원한 죄가 된다." 30 예수께서 이렇게 말씀하시는 이유는

> 그들이 예수님은 더러운 귀신이 들렸다고 말했기 때문이다. 31 그때
> 예수님의 어머니와 형제들이 찾아 왔다. 그들은 밖에 서서 사람을
> 보내 예수님을 불렀다. 32 사람들이 예수님 주변에 앉아 있다가
> 말했다. "보십시오. 당신의 어머니와 형제들이 밖에서 당신을 찾고
> 있습니다." 33 예수께서 그들에게 물으셨다. "누가 내 어머니이고
> 내 형제들이냐?" 34 그리고 주위에 둥그렇게 앉아 있는 사람들을
> 둘러보시면서 말씀하셨다. "보라 내 어머니와 내 형제들이다.
> 35 누구든지 하나님의 뜻을 행하는 사람이 내 형제요 자매요
> 어머니다."

3장 1-6절은 2장 1절부터 시작된 갈릴리 논쟁 이야기의 마지막 부분으로, 안식일법 위반으로 고발하려는 자들에게 안식일의 근본정신을 가르쳐 주시기 위해 예수님이 손 마른 자를 고쳐 주신다. 하지만 바리새인들은 오히려 예수 살해를 모의한다. 예수님의 치유 행위를 통해 하나님 나라가 임하는 것을 보았음에도 불구하고 회개하기는커녕 오히려 예수님을 죽이려고 한 것은 그들의 마음이 얼마나 완악한지를 보여 준다. 3장 7절부터 12절은 일종의 요약문으로서 앞서 있었던 예수님의 사역에 대한 반응을 보여 주는데, 예수님의 명성이 갈릴리를 넘어 유대와 예루살렘으로, 또 요단강 저편 및 두로와 시돈 같은 이방 지역까지 퍼졌다고 전한다. 예수님의 명성이 이방 지역까지 확대된 것이다. 13절부터 19절은 다시 예수님의 제자 사역을 보여 준다. 예수님은 자신을 따르는 자들 중에 12명을 부르시고 세우시고 함께 있게 하시고(교육), 보내서 하나님 나라를 이루게 하신다(전도와 귀신 축출). 12명의 명단도 제시된다. 20-35절은 아래 그림이 보여 주듯이 예수님의 가족에 관해 보도하는 20-21절과 31-35절이 외곽에, 그 중간에 예수가 바알세불에 사로잡혔다고 비난하는 서기관들과 예수님과의 논쟁인 '바알세불 논쟁'이 끼어 있는 구조로 되어 있다(아래 도표 참조). 이런 구조를 샌드위치 구조라고 한다. 즉 A-B-A의 구조로서 바깥의 내용과 안의 내용이 별개인 것처럼 보이지만, 핵심어나 주제가 연결되어 있어 서로 긴

밀한 관계가 있다. 예수님을 미쳤다고 생각하고 잡으러 온 가족들은 예수님을 비난하는 종교지도자들처럼 예수님을 대적하는 입장에 있음을 암시한다.

20-21절 예수의 혈연 가족
22-30절 바알세불 논쟁
31-35절 예수의 혈연 가족과 예수의 진정한 가족

예수님을 향한 종교지도자들의 적대는 가짜 소문을 만들어 내기까지 이르렀다. 예수님이 귀신을 축출하는 권능이 사실은 귀신의 왕 바알세불의 힘을 빌려 하는 일이지 하나님의 권능이 아니라는 비방이었다. 이에 예수님은 비유로 반박하시고, 그들의 죄를 용서받을 수 없는 성령모독죄로 단죄하신다. 예수님이 귀신들을 내쫓고 병자들을 치유하심으로써 하나님의 나라를 이루시는 일은 예수께서 성령충만하시기 때문에 가능한 것이다. 예수님의 혈연 가족은 이런 사실을 알지 못한 채 종교지도자들이 퍼뜨린 가짜 소문에 현혹되어 예수님이 미쳤다고 생각하고 그를 잡으러 왔다. 이에 예수님은 당신의 가르침을 받기 위해 모여든 사람들을 하나님의 뜻대로 행하는 자들이라고 하시며 그들을 하나님 나라의 가족으로 부르신다. 3장을 단락구분하면 아래와 같다.

안식일 논쟁 II(1-6절)

예수님의 명성이 더욱 널리 퍼지다(7-12절)

열두 제자를 세우시다(13-19절)

예수님을 잡으러 나간 예수님의 가족(20-21절)

바알세불 논쟁(22-30절)

예수님의 혈연 가족과 진정한 가족(31-35절)

3장

풀어보기

안식일 논쟁 Ⅱ(1-6절)

1 예수께서 다시 회당으로 들어가셨다. 거기에는 한쪽 손이
오그라든 사람이 있었다.

예수께서 회당에 들어가셨을 때 거기에 손 마른 자가 있었다는 설명은 앞서 예수께서 제자들과 같이 가버나움 회당에 들어갔을 때 더러운 귀신 들린 자가 그 회당에 있었다는 설명(1:23)과 매우 유사하다. 이러한 유사한 표현을 읽는 독자들은 앞서 회당에서처럼 여기서도 예수님의 능력을 기대하게 된다.

2 사람들이 예수를 고발하려고 안식일에 그를 고치나 지켜보았다.

예수님의 행동을 지켜보는 자들의 정체가 2절에서는 언급되어 있지 않지만 6절에 가서 바리새인들로 밝혀진다. 바리새인들은 예수님을 '지켜보고 있었다'(παρετήρουν, 파레테룬). '파레테룬'은 마가복음에서 오직 여

기에서만 사용되고 있는데, 시편 37편 12절(70인역 36:12)에서는 죄인이 악인을 죽이기 위해 기회를 엿보고 있는 내용이다. 이러한 죄인들의 모습이 바리새인이 예수님을 고소하려고 지켜보고 있는 모습과 닮았다. 또 6절에서 헤롯당과 함께 예수 살해를 모의하는 모습도 마찬가지다.

> 3 예수께서 손 오그라든 사람에게 말씀하셨다. "일어나 가운데로
> 나오라." 4 그리고 그들에게 물으셨다. "안식일에 선을 행하는 것과
> 악을 행하는 것, 생명을 구하는 것과 죽이는 것, 어느 것이 옳으냐?"
> 그들은 말이 없었다.

적대자들이 예수님께 시비를 걸기 전에 예수님이 먼저 손 마른 자에게 '한 가운데 일어서라' 명령하시고, 적대자들에게 질문을 하셨다. 이미 바리새인들의 의도를 간파하고 주도적으로 대응하고 계신 것이다. 예수님의 질문은 '안식일에 무엇을 행하는 것이 합당한가'이다. 앞서 2장 23-28절과 같은 문제다. 예수님은 안식일에 무엇을 행하는 것이 합당한가의 문제를 이분법 논리로 제시한다. "안식일에 선을 행하는 것과 악을 행하는 것, 생명을 구하는 것과 죽이는 것, 어느 것이 옳으냐?"

이 질문은 손이 오그라든 자를 안식일에 고치는 것이 선을 행하는 것이고, 생명을 구하는 일이며, 반대로 그를 고치지 않는 것은 악을 행하는 것이요, 생명을 죽이는 일이라는 뜻을 담고 있다. 이 질문에 대해 바리새인들이 아무런 대답을 하지 못한 이유도 그 질문이 안식일에 무엇을 행해야 하는가에 대한 일반적인 원리에 관한 것이 아니라, 지금 벌어진 상황과 관련되어 있기 때문이다. 바리새인들도 생명을 구하기 위해서는 안식일에 일을 할 수 있다고 생각했다.[1] 그러나 그들은 생명을 위협하는 질병이 아닌데도 치료하는 행위는 안식일을 범하는 행위로 보았다. 여기에 등장하는 손 오그라든 사람의 경우 당장 치료하지 않으면 죽게 되는 병은 아니다. 그런데 예수께서는 손 오그라든 사람을 고치는 일을 놓고 생명을 살리는 일이냐 죽이는 일이냐고 물으신다. 그래서 그들이 대답을 하지 못한 것이다. 즉 무엇이 생명을 살리

는가의 문제에 대한 예수님의 매우 급진적인 태도 앞에서 그들은 대답할 수 없었던 것이다.

예수께서는 목숨이 지금 당장 위태로운 사람만 치료하는 것이 안식일에 생명을 살리는 일이 아니라, 비록 당장 목숨이 위태롭지 않더라도 치료를 하여 고치는 것이 생명을 살리는 일이며, 선을 행하는 일이라고 주장한다. 맨슨(Manson)은 이 점에 대해 적절하게 지적하고 있다.

> 예수는 하나님 나라의 사역이 사탄의 세력과의 전쟁이라고 생각한다. 모든 치유는 하나님 나라의 최고의 적을 향한 일격이다. …… 사탄은 안식일을 지키지 않는다. 악의 세력은 7일 내내 일을 한다. 따라서 사탄에 대항한 싸움은 6일 동안만이 아니라 안식일에도 계속되어야 한다.[2]

"사탄은 안식일을 지키지 않는다! 그래서 영적 전쟁은 안식일에도 계속되어야 한다." 참 멋진 통찰력이다. 예수님은 18년 동안 귀신이 들려 병을 앓아 허리가 꼬부라진 여인을 안식일에 회당에서 고쳐 주시면서 당신의 치유 행위를 사탄에게 매인 바 된 아브라함의 딸을 해방시키는 일이며 그렇게 하는 것이 합당하다고 설명하셨다(눅 13:16). 마커스도 예수님은 지금 구약을 '묵시적으로 강렬한 방식으로'(in an apocalyptically intensified manner) 해석하고 있다고 하면서 다음과 같이 말한다.

> 산상수훈의 첫 번째와 두 번째 반제(antitheses)에서(마 5:21-30) 마태의 예수가 화를 내는 것은 곧 살인하는 것이요, 음욕을 품는 것만으로도 간음죄를 짓는 것으로 여긴 것처럼, 여기서 마가의 예수는 손 마른 사람의 치료를 지체하는 것은, 비록 그것이 단 몇 시간이라고 할지라도 그를 죽이는 것과 다를 바 없다. 반대로 그를 즉각 치료하는 것은 그의 생명을 구하는 일이다. 마가의 예수에게 있어서 종말론적 전쟁은 이미 시작되었다. 이 전쟁터에서 모든 인간의 행동은 생명에 일격을 가하는 것이거나 아니면 죽음에 맞서 그 일격을 막는 것이 된다.[3]

앞서 1장에서 많은 병자를 고치고, 귀신 들린 자를 치유한 것도 한시라도 그들을 악의 세력으로부터 자유롭게 하고, 그들에게 하나님의 구원을 맛보게 하려는 긴박한 의식으로부터 나온 것이다. 예수께서 당시 안식일 해석을 뛰어넘어 손 마른 자를 고치는 것도 안식일에 생명을 구하는 일이라고 천명하고 이것을 실천한 것은 기존의 율법 해석으로는 이해할 수 없는 하나님 나라의 본질을 보여 준다.

요한복음 9장에서 예수님은 태어날 때부터 앞을 보지 못하는 사람을 안식일에 고치신다. 제자들을 포함하여 당시 사람들은 이렇게 시각 장애인으로 태어난 것은 부모나 자신의 죄로 인한 저주라고 생각했지만 예수님은 "그에게서 하나님의 하시는 일을 나타내고자 하심이니라"(요 9:3)라고 말씀하셨다. '하나님의 하시는 일'의 헬라어를 직역하면 '하나님의 일들'(τὰ ἔργα τοῦ θεοῦ, 타 에르가 투 쎄우)이다. 안식일에도 '하나님의 일들'은 나타나야 한다.

묵상

완악한 마음은 다른 사람의 아픔은 아랑곳하지 않고, 내 뜻을 고집하는 마음이다. 다른 사람이 당할 어려움은 개의치 않는 마음이요, 남의 고통에 무뎌진 마음이다. 무뎌질 대로 무뎌지는 것은 물론이요, 다른 사람에게 아픔을 가중시킨다. 사이코패스(psychopath)가 그토록 잔인할 수 있는 이유는 다른 사람의 아픔에 무디기 때문이라고 한다. 하지만 예수님은 아파하고 있는 자의 마음에 100퍼센트 공감하셨다. 1분, 1초라도 빨리 고쳐 주셔야 했다.

> 5 예수님은 노하셔서 그들을 둘러보셨다. 그리고 그들의 마음이 완악한 것을 탄식하시며 그 사람에게 말씀하셨다. "네 손을 펴라." 그가 내밀자 그의 손이 회복되었다.

예수님은 분노하여 그들을 '둘러보았다'(περιβλέπω, 페리블레포). '페리블레포'는 신약에서 주로 마가가 사용하고 있는 단어다. 신약에서 모두 7회 나오는데, 6회가 마가복음에 나오며(3:5, 34; 5:32; 9:8; 10:23; 11:11), 나머지 1회는 누가복음 6장 10절에 나온다. 여기와 11장 1절에서 '페리블레포'는 "비판적 표정, 나아가 심판의 표정"[4]을 암시한다.

또 예수님은 그들의 '마음의 완악함'에 대해 근심했다. 바리새인들의 완악한 마음은 출애굽기에 나오는 이집트 왕의 완악함을 생각나게 한다(출 4:21; 7:3, 14; 8:15, 32; 9:7, 12, 34; 10:1, 20; 11:10; 14:4, 17). 그렇다면 이것은 매우 풍자적(ironical)이다. 왜냐하면 바로는 하나님의 백성을 대적하는 대표적인 사람인데, 하나님의 법을 수호한다고 하는 바리새인들이 하나님의 대적 바로와 똑같이 마음이 완악한 자라고 하였기 때문이다. 또한 출애굽기에 나오는 이스라엘 백성들도 마음이 완악했다(신 29:18; 시 81:12; 95:8; 렘 3:17; 7:24 등). 예수님을 대적하는 바리새인들은 그들의 조상들처럼 완악하다는 뜻이다. 나중에 7장에서도 예수님은 서기관들과 바리새인들이 이사야가 비판한 바 입술로는 하나님을 공경하지만 마음은 멀었던 위선자 이스라엘 백성들과 다를 바 없다고 비판하셨다(7:6-8).

예수께서 손 오그라든 자에게 손을 내밀라고 하자, 그가 손을 뻗었고 손이 회복되었다. 이 이적은 여호와께서 모세로 하여금 팔을 내밀게 하여 이적을 일으킨 것(출 14:16, 21, 26, 27)을 연상시킨다. '마음의 완악함'이 이스라엘 백성의 반역을 가리킨다면 '손을 펴다'라는 표현은 하나님의 능력 및 권위를 의미한다. 신명기에서도 '강한 손'과 '편 팔'이란 표현은 하나님의 능력을 상징한다(신 4:34; 5:15; 7:19; 11:2; 26:8). 예수님의 치유 능력은 구약의 여호와 하나님의 능력 바로 그것이다.[5]

6 바리새인들이 곧 나가서 헤롯당원들과 함께 어떻게 예수를 죽일지 의논했다.

예수님이 손 마른 사람을 치유한 것을 본 바리새인들은 '즉시' 회당 밖으로 나가 헤롯당과 함께 예수 살해를 모의한다. 여기서 '즉시'는 이야기에 극적 긴장감을 더해 주며, 바리새인들과 헤롯당의 사악함을 강조하는 기능을 한다. 헤롯당이 살해 모의에 가담한다. 지금까지 등장한 예수님의 적대자들은 서기관들과 바리새인들이었다. 여기다가 헤롯당이라는 또 다른 예수님의 적대자가 등장함으로써 예수의 적대자들 간의 갈등이 더욱 심각해졌음을 알 수 있다. 바리새인과 헤롯당은 가이사에게 세금을 납부하는 문제를 예수께 질문할 때도 함께 등장한다(12:13). '헤롯당'은 주전 4년부터 주후 39년 사이에 갈릴리와 베뢰아의 분봉왕이었던 '헤롯 안티파스'의 동료들이나 지지자들로 추측된다.[6] 마가복음에서 헤롯은 헤롯 안티파스를 의미한다(6:14-29; 8:15). 또한 헤롯당이 정치적인 성격을 띤 자들이라는 점에서 헤롯당의 등장은 "종교적인 세력과 정치적인 세력 모두가 합세하여 예수를 대적하게 되었다는 것"[7]을 암시한다. 이렇듯 예수님과 종교지도자들의 갈등은 살해를 모의할 만큼 강력했고, 앞으로 더욱 고조된다.

예수의 명성이 더욱 널리 퍼지다(7-12절)

7 예수께서 제자들과 함께 바닷가로 물러가셨다. 갈릴리에서 많은
사람들이 따라왔다. 8 유대와 예루살렘과 이두매와 요단강 건너편,
두로와 시돈 지방에서 많은 사람들이 예수께서 행하신 모든 일을
듣고 그분께 왔던 것이다.

연속된 다섯 논쟁이 끝난 후 마가는 예수님의 명성이 온 사방에 퍼졌다고 말한다. 서쪽으로 갈릴리, 남쪽으로는 유대와 예루살렘, 동쪽 이방 지역으로는 이두매와 요단 강 건너편, 그리고 북쪽의 두로와 시돈까지 전해졌음을 보도함으로써 적대자들(종교지도자들)의 반대에도 불구하고 예수님의 하나님 나라 사역이 승리하고 있음을 전한다. 특히 예수께 나아온 사람들의 출신 지역은 '이방인의 영토'인 요단강 동편과 두로와 시돈까지 아우르고 있는데, 이것은 예수께서 이루시는 하나님의 나라가 유대인만 아니라 이방인도 포함하는 나라임을 보여 준다. 예수께서 유대교의 정결법을 거부하고 세리 및 죄인들과 식사를 나누며 사

회적 경계선을 철폐하신 것, 그리고 바리새인의 안식일법 조항에 얽매인 사람들을 해방시키고, 안식일의 참된 정신을 설파한 것은 하나님 나라의 개방성과 포용성을 보여 주는 것이기에 이런 소문을 들은 이방인들이 예수님을 찾아온 것이다.

> 10 예수께서 많은 사람들을 고쳐 주셨기 때문에 병든 자들은 누구나 예수를 만지려고 몰려들었다.

예수께 모여든 사람은 병에 걸린 사람들이었고, 예수님을 '만져' 치유받고 싶어 했다. 예수님의 치유 사역에서 '만짐'(touch)은 중요하다. 병자와 접촉한 사람은 부정하게 되지만, 예수님은 아랑곳하지 않으셨다. 성령으로 충만하셨기 때문에 전혀 문제될 것이 없었다. 오히려 병자들을 긍휼히 여기셨다.

> 11 더러운 귀신들은 예수를 보기만 하면 그 앞에 엎드러져 소리쳐 말했다. "당신은 하나님의 아들입니다." 12 그러나 예수께서는 자기를 나타내지 말라고 그들을 엄중히 꾸짖으셨다.

율법을 잘 알며 경건하다고 하는 종교지도자들은 예수님을 불신하고 대적했지만, 더러운 귀신들은 예수님의 정체를 '귀신같이' 알고 있었다. 아이러니하다. 예수님에 대한 이런 대조적인 태도는 예수님을 대하는 종교지도자들의 태도가 잘못된 것임을 보여 준다. 그러나 예수께서는 귀신들에게 자신이 누구인지 말하지 말라고 엄히 꾸짖으셨다. 귀신들이 예수님의 정체를 바로 알고 있다고 해도 귀신을 통해 당신을 드러내고 싶지 않으셨던 것이다. 귀신들도 하나님이 한 분이신 줄을 믿고 떨지만 하나님께 순종하지는 않는다(약 2:19).

열두 제자를 세우시다(13-19절)

13 예수께서 산에 올라가셔서 당신이 원하는 사람들을 부르셨다. 그러자 그들이 예수께로 나아왔다.

모세가 산에 올라가 십계명을 받고, 이스라엘 12지파를 상징하는 12개의 돌을 세운 것처럼(출 19, 24장) 예수께서도 새로운 이스라엘을 상징하는 12명을 세우셨다. 12명은 시험을 쳐서 선발한 사람들이 아니다. 많은 사람들이 예수님을 따랐지만 예수께서 '원하여' 불러 따로 세우셨다. 12명은 다른 사람들과 구별된다. 13절에서 '부르다'로 번역된 헬라어 '프로스칼레오'(προσκαλέω)는 신약에서 총 29회 사용되고 있는데, 마가복음에서만 9회 나온다(3:13, 23; 6:7; 7:14; 8:1, 34; 10:42; 12:43; 15:44). 9회 중에서 8회가 예수님이 주어다. 첫째, 예수님이 제자들을 부를 때 사용된다(3:13; 6:7; 8:1). 둘째, 예수님이 어떤 중요한 교훈을 주기 위하여 사람들이나 제자들을 불러 모을 때도 사용된다(3:23; 7:14; 8:34; 10:42; 12:43). '프로스칼레오'는 선생님으로서의 권위를 강조하는 단어다.

14 예수께서는 열두 명을 따로 세워(이들을 사도라고 부르셨다) 자기와 함께 있게 하셨고, 그들을 보내셔서 전도하게 하셨다. 15 또한 그들에게 귀신을 내쫓는 권세도 주셨다.

필자는 "이들을 사도라고 부르셨다"를 괄호로 묶었는데 일부 주요 사본들(시내 사본 ℵ, 바티칸 사본 B, 코리데티 사본 Θ)에만 있고 다른 사본들에는 없기 때문이다. 개역개정 성경은 아예 생략해 버려 원본에 없는 문구로 간주했다.

14, 15절은 예수님이 제자들을 세운 목적에 대해 3가지로 말하고 있다. 첫째, 예수님과 함께 있게 하기 위해서다. 직접 삶으로 가르치겠다는 뜻이다. 그래서 예수님은 늘 제자들을 데리고 다니셨다. 제자들은 예수님과 함께 살면서 그분이 누구이고, 또한 자신들은 누구이며

무엇을 해야 할지를 알 수 있는 기회를 부여받은 것이다.

둘째, 예수님은 제자들을 세상 속으로 보내기 위해 세우셨다. 예수님이 제자들을 자기와 함께 있도록 하신 것은 궁극적으로 그들을 세상으로 보내기 위함이다. 제자란 '세상으로 보냄을 받은 자'다. 제자가 사도인 이유가 여기에 있다. 본래 사도(ἀπόστολος, 아포스톨로스)란 '보냄을 받은 자'라는 뜻이다.

셋째, 예수께서 제자들을 세상으로 보내신 것은 '전도'와 '귀신 축출'을 위해서다. 전도란 하나님의 뜻을 전파하는 것이다. 예수께서 갈릴리에 오셔서 하나님의 복음을 전파하셨던 것처럼 제자들이 해야 할 일은 하나님 나라 전파다(1:14-15). 또한 제자들은 악한 영적인 세력들에게 사로잡힌 사람들을 해방시켜 하나님의 통치를 받는 삶을 위해 세상에 파송된다.

예수님은 이 목적을 위해 제자들에게 귀신들을 내쫓는 '권세'(ἐξουσία, 엑수시아, authority)를 주셨다. 앞서 예수님의 가르침이 '권위' 있는 자와 같다(1:22), '권위 있는 새 교훈'(1:27)이라고 할 때 바로 그 단어다. 또 "인자가 땅에서 죄를 용서하는 권세가 있는 것"(2:10)이라고 할 때 '권세'가 '엑수시아'다. '권세'(權勢)라는 말이 '권위'와 '세력'(=힘)을 함께 의미한다고 볼 때 '권능'보다 더 나은 번역이다. 한글성경에서 '권능'에 해당하는 헬라어는 주로 '뒤나미스'(δύναμις)인데, '힘'이라는 뜻이 강하다. 이에 반해 '권세'는 예수님의 제자로서의 권위와 힘을 모두 의미한다. 6장 7절에서도 개역개정은 더러운 귀신을 제어하는 '권능'으로 번역했는데, 여기서도 헬라어는 '엑수시아'이며, '권세'로 번역하는 것이 좋다.

이상 전도와 귀신 축출 사역은 하나님의 나라를 이루는 예수님의 생애와 일치한다. "그리고 그들의 회당들과 온 갈릴리 지역을 다니시며 선포하시고 귀신들을 내쫓으셨다."(1:39). 마가복음 6장 7-13절은 이러한 제자들의 삶을 다시 한 번 언급하고 있다.

16 예수께서 세우신 열두 명은 베드로라는 이름을 주신 시몬,

17 세베대의 아들 야고보와 야고보의 형제 요한(이들에게는 '우레의
아들들'이란 뜻의 '보아너게'라는 이름을 주셨다), 18 안드레, 빌립,
바돌로매, 마태, 도마, 알패오의 아들 야고보, 다대오, 열심당원
시몬, 19 그리고 예수를 판 가룟 유다였다.

마가는 시몬, 세베대의 아들 야고보와 요한을 먼저 소개한다. 시몬의 형제인 안드레는 4번째로 소개된다. 그러나 마태복음 10장 2절과 누가복음 6장 14절에서는 시몬 다음에 안드레가 나온다. 공관복음에서는 시몬 베드로와 세베대의 아들 야고보와 요한이 가장 많이 등장하는데, 마가는 이것을 제자 명단 순서에도 반영한 것 같다.

먼저, 소개되는 3명의 제자들은 이름이 바뀐다. 우선 시몬에게는 베드로란 이름이 더해졌다. 시몬은 히브리어 이름 '시므온'을 헬라어로 표기한 것이다. '베드로'는 '바위', '반석'을 뜻하는 헬라어 '페트라'(πέτρα)에서 온 이름이다. 아람어로는 '게바'라고 한다. 게바 혹은 베드로는 시몬의 성격을 단적으로 표현하는 일종의 별명으로 추측된다. 마가복음에서는 이후부터 시몬이란 원래 이름 대신에 베드로라는 이름이 사용되다가 겟세마네에서 예수님이 깨어 기도하지 못하는 그를 향해 '시몬'으로 부르신다(14:37). 이후 마가복음에서 예수님과 베드로의 대화는 없다.

세베대의 아들 야고보와 요한도 '우레의 아들들'이란 뜻의 '보아너게'라는 별명이 더해졌다. 신약에서 이 두 사람의 별명을 언급한 저자는 마가밖에 없다. 예수님은 이렇게 시몬과 세베대의 두 아들 야고보와 요한, 이 세 사람에게만 별명을 붙여 주셨는데, 이것은 이 세 사람이 그만큼 예수님과 가까웠다는 것을 보여 준다. 실제로 예수님은 이 세 사람만 따로 데리고 다니실 때가 여러 차례 있었다(5:37; 9:2; 14:33).

베드로와 같은 이름을 지닌 시몬이 있다. 개역개정 성경은 '가나나인' 시몬으로 번역하고, '가나나인'에 대해 "아람어에서 온 말로 열심당원이란 뜻이다"라고 주를 달았다. 그러나 필자는 아예 본문에 열

심당원이라고 번역했다. 누가도 '열심당원이라 불리는 시몬'(6:15)이라고 말한다.

'가룟' 유다에서 '가룟'이 무엇을 의미하는지에 대해서는 의견이 분분하다. '케리옷의 사람'(man of Kerioth)이라고 해석하면 '가룟'은 출신지가 된다. 헬라어 '시카리오스'(σικάριος)에서 왔다고 보면 열심당원처럼 조국을 지배하는 외세에 대항하는 자라는 뜻이 된다.[8]

예수의 가족과 바알세불 논쟁(20-35절)

3장 20-35절은 20-21절에서 예수님의 가족이 예수님을 잡으러 나오는 내용이 잠시 나오다가 갑자기 예수님의 귀신 축출을 놓고 벌어진 서기관들과 예수님의 논쟁이 나온다. 그리고 다시 예수님의 가족이 예수님이 계신 곳에 도착하는 내용이 나오는 샌드위치 구조로 되어 있다. 동일한 내용을 전하는 마태복음(12:22-32)과 누가복음(11:14-26)의 경우 샌드위치 구조로 되어 있지 않다.

샌드위치 구조란 한 이야기 중간에 다른 이야기가 삽입된 구조(ABA)를 말한다. 샌드위치 구조에서는 외곽 이야기가 내부 이야기로 인해 흐름이 중단되고, 또 각자 독립적으로 진행되지만 서로 상응 혹은 대조됨으로써 한 이야기가 다른 이야기를 해석하는 단서를 제공한다. 예수님의 가족과 바알세불 논쟁의 경우, 외곽에 있는 예수님의 가족 이야기와 내부에 있는 바알세불 논쟁이 각기 독립적으로 진행되고 있지만, 서로 관련이 되어 있다. 20절에 따르면 예수님은 집에 있었고, 사람들이 몰려들었다. 바알세불 논쟁은 이 집에서 있게 된다. 또 21절에서 마가는 '예수님의 가족들'이 예수님을 잡으러 나왔다고 말하지만, 정작 그들이 예수님이 계신 집에 도착한 것을 보도하는 것은 31절에 가서다. 마가는 그 사이에 바알세불 논쟁을 소개하고 있다. 그렇다면 바알세불 논쟁은 예수님의 가족들이 예수님을 잡기 위해 그들의 고향으로부터 떠나온 때부터(3:21), 예수님이 계신 집에 도착하기까지(3:31) 그 사이에 있었던 사건으로 볼 수 있다.

또 두 이야기에 등장하는 예수님의 가족과 서기관들은 아래와 같이 상응하고 있다. 첫째, 예수님의 가족들이 예수님이 미쳤다는 소문을 듣고 고향으로부터 와서 예수님을 잡으려고 한 것은 서기관들이 예루살렘을 떠나 갈릴리로 내려와서 예수님을 비난한 것과 유사하다. 즉 이 두 집단은 예수님에 대해 적대적인 목적을 가지고, 예수님을 적대하는 장소인 나사렛(막 6:1-6a)과 예루살렘으로부터 왔다는 점에서 상응한다. 이 두 집단은 예수님의 이적을 통해 하나님의 나라가 도래했음을 알지 못하고, 오히려 예수님의 이적 능력의 원천을 오해하거나 왜곡하고 있다.

둘째, 예수님의 가족들과 서기관 모두 비판을 받는다. 예수님의 가족들의 경우 그들이 예수님을 찾으러 왔을 때 예수님은 혈연에 의한 가족관계가 아니라, 하나님의 뜻을 행하느냐의 여부를 가지고 새롭게 가족을 정의하는데, 이것은 예수님의 가족들에 대한 간접적 비판으로 볼 수 있다. 왜냐하면 여기서 '하나님의 뜻을 행한다'는 것은 예수님의 이적 능력이 하나님으로부터 온 것이요, 예수님의 이적은 하나님 나라를 가져 옴을 아는 것을 의미하는데, 예수님의 혈연가족들은 오히려 예수님이 미쳤다고 비난했기 때문이다. 마찬가지로 서기관들 역시 예수님의 이적 능력의 근원을 곡해함으로써 영원히 사함을 받지 못할 죄를 지었다고 비판받았다. 이러한 상응관계는 결국 예수님의 사역의 본질을 알지 못하고 미쳤다고 오해한 예수님의 가족들은 예수님을 비난한 서기관들과 더불어 예수님을 불신하는 자들임을 암시한다.

> 21 예수님의 가족들이 그를 붙잡으려고 나섰는데, 사람들이 "예수가 미쳤다"라고 말하는 것을 들었기 때문이다.

'예수님의 가족들'로 번역된 헬라어 '호이 파라우투'(οἱ παῤ αὐτοῦ)는 '가족', '친척', '친구' 등을 뜻한다. 예수님의 가족으로는 아버지 요셉, 어머니 마리아, 남동생 야고보와 요셉과 유다와 시몬, 그리고 이름을 알 수 없는 여동생들(막 6:3)이 있다. 32절에서 아버지는 언급되지 않는다. 요셉은 이미 죽은 것 같다.

예수님의 가족들은 "예수가 미쳤다"라는 소문을 들었다. '미쳤다'는 말은 귀신 들렸다는 말과 다를 바 없다. 예루살렘에서 내려온 서기관들이 예수가 '바알세불에 귀신 들렸다'(3:22)고 비난한 것과 같다. 그들은 소문만을 듣고 예수님을 '붙잡으려고'(κρατέω, 크라테오) 했다. 집으로 데려와 가둬 두려고 했을 것이다. 가족의 입장에선 보호하려고 했다고 볼 수도 있겠지만, 그렇지 않다. 마가복음 전체를 볼 때 '크라테오'는 부정적 의미로 주로 사용된다. 헤롯 안티파스가 세례자 요한을 잡은 것(6:17), 대제사장들과 서기관들이 예수님을 잡으려고 한 것(12:12), 그리고 수난 이야기(14:44, 46, 49)에서 예수님의 체포와 관련하여 사용되고 있기 때문이다. 가족들이 예수님을 잡으려고 온 것은 그분을 제대로 알지 못하고 불신했음을 보여 준다. 예수님의 가족이라면 예수님과 30년 가까운 세월을 같이 살아왔을 것이고, 예수님을 누구보다 가까이서 보고 대화를 나누었을 것이다. 그러나 그런 혈연적 관계 때문에 예수님을 믿는 믿음이 자동적으로 생기는 건 아니었다.

22 예루살렘에서 내려 온 서기관들이 말했다. "그는 바알세불에게 사로잡혔다. 귀신들의 왕을 힘입어 귀신을 쫓아내는 것이다."

서기관들은 두 가지를 들어 예수님을 비난했다. 하나는 '예수가 바알세불에 귀신 들렸다'는 비난이고, 다른 하나는 '예수가 귀신들의 왕에 힘입어 귀신들을 쫓아낸다'는 비난이다. 이 두 비난은 별개가 아니라 예수님의 귀신 축출 능력과 관련하여 그 내용이 같다. 바알세불은 사탄의 또 다른 이름이다.[9] 따라서 '바알세불 = 귀신들의 왕 = 사탄'이라는 등식이 성립한다.

그러나 1-2장을 통해 나타난 예수님은 하늘로부터 내려온 성령과 합일된 분이고, 귀신의 왕을 힘입어 귀신을 쫓아내기는커녕 오히려 사탄으로부터 시험을 받으셨다. 예수께서 가버나움 회당에서 더러운 귀신을 쫓아낼 때 그 귀신은 예수님이 '하나님의 거룩한 자'라고 고백했으며(1:21-27), 더러운 귀신들은 '하나님의 아들'로 불렀다(3:11). 서기관들의 주장은 터무니없다. 오히려 이런 왜곡된 비난은 예수님에 대한 종교지도자들의 불신과 적대를 보여 준다.

> 23 예수께서 그들을 불러다가 비유로 말씀하셨다. "사탄이 어떻게
> 사탄을 쫓아낼 수 있느냐? 24 만일 한 나라가 갈라져 싸우면 그
> 나라가 설 수 없다. 25 또 만일 한 집이 갈라져 서로 싸우면 그 집은 설
> 수 없다. 26 또 만일 사탄이 자신을 거슬러 일어나 갈라져 싸운다면
> 서지 못하고 망할 것이다."

예수께서는 서기관들이 비난하는 것을 듣고 그들을 불러 비유로 대답하신다. 먼저 예수님은 "사탄이 어찌 사탄을 쫓아낼 수 있느냐"며 서기관들에게 질문한다. 이 질문은 예수님이 귀신의 왕을 힘입어 귀신을 쫓아낸다는 서기관들의 비난에 대응하는 질문이다. 예수님의 질문은 사탄의 나라에는 내분이 있을 수 없다는 것을 강조함으로써 사탄의 나라가 분열될 수 있음을 전제로 하고 있는 서기관들의 비난이 옳지 않음을 보여 준다.

그러나 24절부터 26절에서는 조건문을 사용하여 일단 서기관들의 전제(사탄의 나라의 분열)를 받아들인다. 사탄의 나라에는 내분이 있을 수 없지만(23b), 내분이 있다고 가정하자. 그러나 나라에 내분이 생기면 그 나라는 자멸하게 되고, 또 집에도 내분이 있게 되면 그 집은 망하게 되듯이, 사탄이 사탄을 대항해서 일어나는 일(즉 사탄의 나라 내분)이 있게 되면, 사탄은 설 수 없으며 결국 망하게 된다. 따라서 내분이 있게 될 경우 자멸의 결과를 초래하게 될 것이 분명한데, 어떻게 사탄의 나라에 내분이 있겠는가? 따라서 내가(=예수) 귀신의 왕을 힘입어 귀신들을 내쫓는다는 서기관들의 주장은 터무니없는 것이다. 이렇게 사탄의 나라에 내분이 있을 수 없다면, 예수님의 귀신 축출은 예수님이 귀신의 왕을 힘입어 이루어지는 것이 아니라 다른 이유에 의해 이루어지는 것이다. 27절은 이것을 설명하고 있다.

27 "사람이 강한 자를 먼저 결박하지 않고서는 그 강한 자의 집에
들어가서 그의 물건을 약탈할 수 없다. 결박한 후에야 그 집을
약탈할 수 있다."

24-26절이 나라와 집과 사탄의 내분에 의한 멸망을 말하고 있는 것과는 달리 27절은 강한 자의 집이 더 강한 자에 의해, 즉 외부의 침입에 의해 약탈되는 것을 말하고 있다. 여기서 '강한 자'는 '사탄'이고, '강한 자의 집'은 '사탄의 나라', 그리고 '강한 자의 집을 약탈하는 자'는 '예수님'을 말한다. 예수님의 약탈 행위는 귀신 축출을, 그리고 예수님이 약탈하는 '강한 자의 재산들'은 사탄과 귀신들에게 억압당하는 사람들을 뜻한다. 여기서 주목해야 할 점은 강한 자를 먼저 결박한 후에야 비로소 그 집을 약할 수 있다는 점이다. 예수님이 사탄을 결박했기 때문에 귀신 들림을 내쫓고 사람들을 자유케 하신다는 말이다. 그렇다면 예수님이 광야에서 사탄으로부터 시험을 받을 때 이미 그를 결박하셨고, 그 후에 병자와 귀신 들린 사람들을 만나 해방시켜 주신 것이라고 볼 수 있겠다.

28 "내가 진실로 너희에게 말한다. 사람의 모든 죄와 모든 모독하는
일은 용서를 받을 수 있다. 29 그러나 누구든지 성령을 모독하는
사람은 영원히 용서를 받지 못할 것이다. 그것은 영원한 죄가 된다."

28절은 "내가 진실로 말한다"로 시작하고 있어, 여기서 예수님이 말할 내용이 중요하고 진실된 것임을 시사하고 있는데, 실제로 28-29절은 예수님의 귀신 축출을 오해하고 비방하는 자들에 대해 심판을 선언하는 '율법 선고문'(a sentence of holy law)[10]과도 같다.

예수님은 사람이 짓는 모든 죄와 모독죄는 다 용서받을 수 있으나, 다만 성령을 모독하는 죄만큼은 용서받을 수 없다고 말씀하신다. 또 '영원히 용서받을 수 없다', '영원한 죄에 처한다'는 말은 성령 모독죄의 심각성을 강조한다.

이와 같이 심각한 성령 모독죄는 어떤 죄인가? 한국 교회 성도들은 '성령 모독죄'에 불안감이 있는 것 같다. 혹 자신이 성령을 모독한 죄를 범하지는 않았나 두려워하는 것 같다. 이런 불안은 '성령 모독죄'가 무엇인지 정확히 이해하지 못하기 때문이다. 바알세불 논쟁의 흐름에서 언급된 성령 모독죄는 예수님의 귀신 축출이 성령이 아니라 귀신의 왕에 힘입어 이루어진다는 서기관들의 비난이다. 그것이 바로 성령 모독이다. 이것은 예수께서 하나님의 아들이요 그리스도로서 성령 충만하여 하나님의 나라를 이루어 가심을 부인하는 것이다. 우리가 예수님을 믿는다고 할 때 바로 이런 내용을 믿는 것이 아닌가? 결국 성령 모독죄는 예수님을 통해 이뤄지는 하나님의 나라를 거부하는 것이다. 그렇기 때문에 용서받을 수 없다. '성령 모독죄'의 맥락을 모른 채 자의적으로 해석하는 말에 괜히 불안해할 필요가 없다.

앞서 2장 7절에서 서기관들이 중풍병자에게 사죄를 선언하는 예수께 신성 모독이라고 비난한 바 있다. 그러나 여기서는 예수님이 서기관들을 성령 모독죄로 비판하신다. 이것은 일종의 아이러니이다. 예수님을 신성 모독죄로 고발하고 있는 서기관들이 사실은 성령 모독죄를 범하고 있는 것이다.

30 예수께서 이렇게 말씀하시는 이유는 그들이 예수가 더러운
귀신이 들렸다고 말했기 때문이다.

"예수가 귀신이 들렸다"라는 언급은 "예수가 바알세불에 사로잡혔다"(22절)라는 언급의 반복이다. 다만 '바알세불'이 30절에서 '더러운 귀신'으로 대체되고 있을 뿐이다. 이러한 대체를 통해 마가는 세 가지 효과를 노린 것으로 보인다. 첫째, 30절은 22절의 바알세불이 더러운 귀신이라는 것을 설명해 준다. 둘째, 30절의 '더러운 귀신'은 앞서 있었던 예수님의 더러운 귀신 축출 사역을 연상케 한다(1:21-27; 3:11-12). 예수님이 더러운 귀신들을 내쫓은 사실을 알고 있는 독자에게, 예수님이 더러운 귀신이 들렸다는 서기관들의 비난은 터무니없는 것으로 들린다. 셋째,

마가는 29절에서 언급된 '성령'과 '더러운 귀신'을 서로 확연하게 대조시킴으로써, 서기관들이 예수님의 귀신 축출 능력의 근원을 완전히 곡해했음을 강조한다.

서기관들이 예수님을 더러운 귀신 들린 자로 비방한 이유는 예수께서 종교지도자들이 지키는 정결함과 부정한 것의 경계선을 철폐하기 때문이다.[11] 유대교 전통에서는 제의적 부정함과 사탄 및 죽음의 영역은 밀접한 관련 속에 있다. 제의적으로 부정한 자는 사탄의 세력에 속해 있는 자인 것이다. 그러나 예수님은 성령과 합일한 자로서 부정한 자들을 정결하게 하신다.

> 31 그때 예수님의 어머니와 형제들이 찾아왔다. 그들은 밖에 서서
> 사람을 보내 예수님을 불렀다. 32 사람들이 예수님 주변에 앉아
> 있다가 말했다. "보십시오. 당신의 어머니와 형제들이 밖에서
> 당신을 찾고 있습니다." 33 예수께서 그들에게 물으셨다. "누가
> 내 어머니이고 내 형제들이냐?" 34 그리고 주위에 둥그렇게 앉아
> 있는 사람들을 둘러보시면서 말씀하셨다. "보라 내 어머니와 내
> 형제들이다."

예수님의 혈연 가족과 예수님의 새 가족이 대조적으로 묘사되고 있음에 주목하라. 예수님의 혈연 가족은 '밖에 서 있는 자들'(31, 33절)이지만 예수님의 새 가족은 예수님 '주위에 둥그렇게 앉아 있는 자들'(32, 34절)이다. 이 같은 묘사는 단순한 공간적 묘사를 넘어 예수님과의 관계적 거리를 암시한다.

> 35 "누구든지 하나님의 뜻을 행하는 사람이 내 형제요 자매요
> 어머니다."

예수께서는 새롭게 가족을 정의하신다. 혈연관계가 아니라, '하나님의 뜻을 행하는 자'가 당신의 형제요 자매요 어머니라는 것이다. 여기서

'하나님의 뜻을 행한다'는 것은 문맥상 예수님이 행하신 귀신 축출과 같은 이적들이 하나님으로부터 온 것이요, 예수님의 이적은 하나님 나라를 가져오는 것임을 아는 것이다.[12] 즉 예수님을 통해 하나님의 나라가 임했음을 알고 예수님을 따라 가는 자들이 예수님의 가족이다. 이런 점에서 예수님의 새 가족은 종말론적 이스라엘을 상징하는 12제자와 상응한다.

'하나님의 뜻을 행하는 사람이 내 가족'이라는 말씀은 폐쇄적이고 이기적일 수 있는 가족을 하나님 나라의 지평에서 확대하신 것이다. 10장 29-30절에서 예수님은 당신과 복음을 위하여 가족을 버린 자는 새로운 가족과 가족의 생계의 터전인 전토를 100배나 받게 될 것이라고 축복을 약속하셨다. 여기서 예수님이 약속한 형제와 자매와 어머니와 자식이란 혈연관계가 아니라 예수님을 따르는 제자들, 곧 신앙의 가족들을 뜻한다.

실제로 예수님과 복음을 위해 이곳저곳을 돌아다니던 제자들은 같은 믿음의 형제자매들을 만나고 그들로부터 환영을 받았을 것이다. 이렇게 예수님은 혈연관계를 넘어서 성도들로 구성된 '하나님의 가족'을 강조하셨다. 예수님을 따르는 자들은 한 분이신 하나님 아버지를 모시는 대가족이다. 성도를 믿음의 식구라고 부르는 것도 이 때문이다.

묵상

예수님은 당신을 믿고 나아온 자들을 가족 용어로 부르셨다. 예수님의 치유 능력에 대한 믿음을 갖고 4명의 친구들이 중풍병자를 데리고 왔을 때 예수님은 그를 향해 '테크논'(τέκνον)으로 부르셨는데(2:5), '테크논'은 원래 '자식, 자녀'라는 뜻을 가진 가족 용어다(막 13:12; 눅 1:7 등). 또 예수님은 제자들에게(10:24), 그리고 교회 공동체의 일원에 대해서도(마 18:6, 10, 14) '테크논'이라고 부르셨는데, 이는 예수님이 이루시는 제자 공동체, 교회 공동체가 가족 공동체임을 단적으로 보여 준다.

혈루증 앓던 여인을 치유하신 후 그녀에게 "딸아 네 믿음이 너를 구원하였으니 평안히 가라"(막 5:34)라고 하셨다. '딸'이라고 부르심으로써 이 여인이 하나님의 가족이라는 것을 말씀하신 것이다. 누가복음 13장 16절에서도 예수님은 18년 동안 귀신들려 앓으며 허리가 꼬부라져 조금도 펴지 못하는 여자를 '아브라함의 딸'이라고 부르셨다. 당시 사람들의 눈에 그 여자는 버림받은 자요, 하나님의 저주를 받은 자다. 그러나 예수님은 그녀를 '아브라함의 딸', 즉 하나님이 택한 백성으로 받아 주셨다.현대 사회에서 피를 나눈 형제라도 독립하면 1년에 불과 몇 차례 만나지 못한다. 가정마다 다르겠지만, 대개 명절과 가족 행사 때 만나는 것이 고작 아닐까? 이에 반해 교회 성도들은 일주일에 한두 차례 만난다. 주일에, 사역을 하면서, 또 소그룹 모임 등을 통해서 빈번한 만남을 가지며 이를 통해 혈연 가족보다 더 친하게 지내기도 한다. 교회란 예수 그리스도에 대한 믿음으로 연결된 '하나님의 가족'이다. 비록 성격, 직업, 출신 지역, 학력, 정치적 이념, 소속 계층 등에서 다양하지만 교회는 혈연 가족을 넘어서 예수 그리스도에 대한 믿음을 갖고서 하나님 나라를 이루는 사명을 위해 함께 살아가는 공동체다. 초대 예루살렘 교인들이 "다 함께 있어 모든 물건을 서로 통용하고 또 재산과 소유를 팔아 각 사람의 필요를 따라 나눠 주며 날마다 마음을 같이 하여 성전에 모이기를 힘쓰고 집에서 떡을 떼며 기쁨과 순전한 마음으로 음식을 먹고 하나님을 찬미"(행 2:44-47)했던 것은 '하나님의 가족'으로서 교회의 면모를 여실히 보여 준다. 혈연 가족은 하나님이 주신 최고의 선물이다. 그러나 때로 가족은 온정주의, 소집단주의 등으로 인해 폐쇄적이고 이기적인 집단이 되기도 한다. 혈연 가족을 넘어 예수께서 말씀하신 '하나님의 가족', 곧 예수님을 믿는 믿음으로 성령 안에서 하늘 아버지를 섬기는 제자 공동체로 확대되는 곳에 하나님의 나라가 이뤄질 것이다.[13]

4장

4장

둘러보기

4:1-41

1 예수께서 다시 바닷가에서 가르치셨다. 그러자 지극히 많은
무리가 모여들었다. 이에 예수께서는 바다에 있는 배에 올라
앉으셨고, 모든 사람들은 바닷가 육지에 있었다. 2 예수께서
비유로 많은 것을 가르치셨는데, 가르치실 때 그들에게 이렇게
말씀하셨다. 3 "들으라. 씨 뿌리는 사람이 씨를 뿌리러 나갔다.
4 씨를 뿌릴 때 어떤 것은 길 가에 떨어져서 새들이 와서 먹어 버렸고
5 어떤 것은 흙이 많지 않은 돌밭에 떨어졌는데, 흙이 깊지 않아
곧 싹이 나오긴 했지만 6 해가 뜨자 타버렸고, 뿌리가 없기 때문에
말라버렸다. 7 또 어떤 것은 가시덤불 속에 떨어졌는데, 가시가
자라 기운을 막아 버려 열매를 맺지 못했다. 8 또 어떤 것들은 좋은
땅에 떨어져 싹이 나고 자라서 열매를 맺었는데 어떤 것은 삼십
배, 어떤 것은 육십 배, 또 어떤 것은 백 배가 되었다." 9 그리고 또
말씀하셨다. "들을 귀 있는 사람은 들으라." 10 예수께서 혼자 계실
때에 예수의 주위에 있는 사람들이 열두 제자와 함께 그 비유에
대해 물었다. 11 예수께서 그들에게 말씀하셨다. "너희에게는

하나님 나라의 비밀을 주었다. 그러나 외인들에게는 모든 것을
비유로 한다. 12 그것은 그들이 보기는 보아도 알지 못하며, 듣기는
들어도 깨닫지 못하게 해서 그들이 돌이켜 죄 용서를 얻지 못하게
하기 위해서다." 13 또 예수께서 말씀하셨다. "너희가 이 비유를
알아듣지 못하면서 어떻게 모든 비유를 알겠느냐? 14 씨를 뿌리는
사람은 말씀을 뿌리는 것이다. 15 말씀이 길가에 뿌려졌다는 것은
이와 같은 사람들이다. 그들은 말씀을 듣기는 하지만 사탄이 즉시
와서 그들에게 뿌려진 말씀을 빼앗는다. 16 또 돌밭에 뿌려졌다는
것은 이와 같은 사람들이다. 그들은 말씀을 들을 때 즉시 기쁨으로
받아들이지만 17 그 속에 뿌리가 없어서 오래 가지 못하고,
말씀으로 인해 환난이나 박해가 생기면 곧 넘어지는 사람들이다.
18 또 가시덤불에 뿌려졌다는 것은 이와 같은 사람들이다. 그들은
말씀을 듣기는 하나 19 세상의 염려와 재물의 유혹과 그 밖에 다른
욕심이 들어와 말씀을 막아 열매를 맺지 못하는 사람들이다. 20
그러나 좋은 땅에 뿌려졌다는 것은 이와 같은 사람들이다. 그들은
말씀을 듣고 받아들여서 삼십 배, 육십 배, 백배의 열매를 맺는
사람들이다." 21 또 그들에게 말씀하셨다. "사람이 등불을 가져다가
말 아래나 침상 아래 두겠느냐? 등경 위에 두지 않겠느냐? 22 숨겨
둔 것은 드러나게 되고, 감추어 둔 것은 나타나기 마련이다. 23 들을
귀 있는 사람은 들으라." 24 또 말씀하셨다. "너희는 새겨들어라.
너희가 되로 달아서 주는 만큼 너희도 되로 달아 받게 되는 것은
물론 더 받게 될 것이다. 25 있는 사람은 더 받을 것이요 없는 사람은
있는 것마저 빼앗길 것이다." 26 또 말씀하셨다. "하나님의 나라는
이와 같다. 사람이 땅에 씨를 뿌리고 27 밤에 자고 낮에 일어나는
동안에 그 씨에서 싹이 트지만 정작 그 사람은 어떻게 그렇게
되는지 알지 못한다. 28 땅은 스스로 열매를 맺는다. 처음에는 싹을
내고, 다음에는 이삭을 내고, 그 다음에는 이삭에 알곡이 맺힌다.
29 열매가 익으면 곧 낫을 댄다. 추수할 때가 이르렀기 때문이다."
30 또 말씀하셨다. "우리가 하나님의 나라를 어떻게 비교하고, 또

무엇으로 비유할 수 있을까? 31 그것은 겨자씨 한 알과 같다. 땅에
심을 때는 세상의 어떤 씨보다 작지만 32 심어 놓으면 자라서 어떤
풀보다 커져 큰 가지를 내어 공중의 새들이 그 그늘에 깃들일 수 있게
된다." 33 예수께서는 그들이 알아들을 수 있도록 이와 같이 많은
비유로 말씀을 전하셨다. 34 비유가 아니면 말씀하지 않으셨지만
제자들에게는 따로 모든 것을 설명해 주셨다. 35 그날 날이 저물
때 예수께서 제자들에게 말씀하셨다. "바다 저편으로 건너가자."
36 그래서 그들은 무리들을 남겨 두고 예수를 배에 계신 그대로
모시고 갔다. 다른 배들도 함께 따라갔다. 37 그런데 큰 광풍이
일어나 물결이 배 안으로 들이쳐서 물이 이미 배에 가득 찼다. 38
그러나 예수께서는 배 고물에서 베개를 베고 주무시고 계셨다.
제자들이 깨우며 말했다. "선생님! 우리가 죽게 되었는데 돌보시지
않습니까?" 39 예수께서 일어나 바람을 꾸짖으시고 바다에게
"고요하라! 잠잠하라!" 말씀하셨다. 그러자 바람이 그치고 바다는
아주 잔잔해졌다. 40 그리고 그들에게 말씀하셨다. "왜 이렇게
두려워하느냐? 아직도 믿음이 없느냐?" 41 그들은 큰 두려움에
사로잡혀 서로 수군거렸다. "이분은 누구시기에 바람과 바다까지도
그에게 순종하는가?"

마태복음에는 산상수훈(5-7장)처럼 예수님의 말씀이 집중적으로 나오는 '강화'(講話, discourse)가 여럿 있다(10:1-11:1; 13장; 18:1-19:2; 23:1-26:2). 마가복음의 경우 예수님이 길게 말씀하시는 경우는 4장 1-34절과 13장이다. 4장은 예수님의 비유들이 집중적으로 나온다. '씨 뿌리는 자의 비유와 해설'(3-20절)이 가장 먼저 나오고 분량도 많다. 흔히 '씨 뿌리는 자의 비유'라고 불리는 이 비유는 사실 씨가 떨어진 땅 네 곳에서 씨가 어떻게 되는가에 대한 땅의 비유다. 비유의 의미를 묻는 제자들과 다른 사람들에게 설명을 해주신 이유는 그만큼 이 비유가 중요해서다. 비유를 깨달아야 하나님 나라의 비밀을 알게 된다. 그래야 돌이켜 죄 사함을 받을 수 있다. 계속해서 '등불의 비유와 되의 비유'(21-25절), '스스

로 자라는 씨의 비유'(26-29절), '겨자씨의 비유'(30-32절)가 이어진다. 이들 비유들은 각각 예수님이 이루어 가시는 하나님 나라의 성격을 보여준다. '씨 뿌리는 자의 비유'는 하나님의 나라가 비록 사탄의 방해 때문에 사람들에게 외면당하고, 이 세상의 시련과 유혹 때문에 실패와 좌절을 겪기도 하지만, 좋은 땅이 상징하는 바 믿음의 사람들을 통해 결실하고 놀랍도록 성장할 것이다. 또 하나님의 나라는 숨길 수 없고 반드시 드러날 수밖에 없으며, 스스로 자라는 씨처럼 강하고 질긴 생명력으로 자라난다. 어떻게 그렇게 성장했는지 사람으로선 이해할 수 없는 신비한 나라다. 하나님의 나라는 겨자씨처럼 처음에는 가장 작고 미미해 보이지만 모든 풀보다 커지며, 마침내 공중의 새들도 깃들일 수 있을 만큼 큰 나무가 된다. 이 세상 나라와 비교할 수 없을 만큼 크고 강한 나라가 될 것이며, 흥망성쇠를 거듭하는 한시적인 이 땅의 나라와는 달리 영원한 나라가 될 것이다.

35-41절은 예수께서 제자들과 함께 갈릴리 바다를 건너실 때 일어난 사건을 전해주고 있다. 예수님이 타고 계신 배에도 예외 없이 큰 광풍이 불었다. 바닷물이 배에 가득하게 되어 제자들은 곧 죽을 것만 같았다. 하지만 이런 절체절명의 위기에서 예수님은 주무시기만 한다. 제자들이 야속한 예수님을 깨우자, 예수님은 바람을 꾸짖고 바다를 잔잔케 하신다. 자연을 다스리시는 하나님만 하실 수 있는 권세다. 예수님은 제자들이 두려워한 이유는 그들에게 믿음이 없어서라고 꾸짖으신다. 앞서 예수님이 들려주신 비유를 잘 깨닫지 못하는 모습에 이어 제자들은 믿음이 없는 자로 나타난다.

비유로 가르치시다(1-34절)

비유의 배경(1-2절)

씨 뿌리는 자의 비유(3-9절)

비유로 말씀하시는 이유(10-12절)

씨 뿌리는 자의 비유 해설(13-20절)

등불의 비유와 되의 비유(21-25절)

스스로 자라는 씨의 비유(26-29절)

겨자씨 비유(30-32절)

비유의 결론(33-34절)

바람과 바다를 잔잔하게 하시다(35-41절)

4장
풀어보기

비유의 배경(1-2절)

1 예수께서 다시 바닷가에서 가르치셨다. 그러자 지극히 많은
무리가 모여들었다. 이에 예수께서는 바다에 있는 배에 올라
앉으셨고, 모든 사람들은 바닷가 육지에 있었다. 2 예수께서 비유로
많은 것을 가르치셨는데, 가르치실 때 그들에게 이렇게 말씀하셨다.

마가복음에서 무리가 많음을 표현할 때 대부분 '많은'을 뜻하는 '폴뤼스'(πολύς)로 나타나지만 1절에서는 최상급 '플레이스토스'(πλεῖστος)가 사용되고 있다. 필자는 '지극히 많은 무리'로, 개역개정 성경은 '큰 무리'로 번역했다. 최상급 '플레이스토스'는 신약에서 여기와 마태복음 21장 8절에만 나온다. 또 같은 1절에서 '온 무리'라는 표현도 무리가 많이 모였음을 강조한다. 그만큼 예수의 명성이 높아졌다는 것, 그리고 이제부터 나올 내용이 중요함을 암시한다. 이렇듯 사람들이 엄청나게 많이 모여 들었기 때문에 예수님은 바닷가가 아니라 바다에 배를 띄우고, 배에서 가르치셔야 했다.

예수님은 비유로 가르치셨다. '비유'(比喩)를 뜻하는 헬라어는 '파라볼레'(παραβολή)다. '파라볼레'는 '곁에, 옆에'라는 뜻의 전치사 '파라'(παρα)와 '던지다'를 뜻하는 동사 '발로'(βάλλω)의 수동태 어근 '블레'(βλη)가 결합된 단어다. 직역하면 '무엇이 옆에 던져지다'인데, 어떤 것을 설명하기 위해 다른 것을 가져온다는 말이다. 즉 비유란 어떤 것을 설명하기 위해 그와 비슷한 무언가를 가져와 빗대어 설명하는 방법을 말한다. '파라볼레'는 신약에서 50회 사용되고 있는데 히브리서 9장 9절, 11장 19절을 제외한 나머지 48회가 모두 공관복음에만 나온다. 예수님이 주로 비유를 말씀하셨기 때문이다. 비유를 히브리어로는 '마샬'(מָשָׁל)이라고 한다. '마샬'은 매우 넓은 개념으로서 잠언, 수수께끼, 예화, 우화(요담의 우화. 삿 9:7-15) 등을 가리킨다.

비유는 실제 일어난 역사적 사건에 관한 보도가 아니다. 비유는 현실에 바탕을 둔 꾸며낸 이야기다. 비유는 '그림언어'(혹은 구상어, 具象語, metaphor)다. 즉 표면적 의미를 넘어선 심층적 의미를 내포하고 있다. 비유는 비유 밖의 그 무엇을 가리킨다(이것을 비교점 = comparison이라고 한다). 예를 들어서 '씨 뿌리는 자의 비유'에서 씨의 비교점은 말씀이다. 씨를 뿌리는 농부는 예수님으로 볼 수 있다. 마가복음에서 예수님은 말씀을 전하는 분으로 나타나고 있기 때문이다. 비유가 몇 가지 비교점을 가지고 있는가를 판단하는 것이 중요하다. 필자는 블롬버그의 입장을 지지하여 비유는 2-3개의 비교점을 가진 알레고리라고 본다(Craig L. Blomberg, *Interpreting the Parables*, 1990). 율리허(A. Julicher)는 예수님의 비유는 단 하나의 비교점을 가진다고 하나 필자는 그렇게 보지 않는다. 하지만 '선한 사마리아인의 비유'(눅 10:30-37)에 나오는 주막 주인을 바울로 해석하는 시대착오적 해석은 비유도 알레고리도 아닌 자의적 해석일 뿐이다.

흔히 비유라고 하면 '탕자의 비유'나 '선한 사마리아인의 비유'를 대표적으로 연상한다. 이 두 비유의 특징은 상징성을 가지면서도 그 형식이 '이야기'(narrative)라는 점이다. 길이도 제법 길다. 하지만 '감추어진 보화 비유'(마 13:44)나 '값진 진주 비유'(마 13:45-46)처럼 매우 짧은 이야기식 비유도 있다.

또 이야기 형식이 아닌 경구적 비유도 있다. 경구(警句, aphorism)란 간결하면서도 높은 함축성을 지닌, 진리를 갈파하는 말이다. 경구적 비유란 형식면에 있어서 경구처럼 되어 있으나 높은 은유성을 지니고 있기에 비유로 볼 수 있다. 예를 들어서 '생베 조각과 옷 비유'(막 2:21), '새 포도주와 가죽 부대 비유'(막 2:22)가 있다.

비유를 해석할 때는 앞뒤 문맥을 잘 파악해야 한다. 누가복음 15장에 나오는 3개의 비유는 예수께서 세리 및 죄인들을 반갑게 맞이해 주시고 식탁교제까지 나누시는 것을 못마땅하게 여겨 수군거리는 바리새인과 서기관들에게 왜 예수님이 그렇게 하는지 설명하고 변호하는 차원에서 들려주신 비유다. 또 '선한 사마리아인의 비유'는 어떤 율법사와 예수님 사이에 있었던 대화의 일부이다. 그 대화의 요지는 하나님을 사랑하고 이웃을 사랑하는 것이 영생을 얻는 비결이라는 것이었다. 그렇다면 이웃을 사랑한다는 것이 무엇인가? 이 질문에 대한 대답이 선한 사마리아인의 비유이다. 따라서 비유해석도 당연히 이웃사랑이라는 관점에서 이루어져야 한다.

예수님의 삶이 하나님 나라를 보여주고 있기에 비유 역시 하나님 나라의 맥락에서 해석해야 한다. '선한 사마리아인의 비유'에 등장하는 인물은 강도 만난 사람, 그리고 제사장과 레위인과 사마리아인이다. 왜 하필 사마리아인이 강도 만난 사람의 이웃으로 제시되었을까? 만약 자비를 베푼 사람이 사마리아인이 아니라 유대인 평신도라고 해도 이 비유는 어려움에 처한 사람을 도와야 한다는 이웃 사랑의 메시지를 전할 수 있다. 그럼에도 불구하고 사마리아인이 등장한 것은 또 다른 메시지를 전해주려고 하기 때문이다. 제사장과 레위인은 당시 정결법상 정결한 사람들이었다. 반면에 사마리아인은 부정한 사람으로서 유대인들은 상종조차 하지 않았다. 그러나 이 비유에서 선한 이웃은 부정하다고 여겨 천대받았던 사마리아인이다. 예수님은 정결을 넘어선 사랑이 더 궁극적인 가치, 하나님 나라의 가치임을 말씀하시려고 한 것이다. 비유에 관한 이같은 간략한 지식을 가지고 마가복음 4장에 나오는 비유를 살펴보자.

씨 뿌리는 자의 비유(3-9절)

3 "들으라. 씨 뿌리는 사람이 씨를 뿌리러 나갔다. 4 씨를 뿌릴 때
어떤 것은 길 가에 떨어져서 새들이 와서 먹어 버렸고 5 어떤 것은
흙이 많지 않은 돌밭에 떨어졌는데, 흙이 깊지 않아 곧 싹이 나오긴
했지만 6 해가 뜨자 타버렸고, 뿌리가 없기 때문에 말라버렸다. 7 또
어떤 것은 가시덤불 속에 떨어졌는데, 가시가 자라 기운을 막아 버려
열매를 맺지 못했다. 8 또 어떤 것들은 좋은 땅에 떨어져 싹이 나고
자라서 열매를 맺었는데 어떤 것은 삼십 배, 어떤 것은 육십 배, 또
어떤 것은 백 배가 되었다."

씨 뿌리는 자가 뿌린 씨는 네 종류의 땅에 떨어진다. 길가, 돌밭, 가시덤불, 좋은 땅. 왜 농부는 좋은 땅에만 씨를 뿌리지 않았을까? 이것을 이해하려면 이스라엘의 농사법을 알아야 한다. 이스라엘은 중앙 산악지대에 정착했다. 석회암으로 된 척박한 산지를 농지로 사용하기 위해 그들은 '계단식 농경지'를 만들었다. 각각의 계단식 농경지에는 사람들이 다니는 길이 있었는데, 이 길이 비유에 나오는 딱딱한 '길가의 밭'이다. 계단식 농경지는 위로 올라갈수록 토양이 얇아지고 바위가 많은 '돌밭'이 되고, 농부의 손길이 닿지 않는 곳은 '가시덤불 밭'이 만들어졌다. '좋은 밭'이란 비가 와서 쓸려 내려온 고운 흙으로 된 밭을 말하는 것으로 보인다.[1]

좋은 땅에 떨어진 씨는 30배, 60배, 100배의 결실을 한다. 앞의 세 개의 땅에 뿌려진 씨는 단수지만 좋은 땅에 뿌려진 씨는 복수형(ἄλλα, 알라)이다. 그렇기 때문에 여러 개 씨 가운데 어떤 것은 30배, 어떤 것은 60배, 어떤 것은 100배가 된 것이다. 그렇다고 해서 좋은 땅도 다시 세 등급으로 나뉜다는 의미는 아니다. 누가는 100배의 결실을 했다고만 언급한다(눅 8:8). 열매를 맺지 못하는 땅이 세 종류(길가, 돌밭, 가시

덤불 밭)인 것에 맞춰 30배, 60배, 100배라는 표현을 써서 좋은 땅이 얼마나 놀랍게 결실할 것인지를 강조하는 표현으로 볼 수도 있을 것이다. 100배의 결실은 하나님의 축복이 아닐 수 없다. 이삭은 여호와의 말씀에 순종하여 그랄 땅에 거하며 농사하였을 때 여호와께서 복을 주셔서 100배의 수확을 얻었다(창 26:12).

9 그리고 또 말씀하셨다. "들을 귀 있는 사람은 들으라."

비유를 시작하면서 "들으라"(2절) 하신 것처럼 비유를 마치면서도 "들을 귀 있는 자는 들으라"라고 하신 것은 이 비유가 매우 중요함을 보여 준다. 13절에서 "너희가 이 비유를 알지 못할진대 어떻게 모든 비유를 알겠느냐"라는 말씀도 이 비유가 다른 비유 이해의 기초가 되는 중요한 비유임을 말한다.

비유로 말씀하시는 이유(10-12절)

10 예수께서 혼자 계실 때에 예수의 주위에 있는 사람들이 열두
제자와 함께 그 비유에 대해 물었다. 11 예수께서 그들에게
말씀하셨다. "너희에게는 하나님 나라의 비밀을 주었다. 그러나
외인들에게는 모든 것을 비유로 한다. 12 그것은 그들이 보기는
보아도 알지 못하며, 듣기는 들어도 깨닫지 못하게 해서 그들이
돌이켜 죄 용서를 얻지 못하게 하기 위해서다."

10-12절에는 두 가지 대조되는 인물군이 나온다. 하나는 예수님과 함께한 사람들 및 제자들인데, 이들은 하나님 나라의 비밀을 받은 자들이다. 마치 예수님의 측근(inner circle) 같다. 다른 하나는 '외인(外人)들'이다. 이미 4장 바로 앞에서(3:31-35) 예수님이 미쳤다고 생각하여 그를 잡으러온 가족들은 밖에 있는 자들, 즉 외인들로 묘사된 바 있다. 3장에서 예수님의 혈연 가족은 예수님 주위에 둘러앉아 있던 자들, 즉 예

수님의 새 가족과 대조된 바 있다. 이런 대조는 예수님의 진정한 제자가 누구인가를 보여 준다.

예수님이 외인들에게 모든 것을 비유로 말하시는 이유는 "그들이 보기는 보아도 알지 못하며, 듣기는 들어도 깨닫지 못하게 해서 그들이 돌이켜 죄 용서를 얻지 못하게 하기 위함이다"(12절)이다. 외인들은 아예 처음부터 예수님의 가르침을 듣고 회개할 기회가 박탈된 것처럼 보이는데 이 말씀을 액면 그대로 받아들여서는 안 된다. 예수님은 하나님의 복음을 전파하면서 "회개하고 복음을 믿으라"(1:15)라고 외치셨다. 4장 12절의 '돌이키다'(μετανοέω, 메타노에오)는 1장 15절의 '회개하다'(ἐπιστρέφω, 에피스트레포)와 같은 의미다. 회개하고 복음을 믿으라고 말해 놓고선 돌이켜 죄 용서를 얻지 못하게 한다는 것은 모순 같다.

12절은 이사야 6장 9-10절의 인용이다. 하나님이 이사야를 유다 백성에게 보내면서 그들이 하나님의 메시지를 들어도 깨닫지 못하게 하실 리 없다. 이 말씀은 유다 백성들의 완악함을 풍자적으로 말하는 것이다. 마가복음 4장 12절에서도 마찬가지다. 외인이란 예수님의 말씀을 주의 깊게 듣지 않는 자, 깨달음에 대한 간절함과 사모함이 없는 사람, 그래서 깨닫지 못하는 자를 가리킨다. 예수님의 제자들도 비유를 들었다. 만약 제자들이 예수님의 메시지를 제대로 깨닫지 못할 경우 그들 역시 외인으로 전락할 수 있다.

씨 뿌리는 자의 비유 해설(13-20절)

13 또 예수께서 말씀하셨다. "너희가 이 비유를 알아듣지 못하면서 어떻게 모든 비유를 알겠느냐?"

4장 이전까지 제자들은 긍정적으로 묘사되고 있다. 그러나 4장부터 제자들은 부정적인 모습을 보이는데, 여기선 예수님의 말씀을 잘 이해하지 못하고 있다. 앞으로 제자들은 예수님의 가르침을 잘 이해하지 못하고 믿음 없는 모습으로 계속 나온다.

14 "씨를 뿌리는 사람은 말씀을 뿌리는 것이다."

14절부터 '씨 뿌리는 자의 비유'에 대한 해설이다. '씨 뿌리는 자의 비유'를 역사비평적으로 접근하는 해석자들은 '씨 뿌리는 자의 비유 해설'(막 4:10-20; 마 13:18-23; 눅 8:9-15)을 복음서 기자가 그들이 처한 삶의 정황에 따라 후대에 삽입한 '알레고리'로 보고 비유 해설 부분은 예수님의 말이 아니라고 본다. 그들은 이 비유의 역사적 예수님의 삶의 자리를 추적한 후, 그에 따라 비유의 역사적 의미를 밝힌다.

대표적으로 예레미아스(J. Jeremias)에 따르면 '씨 뿌리는 자의 비유'는 예수님의 선포 사역이 실패한 것처럼 보이는 상황에서 그를 따르던 자들에게 준 격려다. 인간의 눈으로 볼 때 많은 노력이 헛되고 실패한 것 같다. 그러나 하나님은 이러한 모든 실패와 저항을 물리치고 열매를 맺으실 것이다. 그것은 마치 농부가 자연 재해에도 불구하고 낙담하지 않고, 많은 수확을 확신하는 것과 같다.[2]

그러나 필자는 최종 본문을 그대로 받아들이는 서사비평의 입장에서 씨 뿌리는 자의 비유를 해석하려고 한다. 첫째, 씨 뿌리는 자의 비유 해설도 이야기에 등장하는 인물인 예수님이 하신 말씀이기에 '씨 뿌리는 자의 비유' 해석은 '씨 뿌리는 자의 비유 해설'에 따라야 한다. 둘째, '씨 뿌리는 자의 비유 해설'에 따르면 네 가지 종류의 씨(들)가 뿌려진 네 종류의 땅은 네 가지 종류의 사람들을 가리킨다. 씨는 중성이지만, 씨 뿌리는 자의 해석에서는 네 종류의 씨 모두 남성복수명사로 나온다. 즉 비유 해설 부분은 땅이 씨를 받아 열매를 맺어야 할 사람을 가리킨다. 그렇다면 우리는 이 씨에 해당하는 인물이, 마가복음에 등장하는 인물 가운데 누구일지 생각해 볼 수 있다.[3]

이런 관점에서 하나씩 살펴보자. 14절에 따르면 씨는 '말씀'(로고스)을 의미한다. 비유 해설은 씨 뿌리는 자가 누구인지 밝히고 있지 않지만 예수님으로 봐야 한다. 앞서 예수님은 권위 있는 교사(1:21, 27)이며, 많은 사람들에게 도(로고스)를 말씀하셨다(2:2). '가르치다'를 뜻하는 헬라어 '디다스코'(διδάσκω)는 마가복음에서 17회(1:21, 22; 2:13; 4:1, 2;

6:2, 6, 30, 34; 7:7; 8:31; 9:31; 10:1; 11:17; 12:14, 35; 14:49) 사용되고 있다. 앞서 1장 21-28절에서는 예수님의 가르침에 사람들이 놀라워하며 '권세 있는 새 교훈'이라고 찬사를 보냈다. 또 화자는 예수님이 '씨 뿌리는 자의 비유'를 말씀하기 전에 큰 무리에게 가르치셨다는 언급을 두 차례나 하고 있다(4:2).

15 "말씀이 길가에 뿌려졌다는 것은 이와 같은 사람들이다. 그들은 말씀을 듣기는 하지만 사탄이 즉시 와서 그들에게 뿌려진 말씀을 빼앗는다."

길가에 뿌려진 씨는 땅 표면 자체가 딱딱해서 씨가 들어갈 수 없었다. 그러자 새들이 와서 먹어 버렸다. 예수님은 이 새들을 사탄이라고 해석하신다. 말씀을 받아들이지 않으면 사탄이 '즉시' 빼앗는다. 마치 먹잇감을 얻기 위해 사방을 빙빙 돌면서 주시하고 있는 새처럼 사탄은 말씀을 가로채 가려고 24시간 대기하고 있는 것 같다.

길가에 떨어진 씨가 가리키는 사람들은 애당초 말씀을 받아들일 의지가 없는 사람, 즉 마음이 완악한 사람들이다. 이들은 처음부터 예수님의 말씀을 거부한다. 마가복음에서 여기에 해당하는 인물은 종교지도자들이다. 이들은 예수님의 가르침을 전혀 받아들이지 않고, 처음부터 거부한다. 이들은 마음이 완악한 자들이다(3:5). 또 종교지도자들은 '하나님의 말씀을 폐하는 자'(7:13)로 언급된다. 말씀을 받아들여 결실하는 것은 고사하고, 이들은 말씀을 폐하는 자들이었다. 대제사장들과 서기관들은 예수님의 말씀을 받아들이기는커녕, 오히려 "예수의 말씀을 책잡으려 하여"(12:13) 사람을 보내기도 하였다.

예수님의 고향 사람들도 길가에 해당한다. 그들은 예수님이 회당에서 '가르치시는 것'을 본 후 "이 사람이 받은 지혜와 그 손으로 이루어지는 이런 권능이 어찌됨이냐"(6:2)라고 반응하지만 결국 예수님을 배척했다(6:3).

> 16 "또 돌밭에 뿌려졌다는 것은 이와 같은 사람들이다. 그들은
> 말씀을 들을 때 즉시 기쁨으로 받아들이지만 17 그 속에 뿌리가
> 없어서 오래 가지 못하고, 말씀으로 인해 환난이나 박해가 생기면 곧
> 넘어지는 사람들이다."

네 종류의 씨 중에서 그 설명이 가장 긴 '돌밭에 뿌려진 씨'의 특징은 두 가지다. 첫째, 말씀을 들을 때 '즉시' 기쁨으로 받아들인다. 둘째, 말씀을 인하여 박해가 올 때 '곧' 넘어진다. 여기에 해당하는 인물로 예수님의 제자들이 있다. 베드로, 그리고 안드레와 야고보와 요한은 예수님으로부터 처음 부름을 받을 때, '즉시' 따랐는데(1:16-20), 이 점은 돌밭에 뿌려진 씨가 말씀을 들을 때, '즉시' 그 말씀을 기쁨으로 받아들였다는 것과 상응한다. 세베대의 아들 야고보와 요한의 경우 '곧' 따랐다는 말은 없으나 예수께서 그들을 부른 현장에서 따라갔다는 점에서, 또 아버지와 삯군들을 버려 두고 떠났다는 점에서 '곧' 예수님을 따랐다고 할 수 있다.

그러나 마가복음에서 제자들은 점차 부정적인 모습을 보인다. 4장에서 예수님이 비유로 가르치시기를 마치시고 제자들과 함께 배를 타고 갈릴리 바다를 건너게 되었는데, 광풍이 일자 제자들은 무서워하며 "우리가 죽게 된 것을 돌보지 아니하시나이까"(4:38)라고 볼멘소리를 해댔다. 광풍이 오자 넘어진 것이다. 이에 예수님은 '어찌 믿음이 없느냐'며 꾸중하셨다. 결정적으로 제자들은 예수님을 배반했다. 4장 17절에 사용된 '넘어지다'(σκανδαλίζω, 스칸달리조)는 14장 27, 29절에서 제자들이 예수님을 버릴 것이라는 예언에서 다시 사용되고 있다. "예수께서 제자들에게 이르시되 너희가 다 나를 버리리라(σκανδαλισθήσεσθε, 스칸달리스쎄세스쎄)." 또 베드로는 다른 모든 사람들은 다 예수님을 버릴지라도(σκανδαλισθήσονται, 스칸달리스쎄손타이) 자신은 그렇지 않겠다고 호언장담했지만(14:29) 나중에 세 번씩이나 예수님을 부인한다. 이런 점에서 돌밭에 떨어진 씨의 대표적 인물은 베드로다. '베드로'(Πέτρος, 페트로스)라는 이름은 '바위'란 뜻의 헬라어 '페트라'(πέτρα)에서 왔다. 마태복음

에서 베드로는 교회의 '반석'으로 높여졌지만, 마가복음에서는 뿌리를 내리지 못해 환란이 올 때 말씀을 저버리는 '돌밭'일 뿐이다.

묵상

돌밭에 비유되는 사람에게는 말씀을 듣고자 하는 마음이 있었다. 그래서 말씀을 듣자마자 '곧' 받아들인다. 기뻐하면서 말이다. 그러나 '말씀으로 인하여' 환난이나 박해가 일어나면 '곧' 넘어친다. 낙심하고 좌절한다. 신앙생활을 하면서 말씀에 은혜를 받아 한 번 두 번 기뻐한 적은 누구에게나 있다. 하지만 그 기쁨이 지속되기가 결코 쉽지 않다. '항상 기뻐하는 것'(살전 5:16)이 우리를 향한 하나님의 뜻이지만 그렇게 살기란 여간 어렵지 않다. 기쁨을 간직해야 한다. 간직하는 것, 지속하는 것이 능력이다.

여호와의 율법을 '즐거워하여' '주야로' 묵상하는 사람이 복 있는 사람인 이유는 시냇가에 심은 나무가 지속적으로 물과 영양분을 공급하는 것처럼 영적 영양분인 말씀을 공급받기 때문이다. 나무는 뿌리를 통해 땅 속 영양분을 지속적으로 공급해야 산다. 자동적으로 '무한리필'되지 않는다. 그래서 매일 말씀의 자리, 기도의 자리로 나가야 한다. 하나님의 말씀은 결코 마를 일이 없는 시냇가요, 샘물이다. "그러나 무릇 여호와를 의지하며 여호와를 의뢰하는 그 사람은 복을 받을 것이라 그는 물가에 심어진 나무가 그 뿌리를 강변에 뻗치고 더위가 올지라도 두려워하지 아니하며 그 잎이 청청하며 가무는 해에도 걱정이 없고 결실이 그치지 아니함 같으리라"(렘 17:7-8).

18 "또 가시덤불에 뿌려졌다는 것은 이와 같은 사람들이다. 그들은
말씀을 듣기는 하나 19 세상의 염려와 재물의 유혹과 그밖에 다른
욕심이 들어와 말씀을 막아 열매를 맺지 못하는 사람들이다."

가시덤불에 해당하는 사람은 말씀을 듣는다. 그러나 말씀 외에 다른 것이 들어온다는 데 문제가 있다. 그것은 세상의 염려와 재물의 유혹, 기타 욕심이다. 이런 것이 들어오면 말씀을 막는다. '막는다'에 해당하는 헬라어 '쉼프니고'(συμπνίγω)는 '질식시키다'(choke) 혹은 '제압하다'(overwhelm)라는 뜻이다. 매우 실감나는 표현이다. 세상의 염려, 재물

의 유혹 등이 말씀을 질식시킨다. 그래서 열매를 맺지 못한다.

이에 해당하는 대표적인 사람으로서 먼저 영생의 길을 찾아 예수님께 온 부자 청년(10:17-22)이 있다. 그는 예수님의 말씀을 들을 준비가 되어 있었다. 그는 "달려와서 꿇어 앉아" 예수님을 "선한 선생님이여"라고 존칭을 써가며 예수께 영생에 대해 묻는다. 배우는 사람의 자세로 더할 나위 없는 준비를 갖추고 있었다. 이 청년은 십계명을 어려서부터 다 지켰다. 그래서인지 예수님도 그를 보시고 사랑하셨다. 그러나 예수님이 그에게 한 가지 부족한 것, 곧 재산을 다 팔아 가난한 자들에게 주고 "와서 나를 좇으라" 요구하셨지만 그는 순종하지 못했다. 이유는 재물이 많았기 때문이다. 그래서 슬픈 표정으로 근심하며 돌아갔다. 재물욕심이 예수님의 말씀을 질식시키니 순종할 수 없었던 것이다.

빌라도도 처음에는 예수님을 옹호하는 듯한 태도를 취하지만, 민란을 우려하여 군중들의 요구에 따라 예수님을 십자가에 넘긴다(15:1-15). 자신의 총독직을 유지하려는 욕심 때문에 예수님이 무죄라는 자신의 소신을 관철하지 못한 것이다. 분봉왕 헤롯 안티파스 역시 이에 해당한다. 그는 세례자 요한의 말을 달게 듣지만, '살로메'로 알려진 딸의 요청에 못 이겨, 또 자신의 체면을 지키느라 세례자 요한 처형을 허락한다(6:14-29).

묵상

가시떨기에 떨어진 씨가 열매를 거두지 못하는 이유는 세상의 염려, 재물의 유혹, 기타 욕심이 '들어와' 말씀을 막기 때문이다(4:19). 가장 좋은 대비책은 이 세 가지가 들어오지 못하게 아예 차단하는 것이다. 들어오더라도 빨리 떨쳐버려야 한다. 가시는 자란다(4:7). 염려와 욕심은 자란다. 내 속에 들어왔더라도 자라기 전에 속히 떨쳐내야 한다. 그렇지 않으면 자라서 말씀을 질식시킨다.

20 "그러나 좋은 땅에 뿌려졌다는 것은 이와 같은 사람들이다.
그들은 말씀을 듣고 받아들여서 삼십 배, 육십 배, 백 배의 열매를 맺는 사람들이다."

이 비유에서 씨가 떨어진 곳은 네 군데지만, 열매를 맺었느냐 여부를 놓고 보면 두 종류로 나뉜다. 열매를 맺은 곳과 맺지 못한 곳. 좋은 땅에 뿌려진 씨만이 열매를 맺는다. 좋은 땅에 대한 설명은 어찌 보면 매우 단순하다. 단지 말씀을 '듣고' '받아들여' '결실하였다'는 설명 외에 다른 언급이 없다. 그러나 앞의 세 가지 땅과 다른 점이 있다. 좋은 땅의 경우 '듣다'에 해당하는 헬라어 '아쿠우신'(ἀκούουσιν)은 직설법 현재능동태 시제다. 반면에 길가, 돌밭, 가시덤불의 경우 동일한 '듣다'라는 단어가 사용되지만 법과 시제가 다르다.

길가와 돌밭의 경우 가정법 단순과거능동 시제(ἀκούσωσιν, 아쿠소신)이고, 가시덤불의 경우 단순과거능동 분사다. 또한 좋은 땅만 '듣다'라는 동사가 주절의 동사이고, 나머지 세 개의 땅은 종속절(구)에서 사용되었다. 이렇게 좋은 땅에 대해서만 '듣다'라는 동사가 주절에 직설법 현재능동 시제로 사용되고 있다는 것은 좋은 땅에 해당하는 사람들이 말씀을 지속적으로 들으며, 말씀에 의해 변화되고, 말씀이 삶에 변두리가 아닌 중심을 차지했음을 암시한다.[4] 그들은 진정 들을 귀가 있어 듣는 사람들이다(4:3, 9).

누가복음의 경우 "착하고 좋은 마음으로"(눅 8:15) 말씀을 들었다고 말함으로써 말씀을 듣는 자세를 부각시키고 있다. 또한 그 말씀을 "지키어 인내로 결실"(8:15)하였다고 하는데 좋은 땅이 가리키는 사람은 말씀을 행동으로 옮기고, 또 박해를 잘 견디어 마침내 결실하였음을 강조하고 있다. 마태의 경우 '듣고' '깨달아' '결실하였다'고 언급하고 있는데, 마가와 거의 똑같다. 다만 '받아들이다'라는 단어 대신에 '깨닫다'라는 단어를 사용하고 있다. 이 '깨닫다'라는 단어는 제자도와 관련하여 마태가 자주 사용하는 단어다(마 13:51; 16:12; 17:13 등).

마가복음에 나오는 좋은 땅에 해당하는 사람들은 예수님의 말씀 혹은 능력을 '믿고' '받아들여' 치유의 이적을 경험한 자들일 것이다. 12년 동안 혈루병을 앓다가 치유받은 여인을 보자. 이 여인은 "예수의 소문을 듣고"(5:27), "내가 그의 옷에만 손을 대어도 구원을 받으리라"(5:28) 믿었다. 그리고 결국 치유를 받았다. 예수님은 이 여인에 대해 "네 믿음이 너를 구원"(5:34)하였다고 칭찬하셨다. 시각 장애인 바디매오도 "네 믿음이 너를 구원하였느니라"(10:52)라는 칭찬을 들었다.

수로보니게 여인도 좋은 땅에 해당하는 인물이다. 그녀는 "예수의 소문을 듣고 곧 와서 그 발아래 엎드"(7:25)렸을 때 자기의 딸이 낫는 기적을 체험하였다. 예수님의 소문을 '듣고' 곧 왔다는 말은 예수님의 말씀을 듣고 그가 자신의 딸을 고칠 수 있을 것이라고 믿었다는 말이므로, 결국 그녀의 믿음이 자신의 딸을 치유하는 결실을 거둔 것이다. 예수께서도 이점을 인정하였다. "이 말을 하였으니 돌아가라 귀신이 네 딸에게서 나갔느니라"(7:29).

마가복음에 나오는 이적 이야기들이 보여 주는 특징은 예수님의 이적 행사가 사람들에게 믿음을 불러일으키는 것이 아니라 반대로 어떤 사람에게 믿음이 있을 때, 예수님은 비로소 이적을 행사하실 수 있었다는 점이다. 예수님 안에서 하나님의 통치가 시작되었다고 믿고 그에게 나아가 치유를 받은 자들이 좋은 땅에 떨어진 씨와 같다. 이런 점에서 마가복음에서 "믿음은 좋은 땅의 인간적 표현이다"(Faith is the human manifestation of the good earth).[5]

등불의 비유(21-22절)

21 또 그들에게 말씀하셨다. "사람이 등불을 가져다가 말 아래나 침상 아래 두겠느냐? 등경 위에 두지 않겠느냐? 22 숨겨 둔 것은 드러나게 되고, 감추어 둔 것은 나타나기 마련이다. 23 들을 귀 있는 사람은 들으라."

21-22절은 '등불 비유'다. '씨 뿌리는 자의 비유'가 집 바깥 밭에서 볼 수 있는 농경사회의 일상생활을 이미지화하고 있다면, '등불 비유'는 농경사회의 집안 이미지들, 즉 '등불', '등경', '말', '평상' 등을 보여 주고 있

다. 등불은 주위를 밝힌다. 등불은 등경 위에 두어야 한다. 그래야 주위가 밝아진다. 그렇지 않고 등불을 말 아래나 침상 아래 두면 등불의 빛이 주변을 밝힐 수 없다.

그러면 등불은 무엇을 상징할까? 필자는 "사람이 등불을 가져다가"로 번역했으나, 헬라어 원문을 직역하면 "등불이 오는 것은"이다. 등불이 의인화되어 주어로 사용되고 있다. 구약에서 '등불'은 '말씀'에 대한 은유(metaphor)다(시 119:105). 여기서는 예수님의 말씀을 가리킨다. 넓게 보면 예수님의 사역을 통해 이뤄지는 하나님 나라다. 예수님을 통해 하나님 나라는 드러났다. 그런데 많은 사람들이 예수 안에 나타난 하나님의 통치를 보지 못하고 거부한다. 심지어 제자들까지도 그랬다. 제자들은 예수님의 죽음을 통해 하나님 나라가 이뤄진다는 말씀(세 차례에 걸친 수난 예언, 8:31; 9:31; 10:33-34)을 이해하지 못했다. 외인들에게는 하나님 나라가 감춰져 있다.

그러나 "숨겨 둔 것은 드러나게 되고, 감추어 둔 것은 나타나기 마련이다"(22절). 예수 그리스도를 통해 나타난 하나님 나라는 감추려고 해도 감출 수 없다. 오해를 받고 저항은 있겠지만 하나님 나라는 반드시 드러난다. 예수님의 다양한 사역(병 치유, 귀신 축출, 가르침 등), 그리고 십자가와 부활을 통해 하나님 나라는 나타날 것이다. 특히 예수님의 재림은 하나님 나라의 최종 완성으로 만민이 보게 될 것이다. "그때에 인자가 구름을 타고 큰 권능과 영광으로 오는 것을 사람들이 보리라"(막 13:26). 23절은 이 같은 하나님 나라의 신비를 잘 깨달으라는 말씀이다.

되의 비유(24-25절)

24 또 말씀하셨다. "너희는 새겨들어라. 너희가 되로 달아서 주는
만큼 너희도 되로 달아 받게 되는 것은 물론 더 받게 될 것이다. 25
있는 사람은 더 받을 것이요 없는 사람은 있는 것마저 빼앗길 것이다.

여기서 '달아 준다'는 것은 '측량한다', '판단한다'(measure)는 뜻이다. '측량'이란 뜻의 헬라어 '메트론'(μέτρον)에서 길이의 단위인 '미터'(meter)가 나왔고, 또 음악의 빠르기를 측량하는 기계인 '메트로놈'(metronome)은 헬라어 '메트론'과 '규칙'이란 뜻의 헬라어 '노모스'(νόμος)가 결합된 단어다.

24절을 풀이하면 이렇다. 여기에 됫박 3개가 있다고 가정하자. 하나는 1리터, 다른 하나는 5리터, 다른 하나는 10리터를 담을 수 있다. 이 세 개 가운데 어떤 됫박을 사용하느냐에 따라 담을 수 있는 곡식의 양이 달라진다. 마찬가지로 우리가 하나님의 말씀을 들을 때 어떤 됫박을 사용하여 그 말씀을 듣고 내 마음에 담느냐에 따라 인생이 달라질 것이다. 같은 시간에 같은 장소에서 예배를 드려도 어떤 사람은 큰 은혜를 받고 어떤 사람은 작은 은혜를 받고, 어떤 사람은 아예 은혜를 받지 못할 수도 있다. 왜 이런 차이가 날까? 이유 가운데 하나는 듣는 사람의 마음 혹은 자세가 다르기 때문이다. 말씀을 좋은 자세로 잘 받아들이면 잘 이해하게 되고 점점 더 많은 비밀을 알게 되는 반면 잘 받아들이지 않으면 점점 더 모르게 된다는 뜻이다. 말씀을 잘 경청하여 듣고 깨달으라는 촉구다.

스스로 자라는 씨의 비유(26-29절)

26 또 말씀하셨다. "하나님의 나라는 이와 같다. 사람이 땅에 씨를
뿌리고 27 밤에 자고 낮에 일어나는 동안에 그 씨에서 싹이 트지만
정작 그 사람은 어떻게 그렇게 되는지 알지 못한다. 28 땅은 스스로
열매를 맺는다. 처음에는 싹을 내고, 다음에는 이삭을 내고,
그다음에는 이삭에 알곡이 맺힌다. 29 열매가 익으면 곧 낫을 댄다.
추수할 때가 이르렀기 때문이다."

스스로 자라는 씨의 비유는 씨가 자라고 열매를 맺는 과정에서 인간이 별다른 역할을 하지 않으며, 씨가 자생력을 가지고 스스로 열매를

맺는 것을 강조하고 있다. 씨를 뿌리는 사람은 그저 땅에 씨를 뿌리는 역할에 그친다. 씨가 자라는 데 이 사람이 한 노력은 없다. 씨가 알아서 잘 자랄 뿐이다(27절). 물론 여기에 등장하는 씨를 뿌리는 사람이 일반적인 농부라면 당연히 씨가 잘 자라도록 여러 가지 노력을 기울였을 것이다. 그러나 이 비유는 씨가 스스로 자라는 것을 강조하기 위해 씨 뿌린 사람의 행위를 최소한으로 묘사한다. '씨 뿌리는 자의 비유'에서와는 달리 여기서는 씨를 뿌리는 사람을 그저 '사람'으로만 부르는 것도 이런 맥락에서 이해할 수 있다.

이 비유는 씨가 스스로 자라는 것을 부각시킨다. 28-29절을 보라. 땅이 씨를 받은 후 열매를 맺는 과정을 차례대로 묘사한다. '싹 〉 이삭 〉 이삭에 충실한 곡식 〉 열매가 익음 〉 추수(낫을 댐).' 앞서 '씨 뿌리는 자의 비유'에서는 길가, 돌밭, 가시떨기, 좋은 땅 등 씨가 어디에 뿌려졌느냐에 따라 열매를 맺느냐 맺지 못하느냐가 결정됐다. 이것은 말씀을 듣고 이에 어떻게 반응하는가를 강조하는 것이다. 이에 반해 '스스로 자라는 씨의 비유'는 하나님의 나라란 인간의 노력과 행동보다 하나님의 은혜로 이루어짐을 가르친다.

묵상

사도행전은 박해에도 불구하고 말씀 자체의 생명력으로 흥왕했음을 전하고 있다. 헤롯 아그립바가 세베대의 아들 야고보를 죽이고 베드로마저 옥에 가뒀지만, 하나님은 헤롯 아그립바를 응징하셨다. 누가는 이 사건을 보도한 후 이렇게 말한다. "하나님의 말씀은 흥왕하여 더하더라"(행 12:24). 이는 말씀의 자생력이다. 1949년 10월 1일 중화인민공화국이 수립된 후 중국 내에는 기독교가 더 이상 발붙일 수 없었다. 모든 선교사들은 다 추방됐다. 외부에선 중국의 교회는 사라졌다고 생각했다. 그러나 지금 가정 교회를 포함하여 중국 내 교인 수는 1억 명 가량으로 추정하고 있다. 말씀의 놀라운 생명력이다.

겨자씨 비유(30-32절)

30 또 말씀하셨다. "우리가 하나님의 나라를 어떻게 비교하고, 또
무엇으로 비유할 수 있을까? 31 그것은 겨자씨 한 알과 같다. 땅에
심을 때는 세상의 어떤 씨보다 작지만 32 심어 놓으면 자라서 어떤
풀보다 커져 큰 가지를 내어 공중의 새들이 그 그늘에 깃들일 수 있게
된다."

'겨자씨 비유'의 내용은 매우 간단하다. 세상의 모든 씨 중에서 가장 작은 씨인 겨자씨 한 알이 땅에 뿌려진 후 자랐는데, 땅의 모든 풀보다 커졌다는 내용이다. 사전에 따르면 겨자란 겨자과의 한해살이 또는 두해살이 풀로서 높이는 1~2미터 정도다. 겨자는 기껏해야 높이 1~2미터밖에 자랄 수 없는 '풀'이다. 그런데 비유에서 겨자가 자라 큰 가지를 내어 공중의 모든 새들이 그 그늘에 깃들어 쉴 수 있을 만큼 되었다. 이런 정도가 되려면 큰 나무가 되어야 한다. 이처럼 '겨자씨 비유'는 뿌려진 씨(모든 씨보다 작다)와 자란 후(모든 풀보다 크다) 나무 사이의 극명한 대조를 보여 주고 있다.

여기서 겨자씨는 예수님의 말씀 혹은 넓게는 예수님과 제자들을 통해 이뤄지는 하나님 나라의 사역이다. 하나님 나라는 처음에 미미해 보인다. 예수님은 사람들이 무시하는 나사렛 출신이셨다(요 1:46). 제자들도 변변치 않았다. 겨자씨는 마가복음을 읽었던 신앙 공동체의 자화상이 아닐까? 겨자씨처럼 작은 이들이 선포하는 하나님 나라는 잘 보이지 않는다. 그러나 이들을 통해 하나님의 나라는 커갈 것이고, 가장 큰 나라가 될 것이다.

공중의 새들이 그 그늘에 깃들일 만큼 크게 성장한다는 것은 구약의 여러 말씀들을 암시한다(시 104:12; 겔 17:22-24; 겔 31:6; 단 4:20-21 참조). 특히 다니엘서 4장 20-21절은 겨자씨 비유와 어휘적으로도 상당히 일치한다. 이상의 말씀들은 공통적으로 거대한 한 나무의 성장을 보여 주고 있는데, 광활한 제국을 상징한다. 그런 것처럼 예수님과 제

자들에 의해 이뤄지는 하나님의 나라 역시 세계에서 가장 큰 나라가 될 것이다. 또 이 비유는 예수께서 뿌리신 말씀, 예수님이 이루시는 하나님 나라는 세계적 차원으로 확대된다는 것, 즉 이스라엘을 넘어 모든 이방 민족까지 포함할 것을 보여 준다.

마가는 예수님의 하나님 나라 사역이 이스라엘에 국한되지 않고 이방 지역에서도 이뤄졌음을 보여 주는데, 거라사의 귀신 들린 사람을 치유하는 이야기(5:1-20), 수로보니게 여인의 딸 치유(7:24-30) 등이 있다. 또 예수님은 복음이 세계적으로 퍼져나갈 것을 예언하시고 제자들에게 사명을 주셨다. "또 복음이 먼저 만국에 전파되어야 할 것이니라"(13:10. 16:15도 참조).

마가복음에는 나오지 않지만 마태복음 13장 20-21절과 누가복음 13장 20-21절, 그리고 도마복음 96에 나오는 '누룩의 비유' 역시 겨자씨의 비유와 유사한 메시지를 전해 주고 있다. 원래 누룩은 부정적인 의미가 있다. 그래서 무교절에는 누룩 없는 떡을 먹어야 했다. 누룩은 부패, 오염을 뜻했다(고전 5:6-9). 예수님의 제자들은 세상이 볼 때 누룩과 같은 존재다. 그러나 하나님은 그들을 통해 하나님 나라를 온 세계로 확대해 가실 것이다.

묵상

예수님은 겨자씨 한 알에서 '천국'을 보셨다. 하잘것없어 사람의 눈길을 끌 수 없는 겨자씨 한 알이지만, 예수님은 거기서 '하나님의 다스림'을 보았고, 그 다스림의 엄청난 결과를 말씀하셨다. 나 같은 보잘것없는 사람도 하나님은 천국을 이루시기를 원하신다. 이것이 바로 우리가 꾸어야 할 '겨자씨의 꿈'이다. "누구든 사과 속의 씨앗 개수는 셀 수 있다. 그러나 씨앗 속의 사과 수를 셀 수 있는 자는 오직 하나님뿐이다"라는 말이 있다. 우리를 통해 얼마나 많은 열매를 거두실지는 하나님만이 아신다. 겨자씨가 자라 나무가 되었을 때, 그 큰 가지에 공중의 새들이 찾아온다. 그 가지 그늘에서 휴식을 취할 수 있기 때문이다. 그 아늑한 곳에서 살 수 있기 때문이다. 하나님의 나라를 찾아오는 자들은 참된 안식과 평안을 얻을 수 있다.

비유의 결론(33-34절)

33 예수께서는 그들이 알아들을 수 있도록 이와 같이 많은 비유로 말씀을 전하셨다. 34 비유가 아니면 말씀하지 않으셨지만 제자들에게는 따로 모든 것을 설명해 주셨다.

여기서 '그들'은 예수님의 말씀을 듣는 무리들이다(1-2절). 4장에 나오는 비유가 5개밖에 안 되지만, '이와 같이 많은 비유'라고 표현한 것은 5개 비유 외에도 다른 많은 비유를 들려주셨다는 말이다. 하지만 마가는 5개만 소개하고 있다. 예수님이 비유로 말씀하신 이유는 듣고 깨달으라는 뜻이다. 그러나 정작 사람들은 예수님의 비유를 잘 이해하지 못했다. 이해의 부족은 결국 예수님의 가르침을 통해 드러난 하나님 나라를 받아들이지 못하는 불신으로 나간다. 예수님은 제자들에게만큼 '따로' 모든 것을 설명해 주셨다. 제자들만을 위한 과외 수업(?)이 앞으로 몇 차례 더 나온다(7:17-23; 9:28-29; 10:10-12 참조). 제자들 역시 처음에는 비유를 제대로 이해하지 못했다는 말이다. 외인들과 다를 바가 없었다. 그러나 예수님은 그들과 따로 있을 때 설명해 주심으로써 그들이 예수님을 통해 실재하는 하나님의 나라를 보고 듣고 받아들이도록 촉구하셨다.

"비유가 아니면 말씀하지 않으셨다"라고 해서 예수님이 언제나 비유의 형식을 빌려 말씀하셨다고 볼 수는 없다. 비유를 사용하지 않고 말씀하실 때가 더 많았다. 여기서는 예수님의 가르침의 형식이 비유이든 그렇지 않든 근본적으로 '비유'의 성격을 띠고 있음을 말하는 것 같다. 즉 예수님의 가르침을 열린 자세로 듣는 사람에게는 이해가 되고, 믿음으로 응답하는 사람에게는 하나님의 나라가 임한다. 그렇지 않은 자들에게 예수님의 말씀은 이해가 되지 않는다. 그래서 거부하고 배척한다.

예수님의 이적도 비유와 같은 성격을 가지고 있어서 이적을 보고 예수 안에서 하나님의 통치가 실현됨을 깨닫고 믿음으로 반응하는 자가 있는가 하면, 그렇지 못하는 자들도 있다. 이들은 영적 시각 장애인이다. 영적으로 보지 못하면 예수님에 대해 불신과 적대를 가지게 된다. 예수님을 통해 이루어지는 하나님의 통치를 거부하는 것이다.

바람과 바다를 잔잔하게 하시다(35-41절)

35 그날 날이 저물 때 예수께서 제자들에게 말씀하셨다. "바다
저편으로 건너가자." 36 그래서 그들은 무리들을 남겨 두고 예수를
배에 계신 그대로 모시고 갔다. 다른 배들도 함께 따라갔다. 37
그런데 큰 광풍이 일어나 물결이 배 안으로 들이쳐서 물이 이미 배에
가득 찼다. 38 그러나 예수께서는 배 고물에서 베개를 베고 주무시고
계셨다. 제자들이 깨우며 말했다. "선생님! 우리가 죽게 되었는데
돌보시지 않습니까?"

예수님은 갈릴리 바닷가에서 배에 오르신 채로, 모인 사람들에게 하나님 나라의 진리를 비유로 가르쳐 주셨다. 어느덧 저녁 무렵이 되었다. 예수님은 갑자기 요단강 저편(동편)으로 배를 타고 건너가자고 제자들에게 말씀하신다. 마가복음에서 예수님은 제자들과 함께 배를 타고 갈릴리 바다 '저편으로' 건너가는 여행을 다섯 차례 반복하신다('배 여행'에 대해서는 마가복음 둘러보기 5. 2) 제자도를 보라). 35-41절은 예수님과 제자들의 첫 번째 배 여행이다. 5장을 보면 배를 타고 건너 간 '바다 저편' 도착지는 거라사 지역이었다. 이방인의 지역이다. 예수님의 하나님 나라는 이방인에게도 전해져야 한다.

제자들은 예수님을 배에 모시고 건너가게 된다. 이때 집으로 돌아가지 않은 일부 사람들이 이것을 보고 다른 배를 타고 따라갔다. 그런데 '큰' 광풍이 일어나 물결이 배에 부딪혔고 배에 물이 가득하게 되었다. 광풍이 악의 세력을 상징한다고 할 때 악의 세력은 이방인을 향한 예수님의 하나님 나라 사역을 방해하고 있는 것이다.

제자들이 겁에 질려 어찌할 바를 몰라 하는데 예수님은 고물

에서 베개를 베고 주무시고 계셨다. 제자들이 원망스러운 말투로 이렇게 말한다. "선생님이여, 우리가 죽게 된 것을 돌보지 아니하시나이까!"(38절). 시편 기자도 하나님이 자신에게 무관심하신 것처럼 느낄 때 하나님이 주무시고 계시다고 표현했다("주여 깨소서 어찌하여 주무시나이까 일어나시고 우리를 영원히 버리지 마소서", 시 44:23). 반대로 시편 121편의 저자는 이스라엘을 지키시는 여호와 하나님은 졸지도 아니하시고, 주무시지도 아니하신다고 고백한다. 하나님이 늘 깨어 나를 지켜주신다는 믿음과 그렇지 않은 현실의 괴리는 이 땅을 살아가는 성도의 실존이다.

정말 예수님이 배에 물이 가득 찼음에도 불구하고 깨어나지 못하실 만큼 깊이 잠드셨던 것일까? 아니다. 배에 물이 가득 차는 상황에서 어떻게 잠을 잘 수 있나? 예수님이 타고 계셨던 배가 초대형 유람선도 아닌데 그 정도면 당연히 깨어나셔야 한다. 1986년 갈릴리 바다에서 주후 1세기 것으로 추정되는 배 선체가 발견되었다. 이 배의 크기는 길이 약 8미터, 폭 2.3미터, 높이 1.4미터였다.[6] 이 정도 배에 물이 가득 찼다면 잠을 잘 수 없다. 그런데 예수님은 주무시고 계셨다고 말한다(38절).

우리는 예수님이 주무시는 모습을 새롭게 봐야 한다. 고대 근동 신화를 보면 최고의 신은 자신의 주권을 나타내는 표시로서 잠을 잔다. 감히 그 어떤 존재도 건드릴 수 없을 만큼 최고의 능력을 갖고 있다는 표시가 바로 잠자는 신이다.[7] 우리도 '잠자는 호랑이를 감히 누가 건드리랴!'고 말한다. 호랑이를 대적할 동물이 없기에 호랑이는 편안하게 잘 수 있다. 주무시는 예수님은 만물의 창조주로서의 여유로움을 보여 준다.

또한 예수님이 제자들의 믿음을 시험하고 계신 것이라는 생각도 든다. 예수님이 함께 계시기에 광풍이 일어나도, 배에 물이 차도 우리는 안전할 것이다. 예수님 앞에서는 바람과 바다도 순종할 것이다! 예수님은 제자들에게 이런 믿음이 있기를 바라셨으리라. 그러나 제자들은 그러지 못했다. 만약 예수께서 바람과 파도까지도 다스리는 권세가 있음을 알았다면 제자들은 폭풍 앞에서 두려워하지 않았을 것이다. 두려워하지 않을 수 있는 궁극적인 힘은 예수님께서 우리의 삶을 다스리시는 주인임을 믿는 것이다.

> 39 예수께서 일어나 바람을 꾸짖으시고 바다에게 "고요하라! 잠잠하라!" 말씀하셨다. 그러자 바람이 그치고 바다는 아주 잔잔해졌다.

제자들이 예수님을 깨우자 예수님은 깨어 일어나셨다. 그리고 바람을 꾸짖으셨다. '꾸짖다'라는 뜻의 헬라어 '에피티마오'(ἐπιτιμάω)는 예수님이 귀신을 쫓아내실 때 사용된 단어다(1:25; 3:12). 또 예수님은 바다에게 "잠잠하라 고요하라"(Σιώπα, πεφίμωσο, 시오파, 페피모소) 명령하셨다. 예수님이 가버나움 회당에서 귀신에게 하신 명령과 동일하다(Φιμώθητι, 피모쎄티. 1:25). 또 예수님은 "당신은 하나님의 아들이니이다"(3:11)라고 말하는 귀신들에게 자기를 나타내지 말라고 꾸짖으셨는데(3:12), 이 역시 잠잠하라 명령하신 것이다. 예수님과 제자들이 탄 배를 전복시키려는 큰 광풍이나 바다는 단순히 사람을 위협하는 자연의 세력에 그치지 않고, 악의 세력을 상징한다는 것을 알 수 있다.

구약에서도 바다는 악의 세력을 상징하기도 한다(창 1:2; 89:9-10). 심지어 하나님은 홍해를 꾸짖기까지 하셨다(시 106:9). 하나님의 백성이 마른 땅으로 건너가도록 길을 열어 주지 않았다는 이유 때문이었다. 하나님이 홍해를 꾸짖자 곧 말랐고, 그 길로 이스라엘 백성은 인도받았다. 그러나 출애굽기 14장에는 이런 사상이 나타나 있지 않다. 오히려 이스라엘 백성들의 불신과 원망이 강조되고 있다(물론 시 106:7도 이 사실을 지적한다). 애꿎게 홍해가 하나님으로부터 꾸지람을 들은 게 아니다. 시편 106편 9절은 하나님의 백성을 가로막는 악의 세력의 상징으로 홍해를 보고 있는 것이다. 계시록 13장을 보면 바다로부터 짐승이 나오는데, 이 짐승은 사탄을 상징하는 용과 닮았고, 용으로부터 권세를 받는다. 계시록에서 하늘은 하나님과 그의 백성들의 공간이고, 바다는 사탄의 거처요 땅은 사탄에 속한 자들의 공간을 뜻한다. 그래서 새 하늘과 새 땅에는 바다가 더 이상 있지 않다(계 21:1).

그렇다고 해서 성경에 나오는 바다가 다 악의 세력을 상징하는 것은 아니다. 바다가 피조물의 하나로서 나타날 때도 많다. 또한 예수님이 바람과 바다에게 명령하셨을 때 바람과 바다가 순종한 것처럼(4:41) 예수님이 귀신에게 나오라고 명령하셨을 때 귀신이 순종한다(1:27). 예수님이 귀신들을 꾸짖고, 바람을 꾸짖는 이런 행동은 구약에서는 하나님만이 하실 수 있는 일로서 예수님이 하나님의 권세를 가지고 계심을 보여 준다. 바다 위를 걸으신 것(6:45-52) 역시 예수님이 하나님의 권세를 가지신 분임을 보여 준다. 물 위를 걷는 일은 창조주 하나님만이 할 수 있는 일이며, 악의 세력을 제압하는 분임을 드러내는 것이다. 그래서 아무리 '큰' 광풍이 위협해도 예수님이 명령만 하시면 '아주' 잔잔해진다(헬라어 원문은 '큰' 고요함).

바다와 광풍으로 인해 제자들이 죽게 된 것(ἀπολλύμεθα, 아폴뤼메싸, 4:38)은 악의 세력이 교회를 위협하고 박해하는 것을 상징한다고 볼 수 있다. 그러나 예수님은 악의 세력을 멸망시키기 위해 오셨다. 그래서 가버나움 회당에서 귀신들이 "우리를 멸하러 왔나이까(ἀπολέσαι, 아폴레사이)"(1:24)라고 겁에 질려 말했던 것이다.

> **40** 그리고 그들에게 말씀하셨다. "왜 이렇게 두려워하느냐? 아직도 믿음이 없느냐?" **41** 그들은 큰 두려움에 사로잡혀 서로 수군거렸다. "이분은 누구시기에 바람과 바다까지도 그에게 순종하는가?"

마가복음에서 믿음과 두려움은 긴밀한 관계에 있다. 이곳 외에도 다른 사례들을 들자면, 예수께서 회당장 야이로에게 "두려워하지 말고 믿기만 하라"(5:36) 말씀하셨고, 한밤중에 물 위를 걸어오시는 예수를 보고 놀라는 제자들에게 예수께서는 "안심하라 내니 두려워하지 말라"(6:50)고 말씀하셨다. 두려움은 믿음이 없기 때문에 온다. 제자들은 예수께서 한 배에 타고 계셨음에도 불구하고 두려워했다. 제자들은 예수께서 바람과 바다까지도 순종케 하실 수 있는 분임을 알지 못했기 때문에 두려워했던 것이다.

그러나 41절의 큰 두려움은 죽음의 위기에서 느끼는 두려움이 아니라 신 앞에서 느끼는 두려움, 즉 경외감이다. 앞서 제자들은 예수님이 병을 고치시는 것을 봤다. 가르침도 탁월하신 것도 알았다. 하지만 예수님이 바람과 바다도 순종하게 하리라고는 생각하지 못했다. 예수님의 명령에 귀신들도 순종하는 것까지는 보았지만(1:27) 바람과 바다도 순종하게 하실 수 있는 분, 곧 창조주의 권세를 가지신 분이라고까지는 생각하지 못했던 것이다. 예수님을 제대로 알지 못하니 두려워하는 것이다. 존 필립스(John Phillips)가 쓴 책이 있다.《당신의 하나님은 너무 작다》(*Your God Is Too Small*). 우리가 알고 있는 하나님, 단편적인 성경지식으로 알고 있는 하나님이 실제 하나님의 전부가 아니다. 하나님은 우주보다 크시다. 예수님을 아는 만큼, 우리의 믿음도 커지고 담대해진다.

5장

5장
둘러보기

5:1-43

1 그들은 바다 건너편 거라사 지방으로 갔다. 2 예수께서 배에서
나오시자 더러운 귀신이 들린 사람이 무덤 사이에서 나와 예수와
마주쳤다. 3 그 사람은 무덤 사이에서 살았는데 아무도 그를 묶어
둘 수 없었다. 쇠사슬도 소용이 없었다. 4 쇠고랑과 쇠사슬로
수차례 묶어보았지만 번번이 쇠사슬을 끊고 쇠고랑도 깨뜨렸다. 그
누구도 그를 제어할 수 없었다. 5 그 사람은 밤낮으로 무덤과 산에서
소리 지르고 돌로 자기 몸을 자해하곤 했다. 6 그가 멀리서 예수를
보고 달려가 절하면서 7 큰 소리로 부르짖으며 말했다. "지극히
높으신 하나님의 아들 예수여, 나와 당신이 무슨 상관이 있습니까?"
8 왜냐면 예수께서 그에게 "더러운 귀신아, 그 사람에게서 나오라"고
말씀하셨기 때문이다. 9 이에 예수께서 그에게 물으셨다. "네 이름이
무엇이냐?" 그가 대답했다. "내 이름은 군대입니다. 숫자가 많기
때문입니다." 10 그리고 예수께 자신들을 그 지방에서 쫓아내지
말아달라고 간청했다. 11 마침 거기에 많은 돼지 떼가 산기슭에서
먹이를 먹고 있었다. 12 그들이 예수께 간청하여 말하기를 "우리를 저

돼지들 속으로 보내주십시오. 저 속으로 들어가게 해주십시오"라고
했다. 13 예수께서 허락하시자 더러운 귀신들이 나와서 돼지에게로
들어갔다. 그러자 이천 마리가량 되는 돼지 떼가 바다로 향해 나
있는 비탈길을 달려가 바다에 빠져 죽었다. 14 돼지를 치던 사람들이
성과 여러 마을에 달려가서 알렸다. 그러자 사람들이 무슨 일이
일어났는지 보러 왔다. 15 그들이 예수께 와서 귀신 들렸던 사람, 곧
군대 귀신이 들렸던 사람이 옷을 입고 제정신이 들어 앉아 있는 것을
보고 두려워졌다. 16 이 일을 본 사람들이 귀신 들렸던 사람에게 무슨
일이 일어났고, 돼지들은 어떻게 된 것인지 이야기해 주었다.
17 그러자 사람들은 예수께 그 지방에서 떠나 달라고 간청했다.
18 예수께서 배에 오르실 때 귀신이 들렸던 사람이 자신도 같이 있게
해달라고 간청했다. 19 그러나 예수께서는 허락하지 아니하셨고
그에게 말씀하셨다. "집으로 돌아가서 주께서 네게 어떤 큰일을
행하셨고, 또 너를 불쌍히 여기신 것을 알리라." 20 그래서 그는
데가볼리로 가서 예수께서 자신에게 행하신 일들을 전파했다.
그러자 모든 사람들이 놀랐다. 21 예수께서 배를 타고 다시
맞은편으로 건너가시자 큰 무리가 그분께 모여들었고 예수님은
바닷가에 계셨다. 22 회당장 중 하나인 야이로라는 이름의 사람이
와서 예수를 보고 그 발아래 엎드렸다. 23 그는 예수께 간절히 빌며
말했다. "내 어린 딸이 죽게 되었으니 오셔서 그에게 손을 얹어
주시면 아이가 구원받아 살 것입니다." 24 그래서 예수께서 그와
함께 가셨다. 많은 사람들이 예수를 따라갔는데 그분을 에워싸
밀었다. 25 12년 동안 혈루병을 앓아온 한 여인이 있었는데
26 그녀는 많은 의사에게 치료를 받는 가운데 많은 괴로움을
받았고, 그녀가 가진 모든 것을 다 써버렸지만 오히려 병이 악화될
뿐이었다. 27 그러던 중에 예수에 관한 소문을 듣고 무리들 가운데
섞여 뒤로 와서 예수의 옷에 손을 댔다. 28 왜냐면 내가 그의 옷에
손을 대기만 해도 구원을 받을 것이라고 생각했기 때문이다.
29 그러자 즉시 그녀의 출혈의 근원이 말랐고 병이 나은 것을 몸으로

알 수 있었다. 30 예수께서 자신에게서 능력이 나간 것을 곧 친히
아시고 무리들 가운데서 돌아보시며 말씀하셨다. 31 제자들이
예수께 말했다. "보시다시피 무리들이 에워싸 밀고 있는 데 누가
내게 손을 대었냐고 말씀하십니까?" 32 그러나 예수는 누가 이런
일을 했는지 알아보려고 둘러보셨다. 33 여인은 자신에게 일어난
일을 알고서는 두려워하여 떨면서 예수께 가서 엎드렸다. 그리고
모든 사실을 그분께 말씀드렸다. 34 그러자 예수께서 그녀에게
말씀하셨다. "딸아, 네 믿음이 너를 구원했다. 이제 평안히 가라.
병에서 놓여 건강하거라." 35 아직 예수께서 말씀하고 계실 때
회당장의 집에서 사람들이 와서 말했다. "따님이 죽었습니다.
어째서 선생님을 더 괴롭게 하십니까?" 36 예수께서 그들이 하는
말을 곁에서 들으시고 회당장에게 말씀하셨다. "두려워하지 말고
믿기만 하라." 37 예수께서는 베드로와 야고보, 그리고 야고보의
형제 요한 외에는 아무도 자기를 따라오지 못하게 하셨다.
38 그들이 회당장의 집에 이르렀을 때 예수께서 소란스러운 것과
사람들이 울며 통곡하는 것을 보시고는 39 들어가셔서 그들에게
말씀하셨다. "어째서 소란을 피우며 우느냐? 아이는 죽은 것이
아니라 자고 있다." 40 그러자 사람들이 예수를 비웃었다. 예수께서
사람들을 모두 내보내시고 아이의 아버지와 어머니, 그리고
자신과 함께 있는 제자들만 데리고 아이가 있는 곳으로 들어갔다.
41 예수께서 아이의 손을 잡고 그에게 말씀하셨다. "달리다굼!"
번역하면 "소녀야, 내가 네게 말한다. 일어나라!"라는 뜻이다.
42 그러자 아이가 즉시 일어나 걸어다녔다. 아이는 열두 살이었다.
곧 사람들이 크게 놀라워했다. 43 예수께서 이 일을 아무에게도
알리지 말라고 엄중히 주의를 주셨고 아이에게는 먹을 것을 주라고
말씀하셨다.

5장은 세 가지 치유 사건을 들려준다. 거라사 귀신 들린 자 치유(1-20절), 열두 해 혈루증을 앓던 여인 치유(25-34절), 회당장 야이로의 딸을 다시

살리심(21-24절, 35-43절). 예수님이 풍랑을 뚫고 도착한 곳은 '거라사'라는 이방 지역이었다. 예수님은 무덤 사이에 거처하는 한 귀신 들린 사람을 만났다. 이 사람은 앞에 나오는 더러운 귀신 들린 자들과는 달랐다. '군대'라고 불릴 만큼 많고 힘이 센 귀신들에게 사로잡혔기 때문이다. 하지만 예수님 앞에서는 꼼짝할 수 없었고, 이들은 약 2천 마리나 되는 돼지 떼에 들어가 바다에 빠져 몰사한다. 이제 온전하게 된 사람은 요단강 동편 이방인 지역인 데가볼리를 다니며 예수께서 하신 위대한 역사를 전한다. 예수님은 이방 지역에도 가셔서 귀신을 쫓아내고 하나님 나라를 이루신다.

예수님은 다시 갈릴리 바다를 건너 서편 지역, 즉 유대인의 지역으로 돌아오셨다. 여기서도 치유와 생명을 살리는 역사가 계속된다. 혈루증 여인과 야이로의 딸 이야기는 샌드위치 구조로 되어 있다. 즉 먼저 야이로가 예수님을 찾아오는 이야기로 시작해서 중간에 혈루증 여인이 등장하고 다시 야이로의 이야기가 계속되어 마무리된다. A: 야이로 이야기(21-24절) → B: 혈루증 여인 이야기(25-34절) → A: 야이로 이야기(35-43절)의 구조이다. 12살 된 딸이 죽어 가자 회당장 야이로는 예수님을 찾아와 치유를 간구한다. 예수님이 그의 집으로 가시던 도중 12년째 혈루증을 앓던 여인이 믿음으로 예수님의 옷자락을 만져 치유된다. 방금 전에 "너희가 어찌 믿음이 없느냐"(4:40)는 꾸중을 들은 제자들과는 다른 믿음을 보여 준 이 여인을 예수님은 "네 믿음이 너를 구원하였다"라고 칭찬하신다. 그러나 시간이 지체되어 야이로의 딸이 죽었다는 전갈이 온다. 예수님은 고민하고 망설이는 야이로에게 믿을 것을 강력히 주문하시고 함께 집에 가신다. 그리고 부정한 시체가 된 아이의 손을 잡아 일으켜 세우신다. 12년 동안 혈루증으로 앓았던 여인도, 12살 소녀도 성령으로 충만하신 예수님을 만나니 생명을 얻게 되었다. 하나님의 나라는 병과 죽음을 이기는 생명의 나라다.

거라사 귀신 들린 자를 치유하시다(1-20절)

혈루증 여인을 치유하시고, 야이로의 딸을 살리시다(21-43절)

A 야이로가 예수님께 딸의 치유를 간구하다(21-24절)

B 혈루증 여인 이야기(25-34절)—12년 동안 혈루증 앓던 여인이 믿음으로 치유를 받다

A 야이로 이야기(35-43절)—예수께서 죽은 야이로의 딸을 다시 살리시다

5장

풀어보기

거라사 귀신 들린 자를 치유하시다(1-20절)

1 그들은 바다 건너편 거라사 지방으로 갔다.

개역개정 성경은 '예수께서'로만 번역했지만, 헬라어 원문에서 주어는 복수 3인칭 '그들', 즉 예수님과 제자들이다. '거라사'(Γερασηνός, 게라세노스)라고 언급된 지방은 당시 갈릴리 바다 동편에 있던 10개의 헬라화된 도시들(데가볼리, Decapolis) 가운데 하나다. 오늘날 요단 지역에 있는 제라쉬(Jerash)에 해당하며, 이 지역은 갈릴리 바다로부터 남동쪽으로 47킬로미터가량 떨어져 있다. 만약 이 지역이라면 어떻게 귀신이 들어간 돼지 떼가 이 먼 거리를 달려가 바다에 빠져 몰살할 수 있겠는가? 마태가 거라사를 '가다라'(Γαδαρηνός, 가다레노스)로 바꾼 이유가 여기에 있다. '가다라' 역시 '거라사'와 더불어 데가볼리에 있던 도시였으나, 갈릴리 바다로부터 남동쪽으로 약 8킬로미터 떨어져 있으며, 일부 경계선은 갈릴리 바다와 인접해 있기도 하다.[1] 마가복음 다른 사본이 '거라사'를 '가다라'로 고친 이유도 이런 사실로부터 연유하는 것으로 보인다.

2 예수께서 배에서 나오시자 더러운 귀신이 들린 사람이 무덤
사이에서 나와 예수와 마주쳤다. 3 그 사람은 무덤 사이에서 살았는데
아무도 그를 묶어 둘 수 없었다. 쇠사슬도 소용이 없었다. 4 쇠고랑과
쇠사슬로 수차례 묶어보았지만 번번이 쇠사슬을 끊고 쇠고랑도
깨뜨렸다. 그 누구도 그를 제어할 수 없었다. 5 그 사람은 밤낮으로
무덤과 산에서 소리 지르고 돌로 자기 몸을 자해하곤 했다.

예수님이 만난 더러운 귀신 들린 사람은 더 이상 어찌할 수 없는 한계 상황에 처해 있었다. 그가 사는 곳은 가장 부정한 무덤들 사이였다(2-3절). 무덤은 가장 부정한 곳이었기에 더러운 귀신들의 이상적 거주지였다. 그는 산 사람이었지만 죽은 사람들이 있는 곳에 거했다. 또 누구도 이 사람을 제어할 수 없었다(4절). 사람들이 쇠고랑(πέδη, 페데, 발에 채우는 족쇄)과 쇠사슬(ἅλυσις, 할뤼시스, 몸을 묶는 사슬)로 수차례 묶어 보았지만 소용이 없었다. 그만큼 힘이 세고 거칠었다. 이 사람이 이렇게 힘이 셌던 이유는 그 속에 들어간 귀신이 '군대 귀신'이었기 때문이다. 그는 이곳에서 늘 괴성을 지르며, 돌로 자기 몸에 상처를 내면서 살았다(5절). 귀신들은 자해를 통해 생명을 파괴하려고 한다. 9장을 보면 귀신이 소년에게 들어가 말 못하고 귀먹게 하는 것은 물론 아이를 죽이려고 불과 물에 자주 던졌다(9:22). 귀신 들린 사람이 옷을 입지 않았다는 것은 짐승처럼 살았음을 보여 준다. 나중에 귀신이 나간 후 이 사람은 옷을 입고 제정신을 차린다(15절).

귀신 들린 자에 대한 이 같은 묘사는 단순히 한 인간에 대한 묘사를 넘어 악한 영의 세력에 지배받는 인간의 영적 실존을 보여 준다. 앞서 말한 것처럼 마가복음은 인간의 상황을 '강한 자' 사탄에게 결박되어 있는 상황으로 말한다(3:27). 인간은 '강한 자' 사탄보다 '더 강한 자'(1:7)가 와서 '강한 자' 사탄을 결박할 때 비로소 자유롭게 된다(3:27). 예수님이 바로 '더 강한 분'이시다.

6 그가 멀리서 예수를 보고 달려가 절하면서 7 큰 소리로 부르짖으며

> 말했다. "지극히 높으신 하나님의 아들 예수여, 나와 당신이 무슨 상관이 있습니까?" 8 왜냐면 예수께서 그에게 "더러운 귀신아, 그 사람에게서 나오라"라고 말씀하셨기 때문이다.

더러운 귀신이 들린 사람은 멀리서 예수님을 보고 달려와 엎드려 절한다. 마가복음에 나오는 귀신들은 예수님이 어떤 분임을 알고 있었다. 귀신들이 예수님께 '괴롭히지 말라'고 요청할 때 사용된 헬라어 '바사니조'(βασανίζω)는 마가복음에서 2회 사용되고 있는데(5:7; 6:48) 귀신들이 최후의 심판 때 당할 괴로움을 의미한다(계 20:10 참조). 누가복음 8장 31절에 따르면 귀신은 "무저갱으로 들어가라 하지 마시기를 간구"했는데 무저갱(abyss)은 천년 왕국 기간 동안에 사탄을 가두는 곳이다(계 21:1-3). 그렇다면 귀신의 요청은 예수님으로 말미암아 이 땅에 하나님 나라가 이뤄지고 악의 세력이 정복되었음을 보여 준다.

거라사 귀신 축출 사건은 갈릴리 가버나움 회당의 귀신 축출 사건(1:21-27)과 다음과 같이 상응한다. ① 더러운 귀신 들린 자가 등장한다. ② 더러운 귀신이 예수를 향해 한 말이 유사하다.

> 그리고 말했다. "나사렛 예수여, 우리가 당신과 무슨 상관이 있습니까? 우리를 멸하러 오셨습니까? 나는 당신이 누구인지 압니다. 하나님의 거룩한 분입니다."(1:24, 갈릴리 가버나움 사건)

> 큰 소리로 부르짖으며 말했다. "지극히 높으신 하나님의 아들 예수여, 나와 당신이 무슨 상관이 있습니까?(5:7, 거라사 사건)

③ 귀신 축출 이후 예수의 소문이 널리 퍼진다(1:28; 5:20). 이 같은 유사성은 예수님이 유대인을 넘어 이방인들까지도 귀신에서 해방시키러 온 분임이며, 하나님의 나라는 이방 지역까지도 아우르는 보편적인 나라임을 보여 준다. 그러나 가버나움에서의 귀신 축출의 배경은 유대인들이 거룩한 장소 가운데 하나로 여기던 회당이었던 반면에 거라사 귀신

축출은 가장 부정한 무덤에서 있었다는 차이가 있다.

9 이에 예수께서 그에게 물으셨다. "네 이름이 무엇이냐?" 그가
대답했다. "내 이름은 군대입니다. 숫자가 많기 때문입니다."

예수께서 귀신의 이름을 물으신 이유는 당시에 귀신의 이름을 파악하면 귀신을 제압하는 것으로 보았기 때문이다. 그런데 귀신의 이름이 왜 로마군대 편성 단위였던 '레기온'(λεγιών)일까? '레기온'은 로마 군인 약 5,000명으로 구성되어 있는데, 한 사람에게 들어갈 수 있는 귀신의 수가 이토록 많을 수 있다는 것을 말하는 것일까? 아니다. '레기온'이란 이름을 통해 귀신 들린 사람이 정신적으로, 영적으로 피폐해진 원인이 당시 로마 제국의 압제와 무관하지 않음을 보여 준다.

실제로 주후 1세기 로마 제국이 이스라엘을 통치할 때, 로마 군단 레기온이 거라사에 주둔하고 있었다. 로마군단이 주둔한 목적은 "아라비아 남부와 인도를 잇는 무역로를 유지시켜줌으로써, 로마의 대상(隊商)들과 비즈니스 기업인들을 그 지방의 상류층 인사들과 연결시켜 그들의 이익을 보호해 주기 위함이었다."[2] 로마 군인들은 돼지고기를 무척 좋아했다고 한다. 그리스와 로마에서 돼지는 신에게 바치는 제물로서 각광받던 동물이었다. 심지어 돼지로 제사를 지내지 않고서는 어떤 무덤도 법적으로 보호를 받지 못했다. 또 귀신들은 돼지를 좋아했다고 한다. 돼지는 지하세계와 밀접한 관계가 있었다.[3] 이에 거라사의 부유층들은 시골 소작농들을 시켜 돼지를 치게 했고, 이 돼지들을 거라사에 주둔하는 로마 군인들에게 팔았던 것이다. 마치 우리나라의 기지촌처럼 미군 부대가 들어서면 이들을 위한 상권이 형성되는 것과 비슷하다.

12 그들이 예수께 간청하여 말하기를 "우리를 저 돼지들 속으로
보내주십시오. 저 속으로 들어가게 해주십시오"라고 했다.
13 예수께서 허락하시자 더러운 귀신들이 나와서 돼지에게로

> 들어갔다. 그러자 이천 마리가량 되는 돼지 떼가 바다로 향해 나 있는 비탈길을 달려가 바다에 빠져 죽었다.

귀신들이 거라사 지방을 떠나고 싶어 하지 않았는데, 아마도 자신이 거주하던 지방을 떠나면 무력화되거나 혹은 자신들이 나온 곳으로 가고 싶어 하지 않았기 때문인 것 같다.[4] 예수님은 귀신들이 돼지 떼에 들어가기를 허락하신다. 그러나 귀신들이 돼지에게 들어가자 2천 마리나 되는 돼지 떼가 비탈길을 달려가 바다에 빠져 죽는 장관(?)이 연출됐다.

왜 하필 바다에 빠져 죽었을까? 마가복음에서 바다는 종종 악의 세력을 상징한다. 예수께서 제자들과 함께 갈릴리 바다를 건너실 때 광풍이 일어난 사건(4:35-41)이나 예수께서 한밤중에 물 위를 걸으신 사건(6:45-52)은 그 좋은 예다. 계시록에서도 바다에서 나온 짐승은 사탄을 상징하는 용으로부터 권세를 받는다. 그래서 새 하늘과 새 땅이 이뤄졌을 때 바다가 다시 있지 않는 것이다(계 21:1). 군대 귀신이 가장 더러운 짐승인 돼지 떼에 들어가 바다에 빠져 죽은 것은 귀신들을 그들의 본거지로 돌려보냈다는 것이다. 귀신들은 거처를 바꿔서라도 생존하려고 했지만, 예수님은 귀신들을 멸하셨다. 모세가 이스라엘 백성들을 이끌고 홍해를 건널 때도, 주님은 당신의 백성을 해하려고 홍해로 달려오는 이집트 군사들을 바다에 빠뜨려 몰살시키셨다(출 15:4-5).

이렇게 하여 부정한 땅이라고 여겨졌던 이방 지역이 정화되었다. 앞서 예수님은 가버나움 회당에서 더러운 귀신 들린 자를 고치심으로 그 사람과 회당을 정화시키셨다(1:21-28). 이제 예수님은 이방인과 그 땅까지도 당신의 거룩함과 능력으로 정화하시고 더러운 귀신의 세력으로부터 자유케 하셔서 하나님의 나라를 가져오신 것이다. 또 예수님의 귀신 축출 사건은 사회적 의미를 가진다. 어쩌면 예수님이 거라사에서 만났던 사람은 돼지를 치는 사람이었는지 모른다. 그는 로마 제국의 지배와 거기에 빌붙어 자신의 잇속만을 챙기는 부유층들로부터 수탈당하고, 결국은 가정까지 파탄이 난 사람 아닐까? 그렇다면 귀신 들린 이 사람을 쇠사슬과 고랑으로 묶어 두었다는 것은 다양한 형태의 억압과 속박이 이 사람을 이토록 황폐화시켰음을 뜻하지 않을까? 귀신 들린 자는 단지 한 개인에 그치지 않고 이런 처지에 있는 자들을 대표한다고도 볼 수 있다. 그렇다면 예수께서 거라사 광인을 고치시고 대신 군대 귀신들을 심판하신 것은 군사적 물리력과 경제적 이득이 결합되어 서민을 수탈하고 자신들의 배만 불렸던 당시 지배 계층에 대한 심판이었다고도 볼 수 있다.

14 돼지를 치던 사람들이 성과 여러 마을에 달려가서 알렸다.

'성'은 폴리스(πόλις)를 번역한 것이다. 여러 '마을'(ἀγρός, 아그로스)은 성 주변에 위치한 마을들을 말한다. 예를 들어서 예루살렘 도시(성)이 있고, 주변에 벳바게와 베다니 마을이 있었다. 우리나라의 '읍내'와 주변 마을들에 해당한다고 볼 수 있다.

17 그러자 사람들은 예수께 그 지방에서 떠나 달라고 간청했다.

앞서 언급한 것처럼 거라사의 부유층들은 시골 소작농들을 시켜 돼지를 치게 하고 이 돼지들을 거라사에 주둔하는 로마 군인들에게 팔아 수익을 올렸던 것 같다. 그런데 예수님 때문에 많은 돼지 떼가 죽어 그들은 경제적으로 큰 손해를 봤다. 예수님의 능력과 권위에 감히 손해배상을 청구할 수는 없었지만, 더 이상의 피해를 보고 싶지 않아서 떠나가기를 간청한 것이다. 이런 태도는 예수님을 따르겠다고 한 귀신 들렸던 사람과 대조된다.

묵상

예수님이 거센 풍랑을 헤치고 거라사 땅에 가서 하신 일은 딱 한 가지, 군대 귀신이 들린 한 사람을 고치신 것이다. 예수님은 누구나 만나 보고 싶은 사람을 만나러 가신 것이 아니다. 예수님이 만나신 사람은 모두가 포기한 사람이었다. 그러나 예수님은 포기하지 않으셨다. 예수님은 그 한 사람을 살리기 위해 돼지 2천 마리가 수장되는 것도 불사하셨다. 한 생명이 천하보다 귀하기 때문이다. 한 여인이 예수께 300데나리온이나 되는 값비싼 향유를 부었을 때 사람들은 향유를 허비했다고 화를 냈다. 그러나 예수님은 이 여인이 자신에게 좋은 일을 했다고 칭찬하셨다(14:3-9). 왜일까? 예수님을 가장 사랑하는 마음으로 행해진 일이기 때문이다. 그래서 사랑은 기꺼이 행하는 허비다.

18 예수께서 배에 오르실 때 귀신이 들렸던 사람이 자신도 같이 있게
해달라고 간청했다. 19 그러나 예수께서는 허락하지 아니하셨고
그에게 말씀하셨다. "집으로 돌아가서 주께서 네게 어떤 큰일을
행하셨고, 또 너를 불쌍히 여기신 것을 알리라." 20 그래서 그는
데가볼리로 가서 예수께서 자신에게 행하신 일들을 전파했다.
그러자 모든 사람들이 놀랐다.

예수님이 귀신을 쫓아낸 후 귀신 들렸던 사람은 제정신을 찾게 되었다. 그 사람은 예수님이 거라사 지방을 떠나려고 하시자, 자기도 예수님과 함께 있게 해달라고 간청했다. 예수님을 따르는 제자가 되겠다는 의사표시다. 3장 14절에 따르면 예수께서 열두 제자를 세우신 목적 가운데 하나는 '예수님과 함께 있게 하는 것'이다. 그러나 예수님은 이 요청을 받아들이지 않으셨다. 오히려 집으로 돌아가라고 말씀하신다. 예수님의 말씀 "주께서 네게 어떤 큰일을 행하셨고"(19절)에서 '주님'은 하나님 아버지를 가리킨다. 하나님의 아들은 아버지를 높이신다. 그러나 정작 그가 전한 것은 "예수께서" 자신에게 행하신 일들이다. 하나님 아버지께서 예수님을 통해 구원의 역사를 이루셨다는 뜻이다.

정신이 온전해진 이 사람은 예수께서 자기에게 하신 일을 데가볼리에 전파했다(κηρύσσω, 케뤼소). 예수님이 제자를 세운 목적 가운데 하나가 세상에 보내 '전도'하는 것이다(3:14). '전파하다', '전도하다' 모두 헬라어로 '케뤼소'다. 그렇다면 이 사람은 예수님의 제자가 되어 이

방 지역인 '데가볼리'에서 예수께서 하신 큰일을 전파하는 일을 감당한 것이다. 앞서 문둥병자가 예수께 치유를 받은 후 "이 일을 많이 전파하여 널리 퍼지게"(1:45) 한 것, 그리고 7장에서 귀먹고 어눌한 자와 그 친구들이 고침을 받은 후에 예수께서 하신 일을 더욱 널리 전파한 것(7:36)도 마찬가지다. 예수님이 우리를 제자로 부르는 유형은 여러 가지다. 그 어떤 형태이든지 '주께서 나에게 어떻게 큰일을 행하사 나를 불쌍히 여기셨는지'(19절)를 전하며 사는 사람이 제자다.

야이로의 딸을 다시 살리시고, 혈루증 여인을 치유하시다(21-43절)

예수님은 다시 갈릴리 바다 서편으로 오셨다. 큰 무리가 모여 들자 예수님은 4장에서처럼 바닷가에 계셨다. 이 '야이로'라는 이름의 회당장이 예수님을 찾아와 자기 딸을 고쳐 달라고 간곡히 부탁한다. 하지만 야이로 이야기에 12년 동안 혈루증을 앓는 여인 이야기가 갑자기 끼어든다. 야이로와 여인은 여러 면에서 대조가 된다. 여자와 남자라는 점 외에도 여인은 무명의 부정한 여자에 불과했지만, 야이로는 거룩한 회당을 관장하는 회당장이었다. 사회적 지위에 있어서 두 사람은 많은 차이가 있었다. 여인은 병을 치료하느라 재산도 다 잃었지만, 야이로는 회당장이었기에 여유가 있었을 것으로 보인다.

마가는 이렇게 사회적, 경제적, 종교적, 성적으로 대조가 되는 두 사람이 예수님에 의해 치유를 받는 이야기를 샌드위치 기법을 통해 구성함으로써 극적 효과를 더하고 있다. 즉 예수님과 일행은 혈루증 앓던 여인 때문에 야이로의 집으로 향하던 발걸음이 늦어져 그만 야이로의 딸이 죽었다는 소식을 듣는다. 그러나 예수님은 야이로에게 믿음을 가지도록 촉구하고, 야이로는 이에 순종한다. 이 두 이야기에서 여인과 야이로는 대조되지만, 믿음으로 치유를 받거나 딸이 다시 살아나는 은혜를 경험한다는 점에서는 같다.

22 회당장 중 하나인 야이로라는 이름의 사람이 와서 예수를 보고 그 발아래 엎드렸다.

'회당장'은 한 마을의 종교적 지도자로서 회당의 모든 업무를 관할하고 마을 사람들의 신앙을 지도하는 사람이었다. 종교와 정치가 구분되어 있지 않았던 당시 유대 사회에서 회당장은 높은 지위였으며, 상당한 영향력을 행사하고, 존경을 받았다. 이런 점을 고려하면 야이로가 종을 보내지 않고 자신이 직접 찾아가 예수님의 발아래 엎드려 간구한 것은 쉬운 일이 아니다. 야이로는 사람들의 시선을 의식하지 않았다. 그만큼 간절했다.

27 그러던 중에 예수에 관한 소문을 듣고 무리들 가운데 섞여 뒤로 와서 예수의 옷에 손을 댔다.

여인은 12년 동안 혈루증 때문에 치료를 받았지만 몸만 괴로웠고 재산만 탕진했을 뿐 아무런 차도가 없었다. 절망적 상황이었다. 그 가운데 "예수에 관한 소문"을 듣는다(27절). 아마 예수께서 행하신 많은 이적들과 전하신 말씀에 대한 소문일 것이다. 이 소문을 듣고 예수께서 자기를 고칠 수 있다고 믿는다. 믿음은 들음에서 난다(롬 10:17). 시각 장애인 바디매오 역시 "나사렛 예수시란 말을 듣고"(10:47) 예수께 소리를 질렀다.

예수께서 게네사렛에 가셨을 때도 그곳 사람들이 예수님의 '옷에' 손을 대어 치유를 받았다(6:56). 여인이나 병자들이 손을 댄 부위는 겉옷의 네 귀퉁이에 달린 '옷단 술'일 것이다. 당시에는 병자가 온전한 자의 옷단 술에 손을 대면 낫는다는 믿음이 있었다. 옷단 술이 그 옷 주인의 영적 능력을 나타내는 상징물이었던 것이다.[5] 바울도 그의 몸(옷)에 닿은 손수건이나 앞치마를 환자에게 대면 병이 치유되는 역사가 있었다(행 19:12). 엘리사도 엘리야의 겉옷으로 요단강을 가르는 능력을 행했다.

> 31 제자들이 예수께 말했다. "보시다시피 무리들이 에워싸 밀고 있는데 누가 내게 손을 대었냐고 말씀하십니까?"

여인은 "내가 그의 옷에 손을 대기만 해도 구원을 받을 것"이라고 믿었지만 제자들은 그렇지 않았다. 그곳에 있던 제자들과 다른 무리들은 이런 믿음이 없었다. 이렇게 많은 사람들이 예수님을 에워싸 밀고 있는데 예수님의 옷에 누군가의 손이 닿는 것은 너무도 당연한 일인데 그 일이 뭐 대수로운 일이냐, 예수님이 너무 민감하신 것 아니냐, 이해할 수 없다 이런 뜻이다. 제자들도 예수님의 능력을 알고 있었다.

그러나 그들은 예수님의 옷에 손을 대는 정도로는 능력이 나갈 리 없다고 생각했던 것이다. 이 점이 바로 여인과 제자들의 차이요, 예수님이 혈루증 여인의 믿음을 칭찬한 이유다. 예수님이 나를 직접 바라보시며 말씀으로 치유하지 않더라도, 나를 직접 만지지 않아도, 그저 예수님의 옷에만 손을 대어도 나을 수 있다는 믿음! 이 믿음은 바로 예수님에 대한 절대 신뢰를 뜻한다. 마가복음에서 "네 믿음이 너를 구원하였다"는 칭찬을 들은 사람은 이 여인과 바디매오뿐이었다 (막 10:52 참조).

> 34 그러자 예수께서 그녀에게 말씀하셨다. "딸아, 네 믿음이 너를 구원했다. 이제 평안히 가라. 병에서 놓여 건강하거라."

예수께서 여인을 '딸'이라고 부르신 것은 그녀가 하나님 나라의 가족임을 뜻한다. 예수님은 "누구든지 하나님의 뜻대로 행하는 자가 내 형제요 자매요 어머니"(3:35)라고 말씀하셨는데, 그렇다면 이 여인이 믿음을 가지고 예수께 나와 치유를 받은 것이야말로 하나님의 뜻대로 행한 것이다. 또 자신의 '어린 딸'을 위해 예수께 나온 야이로 역시 그러하다. 예수님은 "네 믿음이 너를 구원했다"고 말씀하신다. 예수님의 능력이 그녀를 낫게 해주었지만, 그 능력이 발휘되도록 만든 것은 그녀의 믿음이었다. 믿음은 예수님의 놀라운 능력을 불러일으키는 '촉매'이다.

"평안히 가라." 이 말은 당시 유대인들이 헤어질 때 하는 인사말로 볼 수 있지만, 그 이상의 의미가 있다. 헬라어 원어를 직역하면 "평안 속으로 들어가라"(go into peace)다. 12년 동안 그녀의 마음을 지배한 것은 좌절, 체념, 분노, 두려움 이런 것들이었을 것이다. 그러나 이제 믿음으로 치유를 받아 하나님의 딸인 된 그녀에게 예수님은 평안(샬롬)을 누리도록 축복하신다.

"병에서 놓여 건강하거라"에서 '병'에 해당하는 헬라어 '마스티고스'(μάστιγος)는 '채찍'(whip)이란 뜻이 있다. 29절에서도 사용되고 있다. 병은 사탄의 채찍질이었고, 예수님의 병 치유는 사탄으로부터 해방되는 행위임을 암시한다.[6] 18년 동안 귀신 들려 허리가 꼬부라졌던 여인에 대해 예수님은 '사탄에게 매인 바' 되었다고 말씀하셨다. 이 역시 질병이 사탄의 구속임을 보여 준다.

예수님이 여인에게 하신 말씀과 야이로가 예수님께 부탁드린 간구는 아래처럼 상응한다.

> 그러자 예수께서 그녀에게 말씀하셨다. "**딸아**, 네 믿음이 너를 **구원했다**. 이제 평안히 가라. 병에서 놓여 건강하거라"(34절).
>
> 그는 예수께 간절히 빌며 말했다. "내 어린 **딸이** 죽게 되었으니 오셔서 그에게 손을 얹어 주시면 아이가 **구원받아 살 것입니다**"(23절).

그렇다면 야이로는 예수님이 여인에게 하신 말씀을 자신의 간구에 대한 응답으로 들었을 수도 있다. 자신의 딸이 나을 것이라는 기대가 한층 커졌을 수도 있다. 하지만 현실은 쉽지 않았다.

> 35 아직 예수께서 말씀하고 계실 때 회당장의 집에서 사람들이 와서 말했다. "따님이 죽었습니다. 어째서 선생님을 더 괴롭게 하십니까?"

혈루증을 앓던 여인은 예수께 치유를 받았지만, 야이로에게 있어서 그 여인은 예수님의 발걸음을 자기 딸에게로 가는 것을 지체하게 하는 방해물이 되고 말았다. 야이로는 딸이 죽었다는 소식을 전해 듣게 된다. 게다가 야이로의 집 사람들은 포기를 종용한다. 예수님이 병자를 살릴 수 있을지는 몰라도 죽은 자를 어떻게 살릴 수 있겠는가? 이제 예수님이 와도 소용이 없으니 괜히 번거롭게 하지 말고, 빨리 가서 장례 준비나 하자는 이야기다. 현실을 인정하라는 것이다. 이들의 말은 야이로에게 믿음의 위기였다.

36 예수께서 그들이 하는 말을 곁에서 들으시고 회당장에게
말씀하셨다. "두려워하지 말고 믿기만 하라."

'곁에서 듣다'에 해당하는 헬라어 '파라쿠오'(παρακούω)는 '무시하다'로도 번역할 수 있다. 그래서 새국제역(NIV)은 'ignore'로, 공동번역 개정판도 '들은 체도 아니하시고'로 번역했다. 이렇게 번역하면 믿음을 약화시키는 현실에 아랑곳하지 않는다는 의미가 강조된다. 반면에 신개정표준역(NRSV)는 'overhear'로, 새번역 성경도 '곁에서 듣다'로 번역했다.

곁에서 들으신 예수님이 야이로에게 이렇게 격려하신다. "두려워하지 말고 믿기만 하라!"(36절). 앞서 예수님은 큰 광풍이 부는 갈릴리 바다에서 배가 침몰 위기에 있었을 때 무서워하는 제자들에게 "왜 이렇게 두려워하느냐? 아직도 믿음이 없느냐?"(4:40)라고 꾸짖으신 바 있다. 믿음이 없기 때문에 두려워하는 것이다. 한계상황에 처하면 예수님을 의지하던 믿음도 나약해지기 쉽다. 이때 주변 사람들이 하는 말도 믿음을 약하게 할 수 있다.

그러나 예수님은 야이로가 인간의 한계 상황(딸의 죽음)에서도 끝까지 자신을 믿어 주기를 바라셨다. 당신을 찾아왔을 때 가졌던 그 믿음을 계속 가지라고 격려하셨다. 야이로는 선택의 기로에 서게 됐다. 명백한 현실에 기초한 자기 집 사람들의 말을 들을 것인가, 아니면 불가능한 것 같은 예수님의 약속을 믿을 것인가? 야이로는 대답을 하지 않았다. 하지만 예수님과 함께 그의 집으로 간다. 마지못해 예수님을 모시고 집에 갔는지, 아니면 예수님의 격려에 힘입어 끝까지 믿어 보겠

다고 한 것인지는 확실하지 않다. 필자는 후자라고 본다.

> 38 그들이 회당장의 집에 이르렀을 때 예수께서 소란스러운 것과 사람들이 울며 통곡하는 것을 보시고는 39 들어가셔서 그들에게 말씀하셨다. "어째서 소란을 피우며 우느냐? 아이는 죽은 것이 아니라 자고 있다." 40 그러자 사람들이 예수를 비웃었다. 예수께서 사람들을 모두 내보내시고 아이의 아버지와 어머니, 그리고 자신과 함께 있는 제자들만 데리고 아이가 있는 곳으로 들어갔다.

예수님이 야이로의 집에 도착하자, 사람들은 소란을 떨며 통곡하고 있었다. 야이로는 죽음의 현실을 피부로 느낄 수 있었을 것이다. 다시 야이로의 믿음에 위기가 닥친 것이다. 하지만 예수님은 사람들이 소녀의 죽음을 애도하는 것을 소란 피우는 것으로 꾸짖으시며 아이가 죽은 게 아니라 자고 있다고 말씀하신다. 그리고 자신을 비웃는 자들을 다 내쫓았다(ἐκβάλλω, 에크발로). '에크발로'는 예수님이 귀신을 내쫓을 때 사용되는 단어다. 예수님을 비웃는 자들은 귀신들처럼 쫓겨날 것이다. 믿음이 없는 자들은 예수님의 능력을 볼 자격이 없다.

아이가 자고 있다는 예수님의 말씀을 근거로 야이로의 딸이 실제로 죽은 것이 아니라 '혼수상태'(coma)에 있었다고 보기도 한다. 또 당시에 유대인들은 죽음을 잠으로 표현하기도 했기 때문에 예수님이 여기서 은유적으로 표현하신 것이라고 보기도 한다. 그렇다면 왜 야이로의 집에 있던 사람들도 유대인이었는데, 그들은 예수님의 말을 은유로 이해하지 못하고 액면 그대로 받아들여서 예수님을 비웃었던 것일까?

육체의 죽음을 잠잔다고 말할 때는 주로 '코이마오마이'(κοιμάομαι)를 사용한다. 예수님이 나사로의 죽음에 대해서 잠들었다고 말하실 때 '코이마오마이'가 사용됐다(요 11:11). 그런데 여기서는 '카쓔도'(καθεύδω)가 사용되고 있다. '카쓔도'는 말 그대로 잠을 잔다는 뜻이다. 마가는 '코이마오마이'가 아니라 '카쓔도'를 사용함으로써 잠시 후에 예수께서 야이로의 딸을 마치 잠자리에서 일으키듯 다시 일으킬 것을 암시하신 것 같다.[7] 예수께 죽음은 마지막이 아니다. 종말에는 마치 잠에서 깨어나듯 죽은 자가 다시 살아날 것인데, 종말에 일어날 사건이 예수님이 계신 곳에서는 현재 일어난다.

> 40 예수께서 사람들을 모두 내보내시고 아이의 아버지와 어머니, 그리고 자신과 함께 있는 제자들만 데리고 아이가 있는 곳으로 들어갔다.

예수께서 야이로의 집에 들어가 소녀를 살리기까지 진행되는 장면은 신비로움을 더한다. 처음에 야이로의 간청을 듣고 예수께서 야이로의 집으로 향할 때 많은 사람들이 그를 에워쌌다. 그러나 소녀가 죽었다는 전갈을 받고서는 세 명의 제자만 데리고 가셨다. 야이로의 집에 도착해서 소녀의 방에 들어갈 때는 곡하던 자들을 다 내쫓고, 세 명의 제자와 부모만 데리고 들어가셨다. 소녀가 있는 방으로 가면서 동행하는 사람은 점점 제한되는 동시에 장면은 '넓고 공개된 장소 → 야이로의 집 → 소녀가 누워 있는 방'으로 점점 작고 은밀한 곳으로, 죽음이 지배한 곳으로 좁혀지고 있다.

> 41 예수께서 아이의 손을 잡고 그에게 말씀하셨다. "달리다굼!" 번역하면 "소녀야 내가 네게 말한다. 일어나라!"라는 뜻이다.

'달리다 굼'은 아람어다. 예수님은 죽은 아이의 손을 잡았는데, 시체와의 접촉은 가장 큰 부정이었다(민 19:11-13). 생명을 살리는 일에 있어서 정결법이 문제가 되지 않았다. 성령으로 충만하신 예수님은 시체의 손을 잡아도 부정해지지 않는다. 오히려 죽은 자를 살려 내셨다.

사도행전에서 베드로가 다비다를 살릴 때 한 말과 예수님이 야이로의 딸을 살릴 때 하신 말씀은 매우 유사하다. 예수님이 야이로의 딸을 향해 '소녀야 일어나라'(타리다 쿰= Talitha koum)고 말씀하신 것처럼, 베드로도 다비다를 향해 '다비다야 일어나라'(타비다 쿰 = Tabitha koum)고 외쳤다. 철자 하나 다르고 똑같다. 또 예수님이 소녀의 손을 잡으신 것처럼, 베드로도 다비다를 잡아 일으켜 세웠다. 예수님이 야이로의 딸을 살리시는 것을 목도한 베드로는 몇 년 후 자신이 그 역사를 동일한 성령의 능력으로 행했던 것이다.

42 그러자 아이가 즉시 일어나 걸어다녔다. 아이는 열두 살이었다. 곧 사람들이 크게 놀라워했다.

혈루증 앓던 여인이 병을 앓은 기간(12년)과 야이로의 딸의 나이(12세)가 일치한다. 이것은 야이로의 딸이 태어나던 바로 그해에 여인은 혈루증을 앓기 시작했음을 뜻한다. 12년 전 야이로는 딸이 태어나 기뻤을 것이다. 그리고 바로 그해 여인은 혈루증이 시작되어 고통을 겪었을 것이다. 12년이 흐른 뒤 야이로와 여인은 동일하게 예수님을 만나 치유되고 회복된다. 예수님에게는 한쪽이 행복해지면 다른 쪽은 불행해지는 '제로섬'(zero sum) 원칙이 적용되지 않는다. '윈-윈'(win-win) 법칙, 공생의 원리가 예수님의 사역 원칙이다.

6장

6장

둘러보기

6:1-56

1 예수께서 거기를 떠나 고향으로 가셨다. 제자들이 따라갔다.
2 안식일이 되어 회당에서 가르치셨는데, 많은 사람들이 놀라며
말했다. "이자가 어디에서 이런 것을 얻었는가? 이자가 받은 지혜와
그의 손으로 이뤄지는 이런 권능들이 어디서 온 것인가? 3 이자는
목수가 아닌가? 그의 어머니는 마리아이고, 그의 형제는 야고보와
요셉과 유다와 시몬이 아닌가? 그의 누이들이 우리와 함께 여기서
살고 있지 않은가?" 그러면서 그를 배척했다. 4 그래서 예수께서
그들에게 말씀하셨다. "예언자는 자기 고향과 친척과 집 밖에서는
존경을 받지 않는 일이 없다." 5 예수께서는 몇몇 병자에게 안수하여
고쳐 주신 것 말고는 거기에서 어떤 능력도 행하실 수 없었다.
6 또 그들의 불신에 대해 놀라셨다. 그리고 마을들을 두루
다니시면서 가르치셨다. 7 또한 열두 제자를 부르셔서 둘씩 둘씩
보내시며 더러운 귀신들을 제압하는 권세를 그들에게 주셨다.
8 그들에게 명하시기를 "길을 떠날 때는 지팡이 하나 외에는 빵이나
배낭을 가지고 가지 말고, 전대에 돈을 지니지 말며, 9 신발만 신고

옷은 두 벌을 가지지 말라"라고 하셨다. 10 또 그들에게 말씀하셨다.
"어디서든지 어떤 집에 들어가든지 그곳을 떠날 때까지는 거기에
머물러 있으라. 11 어느 곳이든 너희를 영접하지 않거나 너희 말을
듣지 않으면 그곳을 떠날 때 너희 발아래 먼지를 떨어 버려서
그들에게 증거로 삼아라." 12 그들이 나가서 회개하라 선포했고
13 많은 귀신들을 쫓아내며, 많은 병자에게 기름을 발라 고쳤다.
14 예수의 이름이 알려지자 이 소식을 헤롯 왕이 듣게 되었다. 어떤
사람들은 말하기를 "세례자 요한이 죽은 사람들 가운데서 살아난
것이다. 그래서 능력이 그 사람 안에서 역사하는 것이다" 하고,
15 또 어떤 사람들은 "그가 엘리야다"라고 하고, 또 다른 사람들은
"옛 선지자들 가운데 한 사람과 같다"라고 말했다. 16 그러나 헤롯은
이런 말들을 듣고 "내가 목을 벤 요한이 살아났도다"라고 말했다.
17 전에 헤롯이 요한을 잡아오게 해서 옥에 가둔 일이 있었다. 헤롯이
자기 동생 빌립의 아내였던 헤로디아와 결혼을 했는데, 18 요한이
헤롯에게 동생의 아내를 취하는 것은 옳지 않다고 말했기 때문이다.
19 헤로디아가 요한에게 앙심을 품고 그를 죽이고자 했지만 그럴 수
없었는데, 20 왜냐면 헤롯이 요한을 의롭고 거룩한 사람으로 알고
두려워하여 그를 보호해 주었기 때문이다. 헤롯은 그의 말을 들을
땐 몹시 괴로워했지만 한편으로는 달게 들었다. 21 그런데 좋은
기회가 왔다. 헤롯이 자기 생일에 고관들과 천부장들과 갈릴리의
귀인들을 초대하여 잔치를 베풀었다. 22 헤로디아의 딸이 춤을
추어 헤롯과 자리에 앉아 있던 사람들을 기쁘게 해주었다. 왕이
소녀에게 말했다. "네가 원하는 것을 내게 구하라. 내가 주겠다."
23 또 그 소녀에게 맹세까지 했다. "네가 원하는 것은 무엇이든지
내게 구하라. 내 나라의 절반이라도 네게 주겠다." 24 그가 나가서
자기 어머니에게 말했다. "내가 무엇을 구할까요?" 그 어머니가
말했다. "세례자 요한의 머리를 달라고 해라." 25 그가 곧 급히
왕에게로 돌아와 구하며 말했다. "세례자 요한의 머리를 쟁반에
담아 속히 제게 주시길 원합니다." 26 왕은 몹시 곤혹스러웠지만

이미 자신이 맹세했고 그곳에 앉아 있는 사람들 때문에 그 소녀의
요청을 거절할 수 없었다. 27 왕이 곧 호위병을 보내 요한의 머리를
가져오라고 명령했다. 그가 가서 옥에 있는 요한의 목을 베어 28 그
머리를 쟁반에 담아 가지고 와서 그 소녀에게 주었다. 그러자 소녀는
그것을 자기 어머니에게 갖다주었다. 29 요한의 제자들이 듣고 와서
그 시체를 거두어다가 무덤에 안치했다. 30 사도들이 예수께 모여
자기들이 행하고 가르친 모든 것을 보고했다. 31 예수께서 그들에게
말씀하셨다. "너희는 따로 한적한 곳에 가서 잠시 쉬도록 해라."
왜냐면 오고 가는 사람들이 많아서 그들이 식사할 겨를조차 없었기
때문이다. 32 그래서 그들은 배를 타고 따로 한적한 곳으로 갔다.
33 그들이 가는 것을 본 많은 사람들이 사도들인 줄 알아차리고 모든
마을에서부터 걸어서 그곳으로 함께 달려가 그들보다 앞서 거기에
도착했다. 34 예수께서 배에서 내려 큰 무리를 보시고 마치 목자 없는
양 같아 불쌍히 여기셨다. 그래서 그들에게 여러 가지로 가르치셨다.
35 날이 저물자 제자들이 예수께 다가와서 말했다. "여기는 빈
들이고 날도 이미 저물었습니다. 36 사람들을 해산시켜서 각자 인근
농가나 마을로 가서 먹을 것을 사 먹게 하십시오." 37 예수께서
그들에게 대답하여 말씀하셨다. "너희가 그들에게 먹을 것을
주어라." 제자들이 예수께 말씀드렸다. "우리가 가서 빵 이백
데나리온 어치를 사다가 그들에게 주어 먹게 하라는 말씀입니까?"
38 예수께서 그들에게 말씀하셨다. "너희에게 빵이 얼마나 있는지
가서 알아보아라." 그들이 알아보고 나서 말하였다. "빵 다섯 개와
물고기 두 마리가 있습니다." 39 예수께서 그들에게 명하여 모든
사람들을 떼를 지어 푸른 풀밭에 앉게 하셨다. 40 백 명씩 혹은
오십 명씩 나눠 앉았다. 41 예수께서 빵 다섯 개와 물고기 두 마리를
취하여 하늘을 우러러보시며 감사하셨다. 그러고 나서 빵을 떼어
제자들에게 주시며 사람들에게 나눠 주라고 하셨다. 또 물고기 두
마리도 모든 사람들에게 나누어 주게 하셨다. 42 모두 다 배불리
먹었고 43 남은 빵 조각과 물고기를 주워 모아 보니 12 바구니에 가득

찼다. 44 빵을 먹은 사람이 성인 남자만 오천 명이었다. 45 예수께서는
즉시 제자들을 재촉하여 배에 태워 건너편 벳새다로 먼저 가게
하셨다. 그 동안에 예수님은 무리를 보내셨다. 46 예수께서는
제자들과 헤어지신 뒤에 기도하시려고 산으로 가셨다. 47 날이
저물었고 제자들이 탄 배는 바다 한가운데 있었다. 예수님만 육지에
계셨다. 48 바람이 거슬러 불어왔기 때문에 제자들은 힘겹게 노를
저었다. 예수께서 이것을 보시고 이른 새벽에 바다 위를 걸어서
그들에게 가셨다. 그들을 지나쳐 가시려고 하자 49 제자들이
예수께서 바다 위를 걸어오시는 것을 보고는 유령이라고 생각하여
소리를 질렀다. 50 그들 모두 예수님을 보고 놀랐던 것이다. 그러나
예수께서 곧 그들에게 말씀하셨다. "안심하여라. 나다. 두려워하지
말아라." 51 그리고 배에 올라 그들에게 다가가셨다. 그러자 바람이
그쳤고 제자들은 심히 놀랐다. 52 그들은 예수께서 빵을 먹이신
일을 깨닫지 못했고 오히려 그 마음이 둔해져 있었다. 53 그들은
바다를 건너 육지에 도착했다. 그곳은 게네사렛이란 곳이었다. 배를
정박하고 54 배에서 나오자 사람들이 즉시 예수를 알아보고 55 그 온
지방을 뛰어다니면서 예수께서 어디에 계시든지 병자들을 침상에
눕혀 데리고 왔다. 56 예수께서 어디에 가시든지, 그곳이 마을이든
성이든 농촌이든 사람들은 병자들을 시장에 두고 그분의 옷에라도
손을 대게 해달라고 간청했다. 손을 댄 사람은 모두 병이 나았다.

예수님은 여전히 분주하시다. 5장에서 갈릴리 바다 동편(거라사)과 서편을 오가시며 귀신 들린 자를 치유하시고, 열두 해 혈루증을 앓던 여인을 고치시고, 회당장 야이로의 딸을 살리시더니 이번엔 고향 나사렛으로 가신다. 하지만 고향 사람들은 앞의 사람들과 달랐다. "내가 그의 옷에 손을 대기만 해도 구원을 받을 것"이라고 믿었던 혈루증 여인이나 딸이 죽었다는 전갈을 받고서도 예수님의 권면에 힘입어 예수님을 자기 집으로 모셨던 믿음의 사람 야이로와는 달리 그들은 예수님의 지혜와 권능을 보고도 믿지 않았다. 예수님은 이에 굴하지 않으시

고 모든 촌에 두루 다니시며 가르치셨다. 제자들을 보내 회개하라 전파하게 하시고, 능력을 주셔서 많은 병자와 귀신 들린 자를 고치는 역사를 이루신다.

마가는 제자들이 복음전도 사역을 성공적으로 마치고 예수님께 돌아와 보고하는 내용 전에 세례자 요한의 죽음을 비교적 자세하게 전한다. 요한의 죽음은 사악한 두 여자 헤로디아와 살로메로 알려진 그의 딸이 우유부단한 헤롯 안티파스를 이용해 만들어낸 비극이었다. 이 이야기에는 극적인 요소가 많아 여러 작가들에 의해 문학작품으로 각색되어 왔고, 화가들에게는 좋은 소재가 되었다[영국의 작가 오스카 와일드(Oscar Wild)가 1893년 프랑스어로 쓴 희곡 〈살로메〉가 대표적이다]. 마가는 왜 예수님의 제자 파송 사이에 이런 비극적인 이야기를 삽입한 것일까? 세례자 요한의 죽음을 과거회상 방식(flash back)으로 서술한 이유는 예수님의 제자들 역시 요한처럼 하나님 나라를 위해 일하다 순교할 수 있다는 것과 예수님의 십자가 죽음을 암시하기 위해서다. 이어지는 장면은 파송된 제자들이 돌아와서 예수님께 보고하는 내용이다. 사람들은 예수님과 제자들을 발견하고 몰려들었다. 예수님은 자신들을 찾아온 무리들을 불쌍히 여겨 가르치시고, 굶주린 그들에게 오병이어의 이적을 베푸신다.

예수께서 오병이어로 남자만 5천 명을 먹이신 이 놀라운 이적은 구약의 여러 이야기들과 잇대어 있다. 여호와 하나님이 광야에서 하늘의 만나로 이스라엘 백성을 먹이신 일, 시편 23편의 찬양처럼 여호와께서는 선한 목자가 양떼를 푸른 초장으로 인도하는 것처럼 그의 백성을 먹이시기에 부족함이 없다는 고백, 3년 동안 계속되는 기근 중에 사르밧 과부에게 밀가루와 기름이 끊어지지 않게 한 엘리야 이야기, 그리고 엘리사가 보리떡 20개와 자루에 담은 채소로 100명을 먹인 사건 등이다. 예수님은 가난한 백성들에게 일용할 양식을 먹이시고야 마는 생명의 주님이시다. 하지만 제자들은 예수님이 이 정도인 줄은 몰랐다. 오병이어의 이적은 제자들의 부족한 믿음이 다시 한 번 드러나는 사건이기도 하다. 그래도 예수님은 제자들을 이 이적에 동참시키셨다. 앞으로는 제자들이 이 이적을 행해야 하기 때문이다.

환호하는 무리들을 제자들이 보고 기분이 들뜰 것을 우려하신 듯 예수님은 제자들을 재촉하여 갈릴리 바다를 건너가게 하신다. 하지만 제자들이 탄 배는 거센 풍랑을 만나 꼼짝달싹 못한다. 전에도 갈릴리 바다에서 큰 광풍을 만난 적이 있었지만 그래도 그때는 배 안에 예수님이 계셨었다. 지금은 예수님이 부재하시다. 그러나 배 안에 계시지 않는다고 해서 예수님이 그들을 버리신 것은 아니다. 예수님은 그들이 고생하는 것을 보시고 물 위를 걸어와 그들을 구원하신다.

바다를 밟고 물 위를 걸어오신 예수님은 제자들을 죽이려는 악의 세력을 물리치시는 영적 전사이다. 하지만 제자들은 여전히 예수님이 누구인지 깨닫지 못한다. 그 마음이 둔하기 때문이다. 예수님은 도착한 게네사렛 땅에서도 계속해서 치유의 사역을 통해 하나님 나라를 이뤄 가신다.

나사렛 고향 사람들의 불신과 적대(1-6절)

제자들을 전도하러 보내시다(7-13절)

세례자 요한의 죽음(14-29절)

오병이어의 이적(30-44절)

바다 위를 걸어오시다(45-52절)

게네사렛 치유 사역(53-56절)

6장

풀어보기

나사렛 고향 사람들의 불신과 적대(1-6절)

2 "이 사람이 어디에서 이런 것을 얻었는가? 이 사람이 받은 지혜와 그의 손으로 이뤄지는 이런 권능들이 어디서 온 것인가?"

나사렛 고향 사람들은 예수님의 지혜와 능력에 대해 놀라면서, 그 지혜와 능력의 '출처'에 가졌다. 흔히 사람들은 비범한 재주를 가진 사람을 보면, "야, 저 사람 저거 어디서 배웠지?"라고 말하지 않던가? 이런 시각에서 보면 예수님의 지혜와 능력에 대한 고향 사람들의 물음은 당연한 것 같다. 그러나 6장까지 이야기의 흐름을 살펴보면 고향 사람들의 반응은 불신의 표현이다.

먼저 예수께서 가버나움 회당에서 가르치시고 더러운 귀신을 쫓아내실 때(1:21-28) 회당에 있던 사람들은 예수님의 가르침과 능력에 놀라면서 예수님의 가르침이 "권세 있는 새 교훈"이라고 경탄한다. 그분의 능력의 출처에 대해 의구심을 표명하는 어떤 언급도 없다. 오히려 예수님의 가르침은 '권위 있고', '새로운' 가르침, 즉 이제까지 들어보지 못했던 가르침이라고 함으로써, 예수님의 가르침이 하나님으로부터 온 것임을 암시한다.

하지만 서기관들은 예수님이 병자를 치유하시고, 귀신을 쫓아내시는 그 힘의 '근원'이 귀신의 왕 바알세불로부터 온다고 예수님을 비방하였다(3:22). 즉 서기관들은 예수님의 능력의 '출처'에 대해 폄하(貶下)하고 있는 것이다. 이런 점에서 나사렛 고향 사람들과 서기관들은 공통점이 있다. 또 예루살렘의 대제사장들, 서기관들, 그리고 장로들은 예수님이 성전을 정화하는 사건에 대해 "무슨 권한으로 이런 일을 하느냐?"라고 묻는다(11:27-28). 이 물음 역시 예수님의 권위의 '출처'를 묻는 것으로 부정적인 평가가 담겨져 있다. 이처럼 마가복음에서 예수님을 적대하는 자들은 예수님의 가르침과 능력을 듣고 보고 예수님을 메시아로 인정하기 보다는 오히려 예수님을 거부한다.

> 3 "이 사람은 목수가 아닌가? 마리아의 아들이고, 그의 형제는
> 야고보와 요셉과 유다와 시몬이 아닌가? 그의 누이들이 우리와
> 함께 여기서 살고 있지 않은가?" 그러면서 그를 배척했다.

'이 사람'에 해당하는 헬라어 '후토스'(οὗτος)는 경멸하는 어투다(2절에서도 마찬가지). 앞서 서기관들도 예수님께 "이자가 어떻게 이런 말을 하는가? 신성모독이다!"(2:7)라고 말한 적이 있는데, 이때도 경멸적 의미의 '후토스'가 사용되고 있다. '요셉의 아들'이 아니라 '마리아의 아들'이라고 한 이유는 요셉이 이미 죽었기 때문이겠지만, '애비 없는 자식'이라는 모욕적 함의도 있는 것 같다.

고향 사람들이 예수님의 지혜와 능력에 대해 놀라면서도 예수님을 인정할 수 없었던 이유는 예수님의 개인적인 신상을 잘 알고 있었기 때문이다. 기껏해야 목수의 아들밖에 되지 않는 예수가 어떻게 저런 지혜와 능력을 가질 수 있는가? 이런 편견을 가진 것이다. 하나님이 주신 지혜와 능력으로 인정하신 않은 데는 편견이 작동했던 것 같다. 예수님은 이러한 고향 사람들의 태도에 대해 '자신을 존경하지 않는

태도'(4절)요 '불신앙'으로 규정하신다(6절). 그들은 보기는 보아도 알지 못하고, 듣기는 들어도 깨닫지 못하는 외인들이다(4:11-12).

고향 사람들이 믿지 않자, 어떤 일이 일어났는가? 거기서 아무 권능도 행하실 수 없게 되었다(5절). 능력을 보여 줘도 믿지 않으면, 그다음부터 예수님은 능력을 행사하실 수 없게 되는 것이다. 앞서 혈루증 앓던 여인이 믿음을 갖고 치유를 받은 사건과는 완전히 반대다.

> 4 그래서 예수께서 그들에게 말씀하셨다. "예언자는 자기 고향과 친척과 집 밖에서는 존경을 받지 않는 일이 없다."

예수님은 가족들로부터 미쳤다는 오해를 받으셨다(3:21). 이번엔 고향 사람들까지 자신을 거부한다. 요한복음을 보면 나다나엘도 "나사렛에서 무슨 선한 것이 날 수 있느냐?"(요 1:46)라며 "요셉의 아들 나사렛 예수"를 메시아로 믿는 빌립을 거부한다. 나사렛은 별 볼 일 없는 동네였다. 도무지 메시아가 나오리라고는 기대할 수 없었던 동네였다. 나다나엘은 그런 편견에 사로잡혔었다. 그렇다면 나사렛 동네 사람들 역시 자신들이 사는 마을에서 메시아가 나올 수 없다는 생각을 가지고 있었던 것이 아닐까?

예수님이 가족과 고향 사람들로부터 오해와 배척을 당하시는 것은 선지자로서 감당해야 할 어쩔 수 없는 일이다. 예수님을 따라가는 제자들 역시 마찬가지다. 제자들은 복음을 위해 집, 형제, 자매, 어머니, 아버지, 자식, 전토를 버려야 한다(10:29). 가족을 '버린다'는 것은 반드시 집이나 전토를 완전히 처분하거나 가족과의 관계를 아예 단절하는 것을 의미하지 않는다. 오히려 가족의 오해와 배척을 감수해야 한다는 의미일 것이다. 예수님은 고향 사람들로부터 배척당하신 후 "모든 촌에 두루" 다니시며 가르치셨다. 좌절하지 않고 더욱더 그분이 해야 할 일에 충실하셨다.

묵상

사람에게는 누구나 편견, 선입관, 고정관념이 있다. 사람의 피부색에 따른 편견, 특정 지역에 대한 편견, 여성에 대한 편견, 장애인에 대한 편견, 왼손잡이에 대한 편견 등등. 편견은 당하는 사람에게 상처를 주고, 불이익을 준다. 편견은 더 나은 사회를 이루는 데 큰 장애물이다. 누군가 이렇게 말한 적이 있다고 한다. "인간이 모든 편견에서 자유할 수 있다면, 지구가 당면한 문제의 90퍼센트 이상이 당장 해결될 것이다." 편견이나 고정관념은 믿음에도 장애물이다. 베드로는 "깊은 데로 가서 그물을 내려 고기를 잡으라"(4절)라는 예수님의 명령에 순종하였는데, 사실 이 명령은 베드로의 어부로서의 전문지식과 경험에 맞지 않았다. 게다가 이미 전날 밤 헛수고하지 않았던가? 하지만 베드로는 순종했다. 말씀에 의지했기 때문이다. 말씀에 은혜를 받으면 편견이나 자신의 경험, 심지어 전문적 지식까지도 내려놓고 말씀에 순종하려는 의지를 갖게 된다.

제자들을 전도하러 보내시다(7-13절)

7 또한 열두 제자를 부르셔서 둘씩 둘씩 보내시며 더러운 귀신들을 제압하는 권세를 그들에게 주셨다.

예수님이 열두 제자들을 '부르셨다'(προσκαλέομαι, 프로스칼레오마이). '프로스칼레오마이'는 예수님이 제자들을 부르실 때(3:13; 6:7; 8:1) 혹은 어떤 중요한 교훈을 주기 위하여 사람들이나 제자들을 불러 모으실 때(3:23; 7:14; 8:34; 10:42; 12:43) 사용된다. 여기서도 제자들을 전도 훈련시키기 위해 집합시키셨다.

2인 1조로 만든 이유는 어떤 일에 대한 증거의 효력을 내기 위해서는 최소 두 명이 필요하다는 구약의 전통(신 17:6; 19:15; 마 18:16) 때문일 것이다. 또 둘씩 조를 이루면 서로 돕고 보완할 수 있다. 이들이 가서 해야 할 일은 회개하라 전파하고 귀신을 쫓아내고 병자를 고치는 일이다. 이 일은 예수께서 행하신 하나님 나라의 사역이며, 앞서 3장 13-15절에서 예수님이 열두 제자를 불러 택하신 사건과 일치한다.

예수님은 제자들에게 더러운 귀신을 제어하는 '권세'(ἐξουσία, 엑수시아)를 주셨다. 가버나움 회당에서 권위 있게 가르치시고 더러운 귀신을 쫓아내신 그 권세다(1:22, 27). 예수님은 열두 제자를 세우실 때도 그들에게 귀신들을 쫓는 '권세'를 주셨다(3:15). 권세가 있어야 귀신을 쫓을 수 있다. 아무나 귀신을 쫓을 수 있는 게 아니다.

> 8 그들에게 명하시기를 길을 떠날 때는 지팡이 하나 외에는 빵이나
> 배낭을 가지고 가지 말고, 전대에 돈을 지니지 말며, 9 신발은 신고
> 옷은 두 벌을 가지지 말라고 하셨다.

예수님은 제자들에게 귀신을 제어하는 권세는 주셨으나 전도 여행을 위해 필요한 물품들은 엄격히 제한하셨다. 오직 지팡이 하나, 한 벌의 신과 옷만 허락하셨다. 여기서 '지팡이'는 걸을 때 의지하기 위한 용도로 혹은 방어용 무기로 사용된다. 또 양식, 배낭, 전대의 돈은 가져갈 수 없게 하셨다. 이렇게 여행에 가장 기본적인 필수품조차 지니지 말라고 하신 이유는 오직 하나님만 의지하고, 하나님의 돌보심을 체험하기 위함이다. 제자들은 무엇을 먹을까 무엇을 마실까 구하지 말며 근심하지도 말아야 한다. 대신에 제자들은 하나님의 나라를 구해야 한다. 그러면 필요한 것들을 하나님이 채워 주실 것이다. 실제로 제자들은 돌보시는 하나님을 체험했다. "그들에게 이르시되 내가 너희를 전대와 배낭과 신발도 없이 보내었을 때에 부족한 것이 있더냐 이르되 없었나이다"(눅 22:35).

> 11 "어느 곳이든 너희를 영접하지 않거나 너희 말을 듣지 않으면
> 그곳을 떠날 때 너희 발아래 먼지를 떨어 버려서 그들에게 증거로
> 삼아라."

발아래 먼지를 떨어버린다는 것은 제자들과 그들을 환영하지 않은 사람들은 서로 무관하다, 제자들에게 책임이 없다는 뜻이다. 마지막 심

판 날에도 이것이 그들에게 증거가 될 것이란 말은 그들이 제자들을 영접하지 않았기 때문에, 또 그들의 말을 듣지 않았기 때문에 그들은 심판을 받아 마땅하며, 이에 대해 제자들은 아무런 잘못이 없다는 뜻이다.

세례자 요한의 죽음(14-29절)

14 예수의 이름이 알려지자 이 소식을 헤롯 왕이 듣게 되었다. 어떤
사람들은 말하기를 "세례자 요한이 죽은 사람들 가운데서 살아난
것이다. 그래서 능력이 그 사람 안에서 역사하는 것이다" 하고, 15
또 어떤 사람들은 "그가 엘리야다"라고 하고, 또 다른 사람들은 "옛
선지자들 가운데 한 사람과 같다"라고 말했다.

예수님 당시 이스라엘은 몇 명의 왕에 의해 분할 통치되고 있었다. 그 가운데 한 사람이 헤롯 안티파스였다. 그는 헤롯 대왕이 결혼한 10명의 아내 가운데 사마리아 여인 말타케(Malthace)에서 태어난 아들이다. 그의 친형제는 아켈라오(Archelaus)이다(마 2:22 참조). 그는 주전 20년에 태어나 주전 4년부터 주후 39년까지 갈릴리와 베뢰아의 분봉왕(tetrarch)이었다(눅 3:1-2 참조). 예수님의 명성이 점점 높아지면서 사람들이 예수님을 다시 올 것이라고 믿은 엘리야로 생각하거나 혹은 선지자 중의 하나로 받아들였다. 그런데 어떤 사람들은 예수님을 헤롯이 죽인 세례자 요한이 다시 살아난 것이라고 믿었던 사람들이 있었고, 헤롯 역시 그랬다(6:14). 그러면 왜 헤롯은 요한을 죽였나? 그 사연을 이제부터 들려준다. 그렇다고 해서 동양의 환생사상을 예수님 당시 이스라엘 사람들이 믿었다고 볼 순 없다. 세례자 요한은 당시에 큰 반향을 일으켰고, 그를 메시아로 추종하는 제자들도 있었다. 이런 세례자 요한과 비견될 정도로 예수님의 능력이 탁월하셨고, 사람들 사이에 명성이 높았다는 의미로 이해해야 한다. 예수님을 종말에 하나님이 보내실 엘리야로 이해하는 사람도 있었다. 하지만 예수님은 세례자 요한이 엘리야라고 말씀하

셨다(9:13). 마가도 세례자 요한을 엘리야처럼 묘사한다(1:2-6 '1장 풀어보기' 참조). 또 어떤 이는 '옛 선지자들 가운데 한 사람'과 같다고 생각했다. 누가복음은 "옛 선지자 한 사람이 다시 살아났다"(9:8)라고 말하는데, 특정 인물이 과거의 어떤 사람의 특징과 매우 흡사할 때 사용하는 표현으로 이해하면 좋겠다.[1]

16 그러나 헤롯은 이런 말들을 듣고 "내가 목을 벤 요한이
살아났도다"라고 말했다.
28 그 머리를 쟁반에 담아 가지고 와서 그 소녀에게 주었다. 그러자
소녀는 그것을 자기 어머니에게 갖다 주었다.

헤롯 안티파스는 예수님이 세례자 요한이 다시 살아난 사람이라는 항간의 소문을 듣고 놀란 것 같다. 그가 요한을 참수했기 때문이다. 마가는 어떻게 헤롯이 요한을 죽이게 되었는지 회상의 형식으로 전한다.

헤롯 안티파스는 이복형제 헤롯 빌립의 아내 헤로디아와 사랑하게 된다. 안티파스는 자기 아내였던 나바테아 왕국의 아레타스 4세의 딸과 이혼한다. 마치 내쫓듯이. 헤로디아 역시 자기 남편 헤롯 빌립과 이혼한다. 이에 세례자 요한이 비판하자 헤롯 안티파스는 요한의 말을 듣고 번민하였으나 달게 들었다. 요한을 하나님이 보내신 선지자요, 의롭고 거룩한 사람으로 알고 두려워하여 보호하려고 하였다. 하지만 헤로디아는 달랐다. 요한을 원수처럼 여겨 죽이려고 했다. 결국 안티파스는 헤로디아의 성화에 못 이겨 요한을 감옥에 가둔다. 헤로디아는 그 정도로 만족할 수 없어 요한을 죽이려고 했다. 마치 이세벨이 엘리야를 미워하여 죽이려 한 것(왕상 19:2)과 유사하다.

헤로디아는 매우 사악하고 영리한 여자였다. 요한을 죽이기 위해 간교한 계략을 세우고 이를 실행에 옮겼다. 그녀의 계획은 결국 성공한다. 21절 이하는 어떻게 그녀가 요한을 살해하는지, 그녀를 중심으로 이야기가 전개된다. 세례자 요한의 죽음은 그를 증오한 헤로디아의 치밀한 계획하에 이뤄진 사건이다. 아래서는 각 절을 차례대로 설

명하기보다는 헤로디아, 그녀의 딸, 헤롯 안티파스에 대한 인물 분석을 제시하도록 하겠다.

1) 헤로디아

21 그런데 좋은 기회가 왔다. 헤롯이 자기 생일에 고관들과
천부장들과 갈릴리의 귀인들을 초대하여 잔치를 베풀었다.

여기서 좋은 기회란 헤로디아가 요한을 죽일 수 있는 좋은 기회란 의미다. 헤로디아는 요한을 죽이기 위해 기회를 엿보고 있었던 것이다. 그녀의 딸이 네게 무엇이든 주겠다는 안티파스의 말을 듣고 그 자리에서 자기가 원하는 것을 답하지 않고, 엄마 헤로디아를 찾아가 "내가 무엇을 구할까요?"라고 물었을 때 헤로디아가 지체하지 않고 "세례자 요한의 머리를 구하라"라고 말한 것 역시 헤로디아가 미리 이 일을 계획했다고 볼 수 있는 증거다. 또 요한의 머리가 헤로디아의 딸을 거쳐 헤로디아에게 전해진 것으로 이야기가 마감되고 있는 것도 요한의 처형 배후에 주범 헤로디아가 있었음을 보여 준다.

2) 헤로디아의 딸(살로메)

22 헤로디아의 딸이 춤을 추어 헤롯과 자리에 앉아 있던 사람들을
기쁘게 해주었다.

본문에는 딸 이름이 언급되지 않지만, 요세푸스의 기록(*Jewish Antiquities*. 18. 136)에 따르면 헤로디아의 딸은 살로메였다. 헤롯이 베푼 생일잔치는 남자들만 참석하는 잔치다. 헤로디아가 그 자리에 없었던 것도(24절 참조) 이런 이유일 것이다. 남자들끼리 술 마시며 질펀하게 노는 자리에서 춤을 추는 사람들은 여자 노예다. 아마도 선정적인 춤이었을 것이다. 그런데 이 자리에 살로메가 들어와 춤을 추어 사람들을 기쁘게 해

준다. 여기서 '기쁘게 했다'를 뜻하는 '에레센'(ἤρεσεν)은 성적인 관심을 불러일으키거나 만족시킨다는 의미가 담겨 있다.[2] 살로메가 자발적으로 춤을 췄을 수도 있지만 필자는 헤로디아가 시켰다고 추측한다. 헤로디아는 세례자 요한을 죽이기 위해 딸을 이용한 것이다.

살로메 역시 보통 악녀가 아니었다. 세례자 요한의 머리를 구하라는 어머니의 말을 듣고 살로메는 조금도 주저하지 않았다. 오히려 어머니의 말을 듣자마자 그 명령을 신속히 이행하고 있다. 25절을 보라. "그가 '곧' '급히' 왕에게로 돌아와 구하여 말했다. 세례자 요한의 머리를 쟁반에 담아 '속히' 제게 주시길 원합니다."

행여 안티파스의 마음이 그새 변할까 염려한 듯, 살로메는 어머니의 지시를 듣자마자 '곧', '급히' 들어가 왕에게 요청하였다. 어서 속히 요한의 머리를 베어 달라! 살로메는 악을 행하는 데 지체하지 않았다. 대제사장들과 장로들과 서기관들이 예수님을 처형할 때도 그랬다. "새벽에 대제사장들이 '즉시' 장로들과 서기관들 '곧' 온 공회와 더불어 의논하고 예수를 결박하여 끌고 가서 빌라도에게 넘겨주니"(막 15:1). 바울이 지적한 대로 죄인인 인간은 "그 발은 행악하기에 빠르고 무죄한 피를 흘리기에 신속"(롬 3:15)하기만 하다.

3) 헤롯 안티파스

> 26 왕은 몹시 곤란했지만 이미 자신이 맹세했고 그곳에 앉아 있는 사람들 때문에 그 소녀의 요청을 거절할 수 없었다.

안티파스는 첫째, 정욕의 사람이었다. 사랑이란 이름으로 위장된 육신의 욕망에 사로잡혀 율법을 어기고 동생의 아내와 결혼했다. 둘째, 그는 우유부단했다. 세례자 요한을 의롭고 거룩한 사람으로 알았다면 아무리 자기 아내가 요한을 당장 죽이라고 재촉해도 거부했어야 했다. 그러나 그러지 못하고 요한을 투옥시켰다. 또 아무리 많은 사람 앞에서 약속한 것이라고 할지라도 자신의 체면보다 하나님의 사람을 보호했어야 했다. 그러나 안티파스는 철저히 두 명의 여자에게 끌려가는 우유부단한 사람이었다. 세례자 요한의 죽음은 경솔하고, 우유부단하며 자기 체면에 집착한 안티파스를 사악한 두 모녀가 몰아붙여 이루어 낸 비참한 죽음이었다. 요세푸스에 따르면 세례자 요한은 베뢰아의 마캐루스(Machaerus)에서 주후 31년 혹은 32년에 참수당했다.

한편 누가복음 13장 32절에 따르면 예수님은 헤롯이 자신을 죽이려 한다는 바리새인들의 말을 듣고, 헤롯을 '여우'라고 부르셨다. 한국사회에서 여우는 대개 간교한 꾀로 남을 속이는 사람을 가리키지만 당시에 여우는 잔혹한 사람, 박해자를 뜻했다. 마가복음에 나오는 우유부단한 헤롯과는 관점이 다르다. 실제로 헤롯 안티파스는 세례자 요한을 죽였고(비록 자신의 본심은 그렇지 않았다고 해도), 초대 예루살렘 교회 성도들이 드린 기도를 보면 헤롯 안티파스는 빌라도와 같이 예수님을 거스른 자, 대적한 자로 언급된다(행 4:24-28).

29 요한의 제자들이 듣고 와서 그 시체를 거두어다가 무덤에
안치했다.

세례자 요한 처형 이야기는 예수께서 제자들을 전도하러 파송하는 이야기(7-13절)와 제자들의 전도 보고(30절) 사이에 삽입되어 있다. 샌드위치 구조다. 더구나 요한의 죽음 이야기는 과거에 있었던 일을 회고하는 형식으로 되어 있다. 왜 마가는 제자들을 전도하러 보내는 이야기를 하는 시점에 이전에 있었던 요한의 죽음을 굳이 집어넣은 것일까? 제자들이 전도의 사명을 감당하다가 세례자 요한처럼 죽임을 당할 수 있다는 교훈을 주기 위해서가 아닐까? 제자들이 가서 전도해야 하는 세상은 헤롯처럼 야비하고, 헤로디아와 살로메처럼 사악한 자들이 하나님의 선지자를 죽이는 세상이며, 하나님의 뜻을 촉구하다가 죽을 수도 있음을 말하는 것이다.

또 세례자 요한의 처형 이야기는 장차 예수님의 죽음을 전망한다. 요한의 죽음은 예수님의 죽음과 다음과 같은 점에서 상응하기

때문이다. 첫째, 헤롯이 요한을 의롭고 거룩한 사람으로 생각했지만 경솔히 한 약속 때문에 요한을 참수한 것처럼, 빌라도 역시 예수님이 무죄하다고 생각하면서도(15:10, 14) "무리에게 만족을 주고자 하여"(15:15) 예수님을 십자가형에 넘겼다. 둘째, 요한의 제자들이 요한의 시신을 장사 지낸 것처럼, 예수님의 시신은 아리마대 요셉이 장사 지낸다.

묵상

헤롯과는 반대로 자신의 약속을 취소하고 큰 불행을 초래하지 않은 경우도 있다. 사무엘상 25장 2-38절을 보면 다윗은 자신과 자기 일행이 나발에게 선하게 대했음에도 불구하고, 나발이 자신들을 돕지 않자, 격노한다. 다윗은 나발의 온 집안을 다 멸하기로 작정한다. 만약 그렇게 하지 않으면 하나님이 자기에게 벌을 내리시고 또 내리시기를 원한다고 말할 정도로 격분해 있었다.

그러나 다윗의 이 같은 분노는 나발의 아내 아비가일 때문에 가라앉는다. 다윗이 자기 남편 나발과 온 집안을 죽이러 온다는 소식을 전해들은 아비가일이 다윗을 찾아 백배 사죄하고 그의 노여움을 풀었던 것이다. 헤로디아와 반대되는 여인이다. 그러자 다윗은 하나님이 아비가일을 시켜 자신을 막아 복수를 하지 않게 하셨다고 말한다. 부하들 앞에서 복수를 호언장담했다면 체면을 지키려 칼로 무라도 잘라야 하지 않을까? 하지만 다윗은 아비가일의 지혜로운 말과 행동에 자신의 분을 누그러뜨리는 절제력이 있었다. 아비가일에게서 하나님이 제지하시는 것을 보았기 때문이다. 그래서 다윗은 맹세를 철회한다. 그러자 여호와 하나님이 직접 나발을 치신다. 공의로운 심판을 행하신 것이다. 경솔하게 약속을 하는 것도 잘못이다. 그러나 자신의 체면 유지를 위해, 잘난 자존심 때문에 더욱 더 큰 죄를 범할 수도 있다. 솔직하게 자신의 성급함을 인정할 줄 아는 용기가 있어야 한다.

오병이어의 이적(30-44절)

33 그들이 가는 것을 본 많은 사람들이 사도들인 줄 알아차리고 모든
마을에서부터 걸어서 그곳으로 함께 달려가서 그들보다 앞서 거기에

도착했다.

제자들이 쉬기 위해 한적한 다른 곳으로 가는 것을 본 많은 사람들이 제자들을 좇아왔다. 그냥 뒤따라가는 정도가 아니라 '달려왔다'. 그래서 제자들보다 먼저 가 있었다. 제자들이 전도 여행을 하면서 귀신을 내쫓고 병자를 치유하는 일(6:13)이 사람들에게 알려졌고, 소식을 들은 사람들이 고침을 받기 위해 제자들을 찾아 뛰어간 것 같다. 또 예수께서 게네사렛에 도착하셨을 때도 사람들은 예수께 '달려왔다'(6:55). 예수님이 변화산에서 내려오셨을 때도 사람들이 예수님을 보고 '달려왔다'(9:15, 25). 부자 청년도 예수께 '달려와' 무릎 꿇고 영생에 관해 질문을 했다(10:17). 예수님과 제자들의 유명세 혹은 권위를 보여 준다. 사람들의 절박한 심정도 잘 나타나 있다.

> 34 예수께서 배에서 내려 큰 무리를 보시고 마치 목자 없는 양 같아
> 불쌍히 여기셨다. 그래서 그들에게 여러 가지로 가르치셨다.

예수님이 목자 없는 양 같은 무리들을 보시고 불쌍히 여기셔서 하신 일은 가르치는 일이었다. 그러고 나서 오병이어의 이적을 행하셨다. 앞서 가버나움 회당에서도 예수님의 가르침은 더러운 귀신을 쫓는 능력과 불가분의 관계에 있었다(1:21-28). 또 예수님은 나사렛 회당에서 가르치시고 이적을 행하셨다(6:1-6). 예수님의 가르침과 이적을 행하는 능력은 동전의 양면과도 같다.

'목자 없는 양 같다'는 언급은 민수기 27장 17절("그로 그들 앞에 출입하며 그들을 인도하여 출입하게 하사 여호와의 회중이 목자 없는 양과 같이 되지 않게 하옵소서")을 반향하고 있다. 민수기 27장 17절에서 모세가 간구한 '그'는 여호수아를 가리킨다. 또 여호수아는 "그 안에 영이 머무는 자"(민 27:18)로서, "지혜의 신이 충만"(신 34:9)했다. 그런 것처럼 예수께서도 성령으로 충만하셨다(1:10). 모세가 여호와께 간구했던 백성의 참된 지도자는 당대엔 여호수아였지만, 궁극적으로는 예수님이시다. 여호수아

의 신약 이름이 예수가 아니던가? 예수님은 지혜로 당신의 백성을 이끄시는 참 목자시다.

또 예수님은 무리들을 '불쌍히 여기셨다'. 제자들과 따로 외딴 곳에서 쉬기를 원하실 만큼 피곤하셨지만, 자신들을 찾아온 무리들을 외면할 수 없으셨다.

37 예수께서 그들에게 대답하여 말씀하셨다. "너희가 그들에게 먹을 것을 주어라."

예수님은 시간 가는 줄도 모르고 열심히 가르치셨다. '날이 저물어 가는 것'도 모르실 정도였다. 그 모습을 본 제자들이 예수님께 말씀드린다. 날이 저물어가니, 무리를 해산시키자고. 그들이 '각자 알아서' 인근 농가나 마을로 가서 먹을 것을 사게 하자고. 그곳에 있는 사람들이 성인 남자만 5천 명이었다. 제자들의 주장은 현실적이고 타당하다.

그러나 예수님이 매우 의외의 말씀을 하신다. "너희가 그들에게 먹을 것을 주어라." 성인 남자만 5천 명인데 어떻게 제자들이 먹을 것을 줄 수 있단 말인가? 예수께서 "너희가 그들에게 먹을 것을 주어라"라고 말씀하신 이유는 뭘까? 예수님이 언제까지나 이 땅에 남아서 사람들의 필요를 채워줄 수는 없는 일이다. 이 일은 제자들이 앞으로 담당해야 한다. 그래서 예수님은 너희가 먹을 것을 주어야 한다고, 이제는 너희의 사명이라고 말씀하신 것이다. 앞서 제자들은 예수님이 주신 '더러운 귀신들을 제압하는 권세'(6:7. 3:15도 참조)를 가지고 나가 많은 귀신들을 쫓아냈고, 병자들을 치유했다. 예수님이 하셨던 일을 제자들도 행한 것이다. 그런 것처럼 사람들을 먹이는 일도 해야 한다. "내가 진실로 진실로 너희에게 이르노니 나를 믿는 자는 나의 하는 일을 저도 할 것이요 또한 이보다 큰 것도 하리니 이는 내가 아버지께로 감이니라"(요 14:12).

39 예수께서 그들에게 명하여 모든 사람들을 떼를 지어 푸른 풀밭에

앉게 하셨다.

비록 제자들이 너희가 무리들에게 먹을 것을 주라는 예수님의 지시에 믿음이 없는 반응을 보이기는 했어도 제자들은 예수께서 오병이어 이적을 행하실 때, 예수님을 돕는 자로 나타난다. 제자들은 사람들을 정렬시키고, 먹을 것을 나누어 줬다(41절).

> 41 예수께서 빵 다섯 개와 물고기 두 마리를 취하여 하늘을 우러러 보시며 감사하셨다.

예수님에게 오천 명이 먹어야 할 양식이 있기는커녕, 한두 사람이 겨우 먹을 빵 다섯 개와 물고기 두 마리만 가지고 있는 상황이었다. 그러나 예수님은 이 상황을 보고 한숨을 내쉬지 않으셨다. 오히려 그 상황에서 예수님은 하늘을 우러러보셨고, 하늘 아버지께 감사의 기도를 드렸다. 오병이어는 감사로부터 비롯되었다. 감사하면 감사할 일이 생긴다. 죽은 지 나흘이 된 나사로의 무덤 앞에서 예수님이 제일 먼저 하신 일도 하나님께 감사하는 일이었다. "예수께서 눈을 들어 우러러 보시고 이르시되 아버지여 내 말을 들으신 것을 감사하나이다."(요 11:41).

> 42 모두 다 배불리 먹었고 43 남은 빵 조각과 물고기를 주워 모아 보니 열두 바구니에 가득 찼다.

예수님이 주신 빵을 사람들은 배불리 먹었다. 오히려 빵 조각과 물고기가 열두 바구니나 남았다. 사람들이 '푸른 풀밭'에 앉아 배불리 먹어 아쉬울 것이 없는 이 모습은 시편 23편을 연상케 한다. '여호와는 나의 목자시니 내가 부족함이 없으리로다! 그가 나를 푸른 초장에 누이신다!' 예수님은 '목자' 없는 양과 같았던 무리들에게 가르치시고(영의 양식), 먹이시는(육의 양식) 진정한 '목자'가 되어 주셨다.

또 예수님이 빵을 들고 하늘을 우러러 감사 기도 하시고 빵을 떼어 제자들을 통해 사람들에게 나눠 주시는 모습은 성찬식과 흡사하다. 예수님은 자신의 죽음을 예견하는 최후의 만찬 자리에서도 먼저 감사의 기도를 드리셨다. "저희가 먹을 때에 예수께서 떡을 가지사 축복(=감사)하시고"(14:22). 이 기도는 통상적인 유대인의 식사 기도를 따른 것이지만, 죽음을 앞둔 예수님에게는 하나님 아버지를 신뢰했기에 감사할 수 있었다.[3]

최후의 만찬에서 예수님은 빵을 자신의 몸이라고 말씀하셨다(14:22). 그렇다면 오병이어의 이적은 예수님 당신의 몸으로 우리를 살리시는 십자가 사건의 예표다. 예수님은 생명의 빵이시다. 또 오병이어의 이적은 궁극적으로는 하나님의 종말론적 잔치를 예시한다(사 25:6; 렘 31:14).

구약으로 거슬러 올라가보면 오병이어의 이적은 엘리야가 사르밧 과부에게 밀가루와 기름이 끊이지 않는 이적을 베푼 것(왕상 17:8-16) 혹은 엘리사가 보리떡 20개와 자루에 담은 채소를 가지고 100명을 먹인 사건(왕하 4:38-44), 그리고 하나님이 광야에서 이스라엘 백성들을 만나와 메추라기로 먹이신 사건과 잇닿아 있다. 이 모든 사건이 당신의 백성을 먹이시는 생명의 주님을 보여 준다면 예수님의 오병이어 이적은 그 절정이다.

예수께서 무리를 먹이실 때 사용한 빵 '다섯 개'가 모세 '오경'을 상징한다는 견해가 있다.[4] 그렇게 보면 예수님의 급식 이적은 육신의 필요를 채워주는 것을 넘어, 앞서 무리들을 가르치셨던 사역의 연장으로 무리들을 말씀으로 먹이시는 것으로 이해할 수 있다. 그러나 오병이어 이적의 역사적 사실을 소홀히 해선 안 된다.

오병이어의 이적이 빵 다섯 개와 물고기 두 마리로 많은 사람을 먹인 생명의 현장이었다면, 헤롯 안티파스의 생일잔치는 먹을 것은 풍족했으나 하나님의 뜻을 전한 세례자 요한을 죽인 죽음의 자리라는 점에서 서로 대조된다.

바다 위를 걸어오시다(45-52절)

45 예수께서는 즉시 제자들을 재촉하여 배에 태워 건너편 벳새다로
먼저 가게 하셨다. 그 동안에 예수님은 무리를 보내셨다.

오병이어의 이적을 행하신 예수님은 '즉시' 제자들을 재촉하셔서 배를 타고 건너편 벳새다로 가게 하셨다. 무리들을 해산시키는 일은 예수님이 하셨다. 왜 서둘러 제자들을 떠나 보내셨을까? 예수님이 제자들을 '재촉'하셨다는 것은 제자들이 그 자리를 떠나기 원치 않았음을 암시한다. 요한복음 6장 14-15절에 따르면 무리들은 오병이어의 이적을 보고 예수님이 "세상에 오실 그 선지자"라고 외치며 억지로 예수님을 왕으로 삼고자 했다. 그래서 예수님은 산으로 피하셨다. 흥분한 무리들에 의해 왕으로 추대되는 일이야말로 권력을 탐내는 자들이 바라던 바가 아니던가? 그런데 예수님은 서둘러서 제자들을 떠나보내셨다. 제자들도 집단적 흥분에 휩싸여 예수님을 능력 있는 선동적 정치가로 오해할까 염려되어서일 것이다.

예수님 자신도 무리들을 보내시고 홀로 기도하러 산에 가셨다. 앞서 가버나움에서 각색 병든 자와 귀신 들린 자를 치유하신 후 새벽 일찍 기도하러 광야로 가셨던 것처럼(1:35), 여기서도 예수님은 오병이어의 이적을 행하신 후 환호하는 무리들 속에 계시지 않으셨다.

왜 하필이면 산이었을까? 마가복음에서 예수님이 산에 가신 경우는 이 본문 외에도 두 차례 더 있다. 한 번은 예수님이 산에 오르셔서 열두 제자를 세우셨다(3:13-14). 또한 예수님은 베드로와 야고보와 요한을 데리고 산에 올라가셔서 변화하셨다. 그곳에서 예수님은 모세와 엘리야와 대화하셨다(9:2-4). 모세가 산에서 하나님을 대면하였듯이 예수님 역시 산에서 하나님과 대화하셨다.

예수님에게 산은 하나님의 뜻을 헤아리고, 그 뜻에 순종할 것을 다지는 자리였다. 많은 무리들의 열광하는 소리가 넘쳐나는 곳에서는 하나님의 세밀한 음성을 들을 수 없다. 하나님과 독대(獨對)할 수 있

어야 한다. 그래서 오병이어의 이적이 행해진 빈들, 환호하는 무리들로 가득 찬 그곳에 예수님은 한시라도 머물러 있을 수 없었던 것이다.[5]

> 48 바람이 거슬러 불어왔기 때문에 제자들은 힘겹게 노를 저었다. 예수께서 이것을 보시고 이른 새벽에 바다 위를 걸어서 그들에게 가셨다. 그들을 지나쳐 가시려고 하자

이미 해는 저물었다. 제자들을 태운 배는 갈릴리 '바다 한가운데' 있었다. 더군다나 바람이 거슬러 불고 있어 제자들은 힘겹게 노를 젓고 있었다. 앞으로 나가지도 못하고, 다시 되돌아가지도 못하는 진퇴양난의 상황이었다. 이런 상태로 제자들은 이른 새벽까지(약 새벽 3-4시) 사투를 벌이고 있었다. '이른 새벽'을 개역개정 성경은 '밤 사경쯤'으로 번역했다. 새벽 3시쯤을 말한다. 당시 로마식 시간계산법은 오후 6시부터 다음 날 오전 6시까지 12시간을 3시간씩 4등분했다. 오후 6-9시가 1경, 9-12시가 2경, 12-3시가 3경, 3-6시가 4경이다.

예수님은 위기에 처한 제자들을 보시고 바다 위를 걸어오셨다. 앞서도 언급했지만 구약에서 바다 위는 오직 하나님만이 걸으실 수 있다. 욥기 9장 8절("그가 홀로 하늘을 펴시며 바다 물결을 밟으시며")은 대표적 구절이다. '바다 물결을 발로 밟으시는 모습'은 창조주로서 마치 산책하듯 자유롭게 거니시는 듯한 모습이기도 하지만, 바다가 혼돈과 악의 세력을 상징한다고 볼 때 창조주의 권능으로 그들을 제압하시는 모습이기도 하다.

이사야 역시 "라합을 저미시고 용을 찌르신 이가 어찌 주가 아니시며"(사 51:9)라고 하여 바다에 거주하는 혼돈과 어둠의 괴물 라합과 용을 물리치시는 하나님을 찬양하고 있다. 바로 이 하나님이 바다 위를 걸으시는 예수님에게 나타나고 있는 것이다. 그런데 왜 예수님은 제자들을 지나쳐 가시려고 하셨을까? 제자들이 알아봐 주길 기대하여 믿음을 시험하시는 것일까? 하지만 제자들은 그렇지 못했다.

묵상

제자들은 해질 때 배를 탔고, 예수께서 바다 위를 걸어오신 때가 새벽 3-4시경이므로 대략 9시간을 바다에서 노를 저으며 고생하고 있었을 것이다. 아마 입에서 불평이 터져 나왔을 것이다. "왜 예수님은 우리를 이 지경으로 내모신 거야? 그냥 거기 있었으면 사람들에게 대접받으며 있을 텐데 이게 뭐람." "도대체 예수님은 우리만 배에 태워 보내시고 지금 어디에 계신 거야? 우리가 이렇게 고생하는 거 알고 계시기나 한 거야?" 앞서 제자들이 갈릴리 바다를 건널 때 상황과 너무도 유사하지 않은가? 그때도 저물 때에 바다를 건너고 있었다. 그때도 큰 광풍이 일어났다. 바닷물이 배에 들어와 죽을 지경까지 이르렀다. 그때도 예수님은 주무시고 계셨지 아무런 도움을 주시지 않으셨다. 그런데 이번에는 아예 예수님이 배에 계시지 않다. 배는 바다 한가운데 있고, 예수님은 육지에 홀로 계신다.

때로 예수님이 우리의 상황을 돌보지 않으시는 것처럼 느껴질 때가 있다. 그러나 예수님은 우리를 결코 포기하지 않으신다. 예수님은 제자들이 힘겹게 노 젓는 것을 '보셨다'. 새벽 3시경, 그 어둔 밤에 바다 한가운데에 있는 제자들을 어떻게 볼 수 있을까? 물론 예수님은 하나님의 아들이시기 때문에 전지전능하시다. 그러나 예수님은 제자들이 언제 어느 곳에 있든지 바라보고 계시기 때문이다. 이 믿음이 없을 때 두려움이 엄습하고 불평이 터져나온다.

50 그들 모두 예수님을 보고 놀랐던 것이다. 그러나 예수께서 곧
그들에게 말씀하셨다. "안심하여라. 나다. 두려워하지 말아라."
51 그리고 배에 올라 그들에게 다가가셨다. 그러자 바람이 그쳤고
제자들은 심히 놀랐다. 52 그들은 예수께서 빵을 먹이신 일을 깨닫지
못했고 오히려 그 마음이 둔해져 있었다.

예수님은 자신을 유령으로 착각하며 소리 지르고 놀라는 제자들에게 '나다'라고 정체를 밝히셨는데, '나다'에 해당하는 헬라어 '에고 에이미'(ἐγώ εἰμί)는 출애굽기 3장 13-14절에서 하나님이 모세에게 자신의 정체를 밝힐 때 사용한 표현으로서, 예수님이 하나님이심을 보여 준다.

바다 위를 걸어오시는 예수님을 본 제자들의 반응은 놀라움이었다. 또 예수님이 배에 올라 그들에게 가시자 바람이 그쳤을 때도 제자들이 심히 놀랐다. 그런데 마가는 바로 앞서 오병이어의 이적을 보았음에도 바다 위를 걸어오는 예수님을 보고 두려워하는 제자들의 모습에 대해 그들의 마음이 둔해져서 오병이어의 이적을 깨닫지 못하고 있다고 설명한다. 뿐만 아니다. 제자들은 얼마 전에 예수님께서 바람을 꾸짖고 바다를 잔잔케 하셨던 일도 경험하지 않았던가?

이런 제자들의 깨닫지 못하는 우둔한 마음(6:52)은 바리새인들의 완악한 마음(3:5)과 상응한다. 제자들의 우둔함과 바리새인들의 완악함을 묘사하는 헬라어가 일치한다. 명사형 '포로시스'(πώρωσις)냐 동사형 '포로오'(πωρόω)냐의 차이만 있다. 나아가 바리새인들의 완악한 마음이 출애굽기에 나오는 바로의 완악함(4:21; 7:3, 14 등)이나 광야에서 이스라엘 백성의 완악함(신 29:18; 시 81:12; 95:8 등)을 암시한다고 본다면 제자들의 우둔함은 매우 심각한 문제다. 제자들은 과연 하나님 나라의 비밀을 받은 자로 계속 있을 수 있는가? 아니면 '외인'으로 전락할 것인가? 위기의 제자들이다.

마가와는 달리 마태는 제자들의 우둔함을 상당히 약화시키고 있다. 마태는 배에 있던 사람들이 예수께 절하며 예수님을 하나님의 아들로 고백했다고 보도한다(마 14:33). 누가는 아예 바다 위를 걸으신 사건을 보도하지 않는다. 오직 마가만이 오병이어 이적과 물 위를 걸으신 사건을 연결시키고 있다. 이 두 사건에서 제자들은 깨닫지 못하고, 믿음이 없어 두려워하는 자로 나타나고 있다. 즉 오병이어의 이적과 바다 위를 걷는 이적은 예수님의 신성을 드러내는 이적이면서, 동시에 제자도의 주제를 담고 있다. 8장 14-21절은 또다시 배 안에서 예수님이 제자들의 무지를 심하게 질책하시는 내용이다. 이때도 제자들은 오병이어의 이적과 칠병이어의 이적의 의미를 여전히 깨닫지 못하고 있다.

게네사렛 치유 사역(53-56절)

원래 예수님은 제자들에게 '벳새다'로 가라고 하셨다. 벳새다는 오늘날 갈릴리 바다 동쪽 연안에 인접한 골란(Golan) 고원으로 추정된다. 그런데 정작 예수님과 제자들이 도착한 곳은 게네사렛이다. 게네사렛은 어떤 특정 마을이 아니라, 갈릴리 서안에 있는 약 5.6킬로미터 길이의 평야 지대로서 디베랴와 가버나움 사이에 위치해 있다.[6] 벳새다는 8장 22절에 가서야 도착한다. 풍랑을 만나 가려던 곳과는 반대 방향으로 간 것으로 볼 수 있지만 정확한 이유는 알 수 없다.

예수께서 게네사렛에 이르러 배에서 내리자 사람들이 예수님이신 줄 알고 병든 자를 데려와 치유를 받는다. 어떤 이들은 병든 자를 침상 채 메고 왔는데, 앞서 4명의 친구들이 중풍병자를 침상에 눕혀 데리고 온 것(2:3-4)과 유사하다. 또 이들 병자들이 예수님의 옷 가에 손을 대어 치유를 받은 것은 혈루증을 앓던 여인이 예수님의 옷에 손을 대어 치유를 받은 것(5:28)과 상응한다. 이 4명의 친구와 중풍병자, 그리고 혈루증을 앓던 여인은 예수님으로부터 그 믿음에 대해 칭찬을 받은 사람들이다. 아마도 마가는 이런 연관성을 통해 게네사렛 사람들과 병자들 역시 비록 본문에는 언급이 없더라도 믿음이 좋은 사람들임을 말하는 것 같다.

7장

7장

둘러보기

7:1-37

1 예루살렘에서 온 바리새인들과 몇몇 서기관들이 예수께 모였다가
2 그의 제자들이 부정한 손, 곧 씻지 않은 손으로 빵을 먹는 것을
보게 됐다. 3 (바리새인들과 모든 유대인들은 장로들의 전통을 지켜
손을 씻지 않고서는 음식을 먹지 않았고 4 또 시장에 다녀와서 몸을 씻지
않고서는 음식을 먹지 않았다. 그밖에도 그들이 전해 받아 지키는 많은
전통이 있었는데, 잔과 단지와 놋그릇을 씻는 일 등이 있다.)
5 이에 바리새인들과 서기관들이 예수께 물었다. "어째서 당신의
제자들은 장로들의 전통을 지키지 않고 부정한 손으로 떡을
먹습니까?" 6 예수께서 대답하셨다. "이사야가 너희 위선자들에
대해 잘 예언했다. 이렇게 기록되어 있다. 이 백성이 입술로는 나를
공경하지만 마음은 내게서 멀리 있다. 7 사람의 계명들을 하나님의
가르침인 듯 가르치고 나를 헛되이 예배한다. 8 너희들은 하나님의
계명은 저버리고 사람의 전통을 지키고 있다." 9 또 예수께서
그들에게 말씀하셨다. "너희는 너희 전통을 지키기 위해 하나님의
계명을 잘도 저버린다. 10 모세는 '네 부모를 공경하라' 했고, 또

'자기 부모를 욕하는 자는 반드시 죽으리라'고 했다. 11 그러나
너희는 어떤 사람이 부모에게 마땅히 드려야 할 것을 드리지 않고
'고르반', 즉 하나님께 드림이 되었다고 하면 그만이라고 말하면서
12 그 사람이 부모에게 더 이상 어떤 것도 해드리는 것을 결코
허락하지 않는다. 13 너희는 전해 받은 전통으로 하나님의 말씀을
무용지물로 만든다." 14 예수께서 다시 무리를 불러 그들에게
말씀하셨다. "너희는 모두 내 말을 듣고 깨달으라. 15 무엇이든지
사람 몸 밖에서 몸 안으로 들어오는 것이 사람을 더럽히지 못한다.
16 오히려 사람 안에 있는 것들이 밖으로 나와서 사람을 더럽게
만든다." 17 예수께서 무리를 떠나 집으로 들어가셨을 때 제자들이
비유에 대해 물었다. 18 예수께서 그들에게 말씀하셨다. "너희도
이렇게 깨닫지 못하느냐? 무엇이든 밖에서 사람 안으로 들어가는
것은 사람을 더럽히지 못한다. 19 왜냐면 그의 마음으로 들어가지
않고 배로 들어갔다가 뒤로 나가기 때문이다. 모든 음식은 다
깨끗하다." 20 또 말씀하셨다. "사람 안에서 나오는 것, 바로 그것이
사람을 더럽게 한다. 21 안에서, 곧 사람의 마음에서 나오는 것은
악한 생각들이다. 음란, 도둑질, 살인, 22 간음, 탐욕, 악의, 속임,
방탕, 질투, 비방, 교만, 어리석음이다. 23 이 모든 악한 것들이 사람
안에서 나와 사람을 더럽게 한다." 24 예수께서 일어나 그곳을
떠나 두로 지방으로 가셨다. 한 집에 들어가셔서 아무도 모르게
계시고자 했지만 숨길 수 없었다. 25 더러운 귀신이 들린 어린 딸을
둔 한 여인이 예수에 대한 소문을 듣고 즉시 찾아 와서 그 발 앞에
엎드렸다. 26 그 여인은 헬라인이요, 수로보니게 출신이었는데 자기
딸에게서 귀신을 내쫓아주시길 예수께 간구했다. 27 예수께서
그녀에게 말씀하셨다. "먼저 자녀들을 배불리 먹여야 한다. 자녀들의
빵을 취해서 개들에게 주는 것은 옳지 않다." 28 여인이 대답하여
말했다. "주여, 맞습니다. 그러나 상아래 있는 개들도 자녀들이
먹다 떨어뜨린 부스러기들은 먹습니다." 29 예수께서 그녀에게
말씀하셨다. "네가 그렇게 말하니 돌아가 보아라. 귀신이 네 딸에게서

나갔다." 30 여인이 집에 가보니 귀신이 떠나갔고 아이가 침대에 누워
있었다. 31 예수께서 다시 두로 지방을 떠나 시돈을 거쳐 데가볼리를
통과하여 갈릴리 바다로 가셨다. 32 그런데 사람들이 듣지 못하고
말도 하지 못하는 사람을 예수께 데려와 안수해 달라고 간청했다.
33 예수께서 그를 따로 데리고 가셔서 무리에게서 벗어나셨다.
그리고 자기 손가락을 그의 귀에 넣으시고 손에 침을 뱉어서 그의
혀에 손을 대셨다. 34 그리고 하늘을 쳐다보시고 탄식하시며 그에게
"에바다" 하고 말씀하셨다. '열려라'라는 뜻이다. 35 그러자 곧 그의
귀가 열리고 혀가 풀려서 말을 제대로 하게 되었다. 36 예수께서는
"이 일을 아무에게도 말하지 말라"라고 경고하셨다. 그러나 그들에게
경고하실수록 그들은 더욱더 널리 전하며 다녔다. 37 사람들이 심히
놀라며 말했다. "그분이 모든 것을 잘하시는구나. 듣지 못하는
자들을 듣게 하시고 말하지 못하는 자들을 말하게 하신다."

6장 마지막 부분(6:53-56)은 예수께서 게네사렛에 도착하시자 병자들이 몰려들어 예수님의 옷가에 손을 대자 병이 낫는다는 이야기다. 혈루증을 앓던 여인의 치유 이적이 그 땅에서도 일어난 것이다. 병자의 손은 부정한 손이다. 하지만 예수님은 개의치 않으셨다. 성령충만하신 예수님이 부정하게 될 리 없지 않은가? 오히려 거룩하신 그분의 능력으로 더러운 병을 치유하신다. 또 긍휼이 많으신 예수님이 병자들의 손을 거부할 리도 없다.

그러나 종교지도자들은 달랐다. 7장에 들어서면 분위기가 심상치 않다. 예수님의 제자들이 부정한 손, 곧 씻지 않은 손으로 떡을 먹는 것을 본 바리새인들과 서기관들이 장로들의 전통을 따라 먹기 전에 손을 씻어야 하는데 왜 당신의 제자들은 그렇게 하지 않느냐며 항의한다. 이에 예수님은 종교지도자들이 장로들의 전통을 지킨다고 하지만, 사실은 하나님의 계명을 버리고 사람의 전통을 지킨다고 이사야 선지자의 말을 인용하여 신랄하게 비판하신다. 예수님이 보시기에 종교지도자들이 지키는 고르반 전통은 '네 부모를 공경하라'는 하나님의

계명을 폐하고 자신들의 탐욕을 정당화하는 종교적 전통일 뿐이었다.

이어서 예수님은 무리들에게 사람을 더럽게 하는 것은 밖에서 안으로 들어오는 것이 아니라 사람 속에서 나오는 것이라고 가르쳐 주신다. 하지만 제자들은 예수님의 가르침을 이해하지 못한다. 예수님은 사람을 더럽게 하는 것은 음란과 도둑질 등과 같은 마음속에 있는 악한 생각이지 음식물이 아니라고 제자들을 대상으로 설명해 주신다. 그리고 당시로서는 혁명적인 선언을 하신다. "모든 음식물은 깨끗하다!" 형식만 남은 정결법을 배격하시고 마음의 정결을 주장하신 것이다(이상 1-23절).

24-37절은 이방 지역에서 있었던 예수님의 치유 사역을 전하고 있다. 먼저 예수님은 두로 지방에서 수로보니게 여인을 만나신다. 부정한 땅 이방 지역에서 남성보다 더 부정한 여인, 그것도 더러운 귀신이 들린 딸을 둔 여인이었다. 하지만 예수님은 이 여인과 대화하셨고, 그의 딸을 고쳐 주셨다(24-30절). 바로 앞서 예수님은 음식 정결법을 폐지하시고 마음의 정결을 가르치셨다. 그 말씀 그대로 예수님은 이방 여인을 만나신 것이다. 그녀의 민족이나 성별을 따지지 않고 믿음만을 보시고 치유를 행하셨다. 예수님과 수로보니게 여인의 만남은 단순히 치유 이야기가 아니다. 귀신 들린 딸이 낫는 결과보다는 예수님과 여인의 대화에 나타난 그녀의 믿음에 초점이 있다. 평상시와는 다른 예수님의 태도에 여인이 대응하는 방식은 믿음이 무엇인지를 말해 준다. 계속해서 예수님은 이방 지역에서 귀먹고 말 더듬는 자를 치유하신다(31-37절). 이 치유 사건은 이사야가 예언한 새 창조의 역사가 예수님에게서 이뤄지고 있음을 보여 준다.

정결법 논쟁(1-13절)

참된 정결에 관한 비유와 해설(14-23절)

수로보니게 여인과의 대화 및 여인의 딸 치유(24-30절)

귀먹고 말 더듬는 자 치유(31-37절)

7장

풀어보기

정결법 논쟁(1-13절)

1 예루살렘에서 온 바리새인들과 몇몇 서기관들이 예수께 모였다가

바리새인들은 앞서 두 번에 걸친 안식일 논쟁에서 예수님을 대적했고(2:23-28; 3:1-6), 심지어 헤롯당과 더불어 예수 살해를 모의했다(3:6). 예루살렘에서 온 서기관들 역시 앞에서 예수님을 바알세불에게 사로잡혔다고 음해한 적이 있었다(3:22). 이 두 집단이 함께 예수님을 찾아왔다는 것은 더욱 큰 긴장감을 불러일으킨다.

3 (바리새인들과 모든 유대인들은 장로들의 전통을 지켜 손을 씻지
않고서는 음식을 먹지 않았고 4 또 시장에 다녀와서도 몸을 씻지
않고서는 음식을 먹지 않았다. 그밖에도 그들이 전해 받아 지키는 많은
전통이 있었는데, 잔과 단지와 놋그릇을 씻는 일 등이 있다.)

괄호로 묶여져 있는 3-4절은 화자가 유대 종교지도자들의 정결 전통

을 독자에게 직접 설명하는 부분으로서 마가복음의 독자가 유대 전통을 잘 모르는 이방인이었을 가능성을 시사해준다. '모든 유대인들'이 손을 씻는 전통을 지켰다는 화자의 설명은 실제로 모든 유대인이 이 전통을 잘 지켰다는 의미보다는 바리새인들이 만든 이 전통이 모든 유대인들에게 강한 구속력을 가지고 있었다는 것, 나아가 이 전통이 유대인과 이방인을 구분하는 전통이라는 것, 즉 유대인의 정체성을 단적으로 보여 주는 전통이라는 것으로 이해해야 한다.[1]

> 6 예수께서 대답하셨다. "이사야가 너희 위선자들에 대해 잘
> 예언했다. 이렇게 기록되어 있다. 이 백성이 입술로는 나를
> 공경하지만 마음은 내게서 멀리 있다. 7 사람의 계명들을 하나님의
> 가르침인 듯 가르치고 나를 헛되이 예배한다. 8 너희들은 하나님의
> 계명은 저버리고 사람의 전통을 지키고 있다."

6-13절은 바리새인들과 서기관들의 질문에 대한 두 번에 걸친 예수님의 대답인데, 다음과 같은 특징을 가지고 있다. 첫째, 예수님은 종교지도자들의 질문에 대해 직접 대답하지 않고, 그 질문의 근간이 되는 그들의 전통을 '비판'한다. 둘째, 예수님은 하나님의 계명과 종교지도자들이 지키는 전통을 아래와 같이 뚜렷하게 대립시킨다.

사람의 계명(7절) 사람의 전통(8절) 너희 전통(9절) 너희가 전해 받은 전통(13절)	↔	하나님의 가르침(7절) 하나님의 계명(8, 9절) 하나님의 말씀(13절)

이러한 명확한 대립은 바리새인들과 서기관들이 지키는 전통이 하나님의 계명에 대립하는 것임을 분명히 보여 준다. 먼저, 6-8절은 바리새인들과 서기관들의 질문에 대한 예수님의 첫 번째 대답이다. 예수님은 바리새인들과 서기관들을 '위선자들'이라고 비판하신다. 흥미롭게도 예수님은 주전 8세기 시대에 이사야가 당대 유대 백성의 위선을 비판한 내

용을 예수님의 제자들을 비판한 바리새인들과 서기관들을 가리켜 말하고 있다. "이사야가 '너희' 위선자들에 대해 잘 예언했다."

이사야는 '이 백성'의 위선을 고발하고 있는데, 이 백성은 이사야 당시 유대 백성들 전체가 아니라 가르치는 일을 담당했던 특정인들을 지칭한다고 보아야 한다. 왜냐하면 이 백성이 가르치는 일을 담당하는 것으로 나타나기 때문이다(7절). 이 백성이 가르치는 일을 담당한 특정 그룹이라는 사실은 본 이야기에서 예수님의 적대자들이 가르치는 일을 담당하였던 바리새인들과 서기관들이라는 사실과 잘 부합한다.

예수님은 이 백성으로 언급된 자들의 위선을 다음과 같이 비판한다. 첫째, 이 백성은 그 마음이 하나님에게서 멀리 떠나 있으면서도 입술로는 하나님을 존경한다고 하기 때문에, 즉 마음과 입술이 불일치하기 때문에 위선자들이다. 입술과 마음의 대조는 14절 이하에 나오는 겉과 안의 대조와 상응한다. 바리새인들이 '입술'을 지나 들어오는 음식에 집착하는 것과 이 백성이 '입술'로만 하나님을 경배하는 것은 상응한다.

둘째, 이 백성은 '사람의 계명'을 '하나님의 가르침'이라고 가르치기 때문에 위선자들이다. 이들과 마찬가지로 바리새인들과 서기관들도 하나님의 계명을 버리고 사람의 전통을 지킨다는 점에서 위선자들이다. '장로들'의 전통은 바리새인들에게 있어서 권위의 대명사였다. 하지만 예수님은 장로들의 전통은 하나님과 대립하는 세력을 뜻하는 '사람들'의 전통이라고 깎아내리셨다.

> 9 또 예수께서 그들에게 말씀하셨다. "너희는 너희 전통을 지키기 위해 하나님의 계명을 잘도 저버린다."

9절에서 예수님은 8절의 비판을 반복하지만, 조롱하는 의미를 지닌 '칼로스'(καλῶς, '잘도 저버린다'에서 '잘'에 해당)를 문두에 위치시킴으로써 비판을 더욱 강화한다. 필자는 우리말 어순상 뒤로 위치시켰지만 헬라어 원문의 순서대로 번역하자면 "잘도 지킨다. 하나님의 계명을"이 된다. 예수님은 바리새인들과 서기관들의 전통을 '너희 전통'으로 언급함으로써, 그들만이 지키는 전통이지 하나님의 계명이 아니라고 선을 그으셨다. 13절에서 "너희가 전해 받은 전통"으로 다시 한 번 언급된다. 즉 9절과 13절이 9-13절 전체를 감싸고 있는 구조다.

> 9 너희는 너희 전통을 지키기 위해 하나님의 계명을 잘도 저버린다.
> 13 너희는 너희가 전해 받은 전통으로 하나님의 말씀을 무용지물로 만든다

이러한 구조는 종교지도자들이 지키는 전통이 하나님의 계명과 대립되는 것임을 부각시키는 수사학적 효과를 낳는다. 한편 1-13절에 나타난 전통에 대한 명칭 변화는 다음과 같다.

> 장로들의 전통(3절) → 장로들의 전통(5절) → 사람의 전통(8절) → 너희 전통(9절) → 너희의 전한 전통(13절)

> 10 "모세는 '네 부모를 공경하라' 했고, 또 '자기 부모를 욕하는 자는 반드시 죽으리라'고 했다."

10-12절은 9절에서 언급한 바 너희 전통을 지키기 위해 하나님의 계명을 잘도 저버리는 일에 대한 구체적인 사례다. 9절의 하나님의 계명은 10절에서 나오는 '모세가 말한 것'(출 20:12; 출 21:17)과 상응하며, 9절의 사람의 전통은 11-12절에 언급된 '너희들이 말한 것'(고르반 전통)과 상응한다. 따라서 모세가 말한 것과 너희가 말하는 것이 서로 대조를 이루고 있는 것이다. 이런 대조는 13절 전반부에서 '하나님의 말씀'과 '너희가 전해 받은 전통' 간의 대조로 반복된다. 그리고 13절 후반부에서는 바리새인들과 서기관들이 고르반 전통에서 볼 수 있는 것처럼 하나님의 계명을 저버리고 자신들의 전통을 지키는 일들을 많이 행한다는

말로 결론을 짓고 있다. 이상을 도표로 나타내면 다음과 같다.

9절: 하나님의 계명 vs. 너희 전통

〉 9절의 구체적인 예 〈
10절: '모세는 말하기를' = 토라 → 하나님의 계명
↕
11-12절: '너희는 말하기를' = 고르반 전통 → 너희 전통

13a절: 하나님의 말씀 vs. 너희 전통

13b절: 확대 및 강조—"너희는 이 같은 일들을 많이 행한다"

9-13절의 이러한 구조는 바리새인들과 서기관들이 지키는 전통이 하나님의 계명을 어떻게 왜곡시키고 있는지를 잘 드러냄으로써, 그들의 전통이 하나님의 계명과 대립되고 있음을 분명히 보여 준다. 예수님은 종교지도자들이 지키는 전통이 하나님의 계명을 어떻게 왜곡시키고 있는지를 구체적인 사례를 들어 설명한다. 먼저 예수님은 십계명 중 제5계명인 부모 공경과 부모 공경 불이행에 대한 하나님의 심판을 언급하신다(10절). 이것은 부모 공경을 하지 않는 죄가 얼마나 심각한 것인지, 또 고르반 전통이 얼마나 잘못된 것인지를 보여 준다. 나아가 고르반 전통을 허용한 종교지도자들은 반드시 죽여야 할 죄인임을 암시한다.

> 11 "그러나 너희는 어떤 사람이 부모에게 마땅히 드려야 할 것을 드리지 않고 '고르반', 즉 하나님께 드림이 되었다고 하면 그만이라고 말하면서 12 그 사람이 부모에게 더 이상 어떤 것도 해드리는 것을 결코 허락하지 않는다."

11-12절은 고르반 전통에 대한 설명이다. 고르반(κορβᾶν)이란 히브리어 '코르반'(קרבן)을 헬라어로 음역한 것으로서, 그 뜻은 '바쳐진 것'(δῶρον, 도론)이다. 그러나 고르반은 하나님께 자신의 소유의 일부를 바치겠다는 "맹세 문구"를 의미할 수도 있다. 11절에 따르면 어떤 사람이 하나님

께 바치겠다고 한 그의 소유는 원래 그의 부모에게 드릴 것이었다. 그런데 종교지도자들은 고르반을 말한 그 사람이 부모를 위해 무엇인가를 행하려고 할 때 '어떤 것'도 '결코' 허락하지 않았다. 아마도 민수기 30장 2-3절에 근거한 것 같다. 종교지도자들은 고르반을 말한 사람이 그 맹세를 취소할 수 없게 함으로써 결국 그 사람으로 하여금 부모 공경 계명을 지키지 못하게 만든 것이다.

결국 저들은 하나님의 말씀(제5계명)을 버리고 자신들의 전통을 지키고 있는 것이다(13절). 예수님은 바리새인들과 서기관들이 "이 같은 일들을 많이 행한다"(13절)라고 말씀하셨는데, 고르반 전통은 하나님의 말씀을 폐하고 자신들의 전통을 지키는 종교지도자의 위선을 보여 주는 하나의 예에 불과하다는 뜻이다. 종교지도자들이 지키는 전통이 하나님의 계명과 대립되는 것이기에 예수님의 제자들은 음식을 먹기 전에 손을 씻는 장로들의 전통을 지킬 필요가 없는 것이다.

참된 정결에 관한 비유와 해설(14-23절)

14 예수께서 다시 무리를 불러 그들에게 말씀하셨다. "너희는 모두 내 말을 듣고 깨달으라. 15 무엇이든지 사람 몸 밖에서 몸 안으로 들어오는 것이 사람을 더럽히지 못한다. 16 오히려 사람 안에 있는 것들이 밖으로 나와서 사람을 더럽게 만든다."

1-13절에서 예수님은 종교지도자들이 제기한 질문의 첫 번째 부분과 관련하여 바리새인들과 서기관들이 지키는 전통이 하나님의 계명과 대립되는 것이라고 비판하셨다. 14-23절에서 예수님은 레위기 11-15장에서 규정한 음식의 정결과 부정함 자체를 아예 거부하고, "모든 음식은 깨끗하다"(19절)라고 혁명적인 선언을 하신다. 그리고 사람을 더럽게 만드는 것은 음식이 아니라 사람의 마음에 있는 악한 생각들임을 지적하신다. 1-13절에서 14-23절로 이야기가 진행해 가면서 정결의 주제가 더욱 발전하고 있다.

14절에서 예수님이 말씀하시는 대상이 무리로 바뀌었고, '비유'로 말씀하신다. 예수님이 비유를 말씀하시기 전 "너희는 모두 내 말을 듣고 깨달으라" 말씀하신 것은 예수님이 '씨 뿌리는 자의 비유'(4:3-9)를 말씀하시기 전후에 "들으라" 말씀하신 것과 동일하다. 이것은 비유의 비밀스러운 성격을 보여 준다. 예수님의 비유를 잘 듣고 깨닫는 것이 제자도에 있어서 중요하다는 점이 앞에서도 나왔고, 앞으로도 나올 것이다.

> 17 예수께서 무리를 떠나 집으로 들어가셨을 때 제자들이 비유에 대해 물었다. 18 예수께서 그들에게 말씀하셨다. "너희도 이렇게 깨닫지 못하느냐? 무엇이든 밖에서 사람 안으로 들어가는 것은 사람을 더럽히지 못한다. 19 왜냐면 그의 마음으로 들어가지 않고 배로 들어갔다가 뒤로 나가기 때문이다. 모든 음식은 다 깨끗하다."

앞서 '씨 뿌리는 자의 비유'와 마찬가지로 제자들은 예수님의 비유를 깨닫지 못하여, 그 뜻을 예수님께 묻는다. 그것도 예수님이 무리들과 분리되어 있을 때 질문한다. 이것 역시 예수님의 비유, 나아가 예수님이 이루시는 하나님 나라가 비록 모든 사람에게 열려져 있으나, 그 성격을 깨닫는 것은 쉽지 않으며, 제자는 비유를 잘 이해해야 함을 보여 준다. 실제로 예수님은 제자들의 깨닫지 못함을 꾸짖으셨다. "너희도 이렇게 깨닫지 못하느냐?"(18절)에서 '너희' 앞에 강조의 뜻을 지닌 '카이'(καί, 영어로 also)가 있기 때문에 '너희도'가 된다. 제자들만큼은 깨달아야 하는데 그렇지 못한 아쉬움을 표시하신 것이다.

그러고 나서 비유에 대해 설명해 주신다. 요지는 이렇다. 밖에서 안으로 들어가는 것이 사람을 더럽게 하지 않는다. 음식은 '마음'으로 들어가지 않고 '배'로 들어가기 때문이다. 이 주장은 결국 우리를 깨끗하게 하느냐, 더럽게 하느냐는 음식이 아니라 '마음'이라는 것을 강조하는 것이다. 그래서 예수님은 사람 안에서 나오는 것이 사람을 더럽게 한다고 말씀하신다. 잔과 그릇은 깨끗하게 씻던 바리새인들의 마음은 사실상 무덤이었다. 그래서 예수님은 그들을 '회칠한 무덤'(마 23:27)이라고 비판하셨다. 하나님은 사람의 마음을 살피시는 분이시다. 심장을 살피고, 폐부를 시험하신다(렘 17:10).

예수님은 사람의 마음이 담고 있는 것을 12가지로 일일이 열거하신다. 12가지 '부정케 하는 것'은 바울서신에서도 여러 형태로 나온다. 예를 들어서 갈 5:19-21; 고전 5:10-11; 6:9-11; 고후 12:20-21; 롬 1:29-31; 골 3:5-8; 엡 5:3-5; 딤전 1:9-10; 딤후 3:2-5 등이 있는데, '악덕 목록'이라고 부른다.

예수님은 다시 한 번 사람을 더럽게 하는 것이 바로 마음에서 나오는 것임을 언급하신다. 즉 20, 23절은 다음과 같이 서로 상응하고 있으며, 20-23절은 이 두 구절에 의해 감싸져 있는 구조로 되어 있다.

20 "사람 안에서 나오는 것, 바로 그것이 사람을 더럽게 한다."

(21-22절)

23 "이 모든 악한 것들이 사람 안에서 나와 사람을 더럽게 한다."

이러한 구조는 사람 안에서 나오는 것이 사람을 더럽게 한다는 주장을 강조한다. 특히 "모든 음식은 깨끗하다"(19절)는 선언은 7장 1-23절의 최종 결론으로 그야말로 파격적이다. 음식 정결법 그 자체에 대한 폐지 선언이기 때문이다. 너무도 엄청난 선언이었는지, 마태는 이 말을 아예 삭제한다.

> 21 "안에서, 곧 사람의 마음에서 나오는 것은 악한 생각들이다. 음란,
> 도둑질, 살인, 22 간음, 탐욕, 악의, 속임, 방탕, 질투, 비방, 교만,
> 어리석음이다."

예수께서 앞서 바리새인들과 서기관들이 지키는 고르반 전통에 대해 부모 공경 계명을 내세웠던 것처럼 마찬가지로 14-23절에서 마음의 정결과 관련하여 십계명을 강조함으로써 레위기의 음식 정결법을 윤리

적 성격의 계명으로 대체하고 있다. 21-22절에 열거된 '마음속에 있는 악한 것들'은 다음과 같이 십계명에 근거하고 있다

마음속의 악한 것들(7:21-22)		십계명(출 20:1-17; 신 5:1-21)
살인	→	살인하지말라
음란, 간음	→	간음하지 말라
도둑질	→	도둑질하지 말라
속임, 비방	→	거짓증거하지 말라
탐욕	→	탐내지 말라

수로보니게 여인과의 대화 및 여인의 딸 치유(24-30절)

24 예수께서 일어나 그곳을 떠나 두로 지방으로 가셨다. 한 집에 들어가셔서 아무도 모르게 계시고자 했지만 숨길 수 없었다.

예수님은 아무도 모르게 계시고자 했지만 숨길 수 없었다. 이미 예수님의 명성은 두로와 시돈까지 널리 알려져 있었고, 그곳 사람들이 예수님을 찾아온 적이 있었다(3:8). 세상의 등불이신 예수님이 어떻게 드러나지 않을 수 있겠는가? "숨겨 둔 것은 드러나게 되고, 감추어 둔 것은 나타나기 마련"(4:22)이다.

25 더러운 귀신이 들린 어린 딸을 둔 한 여인이 예수에 대한 소문을
듣고 즉시 찾아 와서 그 발 앞에 엎드렸다. 26 그 여인은 헬라인이요,
수로보니게 출신이었는데 자기 딸에게서 귀신을 내쫓아주시길
예수께 간구했다.

예수님을 찾아 온 여인은 '헬라인'이요 수로보니게'(Syrophoenician) 출신이었다. 여기서 헬라인은 단순히 유대인이 아닌 이방인이라는 뜻보다, 헬라문화권에서 살고 있었다는 의미다. '수로보니게'는 민족적 개

념이다.[2] 또 '수로보니게' 여인이란 그녀가 시리아 지역에 속해 있는 페니키아인이라는 의미다. 마태복음은 가나안 여인으로 표현하고 있다.

예수님은 참된 정결이 무엇인지 가르친 후 이방 지역인 두로에 가셔서 수로보니게 여인을 만나 사람을 제의적으로 더럽게 하는 '더러운 귀신'이 들린 그녀의 딸을 치유해 주었다. 앞서 1-23절의 핵심어가 '부정하다'였던 것처럼, 여기서도 '더러운'(ἀκάθαρτος, 아카싸르토스)이라는 제의적 정결 개념이 등장하고 있다. 그러나 마태는 가나안 여인의 딸이 '더러운 귀신'이 들린 것이 아니라, "흉악하게(κακῶς, 카코스) 귀신 들렸다"(마 15:22)라고 말함으로써 제의적 부정함의 의미를 감소시키고 있다.

예수님은 앞서 바리새적 정결의 폐지를 선언하셨기 때문에 이 같은 행보는 당연하다. 바리새인들은 자신의 정결을 지키기 위해 부정한 자들과 멀리했지만 예수님은 반대로 그들을 거리낌 없이 찾아갔고, 그들을 깨끗케 해주셨다. 이렇게 예수님을 통해 하나님 나라는 지리적으로나 민족적으로 확장되고, 나아가 성적으로도 확장되고 있다.[3] 즉 7장 1-23절의 정결법 논쟁과 가르침을 통해 예수께서 음식 정결법을 폐지하심으로써 이방 선교의 주요 장애물이 제거되었고, 이후 계속해서 예수님의 이방 선교가 보도되고 있다는 사실에 주목해야 한다. 아래 도표를 참고하라.

7:24-30	두로 지경의 어떤 집: 수로보니게 여인의 딸 치유
7:31	예수의 이방 선교(두로→ 시돈→ 데가볼리→ 갈릴리 바다 동편)
7:32-37	갈릴리 바다 동편 지역에서 귀먹고 어눌한 자 치유
8:1-10	갈릴리 바다 동편 지역에서 칠병이어의 이적 행사

7장에 나타난 이런 이야기의 흐름, 즉 '바리새인 음식 정결법 비판 및 폐지 선언 → 이방인의 만남과 치유 = 예수를 통해 이방인에게 하나님 나라가 임함'이라는 구조는 사도행전 10-11장에서도 나타난다. 베드로가 음식 정결법과 관련된 꿈을 꾸고 난 뒤 로마 백부장 고넬료의 집에

가서 복음을 전파하고 성령이 임하신다. 스데반의 순교로 흩어진 자들 가운데 구브로와 구레네 출신 몇 사람이 시리아 안디옥에 가서 헬라인들에게 주 예수를 전파하여 마침내 시리아 안디옥 교회가 세워지고, 이 교회가 이방 선교의 전초기지가 된다.

종교지도자들이 지키던 정결 전통들(특히 음식 정결법)을 고수하는 한 이방인과 접촉하는 건 불가능하다. 베드로가 고넬료의 집에 간 것에 대해 예루살렘 교회 사도들과 성도들은 베드로의 용기 있는 전도를 칭찬하지 않고 오히려 "네가 무할례자의 집에 들어가 함께 먹었다"(행 11:3)라고 비난했다. 이것은 음식 정결법이 당시 성도들에게 얼마나 깊이 뿌리 박혀 있었고, 또 이방인 선교의 큰 장애물이었는지 보여 준다.

> 27 예수께서 그녀에게 말씀하셨다. "먼저 자녀들을 배불리 먹여야 한다. 자녀들의 빵을 취해서 개들에게 주는 것은 옳지 않다."

예수께서 자신을 찾아 온 이방 여인을 '개'라고 표현한 것은 인종차별적 발언이 아닐 수 없다. 듣는 사람은 '아! 예수님도 사람을 차별하시는구나. 예수님도 유대인이었기에 사랑을 베푸는 대상은 불쌍한 이스라엘 사람들이었지, 이방인은 아니었구나'라고 충분히 생각할 수 있었다.

어떻게 예수님이 이런 말씀을 하실 수 있을까? 이미경에 따르면 예수님의 이해하기 어려운 언행은 인종차별적이고 남성우월적인 당시 세상의 억압적 체제를 시뮬레이트(simulate)한 것이다.[4] "예수의 말은 자신의 것이 아니요, 인간을 비극과 죽음으로 몰아가는 이 세상의 의식과 이데올로기를 자신의 몸으로 형상화한 것이다."[5] 단순하게 말하면 예수님은 여인의 믿음을 시험하고 계신 것이다.

또 예수님의 말씀은 당시 유대인의 식탁 문화를 배경으로 이해할 필요가 있다. 예수님과 여인의 대화에 등장하는 개는 썩은 고기를 찾아다니는 사나운 야생개가 아니라 집에서 기르는 애완용 개다. 여기서 사용된 헬라어 '퀴나리온'(κυνάριον)은 작은 개를 의미한다는 점도 한 증거다. 당시에 애완용 개는 식탁 밑에서 주인이 주는 음식을 먹었다. '부자와 거지 나사로의 비유'(눅 16:19-31)를 보면 나사로가 부자의 상에서 떨어지는 것으로 배불리려 했으나 개들이 와서 그 헌데를 핥았다고 했는데 여기서 개들 역시 집에서 기르는 개다. 당시 유대인들은 수염을 길게 길렀는데 식사할 때 음식이 수염에 묻으면 식후에 빵으로 털어냈다. 그리고 그 빵을 개에게 줬다고 한다.[6] 그러나 어떤 주인도 '먼저' 자녀에게 빵을 주지 개에게 주지는 않는다. 먹고 남은 것을 줄 뿐이다.

그렇다면 27절의 말씀은 먼저 이스라엘에 구원이 제시되고 그 후에 이방인에게 차례가 돌아간다는 말씀으로 이해할 수 있다. 오병이어의 이적 이후에 칠병이어의 이적이 나오는 것도 그렇다. 오병이어의 이적에서 남은 빵을 담은 바구니가 열둘이라는 사실은 이 이적이 이스라엘을 위한 것임을 암시한다. 반면에 칠병이어의 이적은 이방인 지역에서 있었고, 또 일곱 광주리가 이방 세계를 상징한다는 점에서 이 이적은 이방인들을 위한 것이다.

> 28 여인이 대답하여 말했다. "주여, 맞습니다. 그러나 상 아래 있는 개들도 자녀들이 먹다 떨어뜨린 부스러기들은 먹습니다."

여인은 예수님을 '주님'(κύριε, 퀴리에)이라고 부른다. 인격 모독적 발언을 듣고서도 침착함을 잃지 않고 예수님을 높이고 있다. 또한 예수님의 말씀을 인정한다. 사람은 흔히 모욕을 당하게 되면 수치심을 느끼게 되는데, 이에 대한 반응은 크게 세 가지라고 한다.[7] 첫째는 '그래, 내가 그렇지. 내 주제에'라고 하며 이전보다 더 자기를 비하하고 숨게 된다. 둘째는 자신을 모욕한 자에 대해 분노하고 비난하는 경우다. 그러나 이 둘은 자신을 모욕하는 현실을 극복하기 어렵다. 그런데 이 여인은 다른 태도를 보였다. 그것은 '현실을 직면하는 것'이었다. 가나안 여인은 자신을 개 취급하는 현실을 그대로 받아들였다. 현실에 대한 체념이나 막연한 분노가 아니라 현실을 직시하고 인정했다. 문제 해결은 여기서부터 시작한다.

또 여인은 여기에 그치지 않고 불의한 현실 속에서도 자신에게도 권리가 있다고 주장한다. "그러나 상 아래 있는 개들도 자녀들이 먹다 떨어뜨린 부스러기들은 먹습니다." 이것은 개의 권리를 주장한 것이다. 자녀가 우선되어야 하는 현실, 인정하겠다. 그러나 개처럼 취급받는 자들에게도 먹을 권리가 있다! 그것이 부스러기라도 말이다! 한국 교회에서 '부스러기 은혜'라고 부르는 바로 그 은혜를 자신에게 베풀어서 딸을 치유해 달라는 요청이다. 놀라운 지혜가 아닐 수 없다! 이 수로보니게 여인은 급식 이적의 의미를 깨닫지 못하는 제자들(6:52; 8:14-21), 또 정결에 관한 예수님의 비유를 이해하지 못하는 제자들의 우둔함과 대조된다. 또한 그녀는 자기의 요청을 사실상 거부한 예수님의 대답에 좌절하지 않고 겸손히 자비를 구하는 믿음을 가진 자라는 점에서 믿음이 없다고 책망을 받은(4:40) 제자들과 대조된다.

> 29 예수께서 그녀에게 말씀하셨다. "네가 그렇게 말하니 돌아가 보아라. 귀신이 네 딸에게서 나갔다."

예수님도 수로보니게 여인의 지혜와 믿음을 인정하지 않을 수 없으셨다. 그래서 여인의 딸을 고쳐 주셨다. 같은 내용을 좀더 자세히 기록하고 있는 마태복음에 따르면 예수님은 그녀의 지혜와 믿음에 놀라기까지 하신다. "오 여자여, 네 믿음이 크도다 네 소원대로 되리라"(마 15:28)라며 칭찬하셨다. 개역개정 성경에는 생략되어 있지만, 헬라어 원문에는 감탄사 '오'(ὦ)가 있다.

귀신이 '나갔다'의 헬라어 '엑세레뤼쎈'(ἐξελήλυθεν)은 현재완료 시제다. 예수님은 귀신 축출을 위한 그 어떤 말씀이나 행동도 하지 않으셨다. 예수님과 여인 사이에 대화가 진행될 때 이미 귀신은 떠나갔다. 예수님은 그녀의 믿음을 내다보신 것이 아닐까? 이미 요청은 이뤄졌다. 그러나 여인은 모른다. 여인에게는 거쳐야 할 테스트가 있었고, 그것을 잘 통과했다. 야이로도 비록 중간에 흔들리기는 했어도 예수님을 끝까지 믿었기 때문에 죽은 딸이 다시 살아나는 기쁨을 맛보았다. 혈루증을 앓던 여인도 믿음으로 치유되었고, 예수님은 그 여인을 '딸'이라고 불러 주셨다. 믿음의 부모는 자신의 딸을 마침내 살려 내고 말았다. 하지만 헤로디아는 자신의 딸(살로메)을 살인의 도구로 삼았다. 어미가 하나님이 보낸 선지자를 대적하자 그의 딸도 하나님을 대적하는 악한 자가 되었다.

귀먹고 말 더듬는 자 치유(31-37절)

> 33 예수께서 그를 따로 데리고 가셔서 무리에게서 벗어나셨다. 그리고 자기 손가락을 그의 귀에 넣으시고 손에 침을 뱉어서 그의 혀에 손을 대셨다.

예수께서는 두로 지역을 벗어나 부정한 이방 지역(시돈과 데가볼리 지경)을 두루 여행한 후 갈릴리 바다 동편 이방 지역에 도착하셨다. 여기서 귀먹고 어눌한 자를 치유하실 때, 침을 뱉는다든지 또 병자의 혀에 손을 대는 등 정결법을 완전히 무시하신다.[8] 예수께서 병자의 혀에 그의 '손을 대서' 치유한 것은 제자들이 부정한 '손으로' 떡을 먹는 것과 상응한다. 둘 다 정결법을 어기는 행위다. 하지만 예수께 손을 댄 병자들, 그리고 예수께서 손을 댄 병자들은 치유를 받았다. 믿음으로 예수께 나오는 자들에게 하나님 나라가 임한다.

> 34 그리고 하늘을 쳐다보시고 탄식하시며 그에게 "에바다" 하고 말씀하셨다. '열려라'라는 뜻이다.

예수께서 하늘을 쳐다보시며 탄식하신 것(7:34)은 치유 사역이 악의 세력과의 투쟁이기 때문이다. "예수께서 사탄의 세력에 대항하여 전쟁을 벌일 때, 그래서 간절히 기도하여 하나님의 도움을 구해야만 했던 그때 가지고 있었던 그의 강한 감정을 가리킨다."[9]

37 사람들이 심히 놀라며 말했다. "그분이 모든 것을 잘하시는구나.
듣지 못하는 자들을 듣게 하시고 말하지 못하는 자들을 말하게
하신다."

예수께서 귀먹고 어눌한 자를 고친 것에 대한 사람들의 칭찬은 이사야가 예언한 새 창조(사 35:5-6)를 암시한다. "그 때에 맹인의 눈이 밝을 것이며 못 듣는 사람의 귀가 열릴 것이며 그 때에 저는 자는 사슴 같이 뛸 것이며 말 못하는 자의 혀는 노래하리니 이는 광야에서 물이 솟겠고 사막에서 시내가 흐를 것임이라"(사 35:5-6). 마가는 예수님을 통해 하나님의 새창조가 이뤄지고 있음을 전하고 있는 것이다.

또 여기서 예수께서 하신 일을 칭찬한 사람은 정결법상 부정한 자인 이방 사람들이다. 이는 정결법을 강조하고 정결한 자로 자처하지만 예수님과 제자들을 비난하는 바리새인들 및 서기관들과 대조된다. 특히 37절에서 예수님의 사역을 칭찬할 때 사용된 '칼로스'(καλῶς, '잘') 예수께서 종교지도자들이 하나님의 계명을 버리는 것을 비아냥대실 때 사용된(7:9, "너희는 너희 전통을 지키기 위해 하나님의 계명을 잘도 저버리고 있다") 바로 그 단어라는 점에서 서로 대조된다.

8장

8장

둘러보기

8:1-9:1

1 그 무렵에 다시 큰 무리가 모였는데, 먹을 것이 없었다. 예수께서
제자들을 불러 말씀하셨다. 2 "내가 저 무리를 불쌍히 여긴다. 나와
함께 지낸 지 벌써 사흘이 되었는데, 먹을 것이 없구나. 3 만일 내가
그들을 굶긴 채로 집으로 보내면 가다가 도중에 쓰러질 것이다. 저들
중에는 멀리서 온 사람들도 있다." 4 제자들이 예수께 대답했다.
"이 광야 어디서 빵을 구해 이 사람들을 배부르게 할 수 있겠습니까?"
5 예수께서 그들에게 물으셨다. "너희가 빵을 얼마나 가지고
있느냐?" 제자들이 대답했다. "일곱 개입니다." 6 예수님은
무리에게 명하셔서 땅에 앉게 하셨다. 그리고 빵 일곱 개를 가지고
감사 기도를 드리신 후 떼어 제자들에게 주시며 나눠 주라고
하셨다. 이에 제자들은 무리에게 나눠주었다. 7 또 작은 물고기 몇
마리도 있어 역시 감사 기도를 드리신 후 이것들도 나눠 주라고
말씀하셨다. 8 사람들이 배부르게 먹었고, 남은 조각들을 거두어
보니 일곱 광주리가 됐다. 9 약 사천 명의 사람들이 있었고,
예수께서는 그들을 해산시키셨다. 10 그리고 즉시 제자들과 함께

배에 오르셔서 달마누다 지역으로 가셨다. 11 바리새인들이 와서
예수님을 비난하기 시작했는데, 그들은 예수께 하늘로부터 오는
표적을 요구하며 시험했다. 12 예수께서 그의 심령으로 탄식하며
말씀하셨다. "어찌하여 이 세대가 표적을 구하느냐? 내가 너희에게
진실로 말한다. 이 세대는 표적을 받지 못할 것이다." 13 그리고
그들을 떠나 다시 배를 타고 바다 건너편으로 가셨다. 14 제자들이
빵 가져오는 것을 잊었다. 배 안에는 빵 한 덩어리밖에 있지 않았다.
15 예수께서 그들에게 경고하셨다. "조심해라! 바리새인들의
누룩과 헤롯의 누룩을 주의해라." 16 그러자 제자들이 서로
수군거렸다. "우리에게 빵이 없어서 그러시나 보다." 17 예수께서
아시고 그들에게 말씀하셨다. "어째서 너희에게 빵이 없다고
수군거리느냐? 너희는 아직도 알지 못하고, 아직도 깨닫지
못하느냐? 너희의 마음이 이리도 둔하냐? 18 너희가 눈이 있어도
보지 못하고, 귀가 있어도 듣지 못하느냐? 기억하지 못하느냐?
19 내가 빵 다섯 개를 떼어 오천 명에게 주었을 때, 남은 조각을
몇 광주리에 거뒀느냐?" 그들이 예수께 대답했다. "열두
광주리입니다." 20 "또 내가 빵 일곱 개를 떼어 사천 명에게 주었을
때는 남은 조각을 몇 광주리에 거뒀느냐?" 그들이 예수께 대답했다.
"일곱 광주리입니다." 21 예수께서 그들에게 말씀하셨다. "아직도
깨닫지 못하느냐?" 22 그리고 그들이 벳새다로 갔다. 사람들이 시각
장애인을 예수께 데려오더니 그에게 안수해 달라고 간청했다. 23
예수께서 그 시각 장애인의 손을 잡고 마을 밖으로 데리고 나가셨다.
그리고 그의 눈에 침을 뱉으시고 안수하시며 물으셨다. "무엇이
보이느냐?" 24 그가 쳐다보며 말했다. "사람들이 보입니다. 나무들이
걸어다니는 것처럼 보입니다." 25 그래서 예수께서 다시 그의 양쪽
눈에 안수하셨다. 그러자 그는 자세히 보더니 시력이 회복되어 모든
것을 분명히 보게 되었다. 26 예수께서 그를 집으로 보내시면서
말씀하셨다. "마을로 들어가지 마라." 27 예수님과 제자들이 빌립보
가이사랴의 여러 마을로 가셨다. 길에서 예수님은 제자들에게

물으시며 말씀하셨다. "사람들이 나를 누구라고 하느냐?"
28 그들이 대답하여 말씀드렸다. "어떤 사람은 세례자 요한이라고
하고, 또 어떤 사람은 엘리야라고 하고, 또 다른 이들은 선지자
중 한 분이라고 합니다." 29 이번에는 예수께서 친히 제자들에게
물으셨다. "그러면 너희들은 나를 누구라고 하느냐?" 베드로가
대답하여 말했다. "당신은 그리스도이십니다." 30 예수께서
그들에게 자신에 관하여 누구에게도 말하지 말라고 경고하셨다.
31 예수께서 그들에게 가르치시기 시작하셨다. "인자가 많은 고난을
받고 장로들과 대제사장들과 서기관들에게 버림을 받아 죽었다가
사흘 만에 다시 살아나야 한다." 32 예수께서 이 말씀을 드러내
놓고 말씀하셨다. 베드로가 예수님을 붙들고 강하게 항의했다.
33 예수께서 제자들을 돌아보시며 베드로를 꾸짖으시며
말씀하셨다. "사탄아 내 뒤로 물러가라. 너는 하나님의 일은
생각하지 않고 사람의 일을 생각하고 있구나." 34 그리고 무리와
제자들을 불러 말씀하셨다. "누구든지 나를 따르려거든 자기를
부인하고 자기 십자가를 지고 나를 따르라. 35 누구든지 자기 생명을
구하려고 하는 사람은 생명을 잃을 것이다. 그러나 나와 복음을
위하여 자기 생명을 잃는 사람은 생명을 구할 것이다. 36 사람이 온
세상을 얻고도 자기 생명을 잃으면 무슨 소용이 있겠느냐? 37 사람이
무엇으로 자기 생명을 맞바꾸겠느냐? 38 누구든지 음란하고 죄 많은
이 세대에서 나와 내 말을 부끄러워하면 인자도 아버지의 영광 중에
거룩한 천사들과 함께 올 때 그 사람을 부끄러워할 것이다. 9:1 또
그들에게 말씀하셨다. "내가 진실로 너희에게 말한다. 여기 서 있는
사람들 중에는 하나님의 나라가 권능으로 임한 것을 보기 전까지
죽음을 맛보지 않을 사람도 있다."

8장은 오병이어의 이적과 별로 다를 바 없어 보이는 칠병이어의 이적으로 시작한다. 마가와는 왜 예수님이 광야에서 많은 사람들을 먹이신 급식 이적을 두 차례나 들려주는 것일까? 중요한 것은 여기서도 제자

들의 믿음 없음이 드러나고 있다는 사실이다. 그렇다. 두 차례의 급식 이적은 예수님이 누구신가에 관한 내용이면서 동시에 참 제자는 누구인가를 묻고 있다. 앞서 6장에서 제자들은 예수님이 물 위를 걸어오시는 것을 보고 귀신으로 오해할 뿐 예수님이 바다도 다스리는 하나님이시요, 어둠과 시련 속에 있는 제자들을 능히 구원하시는 하나님의 아들이심을 깨닫지 못했다. 이에 대해 마가는 제자들이 여전히 오병이어 이적의 의미를 깨닫지 못했고 마음이 둔해져 있다고 비판했다. 떡과 관련한 제자들의 믿음 없음과 우둔함은 칠병이어의 이적에서 계속되고 있는 것이다. 제자들의 우둔함은 점점 깊어만 갔다. 얼마 후 배 안에서 예수님은 바리새인들과 헤롯의 누룩을 주의하라고 경고하셨다. 제자들은 예수님의 말씀을 이해하지 못한다. 오히려 자기들에게 떡이 한 개밖에 없는 것을 예수님이 아시고 자신들을 꾸짖는 것이 아닌가 수군거린다. 이런 모습을 본 예수님은 크게 질책하셨다. 떡 5개로 5천 명을, 떡 7개로 4천 명을 먹이신 것을 보고도 깨닫지 못하는 그들을 제자라고 할 수 있을까? 위기의 순간이다.

예수님이 벳새다에서 시각 장애인을 고치시는 이야기(8:22-26)는 단순한 치유 이적 이야기가 아니다. 예수님이 두 단계를 거쳐 장애인의 눈을 뜨게 하신 것은 제자들이 영적으로 눈이 밝아져야 함을 암시한다. 하지만 제자들은 계속해서 실망스러운 모습을 보인다. 빌립보 가이사랴에서 예수님은 당신의 정체에 대해 사람들의 생각과 제자들의 생각을 물으셨다. 제자들은 사람들의 생각을 전해 드린다. 이때 베드로가 예수님을 그리스도로 고백한다. 그러나 이어지는 예수님의 수난과 죽음에 관한 예언을 들은 베드로는 강력하게 항의한다. 예수님은 베드로 배후에 있는 사탄을 지목하시며 단호히 그를 꾸짖으신다. 예수님과 베드로(및 제자들) 사이에 있었던 가장 심각한 충돌이었다. 예수님은 흥분하여 씩씩거리고 있었을 제자들에게 참된 제자란 자기를 부인하고 자기 십자가를 지고 예수께서 걸어가신 고난의 길을 따라오는 자임을 드러내 놓고 말씀하신다(27-38절).

칠병이어 이적(1-10절)

바리새인들이 표적을 구하다(11-13절)

말씀을 깨닫지 못하는 제자들을 엄히 꾸짖으시다(14-21절)

벳새다에서 시각 장애인을 고치시다(22-26절)

베드로의 고백과 예수님의 수난 예언(27-33절)

참된 제자란 누구인가(34-38절)

8장

풀어보기

칠병이어 이적(1-10절)

1 그 무렵에 다시 큰 무리가 모였는데, 먹을 것이 없었다. 예수께서
제자들을 불러 말씀하셨다. 2 "내가 저 무리를 불쌍히 여긴다. 나와
함께 지낸 지 벌써 사흘이 되었는데, 먹을 것이 없구나. 3 만일 내가
그들을 굶긴 채로 집으로 보내면 가다가 도중에 쓰러질 것이다. 저들
중에는 멀리서 온 사람들도 있다."

칠병이어의 이적은 오병이어의 이적과 함께 '급식 이적'이라고 부른다. 배고픈 사람들에게 예수께서 이적을 행하셔서 먹을 것을 주셨다는 뜻이다. 오병이어의 이적이 4개의 복음서 모두에 나오는 반면, 칠병이어의 이적은 마가복음과 마태복음(15:32-39)에만 나온다. 왜 마가와 마태는 비슷한 내용의 이적을 두 번씩이나 들려주는 것일까?[1] 오병이어 이적과 칠병이어 이적이 급식 이적이란 점에서 같지만, 그 대상이 다르다. 오병이어의 이적이 갈릴리 서편 유대인 지역에서 일어났다면 칠병이어의 이적은 갈릴리 동편 이방인 지역에서 일어난 것으로 보인다. 바로

앞서 있었던 사건이 갈릴리 바다 동편 지역에서 있었기 때문에 칠병이어 이적 역시 같은 장소에서 일어난 것으로 생각할 수 있다. 또 일곱 광주리에서 '광주리'에 해당하는 헬라어 '스퓌리스'(σπυρίς)가 이방 사람들이 사용하는 것이라는 사실도 또 다른 증거다. 그렇다면 칠병이어의 이적은 예수께서 이루시는 하나님 나라는 이방인까지도 살리시는 나라임을 보여 준다.

마가는 "그 무렵에"라는 애매한 시간적 표현으로 시작한다. 장소는 다시 '광야'다. 그곳에는 예수님을 따르는 '큰 무리'가 있었다. 오병이어 이적이 일어날 때 상황과 비슷하다(6:34, 35). 그러나 오병이어 이적 때의 무리들과는 달리 지금 무리들 가운데는 '멀리서 온 사람들'도 있었다. 이들은 이방인을 가리키는 것 같다. 앞서 예수님은 두로와 시돈 지방에 가셨고, 여기서 수로보니게 여인의 딸을 치유하셨다. 그리고 데가볼리 지방을 거쳐 갈릴리 호수에 이르러 듣지도 못하고 말하지도 못하는 중증 장애인을 치유하셨다. 이것을 본 사람들이 예수님의 발설 금지 명령을 어기고 예수님의 놀라운 치유 사건을 전했다(7:36). 이것을 들은 사람들이 '멀리서부터' 예수님을 찾아왔을 것이다. 열왕기상 8장 41절에는 '먼 지방에서 온 이방인'이란 표현이 나온다.

큰 무리들은 예수님과 사흘이나 함께 있었는데, 먹을 것이 없었다. 광야에서 꼬박 사흘 동안 같이 있었다는 말인가? 남자만 4천 명이 넘는 사람들이 사흘 동안 광야에서 줄곧 아무것도 먹지 않고 지냈다는 말인가? 아니면 처음에는 각자 가지고 온 음식을 먹다가 사흘째가 되어서야 먹을 것이 없어 배고프게 되었다는 말인가? 무엇 때문에 예수님은 사흘 동안이나 이토록 많은 사람들과 함께하셨나? 이들을 대상으로 사흘 동안 금식하며 단기집중훈련을 실시하신 것인가?[2] 모든 것이 확실하지 않다.[3] 마가가 이런 세세한 사항을 전하지 않는 이유는 말하고자 하는 바가 다른 데 있기 때문이다. 그것은 제자들의 우둔함이다.

4 제자들이 예수께 대답했다. "이 광야 어디서 빵을 구해 이

사람들을 배부르게 할 수 있겠습니까?"

앞서 예수님이 오병이어의 이적을 행하실 때는 날이 저물자 제자들이 먼저 "여기는 빈 들이고 날도 이미 저물었습니다. 사람들을 해산시켜서 각자 인근 농가나 마을로 가서 먹을 것을 사 먹게 하십시오"(6:35-36)라고 요청했다. 그러나 이번에는 예수님이 먼저 제자들에게 무리의 배고픈 상황을 이야기하시며 어떻게 했으면 좋겠냐고 물으신다. 예수님은 내심 오병이어 이적을 본 제자들이 이렇게 말해 주기를 바라시지 않으셨을까? "예수님, 지난 번 빵 다섯 개와 생선 두 마리로 오천 명을 먹이시지 않았습니까? 오천 명을 먹이시고도 남은 것이 열두 바구니나 되지 않았습니까? 저희는 믿습니다. 예수님께서 저 사람들을 불쌍히 여기셔서 다시 한 번 놀라운 능력으로 먹이실 것을 말입니다!"

그러나 제자들은 너무나 한심한 대답을 하고 있다. 제자들은 오병이어의 기적을 전혀 기억하지 못하고 있는 것 같다. 오병이어의 기적을 본 지 얼마나 되었다고 그 일을 잊을 수 있단 말인가? 어떻게 이럴 수 있을까? 제자들의 대답을 들으신 예수님이 너무도 기가 막히시지 않으셨을까? 아니 어쩌면 끓어오르는 화를 자제하고 계셨을 것이다. 제자들의 이 심각한 건망증에 체념하신 듯, 예수님은 다른 말씀 안 하시고 "너희가 빵을 얼마나 가지고 있느냐?"라고 물으시고 무리들을 먹이신다. 이런 제자들의 모습은 하늘의 만나를 맛보았지만 애굽 땅에서 먹던 고기를 그리워하며 하나님을 원망하고(출 16:1-8) 시험하는(시 95:9) 이스라엘 백성들과 닮았다. 칠병이어의 이적은 이처럼 제자들의 우둔함이라는 주제를 다루고 있다.

묵상

제자들은 생명의 빵이신 예수님을 눈앞에 두고 빵을 구하려고 했다. 수가성 여인도 영생하도록 솟아나는 생수를 주실 예수님이 앞에 계시는 데도 조상들이 마셨던, 그러나 결국 다시 목마를 수밖에 없는 야곱의 우물 물을 찾았다. 탕자의 비유에 등장하는 둘째 아들은 먹을 것이 풍족한 아버지의 집을 놔두고 비록 잠시 쾌락을 즐길 수 있겠지만 결국은 굶주려 죽을 수밖에 없는 곳으로 떠났다. 이것이 믿음이 없는 인간의 어리석음이다.

6 예수님은 무리에게 명하셔서 땅에 앉게 하셨다. 그리고 빵 일곱
개를 가지고 감사 기도를 드리신 후 떼어 제자들에게 주시며 나눠
주라고 하셨다. 그러자 제자들은 무리에게 나눠주었다. 7 또 작은
물고기 몇 마리도 있어 역시 감사 기도를 드리신 후 이것들도 나눠
주라고 말씀하셨다.

오병이어 이적 때는 예수께서 제자들을 시켜 무리들을 정렬시켰으나, 칠병이어 이적 때는 예수께서 직접 명하여 땅에 앉게 하셨다. 그러나 빵과 물고기를 나누는 일은 두 개의 이적 모두에서 제자들이 담당한다. 마치 오늘날 성찬식에서 분병분잔 위원과도 같다. 이적을 일으키시는 분은 예수님이시지만 그 이적의 유익을 사람들에게 나눠 주는 일은 제자들의 몫이다. 예수님은 능력의 근원이시고 성도는 축복의 통로다. 교회는 생명의 빵이신 예수님을 전해야 한다. 섬김을 통해 나눠 줘야 한다.

8 사람들이 배부르게 먹었고, 남은 조각들을 거두어 보니 일곱
광주리가 됐다.

'광주리'로 번역한 헬라어는 '스퓌리스'(σπυρίς)다. 사울이 다메섹에서 도망칠 때 사용했을 만큼(행 9:25) 큰 광주리다. 반면에 오병이어의 이적에서 남은 빵 조각을 모은 바구니의 헬라어는 '코피노스'(κόφινος)인데 주로 유대인들이 사용하는 바구니로서 광주리보다 작다.

예수님이 제자들로부터 받으신 빵은 일곱 개였다. 남은 빵조각을 거두었을 때도 일곱 광주리에 찼다. 누가복음 10장에서 70인의

전도단 파송이 이방을 향한 선교를 상징하듯이 여기서 숫자 7이 이방인을 상징한다. 또 7은 완전수라는 점에서 일곱 광주리는 예수께서 유대인은 물론 이방인까지도 배불리 먹이시는 선한 목자요 천국에서 베풀어질 메시아 잔치를 이 땅에서 미리 맛보게 하시는 분이심을 암시한다.

10 그리고 즉시 제자들과 함께 배에 오르셔서 달마누다 지역으로 가셨다.

오병이어의 이적 후에 제자들을 먼저 배를 태워 보내신 것처럼, 이번에도 예수님은 다른 곳으로 가신다. 이번에는 제자들과 함께하신다. '달마누다'가 어딘지 정확히 알 수 없다. 마태복음 15장 39절에서는 '마가단'(Magadan)으로 나온다. 바로 다음 구절에 바리새인들이 등장하는 것을 봐서 갈릴리 서편 지역 같다.

바리새인들이 표적을 구하다(11-13절)

11 바리새인들이 와서 예수님을 비난하기 시작했는데, 그들은 예수께 하늘로부터 오는 표적을 요구하며 시험했다.

'표적'으로 번역된 헬라어 '세메이온'(σημεῖον)은 신약에서 총 77회 나오는데, 가장 많이 나오는 책은 요한복음이다(17회). 새번역 성경은 '표징'(表徵)으로 번역했다. 대개 표적이라고 하면 '표적'(標的, target)을 연상하는데, 여기서 표적은 겉으로 드러난 흔적 혹은 자취라는 의미의 '표적'(表蹟)이다. 표적은 기본적으로 신의 능력으로 행해진 기적을 말하지만, 그 기적을 통해 그 기적을 행하는 자가 누구인지를 드러낸다.

'하늘로부터 오는 표적'이란 하늘로부터 나타나는 이적이란 뜻이 아니라 하나님으로부터 오는 이적이란 뜻이다. 바리새인들은 예수님의 능력과 권위가 하나님이 주신 것임을 입증해 보이라고 요구하는 것으로 그들이 예수님을 불신하고 적대하고 있음을 보여 준다. 이 같은 모습은 예수님이 하늘로부터 임한 성령의 능력으로 귀신을 쫓아내는 것을 모른 채 바알세불에게 사로잡혔다고 음해하는 서기관들(3:22)과 다를 바 없다. 또한 예수님의 지혜와 권능을 보고도 "이자가 어디에서 이런 것을 얻었는가?"(6:2) 놀라워하며 의심하는 나사렛 고향 사람들의 불신과도 일치하며, 또 나중에 대제사장들과 서기관들과 장로들이 예수님에게 "무슨 권위로 이런 일을 하느냐 누가 이런 일 할 권위를 주었느냐"(11:28)라고 따지는 모습과도 통한다. 예수께서 많은 이적을 행사한 것을 알고 있는 독자의 입장에서 보면 하늘로부터 오는 이적을 요구하는 바리새인들은 보기는 보아도 깨닫지 못하는 외인들(4:11-12), 즉 영적 시각 장애인이다.

마가는 이런 바리새인들의 요구가 예수님을 시험하는 행위라고 규정한다. 마가복음에서 동사 '페이라조'(πειράζω)는 4회 사용되고 있는데, 시험의 대상은 언제나 예수님이시다. 시험의 주체는 사단이 한 차례(1:13), 나머지 3회는 바리새인이다(8:11; 10:2; 12:15). 명사 '페이라스모스'(πειρασμός)는 1회(14:38) 사용되고 있는데, 예수께서 겟세마네에서 제자들에게 "시험에 들지 않게 깨어 있어 기도하라"라고 권면하는 내용이다. 이런 용례에서 알 수 있듯이 바리새인은 예수님을 시험하는 자들로 일관되게 나타나고 있으며, 이것은 그들이 예수님을 시험했던 사탄에게 속한 자들임을 보여 준다.

> 12 예수께서 그의 심령으로 탄식하며 말씀하셨다. "어찌하여 이 세대가 표적을 구하느냐? 내가 너희에게 진실로 말한다. 이 세대는 표적을 받지 못할 것이다."

예수님은 앞서 귀 먹고 말 못 하는 자를 고치실 때도 "하늘을 쳐다보시고 탄식"(7:34)하신 바 있다. 그때 탄식은 힘들어서 나오는 한숨이 아니라 각종 질병으로 고생하는 사람들에 대한 연민의 정이며, 이런 고통을 주는 사탄과 지금 영적 전쟁을 벌이고 계심을 뜻한다. 여기서는

7장 34절에서 나온 동사(στενάζω, 스테나조)의 강조 형태인 '아나스테나조'(ἀναστενάζω)가 사용되고 있어 예수님의 감정을 더욱 부각시키고 있다. 예수님의 탄식은 많은 이적을 보여 줘도 믿지 않고 오히려 하늘로부터 오는 표적을 구하는 불신의 바리새인들과 이 세대에 대한 탄식이요 분노다. '그의 심령으로'는 예수님의 탄식의 깊이를 보여 준다. 앞서 예수님은 안식일의 근본정신을 모르고 병자를 긍휼히 여기지 않는 종교지도자들의 마음의 완악함을 탄식하셨다(συλλυπέω, 쉴뤼페오, 3:5).

'이 세대'에서 '세대'는 우리말에서 '세대 차이 난다'고 할 때 그 세대가 아니다. 마가복음은 역사를 '이 세대'(8:12, 38; 13:30)와 '오는 세대'(10:30)로 구분하는 묵시적 역사관을 보이고 있다. 두 세대의 대립으로 역사를 바라보는 시각을 '두 세대 사상'이라고 한다. 이 세대는 악의 세력이 장악하고 있다. 거라사 귀신 들린 자처럼 결박되어 어찌할 수 없는 절망적 상황에 있다. 오직 새로운 구원의 시대, 즉 오는 세대를 여시는 하나님에 의해서만 구원을 받을 수 있다. 또 이 세대는 음란하고, 죄가 많으며(막 8:38), 믿음이 없는 세대다(9:19). 예수께서 여러 이적을 행하시고 가르쳤음에도 불구하고 예수님을 비난하며 그에게 표적을 구하는 바리새인들은 이 세대의 특징인 불신을 극명하게 보여 준다. 예수님은 나사렛 고향 사람들이 불신에 놀라시며 아무 이적도 행하지 않으셨던 것처럼(6:5-6), 바리새인들에게도 별도의 표적을 보여 주지 않으셨다. 바리새인들, 나사렛 고향 사람들 모두 믿음이 없는 세대에 속한 사람들이다.

말씀을 깨닫지 못하는 제자들을 엄히 꾸짖으시다(14-21절)

15 예수께서 그들에게 경고하셨다. "조심해라! 바리새인들의 누룩과 헤롯의 누룩을 주의해라."

성경에서 누룩은 부정한 것, 악한 경향성 등을 상징한다. 바울도 음행한 성도를 방치한 고린도 교인들에게 "너희는 누룩 없는 자인데 새 덩어리가 되기 위하여 묵은 누룩을 내버리라"(고전 5:7)라고 경고한 바 있는데, 여기서 '누룩'은 음행을 비롯한 각종 죄악을 상징한다.

누룩의 특성은 '전염성'이다. 바리새인들과 헤롯의 누룩을 주의하라는 말씀은 그들로부터 전염되지 않도록 조심하라는 뜻이다. 마가복음에서 바리새인과 헤롯이 함께 언급되는 경우는 두 차례인데, 두 차례 모두 예수님을 죽이려 모의하거나, 예수님을 책잡으려고 시험하는 내용이다(3:6; 12:13). 이들은 완고한 마음을 가지고 있었다. 메시아요 하나님의 아들이심을 보지 못한 채 예수님을 시험하고 책잡으려고 했다. 누룩을 주의하라는 말은 이러한 그들의 불신과 적대적 태도에 감염되지 말라는 뜻이었다. 하지만 제자들은 예수님의 뜻을 헤아리지 못하고 예수님을 실망시키는 대답을 한다.

16 그러자 제자들이 서로 수군거렸다. "우리에게 빵이 없어서
그러시나 보다."
21 예수께서 그들에게 말씀하셨다. "아직도 깨닫지 못하느냐?"

제자들은 누룩에 관한 예수님의 말씀이 지금 자기들이 빵을 안 가져왔다며 꾸중하는 것이라 생각했다. 벌써 두 차례에 걸쳐 수천 명을 먹이신 예수님인데, 배에 탄 10여 명이 먹을 빵이 없다고 해서 예수님이 꾸중하신다고 생각하다니 얼마나 멍청한 제자들인가? 제자들의 대답을 들으시고 예수님은 그동안 참고 참았던(?) 마음을 쏟아내신다(17-21절).

지금까지 제자들을 향해 이토록 심한 꾸중을 하신 적이 없었다. 특히 "눈이 있어도 보지 못하고, 귀가 있어도 듣지 못하느냐?"라는 질책은 마가복음 4장 12절에도 나온다. 예수님은 여기서 이사야 6장 9-10절을 인용하시며 가르쳐 줘도, 보여 줘도 깨닫지 못하는 자들은 제자가 아니라 '외인'이라고 말씀하셨다. 예수님을 가장 가까이서 따라다니며 모신다고 자부하던 그 제자들이 예수님 밖에 있는 자들, 곧 외인과 다를 바 없게 된 것이다.

제자들이 이 지경에 이른 이유는 그들의 마음이 둔했기 때문이다(17절). 제자들의 둔한 마음은 예수님을 적대했던 바리새인들의 완악한 마음(3:5 참조)과 다를 바 없다. 제자들은 예수님의 능력을 직접 눈으로 보았지만, 본 것을 마음에 각인하지 못했다. 생생히 기억하지 못했다. 그때뿐이었다. 그래서 다시 문제가 생기면 이전에 보여 주신 그 놀라운 능력과 은혜를 까맣게 잊고, 불평만 늘어놓거나 걱정하고 근심하는 것이다. 이런 점에서 광야에서 원망하는 출애굽기의 이스라엘 백성들과도 닮았다.

벳새다에서 시각 장애인을 고치시다(22-26절)

> 22 그리고 그들이 벳새다로 갔다. 사람들이 시각 장애인을 예수께 데려오더니 그에게 안수해 달라고 간청했다.

'벳새다 시각 장애인 치유'는 오직 마가복음에만 나온다. '벳새다'는 갈릴리 바다 북동쪽에 있는 마을이다. 요한복음 1장 44절에 따르면 벳새다는 베드로와 안드레와 빌립의 고향이기도 하다. 마태복음(11:21)과 누가복음(10:13)에서 벳새다는 예수께서 많은 권능을 행하셨음에도 불구하고 회개하지 않는 완악하고 불신의 마을로 나타나고 있다.

> 23 예수께서 그 시각 장애인의 손을 잡고 마을 밖으로 데리고 나가셨다. 그리고 그의 눈에 침을 뱉으시고 안수하시며 물으셨다. "무엇이 보이느냐?"

앞서 갈릴리 바다 동편 지역에서 귀 먹고 말하지 못하는 자를 고치실 때처럼(7:31-33) 이번에도 시각 장애인을 마을 밖으로 데리고 나가 은밀하게 치유하셨다. 그러나 치유 과정 중에 시각 장애인은 사람들이 보인다고 말한다. 그렇다면 주변에 사람들이 있었다는 말이 아닌가? 예수께서 시각 장애인을 데리고 간 곳은 실제로 마을에서 멀리 떨어진 곳이 아니라 비교적 한적한 곳이지만, 어느 정도 거리를 두고 사람들이 있었다는 말인가? 필자는 예수께서 마을 밖으로 데리고 나가셨고, 본문에는 언급되어 있지 않지만 제자들이 함께 있었을 것이라고 추측한다. 시각 장애인이 보았던 사람들은 제자들이었을 것이다.

예수께서는 이번에도 시각 장애인을 고칠 때 침을 사용하셨다. 당시 지중해 세계에서는 침이 치료용으로 사용되었다는 기록이 있다.[4] 장애를 가진 사람의 눈에 침을 뱉고, 안수하는 등의 행위는 정결법상 부정한 행동이지만, 예수께서는 아무런 거리낌 없이 행하셨다.

> 24 그가 쳐다보며 말했다. "사람들이 보입니다. 나무들이 걸어다니는
> 것처럼 보입니다." 25 그래서 예수께서 다시 그의 양쪽 눈에
> 안수하셨다. 그러자 그는 자세히 보더니 시력이 회복되어 모든 것을
> 분명히 보게 되었다.

예수께서는 한 번에 고치시지 않고 두 번에 걸쳐 고치셨다. 이런 경우는 처음이다. 예수님의 능력이 약해지셨기 때문은 결코 아닐 터! 필자는 두 단계 치유가 제자들에게 교훈을 주기 위한 예수님의 의도된 행동이라고 본다. 필자는 치유의 현장에 제자들이 있는 것으로 가정한다. 제자들은 하나님 나라의 비밀이 주어지는 특권이 있지만(4:11) 그러나 지금까지 제자들이 보인 모습은 예수님의 가르침을 깨닫지 못하는 우둔한 모습이었다. 이것은 시력이 완전히 회복되지 않은 시각 장애인의 상태와도 같다. 제자들은 예수께서 시각 장애인에게 두 번째 안수하셔서 완전히 시력이 회복되어 모든 것을 분명히 볼 수 있는 그런 영적 상태까지 이르러야 한다.

잠시 후 8장 27절 이하를 보면 베드로는 예수님을 그리스도로 고백한다. 바로 앞에서 제자들은 예수님으로부터 호된 질책을 받았는데(8:14-21) 어떻게 베드로는 예수님을 그리스도라고 고백할 수 있었을까? 마테라(Matera)[5]에 따르면 예수의 벳새다 소경 치유(8:22-26)는 제자들의 눈이 뜨였음을 보여 주는 '범례적'(paradigmatic) 사건이다. 벳새

다 소경 치유 사건은 제자들에게 무언가 일어났으며, 그 결과 소경이 모든 것을 밝히 볼 수 있게 된 것처럼 제자들도 영적인 눈을 뜨게 되었던 것이다.[6]

그러나 베드로는 예수님의 수난과 죽음을 받아들이지 못하기도 한다. 따라서 벳새다 소경 치유 사건은 마테라가 주장한 의미를 가지고 있지만, 동시에 제자들의 온전한 예수 이해는 예수님의 부활 이후에야 가능하게 될 것을 암시하는 사건으로도 해석되어야 한다.[7] 9장 9절("그들이 산에서 내려올 때에 예수께서 경고하시되 인자가 죽은 자 가운데서 살아날 때까지는 본 것을 아무에게도 이르지 말라 하시니")에 따르면 예수께서 부활하신 이후에 제자들이 예수님이 하나님의 아들이라는 것을 알게 될 것이고, 그것을 사람들에게 전하게 될 것을 말하고 있다.

또 벳새다 시각 장애인 치유 이야기(8:22-26)는 바디매오 치유 이야기(10:46-52)와 함께 이 두 이야기 가운데에 나오는 내용들(8:27-10:45)을 감싸고 있는 틀(frame)의 기능을 하고 있는데(아래 그림 참조), 이 두 이야기는 예수님의 가르침을 깨닫지 못하는 영적 시각 장애인 제자들과 대조를 이루면서 그 안에 있는 내용들에 대한 해석의 기준을 제공한다.

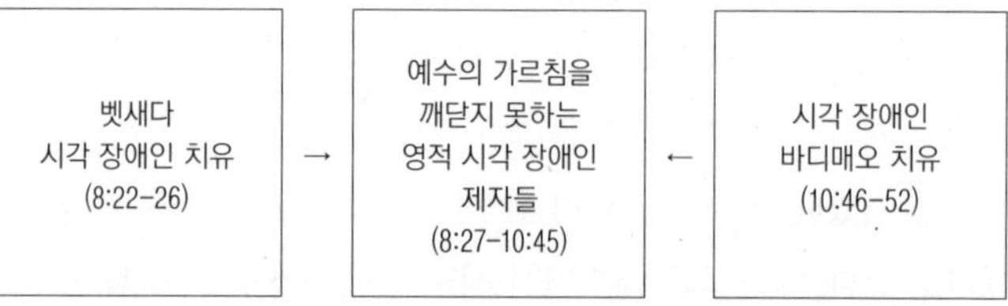

베드로의 고백과 예수의 수난 예언(27-33절)

27 예수님과 제자들이 빌립보 가이사랴의 여러 마을로 가셨다.
길에서 예수님은 제자들에게 물으시며 말씀하셨다. "사람들이 나를
누구라고 하느냐?" 28 그들이 대답하여 말씀드렸다. "어떤 사람은
세례자 요한이라고 하고, 또 어떤 사람은 엘리야라고 하고, 또 다른

이들은 선지자 중 한 분이라고 합니다."

'빌립보 가이사랴'는 분봉왕 헤롯 빌립이 통치하던 지역에 있던 도시로서, 빌립이 가이사(Caesar)를 기념하며 지은 이름이다. '빌립보'란 말을 붙인 이유는 지중해에 맞닿아 있는 도시 '가이사랴'와 구분하기 위해서다. 예수님은 제자들과 가이사랴 빌립보 지역의 여러 마을로 가시던 도중, 길 위에서 제자들에게 사람들이 나를 누구라고 말하느냐고 물으신다. 당시 사람들이 예수님을 세례자 요한, 엘리야, 선지자 중의 한 분 등으로 생각했다는 것은 앞서 6장 14-15절에도 동일한 순서로 나온다. 자세한 설명은 이 구절들에 대한 본문 풀어보기를 보라.

29 이번에는 예수께서 친히 제자들에게 물으셨다. "그러면 너희들은 나를 누구라고 하느냐?" 베드로가 대답하여 말했다. "당신은 그리스도이십니다."

헬라어 원문을 보면 제자들에게 물으시는 예수님을 강조하는 '아우토스'(αὐτός)가 있다. 필자는 이 강조의 의미를 '친히'로 번역했다. '사람들이 그렇게 말한다면 너희들은 어떻게 생각하느냐'라는 뉘앙스가 있다. 제자는 다른 사람이 예수님을 어떻게 생각하는지를 아는 자가 아니라 자신만의 고백이 있는 사람이다. 예수님은 정보의 대상이 아니라 고백의 대상이다. 그러나 고백은 예수님에 대한 바른 이해에 바탕을 두어야 한다.

베드로가 제자들을 대표하여 "당신은 그리스도이십니다"라고 대답한다. 필자는 개역개정이나 개역한글이 "주는 그리스도시니이다"라고 번역한 것과는 달리 "당신은 그리스도이십니다"라고 번역했다. 헬라어 원문은 '당신'(σύ, 쉬)이다. 한국 문화에서 제자인 베드로가 예수님을 부를 때는 '주'나 '선생님'과 같은 존칭어를 써야겠지만 이렇게 번역하면 '주'나 '선생님'을 호칭으로 이해하기 때문에 원문 그대로 '당신'이라고 번역을 했다.

'그리스도'(Χριστός, 크리스토스)는 '기름 부음을 받은 자'(מָשִׁיחַ, 마쉬아흐)를 뜻한다. 주로 이스라엘의 왕이나 제사장에게 적용되었다. 예수님 당시 유대인의 메시아관은 진정한 이스라엘의 왕, 즉 강력한 정치적, 군사적 지도자였다. 레위 지파 출신의 대제사장으로서 메시아를 기대하기도 했지만, 대세는 유다 지파 출신의 왕으로서의 메시아였다.

> 30 예수께서 그들에게 자신에 관하여 누구에게도 말하지 말라고 경고하셨다.

예수님은 베드로의 고백을 들으신 후 이 사실을 다른 사람들에게 말하지 말라고 '경고하셨다'. 개역한글 성경은 '엄히 경계하다'로, 개역개정판은 필자의 사역처럼 '경고하다'로 번역하고 있지만 원어의 의미는 '꾸짖다'(ἐπιτιμάω, 에피티마오)이다. 이 단어는 예수님이 귀신을 꾸짖으실 때(1:25; 3:12; 9:25) 또는 바다를 꾸짖으실 때(4:39) 사용된 단어다. 왜 이렇게 강한 단어를 사용하셨는지는 아래서 설명한다.

> 31 예수께서 그들에게 가르치시기 시작하셨다. "인자가 많은 고난을 받고 장로들과 대제사장들과 서기관들에게 버림을 받아 죽었다가 사흘 만에 다시 살아나야 한다."

예수님은 당신께서 고난과 죽임을 당하고 사흘 만에 다시 살아나야 한다고 말씀하신다. 세 차례에 걸친 수난과 부활 예언(8:31; 9:31; 10:33-34) 중 첫 번째 예언이다. 부활보다는 수난에 강조점이 있다. 헬라어 원문에는 인자가 고난을 당하고 버림을 받고, 죽고, 다시 살아나는 4개의 동사가 조동사 '데이'(δεῖ)에 걸려 있다. '데이'는 '~해야만 한다'라는 뜻을 가진 조동사로서 새국제역(NIV)과 신개정표준역(NRSV)은 'must'로 번역했다. '데이'는 하나님께서 정하셨기 때문에 반드시 이뤄져야 한다는 뜻('신적 필연성', divine necessity)을 나타낸다. 예수님은 종교지도자들에 의해 타살되셨지만, 사실은 하나님이 정하신 뜻에 따라 된 일이다.

이러한 하나님의 뜻을 예수님은 받아들이셨다. 그것이 저 유명한 겟세마네의 기도다(14:32-42).

32 예수께서 이 말씀을 드러내 놓고 말씀하셨다. 베드로가 예수님을 붙들고 강하게 항의했다.

예수님은 당신이 받으실 고난에 대해 "드러내 놓고" 가르치기 시작하셨다. 예수님이 어째서 그리스도이신지를 제자들이 오해하지 않도록, 똑똑히 알아듣도록 말씀하셨다는 뜻이다. 이제까지 예수님은 제자들에게 당신이 고난받으실 것을 말씀하지 않으셨다. 고난은커녕 놀라운 능력으로 이적을 행하시고 하나님 나라를 가르쳐 주셨다. 그러나 이제 때가 되었다. 십자가를 통해 구원을 이루시는 하나님의 계획을 분명히 가르쳐 주실 때가 되었다고 판단하신 것이다.

그러자 베드로가 예수님을 붙들고 '꾸짖는다'. 개역한글 성경은 '간(諫)하매'로, 개역개정판은 '항변하매'로 번역하고 있는데, 원어의 의미는 '꾸짖다'(ἐπιτιμάω, 에피티마오)이다. 이는 예수께서 귀신이나 바람을 꾸짖으실 때 사용되었다. 그만큼 강력하게 베드로가 항의했다는 뜻이다. 개역한글 성경이 '간하다'라고 번역한 것은 제자인 베드로가 스승이신 예수님을 어떻게 꾸짖을 수 있느냐는 생각에서 그 의미를 약화시킨 것이다. 게다가 바로 앞서 예수님을 '그리스도'로 고백한 베드로가 아닌가! 그러나 이 번역은 본문이 주는 메시지를 약화시키는 약점이 있다. 베드로는 예수님이 고난당하시고, 죽으시는 일은 절대로 있어서는 안 된다고 생각하고 매우 강력하게 예수님께 항의했던 것이다. 마가복음은 이러한 베드로의 태도를, 그의 스승이신 예수님을 '꾸짖다'라는 매우 강한 단어로 표현하고 있는 것이다.

33 예수께서 제자들을 돌아보시며 베드로를 꾸짖으시며 말씀하셨다. "사탄아 내 뒤로 물러가라. 너는 하나님의 일은 생각하지 않고 사람의 일을 생각하고 있구나."

베드로가 예수님을 꾸짖자, 이번에는 예수님이 베드로를 꾸짖으신다(에피티마오). 아니 제자들 모두를 꾸짖으신다. "예수께서 제자들을 돌아보시며"(33절) 베드로를 꾸짖었다는 것은 단지 베드로만 꾸짖으신 것이 아니라 제자들 모두를 꾸짖으셨단 뜻이다. 놀랍게도 예수님은 베드로를 사탄으로 규정하신다. 하나님의 일이 아니라 사람의 일을 생각했기 때문이다. 베드로가 생각한 사람의 일이란 무엇인가?

베드로가 예수님을 그리스도로 고백한 것은 옳았다. 그러나 그가 생각한 그리스도는 하나님의 생각과 달랐다. 베드로가 생각한 그리스도는 당시 대부분의 유대인들이 생각했던 것처럼 '강력한 힘'을 가지고 이스라엘을 모든 외세로부터 독립시켜 주실 정치적, 군사적 메시아였다. 사실 예수님은 이런 메시아로 생각되기에 충분했다. '강력한 힘'을 가지고 계셨기 때문이다. 귀신들을 쫓아내시고, 수많은 병자를 고치시고, 바다를 잠잠케 하시고, 5천 명을 먹이시고, 심지어 사람들의 죄까지도 용서하지 않으셨던가? 따라서 베드로와 나머지 모든 제자들이 예수님을 강한 메시아로 생각한 것은 당연하다.

그런데 예수님은 이와 같은 생각이 '사람의 일을 생각하는 것'이지 '하나님의 일을 생각하는 것'이 아니라고 잘라 말씀하신다. 하나님의 뜻은 다른 데 있었다. 그 길은 고난과 십자가의 죽음을 향한 길이었다. 하나님의 아들이시며 그리스도가 모진 고난을 받고 십자가에 달려 죽는 것, 이것이 바로 하나님의 일이다.

이것을 베드로는 도저히 받아들일 수 없었다. 베드로뿐만이 아니었다. 바울이 말한 대로 '십자가에 못 박힌 그리스도는 유대인에게는 거리끼는 것(걸려 넘어지게 하는 것, stumbling block)이요 이방인에게는 미련한 것'(고전 1:23)이었다. 십자가에 못 박혀 돌아가셔야 할 그리스도는 베드로에게 '걸려 넘어지게 하는 것'이었다. 베드로는 여기에 걸려 넘어진 인물이었다. 베드로는 예수님에게서 놀라운 능력과 십자가, 이 두 가지를 동시에 볼 수 없었다. 그것은 마치 보이기는 보이되, 온전히 볼 수 없었던 벳새다 시각 장애인과도 같았다.

예수님의 의지는 단호했다. 자기의 앞을 가로막은 제자 베드로에게서 사탄을 보았다. 그래서 "사탄아 내 뒤로 물러가라. 내가 가야 할 길을 가로막지 말라. 베드로야, 내 뒤로 물러가라. 그리고 내 뒤에서 나를 따르라. 내 길을 따라 오너라"라고 말씀하신 것이다.

참된 제자란 누구인가(34-9:1)

34 그리고 무리와 제자들을 불러 말씀하셨다. "누구든지 나를
따르려거든 자기를 부인하고 자기 십자가를 지고 나를 따르라."

먼저 제자는 '자기를 부인'해야 한다. 베드로를 비롯한 제자들이 예수님을 좇았던 이유는 자기 부인이 아니라 자기 영광, 자기 과시였다. 제자들은 누가 더 높으냐 싸우고(9:33-37), 또 세베대의 아들 야고보와 요한은 예수께 영광의 자리를 구했다(10:35-45). 누구나 존재감을 드러내고 싶어 한다. 그런 자아를 포기하라는 것은 너무도 어려운 일이다. 그러나 참된 제자는 하나님의 뜻을 위해 내 뜻을 포기하는 것이요, 하나님의 뜻에 내 생각과 뜻을 맞추는 것이며, 그 반대가 결코 아니다. '자기 부인'은 금욕주의가 아니다. 금욕이 '자기 부인'의 한 방법일 수는 있어도 '자기 부인'의 본질은 아니다. 자기 부인의 핵심은 누가 내 인생을 통해 드러나느냐의 문제다.

둘째, 자기 십자가를 지고 예수님을 따르는 것이다. '자기 십자가를 진다'는 이 표현을 제자들과 무리들, 그리고 마가복음 독자는 매우 실감나게 들었을 것이다. 왜냐하면 그들은 실제로 사람이 십자가를 지는 것을 볼 수 있었기 때문이다. 십자가를 지고 도달하는 목적지는 처형장이었다. 죽음까지 각오해야 한다는 뜻이다(35절). 그러나 그들은 예수님이 겟세마네에서 체포되실 때 예수님을 버렸다(14:50).

묵상

카일 아이들먼은 그의 책 〈Not a Fan 팬인가 제자인가〉(두란노, 2012)에서 온전히 헌

신된 예수님의 제자가 어떤 사람인지를 말한다. 팬은 와서 환호하는 사람들이다. 예수님은 일종의 스타 연예인인 것이다. 그러나 자기가 따르는 연예인이 더 이상 상품가치가 없으면 떠나듯이 팬은 사라져 버리는 사람이다. 반면에 제자란 주님께 와서 죽기까지 섬기는 사람이다. 그는 예수님의 부르심을 3가지로 말하는데, 첫째는 "가장 행복한 부르심: 나를 따르라", 둘째는 "가장 고통스런 부르심: 자기를 부인하라", 셋째는 "가장 충격적인 부르심: 와서 죽으라"이다. 자기를 부인하고 예수를 위해 온전히 죽는 사람, 그 사람이 제자다.

셋째, '나를 따르라'에서 '따르라'(ἀκολουθείτω, 아콜루쎄이토)의 헬라어 시제는 현재 명령형이다. 앞서 자기를 부인하고, 십자가를 지라는 명령은 단순과거 명령형이지만, '따르라'가 현재 시제인 이유는 십자가의 길을 '끝까지' '계속해서' 잘 따라가라는 의미를 강조하기 위함이다.

오늘날 성도에게 십자가는 거룩하고 경건한 신앙의 상징물이지만, 예수님 당시 로마제국에서 십자가 처형은 "가장 잔인하고 무시무시한 벌"[8]이었다. 주로 노예와 반역자에게 내려졌다. 검투사로서 노예들의 반란을 일으킨 스파르타쿠스는 영화와 드라마로도 만들어지기도 했다. 스파르타쿠스의 반란은 결국 진압되었는데, 6천여 명을 십자가형에 처했다. 이들의 십자가는 200여 킬로미터에 달하는 길 위에 세워졌다. 대략 35미터마다 십자가 하나가 세워진 것이다. 십자가에 달린 사람은 온몸이 피범벅이 된 채로 죽는다. 십자가에서 죽은 시신을 그대로 방치하여 시신은 파리로 뒤덮이고, 쥐가 파먹고 까마귀들이 쪼아댔다고 한다. 이것을 보는 사람이라면 누가 반란을 꿈꿀 수 있겠는가?

주전 88년 하스모니아 왕조의 알렉산더 얀네우스도 자신에게 저항했다는 이유로 바리새인 800명을 십자가에 처형했다. 주전 4년 헤롯 대왕이 죽은 직후 갈릴리 지역에서 유다 벤 히스기야가 반란을 일으켰다. 이때 시리아 지역을 책임진 로마 장군 바루스는 이들을 잔혹하게 제압하고 약 2천 여 명의 반란자들을 십자가에 못 박았다.[9]

또 십자가는 사회가 정한 질서를 거부하고 자신을 높이는 자들에 대한 풍자적 응징이기도 하다. 십자가에 달린다는 것은 땅으로부터 높아지는 것이기에 십자가형에 처함으로써 높아지려는 불순한 마음을 가진 자들의 버릇을 단단히 고쳐 주겠다는 뜻이다. 예수님의 십자가에 달리셨을 때 '유대인의 왕'이라는 명패가 달린 것 역시 예수님이 자신을 왕으로 높인 것에 대한 조롱이요 응징이다.[10] 또 십자가형은 죄수를 완전히 벌거벗겨 치욕을 주는 벌이기도 했다. 하지만 예수님의 벌거벗음은 "벌거벗은 채 벌거벗은 그리스도를 따른다"는 기독교 영성으로 승화된다. 그리스도께서 우리를 위해 수치를 당하셨듯이 성도 역시 그리스도를 위해 수치의 길을 가야 한다. 벌거벗음은 완전히 자기를 비우는 것이며 자발적인 가난이다. 그러나 주후 1세기 어떤 유대인도 자기 민족을 구원할 메시아가 십자가의 고난을 당할 것이라고는 꿈도 꾸지 않았다.

> 35 "누구든지 자기 생명을 구하려고 하는 사람은 생명을 잃을 것이다. 그러나 나와 복음을 위하여 자기 생명을 잃는 사람은 생명을 구할 것이다."

먼저 "나와 복음을 위하여"를 살펴보자. 이 말은 예수님이 곧 복음이라는 뜻이다. 그래서 마가복음은 "예수의 복음"이란 말로 시작한다(1:1). 그러나 정작 예수님이 선포하신 것은 '하나님의 복음'(1:14)이었다. 하나님의 복음이 예수의 복음이 된 것이다. 왜냐면 하나님의 복음은 예수님을 통해 이뤄지기 때문이다.

35절에서 자기 '생명'(ψυχή, 프쉬케)을 구하려는 사람과 예수님과 복음을 위해 생명을 잃은 사람이 대조되고 있다. 자기 생명을 구하는 사람은 살기 위해서 예수님과 복음을 저버리는 사람이다. 여기서 생명이 뭘까? 문자 그대로 목숨이라고 본다면 예수님과 복음을 위해 자기 생명을 잃는다는 것은 순교를 말한다. 제자도의 절정은 순교다. 그러나 여기서 생명은 단지 목숨만을 의미하는 것이 아니라 이 땅에서 살아가기 위해 필요한 것까지 포함한다. 10장 29-30절에서 예수님은 이렇게 말씀하신다.

> 예수께서 말씀하셨다. "내가 진실로 너희에게 말한다. 나를 위하여 또 복음을 위하여 집이나 형제나 자매나 어머니나 아버지나 자녀나 논밭을 버린 사람은 지금 이 세대에서 박해도 받겠지만 집과 형제와 자매와 어머니와 자녀와 토지를 백 배나 받을 것이고, 오는 세대에서는 영원한 생명을 얻게 될 것이다."

여기서도 "나와 복음을 위하여"라는 말이 나오고 있다. 제자란 모름지기 예수님과 복음을 위해 집, 형제, 자매, 어머니, 아버지, 자식, 전토를 버려야 한다. 8장 35절은 이것을 한 마디로 '생명'으로, 8장 36절에서는 '온 세상'으로 표현한 것이다. 10장 30절에 따르면 예수님과 복음을 위하여 가족 등을 버리는 자에겐 내세에 '영생'을 받게 될 것이다. 그렇다면 8장 35절에서 예수님과 복음을 위하여 생명을 잃는 자가 생명을 구할 것이라고 할 때, 그 생명은 내세에 받을 영원한 생명을 뜻한다고 하겠다.

> 36 "사람이 온 세상을 얻고도 자기 생명을 잃으면 무슨 소용이 있겠느냐?"

온 세상을 '얻다'(κερδῆσαι, 케르데사이), 자기 생명을 '잃다'(ζημιωθῆναι, 제미오세나이), '소용이 있다'(ὠφελεῖ, 오페이레이)는 상업적 표현이다. 즉 얻는다는 것은 이득을 보는 것이고, 잃는다는 것은 손실이란 말이며, 소용이 있다는 것은 이익이 된다는 뜻이다. 예수님과 복음을 위해 내가 가진 것을 잃어 손해를 입는다고 해도, 심지어 내 목숨까지 잃는다 해도 사실은 남는 장사다. 영원한 생명을 얻기 때문이다.

빌립보서 3장 7-8절에서 바울의 고백에서도 36절에 사용된 동일한 헬라어가 사용되고 있는데, 예수 그리스도를 아는 것이 결국은 최대의 흑자라는 뜻이다. 다음은 개역개정역이다. "그러나 무엇이든지 내게 유익(κέρδη, 케르데)하던 것을 내가 그리스도를 위하여 다 해(ζημία, 제미아)로 여길뿐더러 또한 모든 것을 해(ζημία, 제미아)로 여김은 내 주 그리스도 예수를 아는 지식이 가장 고상하기 때문이라 내가 그를 위하여 모든 것을 잃어버리고(ἐζημιώθην, 에제미오쎈) 배설물로 여김은 그리스도를 얻고(κερδήσω, 케르데소)."

38 "누구든지 음란하고 죄 많은 이 세대에서 나와 내 말을
부끄러워하면 인자도 아버지의 영광 중에 거룩한 천사들과 함께 올
때 그 사람을 부끄러워할 것이다."

여기서 '음란'은 성적인 타락은 물론 영적 음행인 우상숭배까지 포함하는 말이다. 홍수 심판 직전의 노아 시대가 대표적이지만, '음란하고 죄 많은 이 세대'는 사탄의 권세 아래 있어 하나님을 대적하고 우상을 섬기는 인간 역사 전체를 가리킨다.

'부끄러워한다'는 것은 당시 주후 1세기 지중해 세계의 매우 중요한 가치였던 '명예와 수치'(honor and shame)라는 관점에서 이해할 수 있다. 쉬운 예로 우리나라에 기독교가 전래되었을 때 예수 믿는 성도들은 제사를 지내지 않았다. 이것은 당시 조선 사회에서 있을 수 없는 일이었다. 성도들은 신앙을 지키기 위해 당대의 문화와 일반적 관행을 따를 수 없었고, 이로 인해 비난과 수치를 면키 어려웠다. 누가복음 14장 26절("부모와 처자와 형제와 자매와 더욱이 자기 목숨까지 미워하지 아니하면 능히 내 제자가 되지 못하고")에 나오는 미워한다는 말도 감정적인 미움이 아니라 가족에게 수치를 줘서 가족들로부터 미움을 받는다는 말이다. 그만큼 예수님을 따르는 일은 결코 쉽지 않았다.

바울이 로마서 1장 16절에서 "복음을 부끄러워하지 않는다"라고 말한 것도 '명예와 수치'라는 관점에서 이해할 수 있다. 복음은 십자가에 못 박히신 그리스도를 주제로 한다. 그런데 당시에 십자가에 못 박혀 죽는 것은 반란죄를 지은 중범죄인에게 내려지는 형벌이었으며, 매우 수치스러운 일이었다. 또 신명기 21장 23절에 따르면 나무에 달

린 자마다 하나님께 저주받은 자이다. 이런 배경에서 볼 때 나무에 달린 자, 십자가에 달려 죽은 그분을 하나님의 아들이요 메시아로 선포하는 복음은 당시 사람들에게 거리낌이 되는 것이었다(고전 1:22-23). 그러나 바울은 바로 십자가에 달린 그분이 우리에게 구원을 주는 메시아요 하나님의 아들임을 믿기에 복음을 부끄러워하지 않았다. 복음은 모든 믿는 자에게 구원을 주시는 하나님의 능력이기에 오히려 만방에 알려야 할 기쁨의 소식이다. 이런 배경에서 볼 때 '부끄러워하지 않는다'는 이 표현은 초대교회에서 '고백한다', '증언한다'는 말을 부정문으로 나타낸 것이다.

인자가 아버지의 영광 중에 거룩한 천사들과 함께 오신다는 말씀은 예수님의 재림을 가리킨다. 이 말씀은 다음과 같은 배경이 있다. 먼저 다니엘서 7장 13절에는 '인자 같은 이'가 등장한다. 그는 천상의 존재로서, '지극히 높으신 자의 성도들'과 동일시된다. 그는 하나님으로부터 권세와 영광과 나라를 부여받고, 또 모든 백성과 나라들로부터 경배를 받는다(7:14, 18, 22, 27). '에녹의 비유'라고 불리는 〈에녹 1서〉 37-71장에 나오는 인자는 태초부터 하나님과 함께 있었던 천상의 존재다. 그는 주님의 지혜를 의인들에게 알려주는 계시자요, 죄인들을 심판하는 자이며, 의인들의 보호자다. 다니엘서 7장과 에녹의 비유에서 인자는 종말론적 존재로서, 의인들 혹은 택함 받은 백성과 동일시될 만큼 긴밀한 관계에 있으며, 또한 권위를 가지고 있고 죄인들을 심판하는 역할을 담당한다. 예수님은 이런 배경에서 당신을 인자로 지칭하셨을 것이다.

인자 예수님은 '아버지의 영광 중에' 오실 것이다. 하나님 아버지는 당신의 영광을 아들에게 주신다. 인자 예수님은 이 아버지의 영광중에 거룩한 천사들과 함께 다시 오실 것이다.

> 9:1 또 그들에게 말씀하셨다. "내가 진실로 너희에게 말한다. 여기 서 있는 사람들 중에는 하나님의 나라가 권능으로 임한 것을 보기 전까지 죽음을 맛보지 않을 사람도 있다."

9장 1절은 내용상 8장 38절과 연결되기에 여기서 언급한다. 하나님의 나라가 권능으로 임한다는 것이 앞서 8장 38절에서 인자가 아버지의 영광 중에 거룩한 천사들과 함께 온다는 언급처럼 예수님의 재림을 뜻하는가? 그렇지 않다. '하나님의 나라가 권능으로 임한 것'은 현재완료 능동분사다(ἐληλυθυῖαν, 엘레뤼쒸이안). 하나님의 나라가 예수님의 사역 안에서 이미 임한 것을 보게 될 것이라는 말이지, 장차 종말에 하나님의 나라가 임하는 것을 보게 될 것이라는 뜻이 아니다.

9장 2절 이하에 나오는 변화산 사건, 즉 이 땅에 속하지 않고 하나님 나라에 있는 모세와 엘리야가 나타나고, 예수께서 변화되시고 그 옷에 광채가 나고 그들과 대화하시는 모습은 하나님의 나라가 권능으로 임한 사건으로 볼 수 있다. 게다가 이것을 본 사람들은 일부(베드로와 야고보와 요한)였다. 그러나 하나님의 나라가 권능으로 임하는 사건이 반드시 변화산 사건만을 가리킨다고 볼 수 없다. 변화산 사건은 예수께서 9장 1절의 말씀을 하시고 난 뒤 기껏해야 엿새 후에 일어났다. 6일 후에 일어날 사건을 두고 "하나님의 나라가 권능으로 임한 것을 보기 전까지 죽음을 맛보지 않을 사람도 있다"고 말한다는 것은 좀 어색하다.

하나님의 나라가 권능으로 임한 것은 변화산 사건 말고도 예수님의 십자가 죽음, 성전 휘장이 갈라지는 사건, 부활, 승천, 나아가 오순절 성령강림, 온갖 박해에도 불구하고 이뤄진 교회의 놀라운 성장 등까지 포함한다고 봐야 한다.[11] 성령의 능력으로 예수님의 사역을 통해 하나님 나라는 이미 도래했다. 이것을 보고 믿는 사람이 있고, 그렇지 않은 사람들이 있다. 하나님의 나라가 모든 사람들이 볼 수 있도록 확연하게 드러나는 날, 그날이 바로 인자 예수님의 재림의 날이다(13:26; 14:62). 베드로는 변화산 사건이 바로 영광 가운데 권능으로 오실 예수님의 재림을 확신하게 하는 예비적 사건이라고 말한다(벧후 1:16-18).

9장

9장

둘러보기

9:1-50

1 또 그들에게 말씀하셨다. "내가 진실로 너희에게 말한다. 여기
서 있는 사람들 중에는 하나님의 나라가 권능으로 임한 것을 보기
전까지 죽음을 맛보지 않을 사람도 있다." 2 엿새 후에 예수께서
베드로와 야고보와 요한만 따로 데리고 높은 산에 올라가셨다.
그리고 그들 앞에서 모습이 변하셨다. 3 그 옷은 이 세상 어떤
빨래꾼이라도 더 이상 희게 할 수 없을 정도로 새하얗게 빛났다.
4 또 엘리야가 모세와 함께 나타나 그들에게 나타나 예수님과
이야기를 나누었다. 5 베드로가 예수께 말했다. "랍비여, 우리가
여기에 있는 것이 좋겠습니다. 우리가 초막 세 개를 만들어 하나는
선생님께, 하나는 모세에게, 다른 하나는 엘리야에게 드리고
싶습니다." 6 그들은 두려워하고 있었고, 베드로도 어떻게 대답해야
할지 몰라 그렇게 말한 것이다. 7 그때 구름이 나타나 그들 위를
덮었고 구름에서 소리가 들려왔다. "이는 내 사랑하는 아들이다.
그의 말을 들으라." 8 문득 그들이 주위를 둘러보자 아무도 보이지
않았고 오직 예수님만 자기들과 함께 계셨다. 9 산에서 내려올 때

예수께서 그들에게 엄중하게 이르셨다. "인자가 죽은 자 가운데서
살아날 때까지는 너희가 본 것을 아무에게도 말하면 안 된다."
10 그들은 이 말씀을 마음에 새기면서도 죽은 자 가운데서
살아난다는 것이 무슨 말인지 서로 물었다. 11 그들이 예수께
여쭤보았다. "왜 서기관들은 엘리야가 먼저 와야 한다고 말합니까?"
12 예수께서 그들에게 대답하셨다. "과연 엘리야가 먼저 와서 모든
것을 회복시킨다. 그런데 어째서 성경에는 인자가 많은 고난을 받고
멸시를 당할 것이라고 기록되었느냐? 13 내가 너희에게 말한다.
엘리야는 이미 왔다. 그러나 성경에 기록된 것처럼 사람들이 그를
함부로 대했다." 14 그들이 제자들에게 와보니 많은 사람들에게
둘러싸여 있었고 서기관들과 논쟁하고 있었다. 15 모든 사람들이
예수님을 보자마자 몹시 놀라며 그에게로 달려와 인사했다.
16 예수께서 물으셨다. "너희가 무슨 일로 저들과 논쟁하고 있느냐?"
17 무리 가운데 한 사람이 대답했다. "선생님, 제 아들을 선생님께
데리고 왔습니다. 제 아들은 귀신이 들려 말을 하지 못합니다.
18 귀신이 어디서든지 아이를 사로잡으면 아이가 거꾸러집니다.
거품을 흘리고 이를 갈면서 몸이 뻣뻣해집니다. 그래서 당신의
제자들에게 귀신을 쫓아달라고 했지만 그들은 하지 못했습니다."
19 예수께서 그들에게 대답하여 말씀하셨습니다. "아, 믿음이 없는
세대여! 내가 언제까지 너희와 함께 있어야 하느냐? 내가 언제까지
너희를 참아야 하느냐? 아이를 내게 데려오너라." 20 이에 사람들이
아이를 예수께 데려왔다. 귀신이 예수님을 보자마자 아이에게
심한 경련을 일으켰다. 아이는 땅에 거꾸러져 거품을 흘리며
뒹굴었다. 21 예수께서 아이의 아버지에게 물으셨다. "언제부터
이렇게 되었느냐?" 그가 대답했다. "어릴 때부터입니다. 22 귀신이
아이를 죽이려고 불과 물에 여러 번 던졌습니다. 선생님께서 무엇을
하실 수 있다면 우리를 불쌍히 여겨서 도와주십시오." 23 예수께서
그에게 말씀하셨다. "할 수 있다면이 무슨 말이냐? 믿는 자에게는
모든 일이 가능하다." 24 그 아이의 아버지가 소리쳐 말했다.

"내가 믿습니다. 나의 믿음 없음을 도와주십시오." 25 예수께서
무리가 몰려드는 것을 보시고 더러운 귀신을 꾸짖으시며 그에게
말씀하셨다. "듣지 못하게 하고 말하지 못하게 하는 귀신아, 내가
네게 명령한다. 아이에게서 나와 다시는 들어가지 마라!" 26 그러자
귀신이 소리를 지르며 아이에게 심한 경련을 일으키더니 그에게서
나갔다. 아이가 죽은 사람처럼 있자 많은 사람들이 "아이가 죽었나
보다" 하고 말했다. 27 그러나 예수께서 아이의 손을 잡아 일으켜
세우시니 아이가 일어났다. 28 예수께서 집에 들어가시자 제자들이
따로 여쭤보았다. "우리는 어째서 귀신을 쫓아내지 못했습니까?"
29 예수께서 대답하셨다. "이런 종류는 기도 외에는 다른 것으로
쫓아낼 수 없다." 30 그들은 그곳을 떠나 갈릴리를 지나갔는데,
예수께서는 아무도 알기를 원치 않으셨다. 31 왜냐면 예수께서
제자들을 가르치시며 이같이 그들에게 말씀하셨기 때문이다.
"인자가 사람들의 손에 넘겨져 죽임을 당할 것이고, 죽은 지 사흘
만에 다시 살아날 것이다." 32 그러나 제자들은 그 말씀을 깨닫지
못했고, 묻는 것조차 두려워했다. 33 그들이 가버나움으로 갔다.
예수께서 집에 계실 때 그들에게 물으셨다. "길에서 무엇 때문에
서로 논쟁했느냐?" 34 그러나 제자들은 말을 하지 못했다. 왜냐면
길에서 누가 더 크냐는 문제로 논쟁했기 때문이다. 35 예수께서
자리에 앉아 열두 제자를 불러서 그들에게 말씀하셨다. "누구든지
첫째가 되고자 하면 모든 사람의 꼴찌가 되어야 하고, 모든 사람을
섬겨야 한다." 36 그리고는 어린아이를 데려와 그들 한가운데
서서 아이를 안으신 채 그들에게 말씀하셨다. 37 "누구든지 이런
어린아이 하나를 내 이름으로 영접하면 나를 영접하는 것이다.
누구든지 나를 영접하면 나를 영접하는 것이 아니라 나를 보내신
분을 영접하는 것이다." 38 요한이 예수께 말했다. "선생님, 어떤
사람이 당신의 이름으로 귀신을 쫓는 것을 우리가 보고 하지
못하게 했습니다. 그 사람은 우리를 따르는 사람이 아니었습니다."
39 예수께서 말씀하셨다. "막지 말아라. 내 이름으로 기적을 행하고

나서 바로 나를 욕하지 않을 것이다. 40 우리를 반대하지 않는 사람은
우리를 위하는 사람이다. 41 내가 너희에게 진실로 말한다. 너희가
그리스도의 사람이기 때문에 너희에게 물 한 잔이라도 주는 사람은
절대로 자기가 받을 상을 잃지 않을 것이다. 42 또 누구든지 나를
믿는 이 작은 사람들 가운데 하나라도 죄짓게 하는 사람은 그 목에
연자 맷돌을 달고 바다에 던져지는 것이 낫다. 43 만일 네 손이 너를
죄짓게 하거든 찍어버려라. 두 손을 가지고 지옥에, 곧 꺼지지 않는
불에 들어가는 것보다 한 손 없이 생명에 들어가는 것이 낫다.
44 (없음) 45 또 네 발이 너를 죄짓게 하거든 찍어버려라. 두 발을
가지고 지옥에 들어가는 것보다 한 발 없이 생명에 들어가는 것이
낫다. 46 (없음) 47 또 네 눈이 너를 죄짓게 하거든 빼어버려라. 두
눈을 가지고 지옥에 던져지는 것보다 한 눈으로 하나님의 나라에
들어가는 것이 낫다. 48 지옥에서는 그들의 구더기도 죽지 않고 불도
꺼지지 않는다. 49 모든 사람이 소금에 절여지듯 불에 절여질 것이다.
50 소금은 좋은 것이다. 소금이 짠 맛을 잃으면, 너희가 어떻게
그것을 다시 짜게 하겠느냐? 너희는 너희 안에 소금을 가지고
있어라. 그래서 서로 화목하게 지내라."

9장은 마가복음의 중간 지점이다. 흔히 '변화산 사건'으로 불리는 첫 번째 이야기(2-13절)는 마가복음의 중앙에 위치하고 있다. 마가복음이 원래는 16장 8절로 끝난다고 할 때, 마가복음 전체 구절 수는 666구절이다(중간에 없는 구절 포함). 9장 1절까지 324구절이며, 산에서 변화하시는 이야기가 12구절, 그리고 9장 14절부터 16장 8절까지 330구절이다. '324구절—9장 2-13절—330구절'이 된다. 이야기의 정중앙이다.

예수님은 베드로와 야고보와 요한을 데리고 높은 산에 올라가 영광스러운 모습으로 변형되신다. 이 사건은 바로 앞서 예수께서 말씀하신 "하나님의 나라가 권능으로 임하는" 사건이다. 마가복음이 16장 8절로 끝난다고 하면 마가복음에는 부활하신 예수님의 현현 이야기가 없다. 하지만 이미 예수님은 산에서 영광스런 모습으로 변화하셨다. 예

수님은 산에서 내려오시면서 부활을 언급하기도 하셨다. 예수님이 변화하신 것을 목격한 세 명의 제자들은 하늘의 음성도 듣는다. 하늘의 음성은 앞서 예수님이 세례를 받으실 때도 있었다. 그때도 지금도 하늘의 음성은 여전히 예수께서 하나님 아버지의 사랑하시는 아들이라는 것이다. 복음은 예수님이 하나님의 사랑하시는 아들이라는 선포다. 또 하늘에선 "너희는 그의 말을 들으라"고 요청하신다. 예수님이 하신 십자가의 제자도를 잘 깨달으라는 말씀이다. 하지만 유감스럽게도 제자들은 깨닫지 못한다. 예수님의 부활에 대한 말씀도 이해하지 못한다.

산에서 영광스런 모습으로 변화하셨던 예수님이 다시 산에서 내려오셨을 때 이 지상은 귀신들로 인해 여전히 고통을 당하고 있었고, 믿음이 없어 고통에서 헤어 나오지 못하는 가련한 세상이었다. 예수님은 귀신이 들려 듣지 못하고 말하지 못하는 아이를 치유해 주신다. 이 과정에서 예수님이 아이의 아버지와 나누신 대화는 믿음이 무엇인지를 잘 보여 준다(14-27절). "내가 믿습니다. 나의 믿음 없음을 도와주십시오!"(24절). 한 아비의 절규는 믿음과 불신을 오락가락하는 우리네 연약함을 잘 보여 준다. 이어서 제자들은 자신이 왜 귀신을 쫓아낼 수 없었는지를 묻고 예수님은 기도의 중요성을 가르쳐 주신다(28-29절).

예수님은 8장 31절에 이어 두 번째로 당신이 당할 고난과 부활을 예언하시지만 여전히 제자들은 이해하지 못할 뿐만 아니라 오히려 서로 누가 크냐며 싸운다. 이에 예수님은 하나님 나라에서는 섬기는 자가 첫째라고 가르쳐 주신다. 이 세상의 가치관과는 완전히 반대다. 당시에 온전한 인격체로 전혀 대접을 받지 못하고 있던 어린아이에 대해서도 어린아이를 영접하는 것이 자신과 자신을 보내신 분, 곧 하나님 아버지를 영접하는 것이라는, 즉 어린아이 안에 하나님이 계시다는 혁명적인 섬김의 제자도를 설파하신다(30-37절).

이어서 예수님은 12명의 제자만이 주의 권세를 사용할 수 있다고 주장하는 요한에게 하나님 나라를 위하는 모든 사람이 같은 한 편임을 가르치시고(38-41절), 작은 자를 실족하게 일이 얼마나 큰 죄인지 매우 엄중하게 경고하신다(42-50절). 연자맷돌을 목에 매고 바다에 빠져 죽으라, 발을 자르라, 눈을 빼버리라는 무시무시한 경고는 작은 자를 어떻게 대하느냐가 하나님 나라에서 얼마나 중요한지를 보여 준다. 하나님의 나라는 작은 자의 나라이기 때문이다.

산에서 변화하시다(2-13절)

귀신 들린 아이를 치유한 이적(14-29절)

두 번째 수난 예언과 섬김에 대한 가르침(30-37절)

누가 예수 이름의 권세를 사용할 수 있나?(38-41절)

작은 사람들이 죄 짓게 만들지 말라(42-50절)

9장

풀어보기

1 또 그들에게 말씀하셨다. "내가 진실로 너희에게 말한다. 여기
서 있는 사람들 중에는 하나님의 나라가 권능으로 임한 것을 보기
전까지 죽음을 맛보지 않을 사람도 있다."

1절 해설은 8장 풀어보기 마지막 부분을 보라.

산에서 변화하시다(2-13절)

2 엿새 후에 예수께서 베드로와 야고보와 요한만 따로 데리고 높은
산에 올라가셨다. 그리고 그들 앞에서 모습이 변하셨다.

"엿새 후에"는 예수께서 제자도에 관해 말씀(8:34-9:1)하신 후부터 엿새 후라는 뜻으로, 출애굽기 24장을 암시하는 듯하다. 여호와 하나님은 모세에게 아론과 나답과 아비후(3명!), 그리고 이스라엘 장로 70인을 데리고 산으로 올라오라고 지시하신다. 그리고 나중에는 모세와 여호수

아만이 하나님의 산으로 올라가게 된다. 이때 구름이 산을 '6일 동안' 가렸고, 제7일째에 여호와께서 구름 가운데서 모세를 부르셨으며, 여호와의 영광이 산위에 맹렬한 불같이 나타났다. '6일', '높은 산', '구름' 등은 변화산 본문과 일치한다. 또 출애굽기 24장에서처럼 예수께서도 산에서 하나님의 영광으로 충만하셨다.

높은 산에 제자 3명만 데리고 올라갔다는 설명 역시 독자들에게 중요한 사건이 곧 있을 것이라는 기대감을 준다. 왜냐하면 앞서 예수께서 베드로, 야고보, 요한만을 데리고 가서 야이로의 딸을 다시 살리셨기 때문이다. 게다가 예수님은 이들을 "따로"(4:34; 6:31-32; 7:33 참조) 데리고 갔다고 했는데, 이것은 소수의 선택된 자들에게 임하는 은밀하고 특별한 계시가 있을 것을 암시한다. 실제로 이들 3명의 제자들은 예수님이 영광스런 모습으로 변화하신 것은 물론 하늘의 음성까지 듣는다!

예수님과 제자들이 올라간 산은 헐몬산일 가능성이 높다. 헐몬산은 바로 앞서 8장 27절 이하의 장소적 배경인 빌립보 가이사랴에서 가깝기 때문이다. 헐몬산은 높이 2,184미터에 북동-남서 방향으로 50킬로미터에 걸쳐 있으며, 가장 넓은 곳은 폭이 25킬로미터나 된다. 그래서 신들의 거처로 생각됐다.[1] 헐몬산의 이슬이 시온의 산들을 적셔서(시 133:3) 다시 생기가 돌게 한다고 할 만큼 헐몬산은 시원적(始原的)이다.

> 3 그 옷은 이 세상 어떤 빨래꾼이라도 더 이상 희게 할 수 없을 정도로 새하얗게 빛났다.

예수님이 변화되시고, 그 입으신 옷이 이 세상 어떤 빨래꾼도 더 이상 희게 할 수 없다는 언급은 하늘의 영광을 받으셨다는 것을 뜻한다. 다니엘서 7장 9절에 묘사된 '옛적부터 항상 계신 이' 역시 그 옷의 희기가 눈 같고 그분의 머리털은 깨끗한 양의 털과 같다. 이런 공통점은 예수님이 하나님 아버지의 영광을 가지고 계신 분임을 암시하며, 예수께서 아버지의 영광으로 거룩한 천사들과 함께 올 것이라는 말씀(8:38)이 이뤄질 것을 미리 보여 주는 증거다. 누가복음은 이 부분을 분명히 하고 있다.

> **영광 중에** 나타나서 장차 예수께서 예루살렘에서 별세하실 것을 말할새 베드로와 및 함께 있는 자들이 깊이 졸다가 온전히 깨어나 **예수의 영광**과 및 함께 선 두 사람을 보더니(눅 9:31-32)

또 베드로는 주 예수 그리스도께서 영광 가운데 재림하실 것이라는 주장이 결코 교묘하게 조작된 이야기가 아님을 보이기 위해 자신이 경험한 변화산 사건을 언급한다.

> 우리 주 예수 그리스도의 능력과 강림하심을 너희에게 알게 한 것이 교묘히 만든 이야기를 따른 것이 아니요 우리는 **그의 크신 위엄**을 친히 본 자라 **지극히 큰 영광 중에서** 이러한 소리가 그에게 나기를 이는 내 사랑하는 아들이요 내 기뻐하는 자라 하실 때에 그가 하나님 아버지께 **존귀와 영광을 받으셨느니라** 이 소리는 우리가 그와 함께 거룩한 산에 있을 때에 하늘로부터 난 것을 들은 것이라(벧후 1:16-18)

묵상

마귀는 예수님을 '지극히 높은 산으로' 데리고 가서 천하만국과 그 영광을 보여 주며 만일 내게 엎드려 경배하면 이 모든 것을 네게 주겠다고 유혹했다(마 4:9). 마귀도 영광을 보여 준다. 하지만 그 영광은 세상 영광이요 헛된 영광이다. 많은 사람들이 이것을 얻으려고 마귀의 유혹에 쉽게 빠진다. 요한계시록을 보면 성령께서 사도 요한을 데리고 '크고 높은 산'으로 올라가 하늘에서 내려오는 거룩한 성 예루살렘을 보여 주셨다. 그 성엔 하나님의 영광이 있었다(계 21:9-11). 우리가 사모해야 할 영광은 하나님 나라의 영광, 새 하늘과 새 땅이 이 땅에 이뤄지는 영광이어야 한다.

4 또 엘리야가 모세와 함께 나타나 그들에게 나타나 예수님과 이야기를 나누었다.

왜 하필이면 엘리야와 모세가 나타났을까? 모세는 율법(토라, 모세오경)을, 엘리야는 선지자를 대표한다고 볼 수도 있다. 모세는 토라의 저자로 알려져 있어서 이해가 되지만, 여러 선지자들 가운데 엘리야가 왜 대표가 되어야 하는가? 마땅한 설명이 없다. 다른 견해는 모세와 엘리야 모두 승천했다는 사실에 주목한다. 엘리야는 죽음을 보지 않고 승천하였음이 성경에 기록되어 있지만(왕하 2:11), 모세의 경우 그의 죽음이 언급되어 있다. 하지만 또 요세푸스의 《유대고대사》 9.2.2 §28에 따르면 모세 역시 하늘로 승천한 것으로 전해진다. 구약 위경에 〈모세의 승천서〉(Assumption of Moses)가 있을 만큼 유대교 전승에서는 모세가 승천했다는 믿음이 있다. 유대교 여러 문헌에서 모세는 엘리야처럼 승천을 했고, 이 두 사람은 같이 언급될 때가 많다.[2]

또 모세는 시내산에서 하나님으로부터 율법을 받았고, 엘리야는 호렙산에서 하나님의 음성(계시)을 들었다. 지금 본문에서도 예수님은 산에 계시다. 제자들 역시 산에서 하나님의 음성을 들었다. 그밖에 모세와 엘리야가 짝을 이뤄 등장하는 또 다른 사례는 계시록 11장 3절이다. 여기서 언급된 '두 증인'은 모세와 엘리야 혹은 모세와 엘리야의 역할을 감당하는 교회를 가리킨다.[3]

마가복음에는 예수님과 엘리야 및 모세가 어떤 대화를 나눴는지 나와 있지 않지만 누가복음 9장 31절에 따르면 "장차 예수께서 예루살렘에서 별세하실 것"(ἔξοδος, 엑소더스)에 대해 이야기를 나눴다. 이 세상의 영역에 있지 않은 모세, 엘리야와 대화를 나눈 것은 예수께서 영광 가운데 있음을 의미한다. 하지만 영광 중에 나누신 대화는 예수께서 예루살렘에서 당하실 고난과 죽음이다. 예수님의 영광은 십자가 없이는 이해할 수 없다.

5 베드로가 예수께 말했다. "랍비여, 우리가 여기에 있는 것이

좋겠습니다. 우리가 초막 세 개를 만들어 하나는 선생님께, 하나는 모세에게, 다른 하나는 엘리야에게 드리고 싶습니다." 6 그들은 두려워하고 있었고, 베드로도 어떻게 대답해야 할지 몰라 그렇게 말한 것이다.

베드로는 초막 셋을 지어 여기에 있자고 말한다. 베드로의 대답은 영광 가운데 계속 있자는 제안으로 앞서 예수께서 하신 수난 예언을 이해하지 못함을 보여 준다. 나중에 세베대의 아들 야고보와 요한 역시 예수께 영광의 자리를 구했고, 제자들은 이에 분노했다. 이렇게 예수님의 고난을 진지하게 숙고하지 않고 영광을 구하는 모습에 대해 마가는 비판적이다. 오늘날 이 글을 읽는 독자들은 베드로를 비롯한 세 명의 제자가 너무나도 신비스러운 경험을 하고 있기 때문에 당황하고 두려워서 대답할 바를 잘 몰랐다는 것이 왜 제자답지 못한 모습일까 의아해할 수 있다. 하지만 마가의 입장은 다르다. 예수님이 두 번째 수난 예언을 하셨을 때도 제자들은 "그 말씀을 깨닫지 못했고, 묻는 것조차 두려워했다"(9:32). 지금도 마찬가지다. 베드로가 어떻게 대답해야 할지 몰라 그렇게 말했다는 것은 제자들이 예수님의 말씀을 깨닫지 못하는 아둔함을 비판하는 것이다. 앞서 예수님이 신적인 권위로 바람을 꾸짖고 바다를 잔잔케 하셨을 때도 제자들은 두려워하고 예수님이 어떤 분인지를 제대로 알지 못했으며(4:41), 예수님이 바다를 걸어오셨을 때도 역시 그랬다(6:50-52). 제자들의 두려움과 깨닫지 못함은 밀접한 관계에 있다.

묵상

산은 올라가면 내려와야 한다. 우리가 이 땅에 사는 동안은 아무리 높은 산에서 영광의 주님을 뵈어 즐겁다 해도 다시 이 땅으로 내려와야 한다. 주님의 영광을 아직 보지 못한 이 세상에 주의 영광을 드러내기 위해서 말이다. 찬송가 '저 장미꽃 위에 이슬' 3절 가사가 이렇다. "밤 깊도록 동산 안에 주와 함께 있으려 하나, 괴론 세상에 할 일 많아서 날 가라 명하신다. 주님 나와 동행을 하면서 나를 친구 삼으셨네 우리 서로 받은 그 기쁨은 알 사람이 없도다."

7 그때 구름이 나타나 그들 위를 덮었고 구름에서 소리가 들려왔다. "이는 내 사랑하는 아들이다. 그의 말을 들으라."

"이는 내 사랑하는 아들이다." 구름 속에서 난 이 음성을 통해 예수님은 다시 한 번 하나님의 아들로 선포된다. 예수께서 세례를 받고 물에서 나오실 때는 하나님이 직접 "너는 내 사랑하는 아들"(1:11)이라고 말씀하셨다면, 여기서는 하나님이 제자들에게 말씀하시고 계시다. 하늘의 음성은 예수님의 말을 들으라는 것이었다. 여기서 '듣다'(ἀκούω, 아쿠오)는 제자들의 깨닫지 못함의 주제와 관련된다. 예수님의 말을 듣는 것(4:3, 9; 7:14 등)은 그분의 가르침을 깨닫는 것을 의미한다.

그러면 제자들이 깨달아야 할 예수님의 말씀은 무엇인가? 바로 앞서 예수님이 하신 말씀, 즉 예수님이 수난과 죽음을 당해야 한다는 것(8:31), 그리고 제자란 자기 십자가를 지고 따라와야 한다(8:34-37)는 말씀이다. 이 말씀에 순종하라는 뜻이다. 앞서 제자들은 예수님의 수난 예언을 이해하지 못하여 예수께 꾸지람을 받았다. 제자들의 우매함은 산에서도 계속되고 있다. 예수님은 엿새 전에 자신의 고난과 죽음에 대해 이야기했지만, 제자들은 지금도 여전히 영광을 구하고 있다.

9 산에서 내려올 때 예수께서 그들에게 엄중하게 이르셨다. "인자가 죽은 자 가운데서 살아날 때까지는 너희가 본 것을 아무에게도 말하면 안 된다."

예수님은 제자들이 산에서 본 것을 예수님이 죽은 자 가운데서 살아날 때까지는 아무에게도 말하지 말라고 엄히 말씀하셨는데, 이것은 예수님이 그리스도 되심을 아무에게 말하지 말라고 경계하신 것(8:29-30)

과 일치한다. 예수님의 그리스도 되심이나 그분이 영광 받으시는 것이 십자가의 고난을 거치고 난 후에 이루어지기 때문이다. 그렇지 않으면 그분의 정체에 대해서 오해가 있게 될 것이다. 그래서 그때까지는 발설해서는 안 된다. 이것을 학계에서는 '메시아의 비밀'이라고 부른다. 그러나 예수님이 부활하시면 예수님이 메시아이심이 온 천하에 드러날 것이다.[4]

10 그들은 이 말씀을 마음에 새기면서도 죽은 자 가운데서
살아난다는 것이 무슨 말인지 서로 물었다.

제자들은 "죽은 자 가운데서 살아나는 것이 무엇일까" 하며 서로 묻는다. 이미 베드로와 야고보와 요한은 예수님이 야이로의 딸을 살린 것을 직접 보았다. 그리고 그들은 변화산에서 예수님이 이 세상의 사람이 아닌 모세와 엘리야와 대화를 나누는 것을 보았다. 그럼에도 불구하고 그들은 '죽은 자 가운데서 살아나는 것'의 의미를 깨닫지 못했다. 제자들은 죽은 자 가운데서 다시 살아나는 것을 처음 듣는 것이 아니었을 것이다. 헤롯은 예수님에 대해 세례자 요한이 죽은 자 가운데서 살아난 것이라고 말하기도 했다. 종말에 죽은 자 혹은 의인이 부활할 것이라는 생각은 낯선 사상이 아니었다. 그렇다면 3명의 제자들이 죽은 자 가운데서 다시 살아나는 것의 의미를 몰랐다기보다는 예수님이 부활하실 것에 대해 믿지 못했다는 말이다.

11 그들이 예수께 여쭤보았다. "왜 서기관들은 엘리야가 먼저 와야
한다고 말합니까?" 12 예수께서 그들에게 대답하셨다. "과연
엘리야가 먼저 와서 모든 것을 회복시킨다. 그런데 어째서 성경에는
인자가 많은 고난을 받고 멸시를 당할 것이라고 기록되었느냐? 13
내가 너희에게 말한다. 엘리야는 이미 왔다. 그러나 성경에 기록된
것처럼 사람들이 그를 함부로 대했다."

하나님의 심판의 날이 오기 전에 엘리야가 먼저 올 것(말 4:5)이라는 당시 유대인들의 일반적인 생각을 제자들도 가지고 있었다. 예수님은 이미 엘리야가 왔다고 말씀하신다. 그 엘리야는 바로 세례자 요한이다. 앞서 마가는 세례자 요한을 엘리야처럼 묘사했다(1:6). 사람들이 엘리야를 임의로 대우했다는 것은 요한을 감옥에 가두고, 참수한 사건을 가리킨다. 예수님은 인자의 고난이야말로 하나님의 구원 계획에 본질적인 부분임을 가르치셨지만(8:31) 제자들은 이해하지도, 받아들이지도 못했다.

귀신 들린 아이를 치유한 이적(14-29절)

> 15 모든 사람들이 예수님을 보자마자 몹시 놀라며 그에게로 달려와 인사했다.

왜 사람들이 예수님을 보자마자 몹시 놀랐는가? 마치 모세가 산에서 내려올 때 광채가 났던 것처럼(출 34:29-30) 예수님도 산에서 변화하셨을 때 가지셨던 광채가 여전히 남아 있었기 때문으로 추측된다.

> 19 예수께서 그들에게 대답하여 말씀하셨습니다. "아, 믿음이 없는 세대여! 내가 언제까지 너희와 함께 있어야 하느냐? 내가 언제까지 너희를 참아야 하느냐? 아이를 내게 데려오너라."

예수님은 탄식하시듯 말씀하셨다. 헬라어 원문에는 감탄사 '오'(ὦ)가 있다. 새국제역(NIV)도 감탄사를 넣어 "O unbelieving generation"으로 번역했다. 예수님은 '믿음이 없는 자'라고 하지 않고 '믿음이 없는 세대'라고 말씀하신다. 아들을 데리고 온 아버지 한 사람이 아니라 제자들과 그곳에 있는 사람들 전체를 두고 하신 말씀이다. 아이의 아버지는 자신이 믿음이 없다고 시인했고(24절), 제자들은 귀신을 쫓아내지 못함으로써 이미 그들의 믿음 없음을 보였다. 병행본문인 마태복음 17장

20절에서 예수님은 제자들에게 "너희 믿음이 작은 까닭이니라"고 지적하셨다. 예수님은 이 믿음 없음을 세대의 차원으로 확대하신다. 사탄이 다스리는 세대의 특징은 하나님께 대한 불신이다. 또 마가복음 9장 19절의 병행구절인 누가복음 9장 41절은 '믿음이 없고 패역한 세대'로 표현했는데, 이 표현은 신명기 32장 5, 20절에서 모세가 불순종하고 완악한 이스라엘 백성들을 묘사할 때 사용했다.[5]

하나님의 백성인 이스라엘이 믿음이 없고 패역함으로써 이방 민족들과 다를 바 없었듯이, 예수님의 제자들도 예수님이 택하여 세운 자들이지만 믿음이 없는 세대의 모습을 보여 주고 있는 것이다. "개탄스럽게도 믿음이 없다는 점에서 제자들은 믿지 않는 자들, 대표적으로 서기관들, 그리고 무리들과 그 무리의 대변인격으로서 소년의 아버지와 구분이 되지 않는다."[6] 또 19절에서 '언제까지'는 구약성서에서 이스라엘의 믿음 없음을 한탄하는 내용을 반영한다(민 14:27; 사 6:11 참조).

묵상

마가복음에 등장하는 많은 아이들이 아프다. 야이로의 딸은 시름시름 앓다가 죽었다. 수로보니게 여인의 어린 딸(7:30)도 귀신이 들려 침상에 누워 있었다. 여기서도 아버지가 데려 온 아이는 어려서부터 귀신이 들렸고 귀신이 불과 물에 자주 던져 죽을 고비를 넘긴 적이 한두 번이 아니었다. 이 아이는 어릴 때, 아무것도 모르고 연약할 때 일방적으로 속수무책으로 귀신에게 장악되었다. 요즘도 악한 영의 세력이 우리의 어린 자녀들을 가만두지 않는다. 폭력물, 음란물에 일찍부터 노출되어 있다. 아동학대, 아동 (성)폭력은 우리 사회에서 심각한 수준이다. 어린아이 하나를 영접하는 것이 예수님을 영접하는 것이고, 예수님을 보내신 하나님을 영접하는 것(9:37)이라면 어린아이를 소중히 지켜 줘야 한다. 교회의 사명이다.

23 예수께서 그에게 말씀하셨다. "할 수 있다면이 무슨 말이냐? 믿는 자에게는 모든 일이 가능하다."

여기서 '믿는 자'란 누구인가? 먼저, 귀신 들린 아들의 아버지를 가리킨다. 그러면 아버지는 뭘 믿는다는 것인가? 예수님이 자기 아들을 치유할 수 있다는 믿음이다. 둘째, '믿는 자'란 예수님 자신일 수 있다.[7] 즉 하나님을 믿는 예수께서 무엇이든 할 수 있다는 뜻이다. 마가복음에서 "모든 것이 가능하다"라는 표현은 여기와 10장 27절, 그리고 14장 36절에서 사용되고 있는데, 모두 하나님 아버지께 대한 예수님의 믿음을 표현하고 있다. 믿음의 주체를 예수님으로 볼 때 "믿는 자에게는 모든 일이 가능하다"라는 예수님의 능력을 의심하는 소년의 아버지를 꾸짖는 것이 된다. 두 가지 다 가능한 해석이다. 이러한 애매성은 마가가 의도한 것일 수 있다. 즉 이적을 행사하는 자나 간구하는 자 모두에게 믿음이 요청된다는 것이다.[8] 제자들이 귀신을 쫓아내지 못한 이유도 제자들과 소년의 아버지의 믿음 모두가 부족해서다. 예수님의 경우 하나님에 대한 철저한 신뢰가 있었고, 소년의 아버지에게도 최소한의 믿음이 요구되고 있다.

> 24 그 아이의 아버지가 소리쳐 말했다. "내가 믿습니다. 나의 믿음 없음을 도와주십시오."

아버지의 이 외침은 비록 자신에게는 충분한 믿음이 없지만, 그래서 죄송하지만 그래도 불쌍히 여겨 고쳐 달라는 뜻이다. 예수님이 아이를 고쳐 주신 것은 아버지가 충분한 믿음을 가졌기 때문이 아니다. 사실 어느 정도의 믿음이 충분한 믿음인가를 가늠하기란 어렵다. 그의 외침은 예수님께 능력과 긍휼 모두가 있음을 인정하는 것이다. 앞서 한센병 환자(1:40-42)나 중풍병자 및 그의 친구들(2:3-5), 그리고 12년 동안 혈루증을 앓았던 여인(5:25-34)처럼 예수님에 대한 절대적 신뢰를 가지고 나온 환자들도 있지만, 귀신이 들린 아들을 둔 아버지처럼 믿고 싶지만 믿음이 부족한 사람이 더 많지 않을까?

묵상

14-26절에는 믿음과 관련하여 세 종류의 사람이 나온다. 첫째, 믿음이 없는 사람들이다. 14절에 나오는 서기관들처럼 예수님이 귀신의 왕에 사로잡혔다고 비난한 사람들이다. 둘째, 자신의 믿음이 대단하다고 착각하는 사람들이다. 제자들이다. 그러나 그들은 허풍을 떨 뿐이었다. 제자들은 능히 귀신을 쫓아내지 못했다(18절). 병행본문인 마태복음에서 예수님은 이렇게 말씀하셨다. "만일 너희에게 믿음이 겨자씨 한 알 만큼만 있어도 이 산을 명하여 여기서 저기로 옮겨지라 하면 옮겨질 것이요 또 너희가 못할 것이 없으리라"(마 17:20). 산을 옮긴다는 표현은 구약에 따르면 하나님만이 하실 수 있는 것인데, 불가능한 것을 가능하게 한다는 뜻이다(고전 13:2 참조). 겨자씨는 당시에 가장 작은 씨라고 알려졌다. 겨자씨 한 알만 한 믿음은 하나님의 능력이 나타나기 위한 최소량이다. 우리에게는 그 정도의 믿음만 있으면 된다. 그러면 하나님의 능력이 나타난다. 우리의 믿음이 대단해야 하나님의 능력이 나타나는 게 아니다. 하나님의 능력은 우리의 믿음이 겨자씨 한 알만 해도 나타난다.

셋째, 믿음이 없어서 믿음이 있기를 원하는 사람이다. 아이를 데려온 아버지다. 아버지가 아들을 예수께로 데리고 온 것은 예수님이 고쳐줄 것이라고 믿었기 때문이다. 그러나 그가 100퍼센트 예수님을 신뢰한 것은 아니다. "내가 믿습니다! 나의 믿음 없음을 도와주십시오!" 이 절규는 바로 대다수 우리네의 모습일 것이다. 예수님을 믿는다. 그러나 불신이 자꾸 생겨나는 것도 사실이다. 12년 동안 혈루증을 앓았던 여인처럼 예수의 소문을 듣고서 "내가 그의 옷에만 손을 대어도 구원을 받으리라"(5:28) 믿는 담대한 믿음의 사람도 있지만, 그러나 대부분의 사람들은 아이의 아버지처럼 믿음과 불신 사이에서 갈등한다. 그래서 우리는 겸손히 주님의 긍휼하심에 기댈 수밖에 없다.

26 그러자 귀신이 소리를 지르며 아이에게 심한 경련을 일으키더니
그에게서 나갔다. 아이가 죽은 사람처럼 있자 많은 사람들이
"아이가 죽었나 보다" 하고 말했다. 27 그러나 예수께서 아이의 손을
잡아 일으켜 세우시니 아이가 일어났다.

아이에게서 귀신이 나가자 아이는 죽은 사람처럼 됐다. 많은 사람들이

그렇게 생각했다. 그러나 예수께서 아이의 손을 잡아 일으켜 세우자 아이가 일어났다. 부활에 대한 암시가 역력하다. 앞서 예수님은 이미 죽은 야이로의 딸을 살리실 때도 아이의 손을 잡아 일으켜 세웠다. 두 아이가 다시 일어난 것을 묘사하는 헬라어 '에게이로'(ἐγείρω)와 '아니스테미'(ἀνίστημι)는 예수님의 수난 및 부활 예언(8:31; 9:31; 10:34)과 무덤에 있던 청년이 예수님의 부활에 대해 여자들에게 한 말(16:6)에 사용된 단어다. 더군다나 변화산에서 내려오시면서 예수님은 제자들에게 부활에 대해 언급하셨다(9절). 아이를 잡아 일으켜 세우시는 예수님은 얼마 후 당신 자신이 죽은 자 가운데서 다시 살아나실 것이다.

> 28 예수께서 집에 들어가시자 제자들이 따로 여쭤보았다. "우리는 어째서 귀신을 쫓아내지 못했습니까?" 29 예수께서 대답하셨다. "이런 종류는 기도 외에는 다른 것으로 쫓아낼 수 없다."

앞서 예수께서 사람을 더럽게 하는 것이 무엇인가에 대해 비유로 가르치셨을 때처럼(7:17-23) 이번에도 예수님과만 집에 있을 때 제자들이 질문한다. 집은 제자들만을 위한 계시의 장소다. 제자들은 자신들이 왜 귀신을 쫓아내지 못했냐고 질문한다. 6장 7-13절에 따르면 제자들은 예수님으로부터 더러운 귀신을 제어하는 권능을 받아 가지고 나가 '회개하라' 전파하고 많은 귀신을 쫓아냈다. 많은 병자에게 기름을 발라 고쳤다. 전에는 귀신을 쫓아낼 수 있었는데 이번에는 왜 쫓아내지 못했을까? '이런 종류'란 아이를 사로잡고 있었던 '듣지 못하게 하고 말하지 못하게 하는 귀신'을 말한다. 즉 이 귀신은 이중 장애를 일으켰다. 이렇게 일반 귀신보다 강했기 때문에 제자들이 쫓아내지 못했던 것일까? 예수님은 그것이 이유가 아니라 기도만이 이런 귀신을 쫓아낼 수 있다고 말씀하신다.

앞에서 예수님은 제자들을 '믿음이 없는 세대'에 포함시키셨다. 귀신을 내쫓지 못한 이유가 믿음이 없기 때문이라는 것이다. "믿는 자에게는 모든 일이 가능하다"(23절)라는 말씀 역시 제자들이 믿음이 없었기 때문에 실패했다는 뜻이다. 그런데 여기서는 기도라고 대답하신다. 그 이유는 믿음의 선포가 곧 기도이기 때문이 아닐까? 마가복음 11장 22-24절에서도 산을 옮기는 믿음과 기도는 불가분의 관계에 있다. 제자들은 자만했던 것 같다. 한때 그들이 귀신을 내쫓은 경험만 믿고 의기양양했던 것 같다. 그러나 기도하지 않자 아무런 능력도 발휘할 수 없었다. 주님이 우리에게 주신 권세를 유지할 수 있는 방법은 기도뿐이다. 능력의 근원이 내가 아니라 하나님이라는 사실을 한시라도 잊지 말아야 한다.

한편 기도 외에는 이런 귀신을 쫓아낼 수 없다고 말씀하시면서, 예수님은 그 자리에서 기도하지 않고서도 귀신을 쫓아내셨다. 기도는 신기한 능력을 불러오는 주문(呪文)이 아니다. 귀신을 쫓아내기 위해 현장에서 주문을 외우듯이 기도를 드리라는 말이 아니다. 늘 기도하고, 항상 겸손히 하나님만 의지하라는 말씀이다. 예수님은 새벽에 일찍 일어나 기도하시고, 오병이어의 이적을 행하신 후에도 산에 올라가 기도하셨다.

두 번째 수난 예언과 섬김에 대한 가르침(30-37절)

30 그들은 그곳을 떠나 갈릴리를 지나갔는데, 예수께서는 아무도
알기를 원치 않으셨다. 31 왜냐면 예수께서 제자들을 가르치시며
이같이 그들에게 말씀하셨기 때문이다. "인자가 사람들의 손에
넘겨져 죽임을 당할 것이고, 죽은 지 사흘 만에 다시 살아날
것이다." 32 그러나 제자들은 그 말씀을 깨닫지 못했고, 묻는 것조차
두려워했다.

예수님과 그의 일행은 귀신 들린 소년을 치유하시고 나서 그곳을 떠나 갈릴리를 통과하여 지나갔다. 이들의 여행 목적지는 예루살렘이다. 예루살렘은 예수께서 죽임을 당할 곳이다. 예수님은 하나님이 정하신 이

여행을 방해받지 않으려는 듯 자신의 거취에 대해 일절 함구하신다. 그러나 제자들에게는 다시 자신이 당할 고난과 부활에 대해 가르치셨다. 여전히 제자들은 예수님의 말씀을 '깨닫지 못하고' '묻는 것조차 두려워했다.' 제자들은 첫 번째 수난 예언에 이어 두 번째 수난 예언을 듣고도 예수께서 고난을 통해 메시아요 하나님의 아들이 되심을 깨닫지 못하고 있다. 특히 베드로와 요한과 야고보는 변화산에서 "너희는 그의 말을 들으라"라는 하늘의 음성을 들었건만, 그래도 여전히 깨닫지 못하고 있다.

> 33 그들이 가버나움으로 갔다. 예수께서 집에 계실 때 그들에게 물으셨다. "길에서 무엇 때문에 서로 논쟁했느냐?" 34 그러나 제자들은 말을 하지 못했다. 왜냐면 길에서 누가 더 크냐는 문제로 논쟁했기 때문이다

제자들이 쟁론한 내용은 누가 더 크냐였다. 이 논쟁을 촉발한 사람은 세베대의 아들 야고보와 요한이 아닐까? 그들은 베드로와 같이 산에서 예수님이 하나님의 영광으로 충만하신 모습을 봤다. 모세와 엘리야까지 자신들의 두 눈으로 바로 앞에서 똑똑히 봤다. 반면에 나머지 제자들은 산 아래서 귀신이 들려 귀가 먹고 말 못하는 어린 소년을 고치지 못한 채 쩔쩔매고 있었다. 야고보와 요한이 우월감을 가질 법하지 않을까? 하지만 누가 더 크냐 논쟁하는 제자들의 모습은 한 마디로 '분위기 파악하지 못하는 어처구니없는 모습'이다. 한 번도 아니고 두 번씩 스승이 수난을 예언했다면 제자들은 마땅히 숙연해져야 한다. 그런데 이들은 숙연해지기는커녕, 오히려 누가 더 서열이 높은가를 따지고 있었으니 참으로 한심하다.

33절의 '논쟁하다'(διαλογίζομαι, 디아로기조마이)와 34절의 '쟁론하다'(διαλέγομαι, 디아레고마이)는 유사한 의미인데, 특히 '디아로기조마이'는 70인역에서 대부분 악인이 의인을 해하려고 '악한 생각을 하다' '음모를 꾸미다'는 뜻이며(시 10:2=70인역 9:23; 21:11=70인역 20:12 등) 마가복음에

서도 '디아로기조마이'는 종교지도자들이 수군거리는 모습(2:6, 8; 11:31) 을 통해 예수님에 대한 적대적이고 불신하는 모습을 묘사한다.

그런데 이 '디아로기조마이'가 제자들이 서로 누가 더 크냐고 논쟁하는 모습을 묘사할 때도 사용되고 있는 것이다. 또 앞서 예수께서 바리새인들과 헤롯의 누룩을 주의하라고 말하자, 제자들은 "우리에게 빵이 없어서 그러시나 보다" 하며 서로 '수군거렸다'(διελογίζοντο, 디에로기존토, 8:16). 그러자 예수께서 "어째서 너희에게 빵이 없다고 수군거리느냐(διαλογίζεσθε, 디아로기제스쎄)? 너희는 아직도 알지 못하고, 아직도 깨닫지 못하느냐? 너희의 마음이 이리도 둔하냐?"(8:17)라며 질책하셨다. 이처럼 '디아로기조마이'는 종교지도자들과 제자들의 부정적인 모습을 묘사할 때 공통적으로 사용되고 있다. 이러한 종교지도자와 제자의 비교를 통해 독자는 제자들처럼 예수님의 가르침을 깨닫지 못할 때 예수님의 적대자가 될 수 있다는 경고를 받게 될 것이다.

> 35 예수께서 자리에 앉아 열두 제자를 불러서 그들에게 말씀하셨다. "누구든지 첫째가 되고자 하면 모든 사람의 꼴찌가 되어야 하고, 모든 사람을 섬겨야 한다." 36 그리고는 어린아이를 데려와 그들 한 가운데 서서 아이를 안으신 채 그들에게 말씀하셨다. 37 "누구든지 이런 어린아이 하나를 내 이름으로 영접하면 나를 영접하는 것이다. 누구든지 나를 영접하면 나를 영접하는 것이 아니라 나를 보내신 분을 영접하는 것이다."

예수님의 앉으신 자세는 권위 있는 교사의 모습을 보여 준다(4:1; 12:41; 13:3 참조). 또 제자들을 '불러' 어떤 교훈을 말씀하셨다는 것은 중요한 교훈을 줄 때 사용되는 표현이다. 예수님은 제자들에게 "누구든지 첫째(πρῶτος, 프로토스)가 되고자 하면 모든 사람의 꼴찌(ἔσχατος, 에스카토스)가 되어야 하고, 모든 사람을 섬겨야 한다"라고 하신다. 제자들의 관심은 서열과 권력에 있었지만 예수님은 섬김을 가르치신다.

과거나 지금이나 소위 큰 사람, 첫째가는 사람은 그들의 지위를 이용하여 힘을 휘두르는 자요 섬김을 받으려는 자다(10:42). 예수님의 가르침은 세상의 가치관과 반대된다. 예수님은 가르침을 예증하기 위해 어린아이 하나를 데려다가 제자들 가운데 세우고(예수님은 어떤 본보기를 보여 줄 때, 여러 사람들이 잘 볼 수 있도록 가운데 세우곤 하였다. 예수님은 손 마른 사람을 한 가운데 일어서게 하고 바리새인들과 논쟁하였다. 3:3 참조), 그를 안아 주셨다. 여기서 어린아이는 순수함이나 순진함을 대표하는 인물이 아니다. 당시 어린아이는 부모 없이는 아무것도 할 수 없는 종속적 존재였다. 또 아이들은 다른 사람들을 힘으로 지배할 수 없는 존재다.[9] 예수님은 섬김의 대상으로 당시 열등하고 미약한 존재의 대표였던 어린아이를 내세웠고, 또 축복과 애정의 표현으로 직접 어린아이를 안아 주심으로써 어린아이를 영접하는 것을 행동으로 보여 주셨다. 그리고 어린아이를 영접하는 것이 곧 자신과 자신을 보낸 하나님을 영접하는 일이라고 가르치신다. 이것은 어린아이와 같이 낮고 연약한 자를 영접하는 자가 하나님 나라에 들어갈 수 있다는 것이요, 이 세상이 지배와 군림의 가치를 추구한다면 하나님 나라는 섬김의 가치를 추구함을 뜻한다.

묵상

예수님도 사람들을 평가하여 순위를 매기신다. 그런데 예수님이 사람을 평가하는 기준은 '섬김'에 있다. '섬기는 자'가 '큰 사람'이요 '첫째'이다. 예수님의 보시기에 첫째 되는 사람은 모든 사람의 꼴찌가 되는 것이다. 모든 사람의 꼴찌란 모든 사람을 섬기는 종이 되는 것이다. 반면에 제자들이 말한 바 큰 사람은 다른 사람을 섬기는 것이 아니라 섬김을 받는 사람이다.

섬기는 것이 무엇인가? 나의 유익이 아니라 남의 유익을 위해 일하는 것이다. 예수님이 모든 사람의 끝이 되라고 한 것은 세상에서 출세하지 말라는 뜻이 아니라, 출세를 왜 하려고 하는지에 대한 물음이다. 누구를 위한 출세인지를 생각해 보라는 것이다. 큰 사람이 되어서 얻으려고 하는 것이 무엇인지를 곱씹어 보라는 뜻이다.

예수님은 '모든 사람'을 섬기는 종이 되어야 한다고 하시면서 어린아이를 내세우셨다. 아이는 육체와 정신 모두 미숙하다. 내게 유익이 안 된다. 그런데 그 어린아이를 영접하라고 하신다. 엄밀히 말하면 내게 도움을 줄 수 있는 사람을 섬기는 것은 결국 그 사람으로부터 나도 도움을 받을 수 있기 때문에 '주고받기 식'(give and take) 섬김이다. 우리의 인생에는 이것도 필요하다. 왜냐하면 우리는 무한히 주기만 하는 존재가 아니기 때문이다. 그것은 하나님만이 하실 수 있다.

우리는 도움을 받아야 한다. 섬김을 받아야 한다. 문제는 내게 소용이 있는 사람만 섬기려는 경향이다. 내게 도움이 되지 않는 사람도 섬길 때 모든 사람의 종이 된다. 예수님을 보내신 분 하나님 아버지를 영접하게 된다. 어린아이 속에 하나님이 계시다는 말씀이다. 세상에서 가장 큰 사람은 하나님을 영접하는 사람이다. 온 우주를 지으시고 창조하신 하나님을 맞아들일 수 있다면 정말로 큰 사람이다. 그래서 어린아이를 영접하는 일이 첫째가 되는 길이다.

누가 예수 이름의 권세를 사용할 수 있나?(38-41절)

38 요한이 예수께 말했다. "선생님, 어떤 사람이 당신의 이름으로 귀신을 쫓는 것을 우리가 보고 하지 못하게 했습니다. 그 사람은 우리를 따르는 사람이 아니었습니다."

요한은 자신과 다른 제자들이 예수의 이름으로 귀신을 쫓는 자에게 '우리를 따르지 않는다'는 이유로 귀신 축출을 금하였다고 예수께 말한다(9:38). 여기서 '우리'란 열두 제자들을 가리킨다. 요한은 예수의 이름으로 귀신을 내쫓는 권세는 오직 자신들에게만 주어진 배타적 권위라고 생각한 것이다. '예수님을 따르는 자'라고 말하지 않고, '우리를 따르는 사람이 아니다'라는 말에서 제자의 지위에 대한 권위의식을 느낄 수 있다. 요한은 권위의식이 강했다. 나중에도 야고보와 함께 예수님을 찾아가 영광의 자리를 구했다. 자신들은 다른 열 명의 제자들과 다르다는 엘리트 의식, 그에 합당한 대우를 받아야 한다는 생각이었을 것이다.

> 39 예수께서 말씀하셨다. "막지 말아라. 내 이름으로 기적을 행하고
> 나서 바로 나를 욕하지 않을 것이다. 40 우리를 반대하지 않는 사람은
> 우리를 위하는 사람이다."

예수님의 적대자들은 예수님이 바알세불에 지폈다고 거짓으로 비난을 하거나 아니면 하늘로부터 오는 표적을 요구하는 등의 불신을 보였다. 이런 적대자들의 태도와는 달리 어떤 사람이 예수의 이름으로 기적을 행한다면 적어도 예수님을 반대하는 적은 아닐 것이다. 또 그가 예수의 이름으로 귀신을 쫓아내는 데 성공했다면 적어도 예수의 이름에 대한 믿음이 있음을 보여 준다. 앞서 제자들은 귀신이 들린 소년을 고치지 못했고, 그 이유는 믿음이 없었고 기도하지 않았기 때문이었다. 자신들은 귀신을 쫓아내지 못하면서 다른 사람이 귀신을 쫓아내는 것을 금하는 이 모순은 자신이 해야 할 일은 다하지 못하면서 특권에 집착하는 편협한 속내를 드러내는 것이다.

> 41 "내가 너희에게 진실로 말한다. 너희가 그리스도의 사람이기 때문에 너희에게 물 한 잔이라도 주는 사람은 절대로 자기가 받을 상을 잃지 않을 것이다."

예수의 이름으로 귀신을 쫓아내는 일은 물론이요 그보다 훨씬 작은 일, 즉 물 한 잔 주는 일도 주님은 귀하게 인정하신다. 어떤 사람이 예수님의 제자들을 보고, 그들이 그리스도의 사람이라는 것을 알고서 그들에게 물 한 잔을 준다면 하나님께서 그에게 반드시 상을 주실 것이다. 이런 선행은 단순한 자비심에서 근거한 것이 아니다. 그리스도에 대한 헌신이 있어야 가능한 일이다. 왜냐면 예수님과 마가복음 독자 당시에 그리스도의 사람은 회피의 대상이지 환영의 대상이 아니었기 때문

이다. 그리스도의 사람인 것을 알고도 도와주는 것은 용기가 필요했다.

"너희가 그리스도의 사람이기 때문에"(ἐν ὀνόματι ὅτι Χριστοῦ ἐστε, 엔 오노마티 호티 크리스투 에스테)는 "너희가 그리스도의 이름을 지니고 있기 때문에"(because you bear the name of Christ)로 번역할 수도 있다.[10] 여기서 '엔 오노마티'(ἐν ὀνόματι)는 '~이름으로'라는 뜻도 되고 또 '~에 근거하여'(on the basis that)'로도 번역할 수 있다.[11] 필자는 후자를 따랐지만, '~이름으로' 번역하는 것도 타당하다고 보는 이유는 앞서 38절에서 '선생님의 이름으로', 39절에서는 '내 이름으로'가 사용되고 있기 때문이다. 어떤 사람이 물 한 잔을 주는 이유는 한 가지, 제자들이 그리스도의 이름으로 행하기 때문이다.

작은 사람들이 죄 짓게 만들지 말라(42-50절)

42 "또 누구든지 나를 믿는 이 작은 사람들 가운데 하나라도 죄짓게 하는 사람은 그 목에 연자 맷돌을 달고 바다에 던져지는 것이 낫다."

여기서 말하는 작은 사람들이란 예수님을 믿기는 하지만, 아직 믿음이 연약한 사람들 같다. '죄짓게 하다'에 해당하는 헬라어 '스칸달리조'(σκανδαλίζω)는 '걸려 넘어지게 하다'라는 뜻으로서, '씨 뿌리는 자의 비유'에서는 돌밭에 뿌려진 씨에 해당하는 사람들인데, 이들은 "그 속에 뿌리가 없어서 오래 가지 못하고, 말씀으로 인해 환난이나 박해가 생기면 곧 **넘어지는** 사람들이다"(4:17). 14장 27, 29절에서는 제자들이 예수님을 버릴 것이라는 예수님의 예언에서 사용되고 있다. 그렇다면 여기서도 배교나 믿음을 저버리는 것을 말한다.

예수님은 믿음이 작은 사람들 가운데 한 사람이라도 죄 짓게 하는 자에게 엄중 경고하신다. '연자 맷돌'로 번역한 헬라어 '뮐로스 오니코스'(μύλος ὀνικὸς)는 나귀(오니코스)가 끄는 맷돌(뮐로스)이란 뜻으로, 손으로 돌리는 작은 맷돌이 아니다. 연자 맷돌을 목에 달고 바다에 던져진다는 것은 반드시 죽음으로 응징을 받을 것이라는 뜻이다. 작은 자로 하여금 죄짓게 하는 일이 얼마나 큰 죄인가를 강조한다.

바울도 고린도교회에서 있었던 우상에게 바쳐진 제물을 먹는 문제에 대해 이렇게 강력하게 경고한 바 있다. "이같이 너희가 형제에게 죄를 지어 그 약한 양심을 상하게 하는 것이 곧 그리스도에게 죄를 짓는 것이니라"(고전 8:12).

> 43 "만일 네 손이 너를 죄짓게 하거든 찍어버려라. 두 손을 가지고 지옥에, 곧 꺼지지 않는 불에 들어가는 것보다, 한 손 없이 생명에 들어가는 것이 낫다."
>
> 47 "또 네 눈이 너를 죄짓게 하거든 빼어버려라. 두 눈을 가지고 지옥에 던져지는 것보다 한 눈으로 하나님의 나라에 들어가는 것이 낫다."

43절에서는 손, 45절에서는 발, 47절에서는 눈을 언급하시면서 예수님은 육신의 지체가 우리를 죄짓게 할 경우 그 지체를 제거하여 불구의 몸이 되더라도 생명에 들어가라고 단호히 말씀하신다. 손, 발, 눈 이 세 가지가 교대로 언급이 되지만 내용은 대동소이하다. 그러나 점차 강도가 높아지고 있다. 손과 발의 경우 생명에 '들어간다'지만, 눈의 경우 지옥에 '던져진다'(βληθῆναι, 블레쎄나이)로 표현이 되고 있어 형벌의 불가피성과 가혹함이 부각되고 있다. '던져진다'는 요한계시록에서 짐승들, 거짓 선지자들, 마귀들, 나아가 사망까지도 불못에 던져진다 할 때도 사용되고 있다(계 19:20; 20:10, 14, 15). 천사가 용(=사탄)을 잡아 무저갱에 던져 넣을 때도 같은 단어가 능동형으로 사용되고 있다(계 20:3).

'지옥'으로 번역된 헬라어 '게헨나'(γέεννα)는 원래 히브리어로 '힌놈의 골짜기' 혹은 '힌놈의 아들의 골짜기'라는 뜻이다. 구약에서는 가나안의 신 몰렉과 바알을 숭배하던 곳으로, 자녀들을 불에 살라 바치거나 불 가운데로 지나가게 했다(렘 7:31; 19:4-5; 32:35; 왕하 16:3; 21:6 등). 요시야 왕의 종교개혁 조치 가운데 하나가 바로 이 힌놈의 골짜기에서 이뤄진 우상숭배를 금지하는 것이었다. 신구약 중간기에 '게헨나'는 사악한 유대인들이 가게 될 마지막 불의 심판의 장소로 인식되었고, 주후 1세기에는 모든 악한 자들이 불의 심판을 받는 곳으로 이해되었다.[12]

신약에서 '게헨나'는 공관복음서에서만 11회 사용되고, 신약의 다른 책에서는 야고보서 3장 6절을 제외하고 사용되고 있지 않다. 11회 모두 예수님이 말씀하셨고, 마가복음에서는 9장 43, 45, 47절에서만 나온다. 지옥의 반대말은 하나님의 나라다(45절에서는 생명으로 표현). 마가복음에서 하나님의 나라는 예수님에 의해 이 땅에 이뤄지고 있다는 현세적 개념이 강하지만 여기서는 내세적인 의미로 사용되고 있다. 하나님의 나라는 완전한 나라다. 그러므로 생명 혹은 하나님 나라에 불구로 들어간다는 말을 문자적으로 받아들여 불구의 상태로 천국에서 살게 되는 것으로 이해하면 곤란하다.

44 (없음)

46 (없음)

44절이 없다면 45절을 44절로 하면 되지 않느냐는 의문이 생길 수 있다. 개역개정 성경이 난외주에 설명하고 있는 것처럼, 다른 사본에는 44, 46절이 있다. 내용은 48절과 같다. 그러나 사본학자들은 44, 46절의 내용은 원본에는 없었을 것이라고 본다. 그렇다고 해서 45절을 44절로 당기면 44, 46절을 포함하고 있는 다른 사본과의 구절 배열이 달라지기 때문에 혼란이 온다. 그래서 44, 46절에 없음이라고 표기한 것이고, 이렇게 하면 다른 사본과 구절 배열을 일치시키면서도 다른 사본에는 나오는 44, 46절의 내용이 원본에 해당하지 않음을 보여 줄 수 있다.

48 "지옥에서는 그들의 구더기도 죽지 않고 불도 꺼지지 않는다."

게헨나에서는 구더기가 악인들의 몸을 파먹는데, 그 구더기는 죽지 않는다. 또한 불도 꺼지지 않는다. 이와 유사한 묘사가 이사야 66장 24절에도 나온다. "그들이 나가서 내게 패역한 자들의 시체들을 볼 것이라 그 벌레가 죽지 아니하며 그 불이 꺼지지 아니하여 모든 혈육에게 가증함이 되리라." 여기서 벌레와 불의 형벌을 받는 자들은 하나님께 패역한 자들이다. 그렇다면 9장 48절에서 예수님이 이 구절을 염두에 두고 말씀하셨다면 예수님을 믿는 작은 자를 죄짓게 하는 일이 하나님께 패역한 것과 다를 바 없다는 의미가 된다.[13]

'그들의 구더기'를 새번역과 공동번역 개정판은 "그들을 파먹는 구더기"로 풀어서 번역했다. '그들'은 지옥에 떨어진 자들이고, 구더기는 이들을 먹는다는 뜻이다. '불도 꺼지지 않는다'는 표현 때문에 지옥은 뜨거운 불의 형벌이 있다고 생각한다. '부자와 거지 나사로의 비유'(눅 16:19-31)에서도 음부에 간 부자가 불꽃 가운데서 괴로워하고 목 말라한다. 계시록에서는 둘째 사망이 불못에 던져지는 벌이다(계 20:14-15).

하지만 예수님은 지옥을 '바깥 어두운 곳'이라고 말씀하시기도 하셨다(마 8:12; 22:13; 25:30). 활활 타오르는 불과 어두움, 이 둘을 어떻게 조화시킬 수 있을까? 지옥에는 불과 어두움 두 가지가 존재할 수 있는가? 아니면 이 두 표현을 상징으로 보아야 하나? 불은 견디기 힘든 고통을 상징하고 어둠은 격리, 외로움, 두려움을 상징한다고 봐야 할까?[14] 단정적으로 말하기 어렵다.

49 "모든 사람이 소금에 절여지듯 불에 절여질 것이다."

49절과 50절 이 두 구절은 고난도 수수께끼와도 같아서 다양한 해석이 있어왔다. 특히 49절의 경우 마가복음에만 나온다. 49절의 경우에 대해서는 두 가지 견해가 있다. 소금의 기능이 여러 가지가 있지만, 소금은 우선 부패를 방지하여 오래 가게 한다. 레위기 2장 13절에 따르면 모든 제물에 소금을 쳐야 한다(겔 43:24 참조). 제물의 정화를 위해서다. 불 역시 정화의 기능을 한다. 그리고 49절의 '모든 사람'은 사람 전체를 가리킨다기보다는 예수님을 따르는 제자들을 가리킨다. 그렇다면 49절의 말씀은 제자들은 마치 제사에 바치는 제물처럼 소금이 뿌려져 정화될 것이라는 뜻이다. 이때 소금은 시련 등을 상징한다고 볼 수 있겠다. 하나님은 시련 등을 통해 제자들을 정화시킬 것이라는 의미다.[15] 그러나 예수님이 섬김의 문제를 이야기 하시다 갑작스럽게 고난을 통한 제자들의 순화를 이야기하는 것이 문맥상 맞지 않는다고 볼 수 있다.

또 다른 견해에 따르면 소금은 보존하는 기능을, '모든 사람'은 앞서 42-48절에 언급된 지옥(게헨나)에 간 사람들을 가리킨다. '불'은 심판의 불이다. 소금이 쳐진 물건이 오래 가듯이 작은 자를 실족케 하여 게헨나에 간 사람들은 모두 꺼지지 않는 불로 '영원히' 고통을 받게 될 것이라는 뜻이다. 이 견해가 문맥상 타당한 해석이며 필자는 이를 지지한다.

> 50 "소금은 좋은 것이다. 소금이 짠 맛을 잃으면, 너희가 어떻게 그것을 다시 짜게 하겠느냐? 너희는 너희 안에 소금을 가지고 있어라. 그래서 서로 화목하게 지내라."

50절에서 소금은 맛을 내는 기능을 한다. 그런 것처럼 제자들은 제자로서의 맛, 즉 제자로서 세상 사람들과 구분되는 특징이 있어야 한다. 즉 제자들은 세상들처럼 누가 크냐고 싸워서는 안 되고, 서로 화목해야 한다. 모든 사람의 종이 되는 섬김의 삶이 제자들의 특징이 되어야 한다.[16] 골로새서 4장 6절("너희 말을 항상 은혜 가운데서 소금으로 맛을 냄과 같이 하라 그리하면 각 사람에게 마땅히 대답할 것을 알리라") 역시 성도의 언어 생활이 은혜로 가득차야 함을 말하고 있다.

10장

10장

둘러보기

10:1-52

1 예수께서 거기를 떠나 유대 지방과 요단 강 건너편으로 가셨다.
무리가 또 모여들었고, 예수께서는 늘 하시던 대로 가르치셨다.
2 바리새인들이 예수께 와서 그를 시험하여 물었다. "남편이 아내를
버려도 됩니까?" 3 예수께서 그들에게 대답하여 말씀하셨다.
"모세는 너희에게 뭐라고 명령했느냐?" 4 그들이 대답했다.
"모세는 이혼증서를 써주고 버리는 것을 허락했습니다." 5 예수께서
그들에게 말씀하셨다. "모세는 너희의 마음이 완악하기 때문에
너희에게 이 계명을 써준 것이다. 6 그러나 하나님께서는 창조
때부터 사람을 남자와 여자로 만드셨다. 7 그러므로 사람이 자기
부모를 떠나서 〔자기 아내와 합하여〕 8 그 둘이 한 몸이 된다.
그러므로 이제 둘이 아니요 한 몸이다. 9 하나님이 짝 지워 주신
것을 사람이 갈라놓아서는 안 된다." 10 다시 집으로 갔을 때
제자들이 이것에 대해 예수께 여쭤보았다. 11 예수께서 그들에게
말씀하셨다. "누구든지 자기 아내를 버리고 다른 여자와 결혼하는
사람은 그녀에게 간음을 행하는 것이요 12 또 여자가 자기 남편을

버리고 다른 남자와 결혼하면 간음하는 것이다." 13 사람들이
예수께 아이들을 데리고 와서 안수하여 주시기를 바랐으나,
제자들은 그들을 나무랐다. 14 예수께서 보시고 노하셔서 그들에게
말씀하셨다. "아이들이 내게 오는 것을 허락하고 막지 말라.
하나님의 나라는 이런 사람들의 것이다. 15 내가 진실로 너희에게
말한다. 누구든지 하나님의 나라를 어린아이와 같이 받아들이지
않으면 결코 거기에 들어갈 수 없다." 16 그리고 아이들을 안아
주시고 그들에게 안수하시며 축복하셨다. 17 예수께서 길을 떠나실
때, 한 사람이 달려와 그 앞에 무릎을 꿇고 물었다. "선하신 선생님,
제가 무엇을 해야 영생을 얻을 수 있습니까?" 18 예수께서 그에게
말씀하셨다. "어찌하여 나를 선하다고 하느냐? 하나님 한 분 외에는
선한 자가 없다. 19 너는 계명을 알고 있다. '살인하지 말라, 간음하지
말라, 도둑질하지 말라, 거짓 증언 하지 말라, 속여 빼앗지 말라, 네
부모를 공경하라' 하였다." 20 그가 예수께 말했다. "선생님, 저는
이 모든 것을 어려서부터 다 지켰습니다." 21 예수께서 그를 자세히
보시며 사랑하셔서 그에게 말씀하셨다. "네게 한 가지 부족한 것이
있다. 가서 네가 가진 것을 다 팔아 가난한 사람들에게 주어라.
그렇게 하면 네가 하늘에서 보화를 얻게 될 것이다. 그리고 와서
나를 따라라." 22 그러나 그는 이 말씀 때문에 울상을 짓고 근심하며
갔다. 왜냐면 그에게는 재산이 많았기 때문이다. 23 예수께서
둘러보시며 제자들에게 말씀하셨다. "재물을 가진 사람은 하나님
나라에 들어가기가 참으로 어렵다." 24 제자들은 그의 말씀에
놀랐다. 예수께서 다시 그들에게 대답하여 말씀하셨다. "얘들아,
하나님 나라에 들어가기는 참으로 어렵다. 25 부자가 하나님
나라에 들어가는 것보다 낙타가 바늘귀로 나가는 것이 더 쉽다."
26 제자들은 더욱 놀라며 서로 말했다. "그렇다면 누가 구원을 얻을
수 있단 말인가?" 27 예수께서 그들을 자세히 보시며 말씀하셨다.
"사람으로는 할 수 없지만 하나님께는 그렇지 않다. 하나님께는
모든 것이 가능하다." 28 베드로가 예수께 말씀드렸다.

“보십시오. 우리는 모든 것을 버리고 선생님을 따랐습니다.”
29 예수께서 말씀하셨다. “내가 진실로 너희에게 말한다. 나를
위하여 또 복음을 위하여 집이나 형제나 자매나 어머니나 아버지나
자녀나 논밭을 버린 사람은 30 지금 이 세대에서 박해도 받겠지만
집과 형제와 자매와 어머니와 자녀와 토지를 백 배나 받을 것이고,
오는 세대에서는 영원한 생명을 얻게 될 것이다. 31 그러나 첫째가
꼴찌가 되고 꼴찌가 첫째가 되는 사람이 많을 것이다.” 32 그들이
예루살렘으로 올라가고 있었다. 예수께서 앞서서 가시는데,
제자들은 놀라고, 뒤따르는 자들은 두려워했다. 예수께서 다시
열두 제자를 불러 모으셔서 장차 당신께서 당하실 일들에 대해
말씀하셨다. 33 “보라. 우리가 예루살렘으로 올라가고 있다. 인자가
대제사장들과 서기관들에게 넘겨져 사형 선고를 받게 될 것이며, 또
이방인들에게 넘겨질 것이다. 34 그들은 인자를 조롱하고 침을 뱉고
채찍질하고 죽일 것이다. 그러나 사흘 만에 다시 살아날 것이다.”
35 세베대의 아들 야고보와 요한이 예수께 다가와 말했다. “선생님,
저희가 원하는 게 있는데, 꼭 들어주셨으면 합니다.” 36 예수께서
그들에게 말씀하셨다. “내가 너희에게 뭘 해주기를 바라느냐?”
37 그들이 예수께 말씀드렸다. “선생님께서 영광을 받으실 때 저희를
하나는 선생님 오른편에, 하나는 선생님 왼편에 앉게 해주십시오.”
38 예수께서 그들에게 말씀하셨다. “너희는 너희가 구하는 것이 어떤
것인지 모르고 있구나. 너희는 내가 마시는 잔을 마실 수 있으며,
내가 받는 세례를 받을 수 있겠느냐?” 39 그들이 예수께 말했다.
“할 수 있습니다.” 예수께서 그들에게 말씀하셨다. “너희는 내가
마시는 잔을 마시게 될 것이고, 내가 받는 세례를 받게 될 것이다.
40 그러나 내 오른편과 왼편에 앉는 것은 내가 주는 것이 아니다.
정해진 사람들에게 돌아갈 것이다.” 41 다른 열 제자가 이것을 듣고
야고보와 요한에게 분개했다. 42 그러자 예수께서 그들을 불러 모아
말씀하셨다. “너희도 아는 것처럼 이방인들의 통치자는 백성들 위에
군림하고, 고관들은 권세를 부린다. 43 그러나 너희는 그래서는 안

된다. 너희 중에 누구든지 높은 사람이 되고자 하는 사람은 섬기는
사람이 되어야 하고 44 너희 중에 으뜸이 되고자 하는 사람은 모든
사람의 종이 되어야 한다. 45 인자는 섬김을 받으러 온 것이 아니라
오히려 섬기러 왔고, 자기 목숨을 많은 사람을 위한 대속물로 주기
위해 왔다." 46 그들이 여리고에 갔다. 예수께서 제자들과 많은
사람들과 함께 여리고를 떠나실 때 디매오의 아들 바디매오라는
시각 장애인 거지가 길가에 앉아 있다가 47 나사렛 예수라는 소리를
듣고서 소리 질러 말했다. "다윗의 자손 예수여, 나를 불쌍히 여겨
주소서." 48 많은 사람들이 조용히 하라고 그를 꾸짖었지만 오히려
그는 더욱더 큰 소리로 외쳤다. "다윗의 자손이여, 나를 불쌍히
여겨 주소서." 49 예수께서 걸음을 멈추시고 "그를 불러오너라"라고
말씀하셨다. 사람들이 그 시각 장애인을 부르며 말했다. "걱정하지
말고 일어나라. 그분이 너를 부르신다." 50 그는 자기 겉옷을 벗어
버리고 벌떡 일어나 예수께로 왔다. 51 예수께서 그에게 말씀하셨다.
"내가 너에게 무엇을 해주기를 원하느냐?" 그 시각 장애인이 예수께
말했다. "선생님, 다시 볼 수 있게 해주십시오." 52 예수께서 그에게
말씀하셨다. "가라. 네 믿음이 너를 구원하였다." 그러자 그가 곧
다시 보게 되었고, 예수께서 가시는 길을 따라갔다.

10장은 두 번째 수난 예언 단락(9:30-10:31)과 세 번째 수난 예언 단락(10:32-45)에 걸쳐 있다. 이 두 단락의 주 내용은 세상의 가치관을 역전시키는 '하나님 나라의 가치관'(섬김이 핵심)으로 구성되어 있다. 10장에 국한하여 보자면, 이혼 논쟁(1-12절)은 당시 약자인 여인에 대한 보호 선언이며, 어린아이 축복(13-16절)은 하나님 나라가 어린아이처럼 작고 연약한 자를 섬기는 데 있음을 말하고 있다. 영생에 대한 질문을 한 부자 이야기(17-22절)와 재물에 대한 예수님의 가르침(23-31절)은 하나님 나라에 들어가는 데 재물을 포기하는 것이 얼마나 어려운지를 잘 보여준다. 예수님은 그 어려움을 낙타가 바늘귀를 통과하는 것보다 더 어렵다고 매우 강렬한 비유로 말씀하셨다. 하지만 하나님은 낙타가 바늘귀

를 통과하도록 역사하실 수 있다. 참 제자는 예수님과 복음을 위해 모든 것을 포기하는 헌신이 가능하다.

예수님은 고난과 부활을 세 번째로 예언하시는데(32-34절), 이것을 깨닫지 못한 세베대의 아들 야고보와 요한은 높아지려고 한다. 이에 예수님은 으뜸이 되려고 하는 자는 종이 되어야 할 것을 다시 가르쳐 주시면서 당신께서 친히 섬기러 오셨다고 말씀하신다(35-45절). 45절("인자는 섬김을 받으러 온 것이 아니라 오히려 섬기러 왔고, 자기 목숨을 많은 사람을 위한 대속물로 주기 위해 왔다")은 8장 27절부터 10장 44절까지 전체를 아우르는 결론이요, 길 위에서의 가르침을 매듭짓는 구절이다. 바디매오 치유 사건(46-52절)은 믿음을 가진 자는 치유된다는 것을 말하고 있지만, 단순히 치유 이적에 그치지 않고 바디매오가 치유를 받은 후 예수께서 가시는 길을 따라갔다고 언급함으로써 참 제자의 길은 고난의 길을 가는 것임을 말해주고 있다.

이혼 논쟁(1-12절)

어린아이와 같이 하나님 나라를 받아들이라(13-16절)

제자가 되지 못한 부자 이야기(17-22절)

재물에 대한 가르침(23-31절)

고난과 부활에 관한 세 번째 예언(32-34절)

섬김에 대한 가르침(35-45절)

눈을 뜬 바디매오, 예수를 따르다(46-52절)

10장

풀어보기

이혼 논쟁(1-12절)

1 예수께서 거기를 떠나 유대 지방과 요단 강 건너편으로 가셨다.

'거기'란 9장에서 예수께서 제자들을 가르치셨던 갈릴리 가버나움의 어떤 집(9:33)을 말하는 것 같다. '요단강 건너편'은 헤롯 안티파스(막 6:14-30 참조)가 관할하는 베뢰아 지역이었을 것이다.

2 바리새인들이 예수께 와서 그를 시험하여 물었다. "남편이 아내를 버려도 됩니까?"

바리새인의 질문은 '남자'가 아내를 버리는 것이 합당한가에 대해 묻고 있다는 점에서 남성 중심적이다. 예수님의 질문에 대한 바리새인들의 대답(4절) 역시 남성중심적이다. 이에 반해 아래에서 언급될 예수님의 대답은 남녀의 평등을 강조한다.

바리새인들의 질문은 예수님을 시험하려는 나쁜 동기에서 비롯되었다. 앞에서도 바리새인들은 예수님을 시험한 바 있다(8:11). 지금 예수님이 가르치시는 곳이 헤롯 안티파스가 관할하는 지역임을 기억하자. 헤롯은 자기 아내와 이혼하고 헤로디아와 재혼한 사람이었다. 또 그는 자신의 이혼과 재혼에 대해 비판하는 세례자 요한을 목 베어 죽였다. 따라서 이혼 문제는 정치적으로 민감한 문제였을 것이다. 또 당시 유대 남성들은 이혼을 허용한 모세의 율법을 남용하여 쉽게 여성을 버렸다. 남성들은 기득권자였다. 바리새인들은 많은 사람들 앞에서 이 같은 질문을 던져 예수님의 권위를 실추시키고자 했던 것이다.

3 예수께서 그들에게 대답하여 말씀하셨다. "모세는 너희에게
뭐라고 명령했느냐?" 4 그들이 대답했다. "모세는 이혼증서를
써주고 버리는 것을 허락했습니다."

예수님은 바리새인들의 질문에 대해 대응질문으로 응수하신다. 예수님의 질문은 토라의 이혼 규정에 대한 바리새인들의 입장을 확인한 후 그들의 입장을 반박하려는 전략이다. 이에 바리새인들은 신명기 24장 1-4절에 근거하여 모세는 이혼증서를 써서 아내를 내보내기를 허락했다고 대답한다. 종교지도자들에게 있어서 모세(=토라)는 최고의 권위를 가지고 있기 때문에 바리새인들이 모세가 '허락했다'고 말한 것은 이혼을 하나님이 허락한 정당한 것으로 보고 있음을 뜻한다.

하지만 신명기의 말씀은 본래 그런 취지가 아니다. 신명기 24장 1절은 아내에게 '수치 되는 일'을 발견하였을 경우만 이혼 증서를 써서 내보낼 수 있다고 말한다. '수치 되는 일'이 결혼 전 음행인지, 결혼 후 간음인지 구체적으로 알 수는 없지만 이 모든 것을 포함하는 것으로 보인다. 예수님은 '음행'(πορνεία, 포르네이아)한 이유 외에 아내를 버리지 말라고 하셨다(마 5:31-32; 19:9).

5 예수께서 그들에게 말씀하셨다. "모세는 너희의 마음이 완악하기
때문에 너희에게 이 계명을 써준 것이다."

예수님은 바리새인들이 이혼을 정당화하는 근거로 삼고 있는 모세의 계명이 왜 있게 되었는지를 설명하신다. 그 이유는 "너희의 마음이 완악하기 때문"이었다. 이혼증서를 써서 아내를 버리는 일이 하나님의 뜻에 어긋나지 않기 때문에 모세가 그렇게 하라고 한 것이 아니었다. 여기서 '너희'는 바리새인들이다. 1천 년도 더 지난 과거에 살았던 모세가 마치 당대 사람에게 말하듯 바리새인들에게 말씀하신다. 예수님은 구약 시대의 이스라엘 백성들의 마음이 완악했던 것처럼(신 29:18; 시 81:12; 95:8 등) 바리새인들 역시 마음이 완악하다는 것을 말함으로써 이 둘을 일치시키신다. 두 번째 안식일 논쟁(3:1-6)에서도 예수님은 바리새인들의 '마음의 완악함'을 비판하셨다. 바리새인들은 계속해서 마음이 완악한 자로 나타나고 있다.

예수님 시대의 이스라엘의 생활상을 연구한 예레미아스에 따르면[1] 당시 가부장적 유대 사회에서 여자는 종이나 어린아이들처럼 종속적이고 열등한 존재로 취급되었다. 유대 남성들은 이혼을 허용한 모세의 율법을 남용하여 쉽게 여성을 버렸다. 여자는 집에만 있어야 했다. 실제로 처녀들에게 가장 바람직한 일은 밖에 나가지 않는 것이었다. 설사 외출한다 해도 예루살렘의 유대 여인들은 외출할 때 면사포로 얼굴을 가리고 나가야 했다. 밖에 나가서 남자와 이야기하는 것은 엄격히 금지되었는데, 만약 밖에서 남자와 이야기할 경우 혼인계약서에 약조된 돈을 받지 못한 채 쫓겨났다.

> 6 "그러나 하나님께서는 창조 때부터 사람을 남자와 여자로 만드셨다."
>
> 9 "하나님이 짝 지워 주신 것을 사람이 갈라놓아서는 안 된다."

예수님은 창세기 1장 27b절과 2장 24절을 인용하여 그들에게 대답하신다. 예수님은 인간이 타락하기 이전, 창조에 나타난 하나님의 원래 뜻을 밝힘으로써, 하나님의 원래 의지가 모세의 율법보다 우선한다는 것, 그리고 예수님의 가르침을 통해 창조에 나타난 하나님의 뜻이 마침

내 성취됨을 보여 주고 있다.

창세기의 두 본문을 인용함으로써 예수님이 강조하고 있는 바는 다음과 같다. 첫째, 여자의 지위를 남자와 동등한 것으로 강조하신다. 하나님이 남자와 여자로 사람을 창조하셨다는 언급, 또 남자가 부모를 떠나 그의 여자와 연합하는 것[2]이 창조에 나타난 하나님의 뜻이라는 것, 그리고 이 둘이 '한 몸'이 된다는 말씀은 남자와 여자의 평등성을 강조한다.[3]

둘째, 사람이 부모를 떠나서, 둘이 '한 몸'이 되는 것을 8절에서 두 번 반복하여 강조함으로써 이혼의 불가함을 주장하신다. 12절에서 예수님은 재혼을 간음죄로 규정하셨는데, 부부가 결혼을 통해 한 몸이 되면 이혼 후에도 여전히 유효하다는 생각이 깔려 있다. 이런 생각은 바리새인들이 쉽게 여자를 버리는 것과는 명백한 대조를 이룬다.[4]

셋째, 9절은 이혼 논쟁의 절정이 되는 선언이라고 할 수 있다. 여기서 예수님은 남자와 여자가 한 몸이 되는 결혼을 '하나님'이 맺어 주신 것으로 해석한다. 남녀가 한 몸이 되는 결혼은 하나님이 맺어 주신 것이기에 이혼은 절대 불가하다는 것이다. 헬라어 원문에 따르면 '나누다'의 목적어인 관계대명사절(하나님이 짝지어 주신 것)이 문두에 위치함으로써 '하나님이 짝지어 주신 것'이 강조되고 있다. 또 '하나님'과 '사람', 그리고 '짝지어 주다'와 '나누다'가 서로 대조를 이루고 있는데, 이러한 대조는 결혼은 하나님에 의해 이루어진 것임을 강조하며, 하나님이 맺어 주신 것을 사람이 갈라놓는 것은 하나님의 뜻에 위배되는 것임을 보여 준다. 여기서 사람은 남성이다. 물론 현대에는 여성이 먼저 이혼을 요구하는 경우도 있지만, 예수님 당시에 이혼을 요구하는 사람은 남자였다.

결국 결혼이란 창조에 나타난 하나님의 뜻이며 하나님이 맺어 주신 것이기에, 이혼은 하나님의 창조질서를 거역하는 일이 된다는 것이다. 이렇게 하여 예수님은 이혼을 허용한 모세의 율법을 폐지하신다. 또 11-12절에서 예수님은 재혼을 간음죄와 동일시하는데, 신명기 24장 1-4절이 허용한 이혼을 사실상 금하신 것이다.

10 다시 집으로 갔을 때 제자들이 이것에 대해 예수께 여쭤 보았다.

12 "또 여자가 자기 남편을 버리고 다른 남자와 결혼하면 간음하는 것이다."

1-9절이 무리들이 참여하고 있는 열린 공간에서 이루어지고 있는 반면에 10-12절의 교훈은 집에서 예수님과 제자들만이 있는 상황에서 행해지고 있다. 제자들은 '이것', 즉 이혼에 대해 물었으나, 예수님은 이혼 문제를 넘어서 재혼 문제도 언급하신다. 11-12절에서 예수님은 이혼 후 재혼을 십계명 중 제7계명인 간음죄로 규정함으로써, 이혼이 불가하다는 9절의 주장을 더욱 강화하신다.

예수님은 재혼을 간음죄를 짓는 것으로 규정하신다. 7장 20-23절에 따르면 간음이란 사람의 '마음'에서 나오는 악한 생각들 가운데 하나로서, 사람을 더럽게 하는 것이다. 즉 이혼이 마음의 완악함에서 비롯된 것처럼(10:5), 재혼 역시 악한 생각들로 가득 찬 마음으로부터 비롯된 것이다. 그렇다고 모든 재혼이 다 그렇다는 것은 아니다. 당대에 이혼을 남발하고 재혼하는 세태를 비판하신 것임을 기억하자.

또 이혼에 관한 바리새인들의 율법 전통은 인간이 만든 전통을 지키려고 하나님의 계명(간음 금지)을 버리는 것이다. 이혼 논쟁은 이혼에 관한 예수님과 종교지도자들 간의 해석 논쟁을 넘어서, 하나님의 창조 질서를 거스르는 악의 세력과 창조에 나타난 하나님의 원래 의지를 실현시키려는 예수님과의 투쟁이라고 볼 수 있다.[5]

6-9절에서 남자와 여자의 동등성이 강조된 것처럼, 11-12절에서도 역시 남자와 여자의 동등성이 강조되고 있다. 11절에서 남자가 아내를 버리고 다른 여자와 결혼할 경우 본처에게(11절 '그녀에게'에서 '그녀'는 첫 번째 아내, 즉 본처를 말한다) 간음을 행한다는 언급은 예수님이 여자와 남자를 동등하게 바라보고 있음을 보여 준다. 왜냐하면 유대 율법에서 간음이란 아내가 남편에 대해 행하는 것이지, 남편이 아내에게 대해 행하는 것이 아니기 때문이다. 요한복음 8장에서도 서기관들과 바리새인들은 음행 중에 잡힌 여인만 죄를 물으려고 했지, 같이 음행했

던 남자는 데리고 오지 않았다. 또 12절에서 아내가 남편을 버린다는 언급 역시 남녀의 동등성을 전제한 여자의 책임을 묻는 것이다.

어린아이와 같이 하나님 나라를 받아들이라(13-16절)

13 사람들이 예수께 아이들을 데리고 와서 안수하여 주시기를
바랐으나, 제자들은 그들을 나무랐다.
16 그리고 아이들을 안아 주시고 그들에게 안수하시며 축복하셨다.

오늘날과는 달리 당시에 아이들은 하찮은 존재요 온전치 않은 인격체로 취급받았다. 제자들은 어린아이들이 감히 예수님께 나아온다는 것은 있을 수 없다고 생각했던 것 같다. 그래서 아이들을 데리고 오는 것을 꾸짖었다. 이것을 보신 예수님은 분노하셨다. 앞서 예수님은 어린아이 하나를 영접하는 것이 곧 예수님 자신을 영접하는 것이며, 나아가 자기를 보내신 하나님 아버지를 영접하는 것이라고 말씀하신 바 있다(9:37). 그런데 제자들은 이 교훈을 여전히 깨닫지 못하고 있었다.

예수님은 하나님 나라란 무릇 '이런 사람들의 것'이라고 선포하신다(14절). 그저 나이가 적은 어린아이가 아니라 어린아이와 같은 사람들이다. 또 예수님은 하나님의 나라를 어린아이와 같이 받들지 않으면 결코 거기에 들어갈 수 없다고 말씀하신다(15절). 어린아이와 같다는 것은 뭘까? 순진무구함이 아니다. 도움이 없이는 살아갈 수 없어 절대적으로 부모를 의지해야 하는 나약한 존재를 뜻한다. 그렇다면 어린아이가 전적으로 그의 부모를 의뢰하듯이 그렇게 하나님을 의지하는 자가 하나님 나라에 들어갈 수 있는 자라는 뜻이다. 조나단 에드워즈(Jonathan Edwards)의 유명한 설교 제목 "하나님은 사람이 의지할수록 영광 받으신다"(God Glorified in Man's Dependence)처럼 하나님은 자신의 연약함을 인정하고 하나님을 의지하는 자를 기뻐하시고 이를 통해 영광을 받으신다. 9장 42절에 나오는 작은 자들과 사실상 같은 의미다.

따라서 나이가 적은 어린아이는 무조건 하나님 나라에 들어간다고 주장하는 것은 이 본문이 말하는 바가 아니다.

제자가 되지 못한 부자 이야기(17-22절)

17 예수께서 길을 떠나실 때, 한 사람이 달려와 그 앞에 무릎을
꿇고 물었다. "선하신 선생님, 제가 무엇을 해야 영생을 얻을 수
있습니까?"
20 그가 예수께 말했다. "선생님, 저는 이 모든 것을 어려서부터 다
지켰습니다."

재물이 많아 예수님을 따르지 못했던 사람 이야기는 공관복음에 모두에 나온다(마 19:16-30; 눅 18:18-30).[6] 이 사람을 '청년'(νεανίσκος, 네아니스코스)으로 부른 사람은 마태다. 누가는 이 사람을 '관리'(ἄρχων, 아르콘. 18:18)라고 말하여 그의 사회적 지위가 높음을 암시한다. '아르콘'은 누가복음 12장 58절에서는 '법관'으로 번역되었다. 그가 십계명을 다 지킨 것을 보면 그는 회당의 지도자일 것이다.[7] 필자는 편의상 이 사람을 청년이라고 부르겠다.

그는 십계명을 어려서부터 다 지킨 사람이었다(20절). 바울 역시 자신이 "율법의 의로는 흠이 없는 자"(빌 3:6)라고 자부한 것을 보면 당시에 십계명을 철저히 지켰던 사람들이 있었던 것 같다. 그가 십계명을 다 지킨 이유는 영생을 얻기 위해서였다. '영생'은 예수님과 이 사람과의 대화, 또 그 후에 있었던 예수님과 제자들과의 대화의 주제다.

그는 '영생'을 얻기를 간절히 소망했다. 그러나 십계명을 지킨 것으로 부족하다고 생각한 것 같다. 한국 교회 언어로 표현하자면 십계명을 지켰지만 구원의 확신이 없었던 것이다. 이 문제를 갖고 고민했을 것이다. '과연 나는 무엇을 해야 영생을 얻을 수 있을까?' 이런 고민을 하던 차에 예수님에 대한 소문을 들었을 것이고, 그래서 예수님을 찾아왔다. 그는 예수님께서 길에 나가실 때 달려와 무릎을 꿇고 질문할

만큼 영생을 얻고자 하는 바람이 강했다.

예수님은 네가 계명을 알지 않느냐며 계명을 열거하신다. 예수님은 십계명 가운데 인간과 인간의 관계를 규정한 6, 7, 8, 9, 10, 다섯 계명을 언급하셨는데, 1-4계명이 언급되지 않은 것은 그가 여호와 하나님을 믿는 이스라엘 사람이기에 당연한 것으로 생각했기 때문인 것 같다. 그러자 그는 자신 있게 말한다. 나는 이 모든 것을 어려서부터 지켰노라고.

> 21 예수께서 그를 자세히 보시며 사랑하셔서 그에게 말씀하셨다.
> "네게 한 가지 부족한 것이 있다. 가서 네가 가진 것을 다 팔아
> 가난한 사람들에게 주어라. 그렇게 하면 네가 하늘에서 보화를
> 얻게 될 것이다. 그리고 와서 나를 따라라." 22 그러나 그는 이 말씀
> 때문에 울상을 짓고 근심하며 갔다. 왜냐면 그에게는 재산이 많았기
> 때문이다.

예수님은 지금까지 십계명을 지켜 온 것 가지고는 부족하다고 말씀하신다. 그 부족함을 채워 온전하게 하는 방법으로(마태복음 19장 21절에서는 "네가 온전하고자 할진대") 소유를 팔아 가난한 자들에게 나눠 주라, 그러면 하늘에서 보화가 네게 있을 것이라고 약속하신다. 누가복음에서도 구제는 하늘에 보화를 쌓는 길이다(눅 12:33). 그러나 청년은 재물이 많으므로 근심하며 돌아갔다. 그는 '씨 뿌리는 자의 비유'(4:3-20)에 나오는 '가시떨기'처럼 말씀을 듣고 받아들이지만, 재물의 유혹과 기타 욕심 때문에 결실하지 못하는 사람이다.

그러나 이 청년이 그동안 구제를 행하지 않은 사람은 아닌 것 같다. 만약 예수님이 청년에게 재산의 일부를 팔아 가난한 자에게 나눠 주라고만 하셨다면, 청년은 이미 나는 그렇게 살고 있노라고 말했을 것이다. 왜냐하면 당시에 유대교에서 말하는 의는 구제, 금식, 기도를 실천하는 것이기 때문이다(마 6장 참조). 이것을 실천하지 않은 채 내가 십계명을 지켰노라고 말하지는 않았을 것이다. 그는 재산의 일부를

구제에 썼을 것이다.

청년이 예수님의 요구에 순종하지 못한 이유는 자신의 재산 가운데 '일부'가 아니라 '전부'를 팔아 가난한 자들에게 나눠 주라고 말씀하셨기 때문일 것이다. 베드로는 자신들이 "모든 것을(πάντα, 판타) 버리고" 따랐다고 했다(28절). 그러나 부자 청년은 모든 것을 버리지 못했다. 내 모든 소유의 처분권을 하나님께 드리는 철저한 포기가 자기 부인이요 제자도의 핵심이다.

"네가 가진 것을 다 팔아 가난한 사람들에게 주어라"라는 말씀은 모든 이에게 적용되는 것이 아니라 일부 특별한 사람들에게만 해당된다고 주장하는 사람들이 줄곧 있었다. 모든 것을 팔아 가난한 자에게 주고 예수님을 따라는 삶은 평범한 사람들에게 '모범적 사례'가 될 수는 있어도, 너무 힘들고 이상적이어서 그렇게 살지 못하는 것이 현실임을 인정하자는 주장이다. 또 부자 청년의 사례는 마치 하나님이 아브라함에게 이삭을 제물로 바치라고 명령한 것이 보편화될 수 없는 것처럼 매우 예외적인 경우라는 주장, 중요한 것은 자신의 재산에 대한 태도이지 실제로 그렇게 실천하라는 것이 예수님의 뜻은 아니라는 주장이 설득력을 얻어 왔다. 그래서 블로흐(Ernst Bloch)는 교회가 "바늘귀의 틈을 상당히 늘여왔다"라고 꼬집었다.[8]

묵상

하나님의 주권에 대한 절대적 인정과 하나님의 인도하심에 대한 완전한 신뢰가 없다면 재물 포기는 불가능하다. 그렇다고 해서 예수님을 믿는 즉시 자신이 가지고 있는 재산을 다 팔아 가난한 자에게 나눠 주는 것이 예수님이 청년에게 하신 말씀을 실천하는 길은 아니다. 하나님 나라를 위해서 자기 것을 나눠주는 삶, 주님께 내놓는 삶, 즉 내 삶의 모든 것에 대한 처분권이 하나님께 있음을 전적으로 인정하고 하나님이 요구하실 때(언제 어떻게 요구하시는지는 각자가 하나님의 뜻을 분별해야 한다) 기꺼이 포기하는 삶은 예수님을 따르는 자가 살아야 할 삶이다.

신앙은 문자적으로 계명을 실천하는 엄숙한 삶을 넘어서, 하늘의 보화를 소망하며, 이 땅에서 예수님을 위해 모든 것을 내려놓을 수 있는 용기요, 예수님만으로 만족하는 삶이다. 나에게는 무엇이 많아서 예수님의 말씀에 순종하지 못하고 있지는 않은지, 예수님이 나에게 지적하실 한 가지 부족한 것이 있다면 그것은 무엇인지 묵상해 보자.

23 예수께서 둘러보시며 제자들에게 말씀하셨다. "재물을 가진
사람은 하나님 나라에 들어가기가 참으로 어렵다."
25 "부자가 하나님 나라에 들어가는 것보다 낙타가 바늘귀로 나가는
것이 더 쉽다."

부자가 하나님 나라에 들어가는 것보다 낙타가 바늘귀로 들어가는 것이 쉽다는 말씀은 일종의 과장법이다. 후대 필사가들은 낙타를 뜻하는 헬라어 '카멜로스'(κάμηλος) 대신에 발음이 매우 비슷하면서도 '끈'(rope)이란 뜻을 갖고 있는 '카밀로스'(κάμιλος)로 변경시켜 이 충격을 완화시키려고 했다. 또 9세기 어떤 주석가는 여기서 말하는 '바늘귀'란 바늘 구멍이 아니라 예루살렘 성에 있던 '바늘귀'란 이름의 문을 가리킨다고 주장하지만 근거가 없다.[9]

어떻게 낙타가 바늘귀로 들어갈 수 있단 말인가? 불가능하다. 그런 것처럼 부자가 천국에 들어가는 것은 어렵다. 이것은 부자라는 이유만으로 천국에 들어갈 수 없다는 말이 아니다. 이 세상에 그 어떤 것에 대한 집착을 버리고 하나님만 온전히 따라야 한다는 것이다. 하나님께 대한 전적인 순종. 부유하게 살 수 있지만 하나님이 요구하시면 모든 것을 버릴 수 있는 결단. 이것이 하나님 나라에 들어가는 길이다.

재물에 대한 가르침(23-31절)

29 예수께서 말씀하셨다. "내가 진실로 너희에게 말한다. 나를
위하여 또 복음을 위하여 집이나 형제나 자매나 어머니나 아버지나
자녀나 논밭을 버린 사람은 30 지금 이 세대에서 박해도 받겠지만

집과 형제와 자매와 어머니와 자녀와 토지를 백 배나 받을 것이고, 오는 세대에서는 영원한 생명을 얻게 될 것이다."

제자들은 예수님과 복음을 위해 집, 형제, 자매, 어머니, 아버지, 자식, 전토를 버려야 한다. 베드로의 말마따나 그들은 '나를 따르라'는 예수님의 말 한 마디에 가족을 두고 떠났다. 세베대의 아들 야고보와 요한은 "그 아버지 세베대를 품꾼들과 함께 배에 버려 두고"(1:20) 예수님을 따랐다. 레위 역시 예수님의 부르심을 듣고서 모든 것을 버리고 자기가 일하던 세관을 떠났다(눅 5:28). 어떻게 이것이 가능할까? 예수님의 명령에 거부할 수 없는 신적 권위가 있었기 때문일 것이다. 어떤 경우든 가족을 두고 떠난다는 것은 자기를 부르는 자에 대한 절대적 신뢰를 전제로 한다. 아브라함이 하나님의 말씀을 듣고 "고향과 친척과 아버지의 집"(창 12:1)을 떠난 것도 마찬가지다.

그러나 예수님의 제자들이 가족을 '버린다'(ἀφῆκεν, 아페켄)는 것은 반드시 집이나 전토를 완전히 처분하거나 가족과의 관계를 아예 단절하는 것을 의미하지 않는다. 예수님이 가버나움에서 사역하실 때 자주 이용하셨던 집(2:1)은 베드로와 안드레의 집이었을 것이다. 레위 역시 예수님을 위해 자기 집에서 큰 잔치를 베풀었다(눅 5:29). 아내를 버린다는 것도 이혼을 뜻하지 않는다. 오히려 예수님은 "하나님이 짝지어 주신 것을 사람이 나누지 못할지니라"(10:9)라고 말씀하시지 않았던가? 베드로는 사역하면서 아내를 데리고 다니기도 했다(고전 9:5). 또 예수님이 '고르반'을 자신의 사리사욕을 위해 악용한 종교지도자들을 비판하면서 부모 공경의 계명을 강조하시기도 하셨다(7:10-11). 그렇다면 '버린다'는 것은 제자들이 예수님이 맡기신 사역을 제일 우선시하고, 그 일을 위해 가족과 재산을 뒤로하고 떠나는 것을 뜻한다. 그러나 사역이 끝이 나면 다시 집으로 돌아왔을 것이다.

예수께서는 이렇게 살아가는 자에게는 현세에 있어서 집과 형제와 자매와 어머니와 자식과 전토를 100배나 받게 될 것이라고 축복을 약속하신다. 100배는 어마어마한 양으로서, 하나님만이 주실 수 있음을 뜻한다. 여기서 약속된 형제와 자매와 어머니와 자식이란 혈연관계가 아니라 예수님을 따르는 제자들, 곧 신앙의 가족으로 보인다. 실제로 예수님과 복음을 위해 이곳저곳 돌아다니던 제자들은 같은 믿음의 형제자매들을 만나고 그들로부터 환영을 받았을 것이다. 이렇게 예수님은 혈연관계를 넘어서 성도들로 구성된 '하나님의 가족'을 강조하셨다. 예수님을 따르는 자들은 모두 한 분이신 하나님 아버지를 모시는 대가족이 될 것이다. 30절 보상 목록에 아버지가 생략된 이유도 예수님의 제자들에게 아버지는 하늘에 계신 하나님 아버지 한 분뿐이기 때문이다(막 11:25 참조).

또 예수님을 위해 버려야 할 목록에는 '또는'(or)이란 의미의 헬라어 '에'(ἤ)가 사용되지만, 보상 목록에는 '그리고'(and)를 뜻하는 헬라어 '카이'(καί)가 사용되고 있다. 그렇다고 해서 버려야 할 목록 가운데 한 가지를 버리더라도 얻는 것은 전부라고 해석하는 것은 곤란하다. 예수님을 따르기 위해 치러야 할 희생에 비해 주어지는 복이 훨씬 더 크다는 뜻이다.

예수님을 위해 모든 걸 버린 제자들에게 주는 최고의 상은 오는 세대에서 누릴 영생이다. '이 세대', '오는 세대'를 개역개정 성경은 현세와 내세로 번역했는데, 우리말에서 현세는 지금 육신을 가지고 살아가는 이 세상이고, 내세는 죽어서 영혼이 가는 세상을 말한다. 그런데 여기서 말하는 '이 세대'와 '오는 세대'는 묵시적 역사관에서 말하는 두 세대를 말한다. 즉 이 세대는 악이 지배하는 인간 역사 전체를 말한다. 오는 세대에서 악의 세력은 하나님의 심판을 받아 사라지고 하나님이 통치하시는 세상, 요한계시록의 용어로 하자면 새 하늘과 새 땅이 이뤄진 세상을 말한다. 오는 세대의 삶을 '영생'이라고도 한다. 영생은 시간적으로 무한히 긴 시간이라기보다는 하나님이 다스리는 세상에서 살아가는 삶이다. 영원한 생명은 하나님만이 주실 수 있고, 하나님이 계신 곳에서만 영생은 가능하다. 그래서 이 세대에서도 예수 믿는 자들은 영원한 생명을 누릴 수 있다.

31 "그러나 첫째가 꼴찌가 되고 꼴찌가 첫째가 되는 사람이 많을 것이다."

개역개정 성경은 '먼저 된 자'와 '나중 된 자'로 번역했지만, 필자는 9장 35절에서처럼 '첫째'와 '꼴찌'로 번역했다. 여기서 첫째란 부와 권력 등을 가진 힘 있는 사람을, 꼴찌는 없는 사람들을 뜻한다. 세상에서 힘 있는 사람이라도 해도 이들이 부자 청년처럼 예수님을 위해 그것들을 포기하지 않는다면 오는 세대에서는 꼴찌가 될 것이다. 그러나 예수님을 위해 재산과 가족까지도 버린 자들, 그래서 아무것도 없는 자들은 비록 이 세상에서는 '꼴찌'이지만, 오는 세대에서는 '첫째'가 될 것이다.

고난과 부활에 관한 세 번째 예언(32-34절)

32 그들이 예루살렘으로 올라가고 있었다. 예수께서 앞서서 가시는데, 제자들은 놀라고, 뒤따르는 자들은 두려워했다. 예수께서 다시 열두 제자를 불러 모으셔서 장차 당신께서 당하실 일들에 대해 말씀하셨다.

앞서가시는 예수님은 제자들을 이끄시는 지도자의 모습이다. 예루살렘은 예수님이 고난을 당하시고 죽으시는 곳이다. 고난을 향해서 앞서서 가시는 모습이다. 예수님은 부활 후에도 당신께서 제자들보다 '앞서' 갈릴리로 가시겠다고도 하셨다(14:28; 16:7). 하나님 나라 사역을 주도적으로 행하심을 볼 수 있다.

이런 예수님의 모습에 제자들은 놀랐다. 왜 놀랐을까? 그들은 앞서 예수님의 가르침에 놀란 적이 있다(10:24). 그렇다면 여기서도 제자들은 당당하게 앞서 가시는 모습에서 신적 아우라(aura)를 느꼈기 때문에 놀라지 않았을까? 또 뒤따르는 자들은 제자 그룹과는 구분되는 더 넓은 범위의 추종자들이라고 할 수 있는데, 이들이 느낀 두려움의 감정 역시 예수님의 신성, 혹은 메시아 되심 때문에 비롯된 것으로 봐야 한다.[10] 그러나 예수님은 예루살렘에 올라가셨을 때 당할 고난과 치욕과 죽음과 부활에 대해서는 열두 제자에게만 말씀하셨다. 33-34절은 세 번째 수난과 부활 예언이다(8:31과 9:31 참조).

섬김에 대한 가르침(35-45절)

35 세베대의 아들 야고보와 요한이 예수께 다가와 말했다. "선생님, 저희가 원하는 게 있는데, 꼭 들어주셨으면 합니다."
37 그들이 예수께 말씀드렸다. "선생님께서 영광을 받으실 때 저희를 하나는 선생님 오른편에, 하나는 선생님 왼편에 앉게 해주십시오."

예수님은 하나님의 뜻을 위해 고난을 향해 가고 있건만, 세베대의 아들 야고보와 요한은 영광의 자리를 구했다. 복음서에서 야고보와 요한은 베드로와 함께 삼총사를 이루며 다녔다. 회당장 야이로의 집에 갈 때도(5:37), 변화산에 갈 때도(9:2), 감람산에서 예수님께 질문할 때도(13:3), 그리고 겟세마네 동산에서도(14:33) 그랬다. 그런데 이번에는 베드로는 배제된 채 야고보와 요한만이 은밀히(?) 예수께 다가갔다. 역시 피는 물보다 진한가 보다. 한편 마태복음에서(20:20-21)는 야고보와 요한의 어머니가 요구한 것으로 되어 있다.

야고보와 요한이 말하는 예수님이 영광을 받으신다는 것은 왕좌에 오르는 것이다. 이들은 예수님을 전형적인 정치적 왕으로서의 메시아로 생각하고 있다. 예수님이 첫 번째 수난을 예언하셨을 때(8:31) 베드로가 예수님을 꾸짖으며 강력하게 반발했던 이유도 그가 생각하는 메시아는 강력한 힘을 가진 정치적 왕이었기 때문이다. 결국 베드로나 야고보과 요한은 다를 바 없다. 힘을 추구한다는 점에서 말이다. 구약에서 왕좌의 오른편은 왕 다음으로 가장 높은 자리였다. 솔로몬이 왕이 된 후 그의 어머니 밧세바를 왕좌의 우편에 앉혔다(왕상 2:19). 메시아 시편으로 알려진 시편 110편 1절에서도 메시아는 여호와 하나님 우편에 앉는다.

38 예수께서 그들에게 말씀하셨다. "너희는 너희가 구하는 것이 어떤 것인지 모르고 있구나. 너희는 내가 마시는 잔을 마실 수 있으며, 내가 받는 세례를 받을 수 있겠느냐?"

예수님이 말씀하시는 잔과 세례는 예수님이 당하실 고난과 죽음을 뜻한다. 예수님은 겟세마네에서 기도하실 때도 '잔'이 지나가게 해달라고 아버지께 기도하셨다. 구약에서 '잔'은 구원과 기쁨을 의미할 때가 있지만(시 16:5; 23:5 등) 하나님의 분노와 심판을 의미할 때가 많다(시 75:8; 사 51:22; 렘 25:15; 겔 23:31-34 등). 예수께서 겟세마네 동산에서 기도하실 때 언급하신 '이 잔'(14:36) 역시 죄인들을 향한 하나님의 분노의 잔을 뜻한다.

'세례' 역시 고난을 상징한다(시 18:16; 42:7; 사 43:2 등). 바울에게서 볼 수 있듯이(롬 6:3-4 등) 기독교 세례는 옛 자아의 죽음과 새 자아의 탄생을 의미한다. 예수님의 이 말씀이 예언이 된 듯 야고보는 주후 44년경 헤롯 아그립바 1세에 의해 처형당한다(행 12:2). 야고보는 '순교'를 통해 영광의 자리에 앉게 된 것이다.

묵상

세상의 영광을 구했던 야고보는 사도 중에서 제일 먼저 순교를 했다. 그런데 계시록 3장 21절에서 주님은 이렇게 말씀하셨음을 기억하자. "이기는 그에게는 내가 내 보좌에 함께 앉게 하여 주기를 내가 이기고 아버지 보좌에 함께 앉은 것과 같이 하리라"라고 하셨다. '이기는 자'는 세상에서 출세하는 사람이 아니다. 박해 속에서도 로마 황제 숭배에 참여하지 않고 끝까지 믿음을 지킨 성도다. 이기는 자에게 예수님은 당신의 보좌에 함께 앉게 해주시겠다고 약속하신다. 그것은 마치 예수님이 십자가의 모든 고난을 다 겪으시고 부활 승천하셔서 아버지 보좌에 함께 앉으신 것과 같다. 또한 이기는 자는 천년 왕국에서 그리스도와 더불어 왕노릇 할 것이고(계 20:6), 새 하늘과 새 땅에서는 영원토록 왕노릇 할 것이다(계 22:5).

40 "그러나 내 오른편과 왼편에 앉는 것은 내가 주는 것이 아니다.
정해진 사람들에게 돌아갈 것이다."

예수님은 영광의 자리를 누가 차지할지는 따로 정하시는 분(일부 사본에서는 '내 아버지'가 추가 되어 있다)이 계시다고 말하셨다. 예수님이 아들이지만 인자의 재림의 때는 천사들도, 아들도 모르고 아버지만 아신다(막 13:32). 또 이스라엘이 언제 회복될지 때와 시기도 아버지의 전결(專決) 사안이다(행 1:7).

41 다른 열 제자가 이것을 듣고 야고보와 요한에게 분개했다.

야고보와 요한이 예수님께 영광의 자리를 구한 것을 안 나머지 열 제자들이 분노했다. 특히 베드로가 제일 화를 냈을 것이다. 그는 늘 제자들의 대표격으로 활약했기 때문이다(8:29-33; 10:28). 제자들이 분개했다는 것은 그들 역시 영광의 자리를 차지하기 위해 예수님을 따랐음을 드러낸다.

42 그러자 예수께서 그들을 불러 모아 말씀하셨다.
44 "너희 중에 으뜸이 되고자 하는 사람은 모든 사람의 종이 되어야
한다."

예수님은 권력의 자리를 두고 추태를 보이는 제자들을 불러 모으셨다. 그리고 다시 한 번 제자로서 갖추어야 할 모습에 대해 가르쳐 주셨으니, 그것은 섬김이었다. 예수님 보시기에 진정 큰 사람은 '섬기는 자'(διάκονος, 디아코노스)다. 예수님은 당신 자신을 '디아코노스'로 규정하신 바 있다(눅 22:27, "앉아서 먹는 자가 크냐 섬기는 자가 크냐 앉아서 먹는 자가 아니냐 그러나 나는 섬기는 자로 너희 중에 있노라"). '디아코노스'는 나중에 교회 직제에서 '집사'를 의미한다.

44 “너희 중에 으뜸이 되고자 하는 사람은 모든 사람의 종이 되어야 한다.”

‘종’으로 번역된 헬라어 ‘둘로스’(δοῦλος)는 ‘노예’다. 주인의 완전한 소유물이고 전적으로 주인의 뜻을 받들어야 하는 노예. 예수님은 바로 이 노예의 수준으로 섬길 때 비로소 으뜸이 될 수 있다고 말한다.

또 예수님은 ‘모든’ 사람의 종이 되어야 한다고 말씀하신다. 우리는 ‘일부’ 사람을 잘 섬길 수는 있다. 나와 직접적으로 이해관계에 있는 사람들을 섬기는 것은 어렵지 않다. 오히려 적극적으로 행한다. 하지만 나에게 이익을 주지 못하는 사람, 나와 상관없는 사람을 섬기기란 쉽지 않다. 그렇지만 예수님은 ‘모든 사람’을 섬기는 데까지 나아가야 한다고 말씀하신다.

45 “인자는 섬김을 받으러 온 것이 아니라 오히려 섬기러 왔고, 자기 목숨을 많은 사람을 위한 대속물로 주기 위해 왔다.”

섬기는 모습의 절정은 예수님이 많은 사람을 위해 십자가에서 대속물로 죽으신 것이다. ‘대속물’(λύτρον, 뤼트론)은 노예나 전쟁 포로를 자유의 몸이 되게 하기 위해 치르는 값을 뜻하기도 하고, 죄지은 자의 죄를 속죄하기 위해 지불되는 돈을 의미하기도 한다. 출애굽기 21장 30절에서는 ‘속죄금’으로 번역되었고, 디모데전서 2장 6절(개역한글 성경)은 예수께서 자기 몸을 모든 사람을 위한 ‘속전’(ἀντίλυτρον, 안티뤼트론)으로 주셨다고 번역했다. 개역개정 성경은 ‘대속물’로 번역했다. 대속물(代贖物)의 핵심은 당사자가 아닌 다른 사람이 대신하여 속해 준다는 것이다. 죄를 사하든, 종의 신분에서 자유케 하든 나 스스로가 아니라 누군가 다른 사람이 나를 위해 대가를 지불하는 것이 대속이다.

예수님은 이사야 53장에 등장하는 ‘고난 받는 하나님의 종’을 염두에 두신 것 같다(특히 ‘대속물’과 관련해서 사 53:10).[11] 마지막 만찬 때 잔을 드시면서 “이것은 많은 사람을 위하여 흘리는 나의 피 곧 언약의 피"(14:24)라고 언급하신 것 역시 대속적 죽음을 의미한다. 한편 여기서 '많은 사람'은 '모든 사람'을 뜻하는 셈어적 표현이다.

눈을 뜬 바디매오, 예수를 따르다(46-52절)

47 나사렛 예수라는 소리를 듣고서 소리 질러 말했다. "다윗의 자손 예수여, 나를 불쌍히 여겨 주소서."

바디매오는 앞을 보지 못하는 시각 장애인이었고, 당시 대부분의 장애인들이 그랬던 것처럼, 구걸하며 살아가는 처지였다. 그러나 그는 믿음의 사람이었다. 예수님은 바디매오에게 "네 믿음이 너를 구원했다"라고 칭찬하셨다. 바디매오의 믿음이 바디매오를 낫게 했다는 말씀이다. 과연 바디매오의 믿음은 어떤 것인가?

바디매오는 "나사렛 예수라는 소리를 듣고서"(47절) 자기를 불쌍히 여겨 달라고 외쳤다. 이것은 이전에 예수님에 대해 들은 바가 있었다는 뜻이다. 그렇지 않다면 나사렛 예수라는 말을 듣고서도 아무런 반응을 보이지 않거나, 그가 누구냐고 물었을 것이다. 12년 동안 혈루증을 앓았던 여인 역시 "예수의 소문을 듣고"(5:27) 예수님께 나갔다. 아마 바디매오는 예수님이 행하신 놀라운 이적, 능력 있는 가르침 등에 대해 들었을 것이다. 예수님은 긍휼이 많으셔서 누구나 가리지 않고 받아 준다는 이야기도 들었을 것이다. 바디매오는 당장에라도 예수님을 찾아가고 싶었겠지만 앞을 보지 못하는 그가 예수님을 찾아가기란 어려웠을 것이다. 그저 마음에 예수님을 품고 살아갈 수밖에 없었겠다. 찾아갈 수는 없었지만, 예수님이 찾아올 때를 기다리고 있었던 것이 아닐까?

그러던 어느 날 그 예수님이 내 곁을 지나가고 계시다는 소식을 들었다. 바디매오는 이 기회를 놓칠 수가 없었다. 그래서 외쳤던 것이다. 나를 불쌍히 여겨달라고. 앞을 볼 수 없었고 도와주는 사람이 없었던 바디매오가 예수님의 주의를 끌 수 있는 방법은 소리를 지르는 것

밖에 없었다. 예수님이 칭찬하셨던 바디매오의 믿음의 첫 번째 특징은 평상시에 예수님을 품고 살았다는 데 있다. 품는다는 것은 믿는다는 것이다. 믿지 않으면 품을 수 없다. 사람은 무엇을 품고 사느냐가 중요하다. 그것이 결국 우리의 삶을 결정한다.

바디매오는 예수님을 '다윗의 자손'으로 불렀다. 여기에 대해 예수님은 그를 제지하지 않았다. 그렇다면 마가는 예수님을 다윗의 자손으로 제시하고 있다고 볼 수 있다. 그러나 마가는 '다윗의 자손'이란 칭호를 치유 사건에서 사용함으로써 '정치적이고 민족주의적인 메시아'라는 의미에서 '다윗의 자손'이 아니라 '치유자'로서 다윗의 자손임을 보이고 있다. 예수님에 대한 바디매오의 시각은 바로 앞서 예수님을 정치적인 메시아로 보는 제자들의 관점(10:35-45)가 대조되면서 독자들에게 제자들의 잘못된 관점을 버리도록 권면하는 기능을 한다.[12] 또 그는 나를 불쌍히 여겨 달라고 호소했다. 바디매오는 예수님의 마음을 어떻게 하면 움직일 수 있는지를 정확히 알고 있었다. 예수님은 병자를 긍휼히 여기시는 분이시라는 것을 분명히 알고 있었다.

> **48** 많은 사람들이 조용히 하라고 그를 꾸짖었지만 오히려 그는
> 더욱더 큰 소리로 외쳤다. "다윗의 자손이여, 나를 불쌍히 여겨
> 주소서." **49** 예수께서 걸음을 멈추시고 "그를 불러오너라"라고
> 말씀하셨다. 사람들이 그 시각 장애인을 부르며 말했다. "걱정하지
> 말고 일어나라. 그분이 너를 부르신다."

바디매오의 외침은 많은 사람들에 의해 저지되었다. 한두 사람이 아니었다. 당시 예수님을 따르던 많은 사람들이 그를 꾸짖었다. 시각 장애인 주제에 소란을 피우냐고, 잠잠하라고 말이다. 그러나 여기에 굴하지 않고 그는 다시 외쳤다. 그러자 예수님은 바디매오의 부르짖음을 들으시고 발걸음을 멈추셨다. 그리고 "그를 불러오너라"라고 말씀하셨다. 49절에서 '부르다'라는 단어가 세 차례 반복되고 있음에 주목하라. 바디매오가 사람들의 제지에도 굴하지 않고 부르짖었을 때 예수님은 마

침내 그를 부르셨다. 부르짖는 자를 예수님은 반드시 부르실 것이다. 뿐만 아니다. 앞서 바디매오가 예수께 부르짖을 때 그를 꾸짖으며 잠잠하라고 말하던 사람들이 바디매오에게 안심하고 일어나라고 말해 준다.

50 그는 자기 겉옷을 벗어 버리고 벌떡 일어나 예수께로 왔다.

예수님이 부르시자 바디매오는 겉옷을 내어 버리고 뛰어 일어나 예수님께 갔다. 왜 마가복음은 별로 중요해 보이지 않는 이 사실을 전하고 있는 것일까? 시각 장애인이 가지고 있었던 겉옷은 아마도 길바닥에 깔고 앉는 데 사용되었을 것이다. 그곳을 지나가던 사람들이 던져주는 동전을 담는 그릇 역할도 했을 것이다. 겉옷은 바디매오가 가지고 있었던 전 재산이었다. 그러나 그는 그 겉옷을 아무런 주저함 없이 내어 버렸다. 이러한 바디매오의 모습은 자신의 재산을 포기하지 못한 채 근심하며 돌아갔던 한 부자(10:17-22)와 대조된다.

52 예수께서 그에게 말씀하셨다. "가라. 네 믿음이 너를 구원하였다." 그러자 그가 곧 다시 보게 되었고, 예수께서 가시는 길을 따라갔다.

"네 믿음이 너를 구원하였다"라는 칭찬을 들은 사람은 마가복음에서 바디매오와 혈루증 앓던 여인(5:34) 둘뿐이다. 마가는 바디매오가 다시 보게 된 후 예수께서 가시는 길을 따라갔다고 말한다. 마태복음과 누가복음 병행본문에는 '예수께서 가시는 길을'이란 말이 없다. 여기서 '길'은 예수께서 십자가에 달려 죽게 될 예루살렘으로 향하는 길이다. 10장이 끝나고 11장에 들어서면 예루살렘이다. 고난의 길을 가는 예수님을 따르는 바디매오는 자기를 부인하고 자기 십자가를 지고 예수님을 따르는(8:34) 참 제자의 모습이다. 그렇다면 예수님이 그를 부르신 것은 단지 바디매오의 눈을 고쳐 주기 위해 부르신 것이 아니라 바디매오를 제자로 부르셨다는 이중적 의미가 있다고 하겠다.

바디매오가 성경에 소개된 이유가 여기에 있다. 육신의 눈을 뜨게 된 것도 큰 기쁨이다. 우리가 예수님을 만나 질병이 치유되고 어려움이 해결되는 것도 말로 할 수 없는 기쁨이다. 그러나 그 이후가 중요하다. 나의 문제를 해결해주신 주님, 그 주님이 걸어가신 길을 걸어가는 것이 참된 제자다. 이러한 바디매오의 모습은 예수님의 사명을 이해하지 못하고(8:31-35), 예수님이 가르쳐 주신 섬김의 제자도를 실천하지 못하는 제자들의 모습(9:33-37; 10:35-45)과 대조를 이룬다. 제자들은 영적으로 시각 장애인이다.

11장

11장

둘러보기

11:1-33

1 그들이 예루살렘에 가까이 이르러 감람산 근처 벳바게와 베다니에
도착했을 때 예수께서 제자 둘을 보내시며 2 말씀하셨다. "너희는
맞은편 마을로 가라. 거기에 들어가 보면 아직 아무도 탄 적이 없는
새끼 나귀 한 마리가 매여 있을 것이니 풀어서 데리고 오라. 3 만약
어떤 사람이 '왜 이렇게 하는 것이요'라고 물으면 '주께서 쓰시려고
한다' 하고 곧 이리로 돌려보내실 것이라고 말하라." 4 그들이 가서
보니 정말로 새끼 나귀가 길거리로 난 문에 매여 있었다. 그것을
푸는데 5 거기에 서 있던 사람들 중 몇 사람이 그들에게 물었다.
"왜 새끼 나귀를 푸는 것이오?" 6 제자들은 예수께서 일러 주신 대로
그들에게 말했다. 그러자 그들은 허락해 주었다. 7 제자들이 새끼
나귀를 끌고 예수께 와서 자기들의 겉옷을 그 위에 얹어 놓았다.
예수께서 그 위에 올라타시니 8 많은 사람들이 자기들의 겉옷을
길에다 폈고, 어떤 사람들은 들에서 꺾어 온 나뭇가지들을 길에다
깔았다. 9 그리고 앞서가는 사람들과 뒤따르는 사람들이 외쳤다.
"호산나! 찬송을 받으소서! 주의 이름으로 오시는 이여!" 10 "찬송을

받으소서! 다가오는 우리 조상 다윗의 나라여! 지극히 높은 곳에서
호산나!" 11 예수께서 예루살렘에 도착하여 성전에 들어가셨다.
거기서 모든 것을 둘러보시고는 이미 날이 저물었으므로 열두
제자와 함께 베다니로 나가셨다. 12 이튿날 그들이 베다니에서 나올
때 예수께서 시장하셨다. 13 멀리서 보니 잎이 무성한 무화과나무가
있어 혹시 그 나무에 먹을 게 있을까 하여 다가가셨다. 그러나
잎사귀 외에는 아무것도 없었다. 왜냐면 무화과의 때가 아니었기
때문이다. 14 예수께서 그 나무에게 말씀하셨다. "이제부터 영원히
사람이 네게서 열매를 먹지 못할 것이다." 제자들이 이 말씀을
들었다. 15 그리고 그들은 예루살렘에 들어갔다. 예수께서 성전에
들어가셔서 성전에서 장사하는 자들을 내쫓으시고, 돈을 바꿔 주는
사람들의 상과 비둘기를 파는 사람들의 의자를 둘러엎으셨다. 16 또
어느 누구도 물건을 가지고 성전 뜰을 가로질러 가는 것을 금하셨다.
17 예수께서 가르쳐 말씀하셨다. "'내 집은 만민이 기도하는 집이라
불릴 것이라'고 기록되어 있지 않느냐? 그런데 너희는 이곳을 강도의
소굴로 만들었다." 18 이에 대제사장들과 서기관들이 듣고서 어떻게
예수를 죽일까 모의했다. 그들은 모든 사람들이 예수의 가르침을
놀랍게 여기고 있는 것을 보고 예수를 두려워했던 것이다. 19 날이
저물자 그들은 성 밖으로 나갔다. 20 그들이 이른 아침에 지나가다가
무화과나무가 뿌리째 말라 버린 것을 보았다. 21 베드로가 생각이
나서 예수께 말씀드렸다. "선생님, 보십시오. 선생님이 저주하신
무화과나무가 말라 버렸습니다." 22 예수께서 그들에게 말씀하셨다.
"하나님을 믿으라. 23 내가 진실로 너희에게 말한다. 누구든지 이
산에게 '들려서 바다에 빠져라'고 말하고, 마음에 의심하지 않고
말한 대로 될 것이라고 믿으면 그대로 이뤄질 것이다. 24 그러므로
내가 너희에게 말한다. 너희가 기도하며 구하는 것은 무엇이나 이미
받은 줄로 믿으라. 그러면 너희에게 그대로 될 것이다. 25 너희가 서서
기도할 때에 어떤 사람과 다툰 일이 있으면 용서하여라. 그렇게 해야
하늘에 계신 너희 아버지께서도 너희 잘못을 용서해 주실 것이다."

26 (없음) 27 그들이 다시 예루살렘에 들어갔다. 예수께서 성전에서
거닐고 계실 때에 대제사장들과 서기관들과 장로들이 예수께 와서
28 그에게 말했다. "당신은 무슨 권세로 이런 일을 하는가? 누가
당신에게 이런 일을 할 수 있는 권세를 주었는가?" 29 예수께서
그들에게 말씀하셨다. "나도 너희에게 묻겠으니 대답하라. 그러면
나도 무슨 권세로 이런 일을 하는지 너희에게 말하겠다. 30 요한의
세례가 하늘에서 온 것이냐, 사람에게서 온 것이냐? 내게 대답하라."
31 그들이 서로 의논하며 말했다. "만약 우리가 하늘에서 왔다고
말하면, 그렇다면 어째서 그를 믿지 않았냐고 할 텐데 32 그렇다고
사람에게서 온 것이라고 말할 수도 없지 않은가?" 그들은 사람들이
모두 요한을 참 선지자로 여기고 있었기 때문에 그들을 두려워하고
있었던 것이다. 33 그래서 그들이 예수께 대답하여 말했다.
"모르겠소." 예수께서 그들에게 말씀하셨다. "그러면 나도 내가
무슨 권세로 이 같은 일을 하는지 너희에게 말하지 않겠다."

마침내 예수님과 제자들은 예루살렘에 도착했다. 예수님은 스가랴 선지자가 예언한 것처럼(슥 9:9) 새끼 나귀를 타고 예루살렘에 입성하신다. 예루살렘에서 예수님의 주 활동무대는 성전이었다. 먼저 예수님은 강도의 소굴로 타락한 성전을 신랄하게 비판하시고 장사하는 자들을 내쫓으시는 등 과격한(?) 행동을 보이신다. 이 사건 앞뒤에 나오는 무화과나무를 저주하신 것도 성전에 대한 하나님의 심판을 보여 주는 비유 행위다. 이 도발적 행동으로 종교지도자들은 예수님을 어떻게 죽일지 모의하게 된다. 아울러 대제사장들, 서기관들, 장로들은 무슨 권세로 이런 일을 하는지 예수님과 논쟁한다. 예수님의 권세는 하늘이 주신 것인가, 아니면 사람이 준 권세인가? 11장과 12장은 예수님과 종교지도자들 사이에 있었던 논쟁들이 주를 이루고 있다.

더 넓은 범위에서 11장을 설명해 보자. 11-16장의 장소적 배경은 예루살렘이다. 11-13장은 예루살렘 성전에서 행하신 예수님의 사역과 설교문이고, 14장부터 15장까지는 제자들과의 마지막 만찬, 겟

세마네에서의 기도, 체포와 심문과 십자가 처형으로 이어지는 수난 이야기가 계속된다. 그리고 16장에는 빈 무덤 사건(부활)이 나온다(1-8절). 이런 흐름에서 11-13장의 구성을 다시 살펴보면 아래와 같다.

성전사역의 서문: 예루살렘을 향한 행진(11:1-10)

성전사역의 본론: 세 차례에 걸친 예루살렘 방문(11:11-12:44)

성전사역의 종결: 13장 '종말에 관한 강화'로의 전환 본문(13:1-2)

종말에 관한 강화(13:3-37)

13장 종말에 관한 강화를 제외한 내용(예수님의 성전 사역)만 살펴보면 아래와 같이 구성되어 있다.

도입부

예루살렘을 향한 행렬(11:1-10)

본론부

전반부(11:11-12:12) 예수와 대제사장들-서기관들-장로들과의 갈등

첫 번째 성전 방문(첫째 날 11:1)

성전을 둘러보는 예수(11:11)

두 번째 성전 방문(둘째 날 11:12-19)

예수의 무화과나무 저주(11:12-14)

예수의 상징적 성전심판행위와 가르침(11:15-19)

세 번째 성전 방문(셋째 날 11:20-12:44)

무화과나무 저주에 대한 설명과 새로운 신앙공동체(11:20-25)

성전 논쟁 ①: 권위 논쟁(11:27-33)

악한 포도원 농부의 비유(12:1-12)

후반부(12:13-44) 예수와 기타 다른 종교지도자들의 갈등

성전 논쟁 ②: 납세 논쟁(12:13-17)

성전 논쟁 ③: 부활 논쟁(12:18-27)

예수의 가르침: 가장 큰 계명(12:28-34)

예수의 서기관 비판: 서기관의 성서해석 비판(12:35-37)

예수의 서기관 비판: 서기관의 외식 비판과 심판 선언(12:38-40)

예수의 가르침: 과부의 헌금(12:41-44)

종결부

성전사역 마감. 성전 멸망 예언. 종말 설교문으로의 전환(13:1-2)

11장

풀어보기

예루살렘을 향한 행렬(1-10절)

1 그들이 예루살렘에 가까이 이르러 감람산 근처 벳바게와 베다니에 도착했을 때 예수께서 제자 둘을 보내시며

'벳바게'는 집이란 뜻의 '벧'과 '무화과나무'를 뜻하는 무화과를 뜻하는 '파게'가 결합된 단어다. 무화과나무로 유명했던 마을이다. 벳바게는 예루살렘의 경계가 되는 곳으로 거룩한 성의 영역에 포함되기도 했다.[1] 베다니는 예루살렘에서 동쪽으로 약 3킬로미터 떨어진 곳에 있던 마을로서 감람산 동쪽 경사면에 있었다.

3 "만약 어떤 사람이 '왜 이렇게 하는 것이요'라고 물으면 '주께서 쓰시려고 한다' 하고 곧 이리로 돌려보내실 것이라고 말하라."

제자들이 예수님의 지시에 따라 나귀 새끼를 데리고 오는 과정은 모든 것을 알고 있는 예수님의 권위와 '주님'(κύριος, 퀴리오스, 11:3. 그 외 2:28; 5:19

참조)으로서의 그의 신분을 강조한다. 또 예수님이 남의 소유의 나귀 새끼를 사용한 것은 왕의 권위(징발권)를 보여 준다.

묵상

제자들이 나귀 새끼를 가져오는 과정을 보면 모든 것이 예수님의 말씀대로 이루어지는 것을 알 수 있다. 이미 나귀 새끼가 예수님을 위해 준비되어 있었고, 그 주인은 순순히 나귀를 내어 준다. 우리 주님은 당신의 뜻을 이루기 위해 모든 것을 예비해 놓으시는 분이시다. 우리는 그저 주님의 말씀에 순종하기만 하면 된다. 그러면 내 삶 속에서 주님의 말씀이 그대로 이루어지는 것을 보게 될 것이다. 나귀 새끼 주인이 나귀 새끼를 순순히 내어 준 이유는 "주께서 쓰시려고 한다"(3절)라는 말을 들었기 때문이다. 주님이 쓰시겠다고 하면 언제든지 나의 모든 소유를 드리는 신앙은 참으로 아름답다. 우리가 내놓지 못하는 이유는 집착 때문이다. 내 모든 것의 주인이 예수님이심을 온전히 인정하지 못하기 때문이다. 또 미래에 대한 염려가 있기 때문이다. 왕이신 예수께 우리의 것을 드려야 한다. 드리면 구원 역사의 귀한 도구가 된다. 새끼 나귀는 예수님을 태우는 영광을 얻게 되었다. 아리마대 요셉은 자기 무덤을 예수님의 시신을 안치하는 데 사용했다. 그 결과 그의 무덤은 예수님이 부활하신 영광의 장소가 되었다.

7 제자들이 새끼 나귀를 끌고 예수께 와서 자기들의 겉옷을 그 위에
얹어 놓았다. 예수께서 그 위에 올라타시니
10 "찬송을 받으소서! 다가오는 우리 조상 다윗의 나라여! 지극히
높은 곳에서 호산나!"

예수께서 새끼 나귀를 타고 예루살렘을 향해 행진하는 사건 묘사는 예수님이 메시아요 왕이라는 것을 보여 준다. 먼저 예수님이 아무도 타 보지 않은 새끼 나귀를 탄 것은 스가랴 9장 9절과 창세기 49장 11절의 성취로서 메시아임을 드러낸다.

스가랴 9장 9절은 그가 '겸손하여' 새끼 나귀를 타셨다고 말한다. 예수님은 우리의 왕이시지만, 지배하고 세도를 부리는 왕이 아

니라, 겸손한 왕, 우리를 섬기시는 왕으로 오셨다. 원래 왕이 타는 말은 '새끼 나귀'(colt)가 아니라 '노새'(mule)였다. 나귀와 노새는 체격에서 차이가 난다. 노새가 나귀보다 키도 크고, 몸무게도 1.5배에서 2배가량 더 나간다. 노새는 주로 왕이 탔고, 나귀는 주로 평민들이 탔다. 솔로몬이 왕이 될 때에도 그는 아버지 다윗 왕이 타던 '노새'를 탔다(왕상 1:38). 그런데 예수님은 노새보다 못한 나귀를, 그것도 새끼 나귀를 타셨다. 더욱이 이 새끼 나귀는 한 번도 사람을 태워보지 못한 완전 초보 나귀였다. 예수님을 태운 새끼 나귀는 뒤뚱거리며 갔을 것이다. 예수님이 나귀 새끼를 타고 예루살렘에 입성하신 사건은 누구든지 크고자 하는 자는 섬기는 자가 되어야 한다고 제자들에게 하셨던 말씀(막 10:42-45)을 몸소 실천하신 것이다.

또 제자들이 나귀 새끼 위에다 자기들의 겉옷을 얹어 놓은 행위나 무리들이 자기들의 겉옷을 길 위에 펼쳐 놓는 행위는 구약 시대 이스라엘 왕의 즉위식과 관련되는 것으로서(왕상 1:38-40; 왕하 9:13 참조) 예수께서 왕이심을 뜻한다.

무리들이 예수님을 향하여 외친 찬송도 마찬가지로 그가 메시아임을 암시한다. 9b-10절은 아래와 같이 교차대칭구조로 되어 있다.

A "호산나!

B 찬송을 받으소서! 주의 이름으로 오시는 이여!"

B′ "찬송을 받으소서! 다가오는 우리 조상 다윗의 나라여!

A′ 지극히 높은 곳에서 호산나!"

이 구조에서 "찬송을 받으소서! 다가오는 우리 조상 다윗의 나라여!"(B′)는 "찬송을 받으소서! 주의 이름으로 오시는 이여!"(B)에 대한 해석으로 볼 수 있는데, 그렇다면 원래 예루살렘으로 입성하는 순례자들을 환영하는 말로 사용된 "찬송을 받으소서! 주의 이름으로 오시는 이여!"(시 118:26 참조)가 예수님 개인에게 적용된 것으로서 예수님이 다윗의 나라를 가져오는 메시아로 선포되고 있는 것이다. '우리를 구원하소서'라는 뜻의 호산나 역시 예수님이 구원자이심을 보여 준다. '다윗의 나라'는 하나님이 나단 선지자를 통해 예언하신 나라를 말한다.

> 네 수한이 차서 네 조상들과 함께 누울 때에 내가 네 몸에서 날 네 씨를 네 뒤에 세워 그의 나라를 견고하게 하리라 그는 내 이름을 위하여 집을 건축할 것이요 나는 그의 나라 왕위를 영원히 견고하게 하리라(삼하 7:12-13).

하지만 예수님은 정치적이자 민족적 의미에서 다윗의 나라를 가져오는 메시아가 아니다. 왜냐면 이미 예수께서 고난을 당하고 죽을 것을 예언하셨고(8:31; 9:31; 10:33-34, 45), 이것은 전통적인 정치적 메시아상과 부합하지 않기 때문이다. 사실 예루살렘 입성 퍼레이드를 준비한 사람은 제자들이 아니라 예수님이셨다. 예수님이 먼저 새끼 나귀를 가져오라고 하시지 않았던가? 예수님의 예루살렘 입성은 의도된 행동이다. 예수님은 자신이 누구인가를 제자들과 사람들에게 분명히 보여 주시기를 원하셨다. 예루살렘에 도착하기 전 길 위에서 제자들이 보여 준 것처럼, 그들은 예수님을 힘 있는 메시아, 로마 제국을 물리치고 정치적 해방과 군사적 승리를 이루는 분으로 기대했다. 그러나 예수님은 그렇지 않았다. 예수님은 우리의 왕으로 오시지만, 새끼 나귀를 타신 겸손한 왕, 십자가의 죽음으로 공의를 이루시고 우리를 구원하시는 왕으로 오신다. 예수님은 바로 이 점을 보여 주시길 원했던 것이다.

성전을 둘러보는 예수(11절)

> 11 예수께서 예루살렘에 도착하여 성전에 들어가셨다. 거기서 모든 것을 둘러보시고는 이미 날이 저물었으므로 열두 제자와 함께 베다니로 나가셨다.

마가는 예수님이 예루살렘에 도착하여 혼자 성전에 들어가신 것으로 묘사한다. 제자들은 보이지 않는다. 제자들 역시 성전에 있었다(12:43; 13:1 참조). 그러나 성전 사역에서 제자들은 눈에 띄지 않는다. 사실상 성전 사역은 예수님과 종교지도자들과의 대결이었다. 먼저 예수님은 성전에 들어가서 모든 것을 '둘러보셨다'. 마치 다음 날 있을 일을 위해 정찰하시는 듯하다. 예수께서 제자들과 함께 간 곳은 베다니였다. 예수님은 저녁이면 제자들을 데리고 베다니로 가고, 그다음 날 베다니로부터 나와 성전을 방문하셨다(11:11, 12, 15, 19, 27). 한편 14장 3절에 따르면 예수님과 제자들은 베다니에 있는 한센병 환자였던 시몬의 집에서 식사를 나누셨다. 아마 이 집에서 머무르셨던 것 같다.

무화과나무 저주(12-14절)

13 멀리서 보니 잎이 무성한 무화과나무가 있어 혹시 그 나무에 먹을 게 있을까 하여 다가가셨다. 그러나 잎사귀 외에는 아무것도 없었다. 왜냐면 무화과의 때가 아니었기 때문이다.

무화과나무에 먹을 게 없어서 저주하신 예수님은 언뜻 이해하기 어렵다. 더군다나 마가는 분명히 '무화과의 때'가 아니라고 밝히고 있는데, 어째서 예수님은 무화과나무를 저주하셨을까? 먼저 무화과나무가 언제 열매를 맺는지 살펴보자. 무화과나무는 몇 차례 열매를 맺는데, 건기가 시작되는 4월에 맺는 첫 번째 열매를 '파게'라고 한다. 그러나 이때의 열매, 즉 '파게'는 맛도, 볼품도 없어서 가축 사료로 쓰이거나 가난한 자들, 혹은 예루살렘으로 순례를 온 여행자들이 허기를 달래는데 사용되었다. '파게' 이후 4-5차례 열매가 맺힌 후 8-9월에 맺히는 열매를 '테헤나'라고 하는데, 이때가 맛이 좋다고 한다. 본문은 유월절, 즉 양력으로 3월 말에서 4월 초에 있었던 사건이다. 이는 파게가 맺힐 시기다. 즉 여기서 예수님이 바라셨던 무화과 열매는 8-9월경에 열리는 맛난 테헤나가 아니라 파게였던 것이다. 그 파게마저 맺지 못한 무화과나무를 저주하신 것이다.[2]

그럼에도 불구하고 여전히 의문은 남는다. 설사 파게를 맺지 못했다고 해도 뿌리가 말라버릴 만큼 저주를 하실 이유가 있을까? 우리는 예수님의 행동이 비유적 행동임을 알아야 한다. 흔히 비유라고 하면 이야기식 비유만 생각하는데, 상징적 행동으로도 하나님의 뜻을 전할 수 있다. 이것을 비유 행위라고 한다. 구약 선지자들은 비유 행위를 통해 하나님의 뜻을 전했다. 에스겔이 인분으로 빵을 구워 먹는다든지(겔 4장), 머리카락과 수염을 깎아 3분의 1을 성읍 한가운데서 불로 태우고, 3분의 1은 성읍 둘레를 돌면서 칼로 내리치고, 또 3분의 1은 바람에 날려 흩어지게 하는 행동(겔 5장)은 모두 비유 행위다.

예수께서 무화과나무를 저주하신 것도 비유 행위다. 그러면 무슨 뜻을 전하려고 하셨던 것일까? 13절에서 '무화과나무의 때'란 계절적 의미에서 '무화과나무가 열매를 맺을 때'란 뜻이 아니다. '때'에 해당하는 헬라어는 '카이로스'(καιρός)다. 우리가 흔히 말하는 시간이 아니라 주로 '하나님이 정하신 때'라는 뜻으로 사용된다. 마가복음 1장 15절에서 "때가 찼고 하나님의 나라가 가까이 왔다"라고 예수님이 선포하셨는데, 여기서 '때'는 '카이로스', 즉 '하나님이 정하신 때'를 뜻한다.

둘째, 무화과나무는 구약에서 이스라엘을 상징하였다(렘 8:13; 미 7:1; 호 9:10). 그렇다면 '무화과의 때가 아니다'라는 말은 '지금은 이스라엘의 때가 아니다'라는 말이다. 특히 다음에 나오는 성전정화 사건을 놓고 볼 때 '무화과의 때가 아니다'라는 말은 '이스라엘 성전의 때는 지났다'는 뜻으로서 타락한 성전에 대한 심판을 뜻한다.

셋째, 마가복음 11장 12-25절은 아래와 같이 샌드위치 구조이다. 반면에 마태복음은 샌드위치 구조가 아니다. 성전에 대한 상징적 심판행위 후에 예수님이 무화과나무를 저주하자 그 뿌리가 말라 버린 이야기가 나오고 있다. 누가복음에는 이 내용이 아예 없다.

예수님의 무화과나무 저주(12-14절)

예수님의 성전 정화와 가르침(15-19절)

무화과나무 저주에 대한 설명(20-25절)

위 구조를 보면 예수님이 무화과나무를 저주한 사건, 그 결과 무화과나무가 뿌리째 말라버린 일이 예수님의 성전정화 사건과 가르침의 사건을 감싼 구조이다. 즉 이 두 사건이 서로 긴밀한 관련이 있으며, 서로가 서로를 해석해 준다는 말이다. 즉 무화과나무 저주 사건은 결국 예수님의 성전 정화 사건을 예고하는 행위인 것이다.

성전정화와 가르침(15-19절)

> 15 그리고 그들은 예루살렘에 들어갔다. 예수께서 성전에
> 들어가셔서 성전에서 장사하는 자들을 내쫓으시고, 돈을 바꿔 주는
> 사람들의 상과 비둘기를 파는 사람들의 의자를 둘러엎으셨다.

예수님은 성전 안에서 장사하는 자들을 내쫓으시고, 돈 바꾸는 자들의 상과 비둘기 파는 자들의 의자를 둘러엎으셨다. 이 사건은 성전정화 사건으로 알려져 있는데, 사실 예수님의 이러한 행동은 성전체제에 대한 직접적인 도전 행위였다. 왜냐하면 성전세를 내기 위해 돈을 바꾸는 일, 그리고 제의에 사용할 비둘기를 파는 일 등은 모두 성전 제의를 위해 성전 당국의 허가를 받고 이루어진 일들이기 때문이다. 예수님의 이 모든 행동은 성전을 심판하는 상징적 행위로 봐야 한다.

먼저, 예수님은 성전에서 장사하던 사람들을 내쫓으셨다. 도대체 이들 상인들은 누구였을까? 성전은 하나님께 제사를 드리는 곳이다. 제사를 드리는 자는 제물을 바쳐야 한다. 제물은 흠이 없어야 한다. 흠이 있는지 없는지는 제사장이 보고 판단한다. 만약 흠이 있다면 제물로 드릴 수 없었다. 그래서 제사장들은 제사를 바치는 사람의 편의를 위해 성전이 인정하는, 성전에서 직접 기른 소나 양이나 비둘기를 팔았다. 물론 직접 가져오는 것보다 훨씬 더 비쌌다. 이스라엘 백성들은 제사를 드릴 수밖에 없다. 제사를 드리는 것은 하나님의 명령이기 때문이다. 제사를 드려야 죄 용서를 받을 수 있기 때문이다. 그래서 하는 수 없이 비싼 돈을 주고 제물을 샀던 것이다.

둘째, 돈 바꾸는 자들을 보자. 당시 이스라엘 백성들은 반 세겔의 성전세를 내야 했다. 이미 광야시대부터 하나님은 20세 이상 성인 남자들은 부자든 가난한 자든 반 세겔을 바쳐야 하며, 이것을 모아 회막 봉사에 사용하라고 명령하셨다(출 30:13-15). 후에 유다의 요아스 왕은 이 말씀을 근거로 하여 성전 보수를 위해 세를 내게 했다(대하 24:1-14). 신약시대에 와서 반 세겔은 '디드라크마'(δίδραχμα, 2드라크마라는 뜻)라고 불리는 성전세가 되었다. 그런데 성전세를 납부할 때는 돈을 환전해야만 했다. 당시 로마제국이 지배하고 있었기에 일상생활에서는 이방 황제의 우상이 새겨진 동전을 사용했다. 이 동전으로 성전세를 납부할 수 없었다. 그것은 우상을 새기지 말라고 한 계명을 어기는 일이었기 때문이다. 그래서 성전세 전용 동전으로 바꾸어야 했다. 이 일을 담당한 사람이 돈 바꿔 주는 사람이다. 환전상은 당연히 일정 수수료를 받고 돈을 바꿔 주었다. 가뜩이나 로마제국의 지배하에 각종 세금으로 허리가 휘어 있던 백성들은 성전세와 거기에 수수료까지 내야 했던 것이다.

예수님이 성전 안에서 매매하는 자들을 내쫓으시고, 돈 바꾸는 자들의 상과 비둘기 파는 자들의 의자를 엎으신 것은 돈벌이 장소로 타락한 성전, '강도의 소굴'로 전락한 성전에 대해 심판을 선언하는 행동이셨다. 타락한 성전 시대가 이제 끝이 났음을 선언하신 것이다.

16 또 어느 누구도 물건을 가지고 성전 뜰을 가로질러 가는 것을 금하셨다.

'물건'으로 번역된 헬라어 '스큐오스'(σκεῦος)는 70인역에서 3분의 1 이상이 성전 기물(器物), 즉 제의에 사용되는 그릇들, 즉 '제기'(祭器)를 가리킨다. 예수님이 이 그릇들을 가지고 다니지 못하게 한 것은 성전제사를 폐지한다는 말이다.[3] 예수님은 이렇게 타락한 이스라엘의 시대가 끝이 났음을 보여 주기 위해 상징적 행동을 하신 것이다. 나중에 예수님은 웅장하고 아름답게 보인 성전 건물이 "돌 하나도 돌 위에 남지 않고 다

무너뜨려지리라"(13:2)라며 성전의 완전한 멸망을 예언하셨다.

> 17 예수께서 가르쳐 말씀하셨다. "'내 집은 만민이 기도하는 집이라 불릴 것이라'고 기록되어 있지 않느냐? 그런데 너희는 이곳을 강도의 소굴로 만들었다."

예수님은 예레미야 7장 11절을 인용하면서 종교지도자들이 '만민이 기도하는 집'(사 56:7)이 되어야 할 성전을 '강도의 소굴'로 만들었다고 비판한다. 예레미야 7장 10-11절을 읽어보자.

> 내 이름으로 일컬음을 받는 이 집에 들어와서 내 앞에 서서 말하기를 우리가 구원을 얻었나이다 하느냐 이는 이 모든 가증한 일을 행하려 함이로다 내 이름으로 일컬음을 받는 이 집이 너희 눈에는 도둑의 소굴로 보이느냐 보라 나 곧 내가 그것을 보았노라 여호와의 말씀이니라(렘 7:10-11)

예레미야 시대 이스라엘 백성들은 성전에 들어와서 하나님 앞에 서서 이렇게 말했다. "우리가 구원을 얻었나이다!" 자신들은 하나님이 택하신 백성이라는 자부심이 있었다. 그런데 하나님 보시기에 그들은 모든 가증한 일들을 행하고 있었다. 그런 그들이 성전에 와서 제사를 드렸는데, 하나님은 그들이 당신의 집 성전을 도둑의 소굴로 보는 것이 아니냐고 묻고 계신 것이다. 이 말씀을 배경으로 하여 예수님은 성전의 본래 역할인 '만민이 기도하는 집'과 확연히 대조되는 '강도의 소굴'이란 표현을 사용하여 종교지도자들이 성전을 이용하여 치부하는 타락을 비판하신 것이다. 존 라일 목사는 "기도는 죄를 죽이고, 죄는 기도를 죽인다"라고 말한 바 있다. 기도가 그치면 죄가 승(勝)하기 마련이다.

> 18 이에 대제사장들과 서기관들이 듣고서 어떻게 예수를 죽일까 모의했다. 그들은 모든 사람들이 예수의 가르침을 놀랍게 여기고 있는 것을 보고 예수를 두려워했던 것이다.

앞서 예수님은 당신이 "많은 고난을 받고 장로들과 대제사장들과 서기관들에게 버린 바 되어 죽임을 당"(8:31)할 것이라고 예언하신 바 있는데, 이제 이 예언처럼 예수님의 죽음이 점차 현실로 다가오고 있다. 이미 '갈릴리 논쟁'(2:1-3:6) 이후 바리새인들과 헤롯당은 예수님을 어떻게 죽일지 의논한 바 있다(3:6). 이제 모든 유대교의 종교지도자들이 예수님을 죽이려 하고 있는 것이다.

새로운 신앙 공동체(20-26절)

> 22 예수께서 그들에게 말씀하셨다. "하나님을 믿으라. 23 내가 진실로 너희에게 말한다. 누구든지 이 산에게 '들려서 바다에 빠져라'고 말하고, 마음에 의심하지 않고 말한 대로 될 것이라고 믿으면 그대로 이뤄질 것이다."

예수님과 제자들은 전날에 보았던 그 무화과나무가 뿌리까지 마른 것을 보았다. 이것은 타락한 성전에 대한 하나님의 심판이 얼마나 철저하게 이루어질지 상징적으로 보여 준다. 예수님은 성전이 타락한 상황일수록 하나님만 믿으라고 하신다. 그리고 하나님을 믿는 새로운 신앙 공동체의 특징을 세 가지로 말씀하신다. 첫째는 '산을 움직이는 믿음'(23절)을 가진 공동체다. 구약에 따르면(욥 9:5-6; 시 68:8 등) 산을 움직이는 분은 오직 하나님뿐이시다. 믿음은 하나님의 놀라운 능력을 불러일으키는 촉발제다. 혈루증을 앓던 여인에게, 또 바디매오에게 예수님은 "네 믿음이 너를 구원하였다"라고 말씀하셨다(5:34; 10:52). 믿음이 이적을 낳는다. 그래서 바울도 '산을 옮기는 믿음'(고전 13:2)이라고 말했다.

그런데 '이 산에게 들려서 바다에 빠져라'라는 말은 하나님의 완전한 성전 심판을 가리킨다고 볼 수도 있다. 여기서 산은 일반적인 산이 아니라, 특정한 산을 가리킨다. '산' 앞에 지시형용사 '이'가 사용되고 있음을 주목하라. 그렇다면 '이 산'은 구체적인 산을 가리킨다. 예루살렘에 있는 대표적인 두 산은 감람산과 성전이 서 있는 성전산이다.

'이 산'이 감람산이라고 주장하는 학자들은 23절이 스가랴 14장 4절을 암시한다고 본다. 감람산 동쪽 능선에서 사해가 바라다 보이는 것도 또 다른 근거다.

또 다른 학자들은 성전이 있는 성전산을 가리킨다고 주장한다. 필자는 이 견해를 지지하는데, 현재 23절의 맥락은 성전에 대한 예수님의 상징적 심판행위다. 이 산이 들려 바다에 던져지라 하면 그대로 될 것이라는 말씀은 강도의 소굴로 타락한 성전에 대한 심판이 반드시 이루어질 것을 다시 한 번 언급하신 것이다. 마가복음에서 '바다'가 악의 세력을 상징한다고 볼 때(4:35-41; 6:45-52) 더더욱 그렇다. 예수님이 거라사에 가셔서 군대 귀신 들린 자를 치유하실 때, 군대 귀신들은 돼지들에게 들어갔고, 그 돼지들은 바다에 빠졌다(5:13). 이것은 악의 세력에 대한 심판행위다. 예수님은 그렇게 하여 더러운 귀신에 사로잡힌 사람, 나아가 이방 지역을 정화하신 것이다. 이 일은 예수님이 행하신 놀라운 구원 사역이다. 11장 23절도 같은 맥락에서 이해할 수 있다. 산이 들려져서 바다에 빠지는 일은 하나님이 행하시는 심판이자 동시에 구원의 사역이다(사 40:3-5; 54:10 등). 예수님은 바로 이러한 하나님의 사역을 믿으라는 것이다. 하나님은 타락한 성전을 심판하실 것이다. 그리고 새로운 구원을 펼치실 것이다.

> 24 "그러므로 내가 너희에게 말한다. 너희가 기도하며 구하는 것은 무엇이나 이미 받은 줄로 믿으라. 그러면 너희에게 그대로 될 것이다."

기도는 하나님이 원하시는 공동체의 모습이다. 예수님은 타락한 성전을 비판하시면서 원래 성전은 "만민이 기도하는 집"(막 14:17. 사 56:7 참조)이라고 말씀하셨다. 새로운 공동체는 성전의 원래 모습을 회복하게 될 것이다. 마가에게 있어서 믿음과 기도는 동전의 양면과 같다.

접속사 "그러므로"는 23절에서 언급된 산을 옮기는 믿음이 기도로 표현된다는 것을 보여 준다. 믿기에 기도하는 것이다. '받은 줄로 믿으라'고 할 때 '받다'에 해당하는 헬라어 엘라베테(ἐλάβετε)는 현재완료적 의미를 가진 직설법 단순과거다. 이미 받았다는 것이다. 그래서 신개정표준역(NRSV)과 새국제역(NIV)은 "you have received it"으로 번역했다. 기도할 때 이미 응답이 되었다는 뜻인데, 이것이 어떻게 가능한가? 일반적으로 사람은 미래의 일을 현재에 경험할 수 없다. 그러나 하나님께는 가능하다. 하나님은 과거와 현재와 미래를 넘어선 분이시기 때문이다. 하나님은 우리가 기도할 때야 비로소 활동하시는 분이 아니다. 물론 하나님은 우리가 기도하길 바라시고, 우리의 기도를 통해 역사하신다. 그러나 하나님은 우리가 기도하지 않으면 전혀 그분의 뜻을 이루지 못하시는 분이 아니다. 우리가 기도하기 전에 이미 우리의 기도를 이루시기 위해 활동하고 계셨다고 봐야 하지 않을까? 결국 하나님에 대한 절대적 신뢰를 가지라는 뜻이다.

> 25 "너희가 서서 기도할 때에 어떤 사람과 다툰 일이 있으면 용서하여라. 그렇게 해야 하늘에 계신 너희 아버지께서도 너희 잘못을 용서해 주실 것이다."

'어떤 사람과 다툰 일이 있으면'에 해당하는 헬라어 구문(εἴ τι ἔχετε κατά τινος, 에이 티 에케테 카타 티노스)은 '만약 누군가에 대해 적대적인 것을 가지고 있다면'이라고 직역할 수 있는데, 신개정표준역(NRSV)은 "if you have anything against anyone", 새국제역(NIV)은 "if you hold anything against anyone" 이렇게 모두 직역을 했다. 필자는 이 부분을 '다툰 일이 있으면'으로 의역했다.

새로운 공동체는 서로 용서하는 공동체다. 25절은 마태복음 6장 14절 혹은 5장 23-24절과 유사한 뉘앙스를 풍기고 있다. 마가복음에서 두드러지지 않는 용서의 주제가 느닷없이 기도와 관련하여 언급된 이유는 무엇일까? 죄 사함은 성전 제의를 통해 이루어진다. 그러나 타락한 성전 제의는 더 이상 죄 사함의 효과를 낼 수 없다. 오직 하나님에 대한 믿음과 기도로 세워진 공동체는 서로 용서하며 살아가야 한다. 그럴 때 하나님으로부터 죄 사함을 받게 될 것이다. 즉 믿음과 기도의 공동체가 성전을 대체하여 죄 사함이 이루어지는 장소가 된 것이다. 예수님이 천명하셨듯이 '땅에서 죄를 용서하는 권세'는 더 이상 성전이 아니라 인자 예수에게 있다(2:10).

권위 논쟁(27-33절)

27 그들이 다시 예루살렘에 들어갔다. 예수께서 성전에서 거닐고 계실 때에 대제사장들과 서기관들과 장로들이 예수께 와서

대제사장들과 서기관들과 장로들은 산헤드린 공회의 대표적 구성원이다. 여기서 장로들은 비(非)사제 가문 중에서, 즉 평민 가문들 중에서 매우 명망 있는 가문의 대표들을 말한다.[4] 이들 모두가 예수께 나아왔다는 것은 예수께서 앞서 성전에서 행한 일들이 그들에게 얼마나 충격적인 것인지를 말해 준다. 또한 이들은 앞서 예수님을 죽일 것을 모의했기 때문에 어떤 구실을 찾기 위해 예수님을 찾아왔을 것이다.

28 그에게 말했다. "당신은 무슨 권세로 이런 일을 하는가? 누가 당신에게 이런 일을 할 수 있는 권세를 주었는가?"

종교지도자들의 질문이 두 번 연속된다. 이들의 질문은 첫째, 예수께서 성전에서 행한 행동과 가르침이 '무슨 권세', 즉 '어떤 종류의 권세로서' 행한 것이냐이다. 둘째, 그 권세를 누가 주었느냐, 즉 '권위의 출처'를 묻고 있다. 그러나 이 두 가지 질문은 별개의 질문이 아니라 사실상 하나의 질문으로서, 뒤의 질문이 앞의 질문을 보다 자세히 설명하는 역할을 한다. 종교지도자들의 질문은 결국 '누가' 예수에게 권위를 주었느냐의 문제, 즉 예수의 권위의 출처에 관한 것이다.

대제사장들과 서기관들과 장로들이 문제를 삼은 것은 '이런 일들'(ταῦτα, 타우타)이다. '이런 일들'이란 바로 앞서 예수께서 행하신 상

징적 성전심판 행위와 성전의 본질적 기능에 대한 가르침을 가리킨다. 그들은 예수님의 상징적 성전심판 행위 및 가르침을 자신들이 수호하는 성전체제에 도전한 것으로 인식한 것이다. 사람들은 예수님의 교훈과 여러 이적을 놀라워하며, 그분을 따랐지만 예수님이 베푸신 동일한 교훈과 이적을 듣고 보고서도 종교지도자들은 예수님의 권위를 인정하지 않았다. 그들은 '완악한 마음'(3:5; 10:5)의 소유자들이었다. 눈이 있어도 보지 못하고, 귀가 있어도 듣지 못하는 자들이었다(4:11-12). 그들은 기득권을 지키기 위해 자신들을 비판하는 예수님을 인정하지 않았던 것이다.

> 29 예수께서 그들에게 말씀하셨다. "나도 너희에게 묻겠으니
> 대답하라. 그러면 나도 무슨 권세로 이런 일을 하는지 너희에게
> 말하겠다. 30 요한의 세례가 하늘에서 온 것이냐, 사람에게서 온
> 것이냐? 내게 대답하라."

예수님은 종교지도자들의 질문에 직접 대답하지 않고, 오히려 그들에게 질문을 던진다. 예수님의 질문은 요한의 세례가 하늘로부터 온 것인지 아니면 사람에게서 온 것인지에 대한 것이다. 여기서 '하늘'이란 말은 '하나님'에 대한 우회적 표현이며, '사람'은 하나님과 대립되는 권위의 출처를 뜻한다.

예수님은 왜 요한의 세례를 말씀하셨을까? 1장 4-5절에서 요한이 회개의 세례를 전파하자 '온 유대 지방과 예루살렘 사람'이 요한에게 가서 회개하고 세례를 받았다. 요한의 명성이 이렇게 높았다면 종교지도자들 역시 요한에 대해 잘 알고 있었을 것이다. 또 11장 32절에 따르면 종교지도자들은 사람들이 요한을 참 선지자로 여겼다는 것도 알고 있었다. 그러나 그들은 요한을 선지자로 인정하지 않았다. 즉 대다수의 사람들이 요한의 권위가 하나님으로부터 온 것임을 인정하고 있었으나, 종교지도자들은 그렇지 않았다. 왜냐면 요한이 베푼 세례는 '죄 용서를 위한 회개의 세례'(1:4)인데, 성전이 아닌 한 개인이 죄를 용

서해 주는 세례를 주는 것을 종교지도자들은 성전에 대한 도전으로 생각했을 것이다. 그러나 요한이 워낙 대중적 인기가 있는지라 그를 함부로 할 수 없었을 것이다.

예수님은 이러한 사실을 아시고 질문하셨다. 31절에 따르면 종교지도자들은 만일 자신들이 요한의 세례가 하늘로부터 온 것이라고 대답할 경우, 그러면 왜 저를 믿지 아니하였느냐고 자신들을 질책할 것을 예상하고 있다. 이것은 예수께서 종교지도자들이 요한에 대해 어떤 생각을 가지고 있는지 이미 알고 있었음을 보여 준다. 예수께서 요한의 세례에 대해 물은 것은 그들을 난처한 처지에 빠뜨려 논쟁에서 이기려고 했던 것이다.

> 31 그들이 서로 의논하며 말했다. "만약 우리가 하늘에서 왔다고
> 말하면 그러면 어째서 그를 믿지 않았느냐고 할 텐데 32 그렇다고
> 사람에게서 온 것이라고 말할 수도 없지 않은가?" 그들은 사람들이
> 모두 요한을 참 선지자로 여기고 있었기 때문에 그들을 두려워하고
> 있었던 것이다.

종교지도자들이 서로 의논했다는 것은 그들이 예상치 못한 예수님의 질문에 당황했음을 보여 준다. 여기서 '요한'을 믿는다는 것은 요한을 믿음의 대상으로 생각한다는 뜻이 아니라, 요한이 사람들에게 전파한 회개의 세례를 인정하고 따르는 것을 의미한다. 하지만 그들은 요한과 예수님을 통해 선포된 하나님 나라를 받아들이지 않았다.

종교지도자들은 요한의 세례가 사람으로부터 온 것이라고 말할 수 없었다. 모든 사람이 요한을 진실로 선지자였다고 생각했기 때문이다(32절). 여기서 마가는 '모든 사람'이라는 과장된 표현을 사용하고, 또 '진실로'라는 강조 부사를 사용함으로써 요한이 참 선지자임을 강조하고 있다. 마가가 요한이 참 선지자였음을 강조하는 두 가지 목적을 생각해 볼 수 있다. 첫째, 모든 사람은 요한이 정말로 선지자였음을 인정하고 있는 데 반해 종교지도자들은 거부하고 있음을 대조함으로써

종교지도자들의 불신을 강조한다. 둘째, 모든 사람들이 요한을 선지자로 여겼다고 한다면, 요한의 말은 참되다는 뜻이 된다. 그런데 요한은 자기 뒤에 올 예수님이 자기보다 더 능력이 많은 자라고 예언했다. 그렇다면 모든 사람들이 요한을 참 선지자로 인정하였으므로 요한의 예언은 옳으며, 예수님은 요한보다 뛰어난 분, 즉 하나님의 권위를 가지신 분이라는 말이 된다.

> 33 그래서 그들이 예수께 대답하여 말했다. "모르겠소." 예수께서 그들에게 말씀하셨다. "그러면 나도 내가 무슨 권세로 이 같은 일을 하는지 너희에게 말하지 않겠다."

종교지도자들이 모르겠다고 한 것은 말 그대로 요한의 권위의 출처를 모르겠다는 말이 아니라, 요한의 권위가 하나님으로부터 온 것임을 거부하는 것이며 그들의 불신을 드러내는 것이다.

12장

12장

둘러보기

12:1-44

1 예수께서 비유로 그들에게 말씀하셨다. "어떤 사람이 포도원을
만들어 울타리를 치고 포도즙을 짜는 틀을 만들고, 망대를 세웠다.
그리고 농부들에게 세로 주고 멀리 떠났다. 2 수확할 때가 되자
주인은 포도원 소출의 일부를 받아오라고 한 종을 농부들에게
보냈다. 3 그런데 그들은 그 종을 잡아다가 때리고 빈손으로
돌려보냈다. 4 주인이 그들에게 다른 종을 보냈더니, 그들이 그 종의
머리를 때리고 그를 모욕했다. 5 주인이 또 다른 종을 보냈더니 그
종을 죽였다. 그래서 많은 종을 보냈더니 일부는 때리고 일부는
죽였다. 6 이제 주인에게는 사랑하는 아들 하나만 남아 있었다.
그는 마지막으로 그를 그들에게 보내면서 말했다. '그들이 내
아들은 존중할 것이다.' 7 그러나 농부들은 서로 말했다. '이 사람은
상속자니 그를 죽이자. 그러면 유산은 우리 것이 될 것이다.'
8 그래서 그들은 그를 잡아죽이고 포도원 밖에 내던져 버렸다.
9 그렇다면 포도원 주인이 어떻게 하겠느냐? 그가 와서 농부들을
진멸하고 포도원을 다른 사람들에게 줄 것이다. 10 너희는 성경에서

이런 말씀을 읽어 보지 못했느냐? '건축자들이 버린 돌이 집
모퉁이의 머릿돌이 되었다. 11 이것은 주께서 하신 일이요 우리
눈에 놀랍다.'" 12 그들은 이 비유가 자기들에게 하신 말씀인 것을
알고 예수를 잡으려고 했으나 무리들이 두려워 그를 그대로 두고
가버렸다. 13 그들은 예수의 말씀을 트집 잡으려고 바리새인들과
헤롯당원 중에서 몇 사람을 그에게 보냈다. 14 그들이 와서
예수께 말했다. "선생님, 우리가 알기에 선생님은 참되십니다.
선생님은 누구에게도 매이지 않으시고, 사람을 외모로 판단하지
않으시며, 하나님의 길을 참되게 가르치십니다. 그런데 우리가
가이사에게 세금을 바쳐야 합니까, 바치지 말아야 합니까?" 15
예수께서 그들의 위선을 아시고 그들에게 말씀하셨다. "어째서
나를 시험하느냐? 데나리온 하나를 나에게 가져오라." 16 그들이
가져오자 예수께서 그들에게 말씀하셨다. "동전의 초상과 글씨가
누구의 것이냐?" 그들이 예수께 대답했다. "가이사의 것입니다."
17 예수께서 그들에게 말씀하셨다. "가이사의 것은 가이사에게
돌려주고, 하나님의 것은 하나님께 돌려 드려라." 그들은 예수님을
매우 놀랍게 여겼다. 18 사두개인들이 예수께 왔다. 그들은 부활이
없다고 말하는 자들이었다. 그들이 예수께 물어 말했다. 19 "선생님,
모세가 우리에게 써주기를 만약에 어떤 사람의 형이 자식이 없이
아내만 남겨 두고 죽으면 그 동생이 그 아내를 취하여 자기 형의
후손을 낳아 주어야 한다고 했습니다. 20 일곱 형제가 있었습니다.
첫째가 아내를 취하였다가 자식 없이 죽었습니다. 21 그래서 둘째가
그녀를 취했는데, 그도 역시 후손을 남기지 않고 죽었습니다.
셋째도 마찬가지였습니다. 22 일곱 형제 모두 후손을 남기지 못했고
마지막으로 그 여자도 죽었습니다. 23 〔그들이 다시 살아나는〕
부활 때에 그 여자는 그들 가운데 누구의 것이 되겠습니까? 일곱
형제 다 그녀를 아내로 취하지 않았습니까?" 24 예수께서 그들에게
말씀하셨다. "너희가 성경도 모르고 하나님의 능력도 몰라 그렇게
잘못 생각을 하는 것이 아니냐? 25 사람이 죽은 자들 가운데서

살아날 때에는 장가도 가지 않고, 시집도 가지 않는다. 하늘에 있는
천사들과 같을 것이다. 26 죽은 자들이 살아나는 일에 대해서는
모세의 책에서 가시나무 떨기에 관한 부분에 나오는데 하나님께서
모세에게 '나는 아브라함의 하나님이요 이삭의 하나님이요 야곱의
하나님이다'라고 말씀하셨다. 이것을 읽어 보지 못하였느냐?
27 하나님은 죽은 자들의 하나님이 아니라, 살아 있는 자들의
하나님이시다. 너희는 크게 잘못 생각하고 있다." 28 서기관 중 한
사람이 그들이 논쟁하는 것을 듣더니 예수께서 그들에게 대답을
잘하는 것을 보고는 와서 예수께 물었다. "모든 계명 가운데 첫째
되는 계명이 무엇입니까?" 29 예수께서 대답하셨다. "첫째는
이것이다. '들으라 이스라엘아, 주 우리 하나님은 오직 한 분이신
주님이시다. 30 네 마음을 다하고 네 목숨을 다하고 네 뜻을 다하고
네 힘을 다하여 주 너의 하나님을 사랑하라.' 31 둘째는 이것이다.
'네 이웃을 네 자신과 같이 사랑하라.' 이것들보다 더 큰 다른
계명은 없다. 32 그러자 그 서기관이 예수께 말했다. "선생님, 옳은
말씀입니다. 하나님은 한 분이시며, 그분 외에는 다른 신이 없다는
말이 옳습니다. 33 또 마음을 다하고 지혜를 다하고 힘을 다하여
하나님을 사랑하는 것과 이웃을 자기 자신과 같이 사랑하는 것은
모든 번제물과 희생제물보다 더 낫습니다." 34 예수께서 그가
지혜롭게 대답하는 것을 보시고 그에게 말씀하셨다. "네가 하나님
나라에서 멀지 않도다." 그 뒤로는 감히 예수께 더 묻는 사람이
없었다. 35 예수께서 성전에서 가르치실 때 대답하여 말씀하셨다.
"어찌하여 서기관들은 그리스도가 다윗의 자손이라고 하느냐?
36 다윗 자신이 성령에 감동이 되어 말했다. '주님께서 내 주께
말씀하셨다. 내가 네 원수들을 네 발 아래에 굴복시킬 때까지
너는 내 우편에 앉아 있어라.' 37 다윗 자신이 그를 주님이라고
불렀는데, 어떻게 그리스도가 다윗의 자손이 될 수 있겠느냐?" 많은
사람들이 예수의 말씀을 기쁘게 들었다. 38 예수께서 가르치실 때에
말씀하셨다. "서기관들을 조심하라. 그들은 긴 옷을 입고 다니는

것과 시장에서 인사를 받는 것, 39 또 회당에서 높은 자리에 앉는
것과 잔치에서 상석에 앉는 것을 좋아한다. 40 그들은 과부들의
가산을 삼키고 남에게 보이기 위해서 길게 기도한다. 이런 자들은
더욱 중한 심판을 받게 될 것이다." 41 예수께서 헌금함 맞은편에
앉아서 사람들이 어떻게 헌금함에 돈을 넣는지 지켜보셨다. 많은
액수를 넣는 부자들이 많았다. 42 그런데 한 과부가 오더니 두 렙돈,
즉 한 고드란트를 넣었다. 43 예수께서 제자들을 불러 그들에게
말씀하셨다. "내가 진실로 너희에게 말한다. 이 가난한 과부가
헌금함에 돈을 넣은 모든 사람들보다 더 많이 넣었다. 44 그들은 모두
풍족한 가운데서 넣었지만, 이 여인은 가난한 중에도 자신이 가지고
있는 전부, 곧 자신의 생활비 전부를 넣었다."

12장은 예수께서 예루살렘 성전에서 행하신 '가르침'이다. 앞서 11장에서 예수님은 무슨 권세로 이런 일을 행하느냐며 시비를 걸어 온 대제사장들과 서기관들과 장로들에게 세례자 요한의 권세가 어디서부터 왔는가를 물으심으로 그들의 입을 다물게 하셨다. 이어서 그들을 겨냥하여 '악한 포도원 농부의 비유'를 들려주신다(1-12절). 이 비유는 하나님이 보내신 선지자들을 때리고 죽이는 것은 물론 하나님의 아들까지 죽이려는 유대 종교지도자들이 받을 심판을 전한다.

계속해서 다른 유대 종교지도자들이 예수님을 찾아와 논쟁을 건다. 이들은 예수님을 선생님으로 부르지만, 실은 예수님께 곤란한 질문을 던져 예수님의 권위를 실추시키려는 불순한 의도를 가지고 있다. 먼저 바리새인과 헤롯당이 찾아와 납세 문제를 제기한다(13-17절). 이 논쟁에서 예수님은 저 유명한 말씀 "가이사의 것은 가이사에게, 하나님의 것은 하나님께 바치라"로 하나님의 주권을 선언하신다. 다음은 사두개인들이 부활 논쟁을 제기한다(18-27절). 사두개인들의 황당한 질문에 예수님은 하나님은 죽은 자의 하나님이 아니고 산 자의 하나님이심을 가르치시는 것은 물론 사두개인들의 성경이해가 얼마나 잘못된 것인지를 지적하신다.

이어지는 한 서기관과의 대화는 일종의 사제(師弟) 간 대화 같다. 주제는 가장 큰 계명이다(28-34절). 예수님은 하나님 사랑과 이웃 사랑보다 더 큰 계명은 없다고 말씀하신다. 이후에 예수님은 서기관들을 비판하시는데(35-40절), 먼저는 그리스도가 다윗의 자손인가와 관련한 서기관들의 성경해석을 비판하신다(35-37절). 이어 서기관들의 외식과 탐욕을 비판하신다. 마지막으로 나오는 가난한 과부의 헌금 이야기(41-44절)는 두 렙돈밖에 바칠 수 없는 궁핍한 사정이지만 자신의 생활비 전부를 드림으로써 하나님을 전심으로 사랑하는 한 무명의 여인을 보여 줌으로써 서기관들의 탐욕을 부각시킨다. 이상을 정리하면 아래와 같다.

악한 포도원 농부 비유(1-12절)

납세 논쟁(13-17절)

부활 논쟁(18-27절)

가장 큰 계명(28-34절)

서기관 비판(35-40절)

가난한 과부의 헌금(41-44절)

12장

풀어보기

악한 포도원 농부 비유(1-12절)

1 예수께서 비유로 그들에게 말씀하셨다. "어떤 사람이 포도원을 만들어 울타리를 치고 포도즙을 짜는 틀을 만들고, 망대를 세웠다. 그리고 농부들에게 세로 주고 멀리 떠났다."

예수님은 앞에서 "무슨 권위로 이런 일을 하느냐?"라는 종교지도자들의 질문에 답하지 않으셨다. 대신에 한 가지 비유를 그들과 그곳에 있던 여러 사람들에게 들려주셨다. 1절은 포도원 주인이 포도원을 잘 가꾸는 모습을 보여 주고 있는데, 이것은 포도원이 상징하는 바 이스라엘에 대한 하나님의 사랑을 보여 준다.

이 비유는 이사야 5장 1-7절에 나오는 '포도원의 노래'를 연상시킨다. 이 노래 역시 하나님의 사랑과 기대를 저버리고 좋은 포도 대신 들포도를 맺은 유다 백성들에 대한 하나님의 분노와 심판을 말하고 있다. 비유에 등장하는 '농부'(γεωργός, 게오르고스)는 정확히 말하면 '소작인'이다. 땅 주인은 따로 있다. 주인이 '멀리 떠났다'는 것은 그가 다른 곳에 거주하면서 포도원을 소유하고 있었기 때문으로 볼 수 있다. 부재지주(不在地主)였던 것이다.

> 2 수확할 때가 되자 주인은 포도원 소출의 일부를 받아오라고 한 종을 농부들에게 보냈다.

한 종이 세 번 파견되며, 각각 모욕당하는 정도가 심화된다(잡아다가 때리다 → 머리를 때리고 모욕하다 → 죽이다). 주인은 이후 많은 종들을 보낸다. 그러나 농부들은 종들을 때리고 죽인다. 이런 순서는 이스라엘의 반역이 시간이 갈수록 커졌음을 보여 준다. 반역의 절정은 주인의 아들 살해다.

> 4 주인이 그들에게 다른 종을 보냈더니, 그들이 그 종의 머리를 때리고 그를 모욕했다.

주인이 계속해서 종을 보내는 것은 하나님이 이스라엘의 불순종에도 불구하고 계속해서 선지자들을 보내 그들을 깨우치시려고 하셨음을 보여 준다. 그 종의 머리를 때렸다는 언급은 목이 잘려 죽은 세례자 요한을 암시한다. 마가복음에서 세례자 요한의 죽음은 중요하다. 마가는 요한의 운명과 예수님의 운명, 그리고 예수님의 제자들의 운명이 서로 상응함을 보여 주려고 한다. 요한의 죽음은 예수님의 죽음을 전망하고, 제자들 역시 그 길을 가게 될 것을 예견한다.

> 6 이제 주인에게는 사랑하는 아들 하나만 남아 있었다. 그는 마지막으로 그를 그들에게 보내면서 말했다. "그들이 내 아들은 존중할 것이다."

주인의 아들을 '사랑하는 아들'로 표현했는데, 이 표현은 예수님이 세례를 받으실 때(1:11), 산에서 변화하실 때(9:7) 하늘에서 들려온 음성이다. 예수님이 당신을 하나님의 사랑하는 아들로 스스로 말씀하신 것은, 비록 비유에서이기는 하지만 여기가 처음이다. 나중에 대제사장이 "네가 찬송 받을 이의 아들 그리스도냐"(14:61)라고 묻자 예수께서는 "내가 그니라"(14:62)라고 대답하신다.

> 7 "그러나 농부들은 서로 말했다. '이 사람은 상속자니 그를 죽이자. 그러면 유산은 우리 것이 될 것이다.'"

농부들은 탐욕스러웠다. 그 탐욕을 채우기 위해 살인도 서슴지 않았다. 비유의 문학적, 실존적 차원을 강조한 비아(Via)에 따르면, 당시의 관점에서 볼 때 소작인들이 포도원을 차지할 가능성이 거의 없음에도 불구하고 아들을 죽이는(그래서 결국은 자신들의 멸망을 자초하는) 어처구니없는 행동을 했다는 것은 이 이야기가 현실성이 없음을 가리키는 것이 아니라 오히려 "인간의 악을 불러일으키는 맹목적 우매함"(the blind folly that infuses human evil)을 가리킨다.[1] 즉 이 비유에서 소작인을 통해 나타난 인간의 모습은 다른 사람의 희생은 아랑곳없이 할 수 있는 한 많이 소유하려는 인간이요, 결국은 자멸을 초래하는 인간이다.

> 8 "그래서 그들은 그를 잡아죽이고 포도원 밖에 내던져 버렸다."

마가에서는 아들이 포도원 안에서 죽임을 당하고, 그 후에 포도원 밖으로 내던져지지만, 마태와 누가에 따르면 아들은 포도원 밖으로 쫓겨난 후 거기서 살해되는데, 이것은 예루살렘 성 밖에서 예수님이 살해된 것을 암시한다(요 19:17; 히 13:12-13 참조).

> 9 "그렇다면 포도원 주인이 어떻게 하겠느냐? 그가 와서 농부들을 진멸하고 포도원을 다른 사람들에게 줄 것이다."

여기서 '다른 사람들'이란 악한 농부와는 달리 주인의 것을 주인에게 바칠 사람이다. 마태는 "제때 실과를 바칠 만한 다른 농부들"(마 21:41)이라고 분명히 설명하고 있다. 또한 악한 포도원 농부가 성전체제의 대표자들인 종교지도자들을 가리키고, 다른 사람들은 그들을 대신하여 포도원을 맡을 자들이라면 이들은 성전체제를 대체할 새로운 공동체를 가리킨다. 11장 22-25절에 언급된 새로운 공동체, 즉 하나님에 대한 믿음과 기도와 용서의 공동체가 바로 다른 사람들에게 해당한다. 새로운 공동체는 하나님의 것을 마땅히 하나님께 드리는 공동체다.

> 10 "너희는 성경에서 이런 말씀을 읽어 보지 못했느냐? '건축자들이 버린 돌이 집 모퉁이의 머릿돌이 되었다. 11 이것은 주께서 하신 일이요 우리 눈에 놀랍다.'"

10절에 인용된 본문은 시편 118편 22-23절인데, 배척을 당해 죽으신 예수께서 부활하시고 승천하심으로써 높임을 받으신 사건과 관련하여 초대 교회가 자주 사용한(행 4:11; 벧전 2:7 참조) 본문이다. '버리다'를 뜻하는 헬라어 '아포도키마조'(ἀποδοκιμάζω)는 마가복음에서 단 두 곳에 사용된 단어인데, 이곳 외에 예수께서 당신이 장로들과 대제사장들과 서기관들에 의해 버림받을 것(8:31)이라고 예언하실 때 사용되었다. 그렇다면 여기서 말하는 건축자들이란 포도원 주인의 아들을 죽인 악한 포도원 농부들처럼 예수님을 배척하고 죽이려는 종교지도자들을 가리킨다. 또한 건축자들이 버린 돌이 '주님에 의해'(11절) 모퉁이의 머릿돌이 되었다는 말은 '하나님에 의한' 예수님의 부활을 뜻한다. 시편 118편 22절은 사도행전 4장 11절과 베드로전서 2장 7절에서도 사람들로부터 버림을 받은 예수님을 하나님께서 부활시키시고, 인정하셨음(vindication)과 관련하여 사용되고 있다.

묵상

'악한 포도원 농부의 비유'에 등장하는 농부들은 세 가지 면에서 악하다. 무책임, 폭력, 탐욕. 반대로 포도원 주인은 성실하다. 주인은 온갖 정성을 다하여 포도원과 그 주변 환경을 조성했다. 당연히 많은 수확을 얻을 것을 기대했을 것이다. 또 주인은 인내심이 강하다. 주인은 농부에게 종(들)을 네 차례나 보낸다. 마지막으로 사랑하는 아들을 보내신다. 사실 이러한 주인의 행동은 이상하고, 바보 같다. 주인은 몇 차례 보낸 종이 모욕을 당하고 심지어는 죽었음에도 자기 아들만큼은 존중할 것이라는 어처구니없는 기대를 가지고 아들을 보낸다. 하나님은 자비로우시고, 은혜로우시고 노하기를 더디하시고, 오래 참으신다(출 34:6 등 참조). 그러나 하나님은 오래 참으시지만 한없이 참지는 않으신다. 열매를 맺지 않고 불순종하는 자들을 심판하신다. 아들마저 거부하는 자들에게 임할 것은 하나님의 분노요 진멸하는 응징뿐이다.

납세 논쟁(13-17절)

13 그들은 예수의 말씀을 트집 잡으려고 바리새인들과 헤롯당원 중에서 몇 사람을 그에게 보냈다.

바로 앞에서 대제사장들과 서기관들과 장로들이 예수님을 잡으려고 했으나, 무리들 때문에 그러지 못했다. 이들이 다시 예수님을 체포하기 위해 바리새인들과 헤롯당을 보낸 것이다. 대제사장과 서기관들과 장로들이야말로 예수님을 체포하여 고소하고 죽이려는 모든 음모를 배후에서 추진하는 세력이다. 또 대제사장들과 서기관들과 장로들, 그리고 바리새인들과 헤롯당이 모두 예수님을 잡기 위해 공동 전선을 펴고 있는 것이다.

'트집을 잡다'에 해당하는 헬라어 '아그류오'(ἀγρεύω)는 신약에서 오직 여기에만 사용되고 있는 단어인데, 사냥에서 '덫을 놓아 잡다'라는 뜻이다. 이들은 사냥꾼이 사냥감을 덫으로 잡아 꼼짝달싹 못하도록 만들듯이 예수님의 말을 트집 잡아 예수님을 곤경에 빠뜨리려는 것이다. 그래서 예수님의 권위가 실추되어 사람들이 더 이상 그를 따르지 않게 되기를 바라고 있는 것이다. 앞서 3장 2절에서 바리새인들은

"예수를 고발하려고" 예수님의 행동을 엿본 적이 있었다. 여기서도 그렇다.

> 14 그들이 와서 예수께 말했다. "선생님, 우리가 알기에 선생님은
> 참되십니다. 선생님은 누구에게도 매이지 않으시고, 사람을 외모로
> 판단하지 않으시며, 하나님의 길을 참되게 가르치십니다. 그런데
> 우리가 가이사에게 세금을 바쳐야 합니까, 바치지 말아야 합니까?"

먼저 바리새인들과 헤롯당은 예수님을 한껏 칭찬한다. 자신들의 질문에 분명한 대답을 해야만 한다는 압박감을 주기 위해서다. 예수님은 다른 사람들이 어떻게 생각하든 자신이 하나님의 뜻이라고 생각하는 것을 가르치는 자라고 칭찬을 받았기 때문에, 납세 문제에 대해서 분명한 입장을 밝힐 수밖에 없게 된 것이다. 바리새인들과 헤롯당의 예수님에 대한 칭찬은 '아이러니'로 이해할 수 있다. 비록 바리새인들과 헤롯당이 예수님을 칭찬한 것이 진심에서 나온 것이 아니지만, 그 내용 자체는 옳기 때문이다. 마가는 아이러니 기법을 사용하여 종교지도자들의 입을 통해 예수님이 어떤 분인지 밝히고 있는 것이다.

이렇게 예수께 아부한 후 바리새인들과 헤롯당은 가이사에게 세금을 내는 것이 '옳은가' 그렇지 않은가를 묻는다. '옳다', '합당하다'로 번역되는 헬라어 '엑세스틴'(ἔξεστιν)은 바리새인들이 던진 질문의 특징을 보여 주는 단어다(2:24, 26; 3:4; 6:18; 10:2; 12:14). 이들이 질문한 납세 문제는 예수님의 말로 책잡으려고 하는 그들의 의도에 적합한 문제이다. 만약 예수께서 가이사에게 세금을 내야 한다고 말한다면 그의 제자들을 비롯하여 그를 따르던 많은 사람들이 등을 돌릴 것이다. 그러면 종교지도자들은 예수님을 잡을 수 있게 된다. 반대로 예수님이 만약 가이사에게 세금을 내서는 안 된다고 말한다면 로마 당국으로부터 위협을 받게 될 것이다.

> 15 예수께서 그들의 위선을 아시고 그들에게 말씀하셨다. "어째서

나를 시험하느냐? 데나리온 하나를 나에게 가져오라."

예수님은 바리새인들과 헤롯당의 위선을 간파하고 계셨다. 비록 그들이 자기를 칭찬하고 있지만, 그들의 질문은 자신을 시험하려는 의도에서 비롯된 것임을 파악하셨던 것이다(8:11; 10:2 참조). 예수님은 그들에게 데나리온 하나를 가지고 오라고 지시하신다. 데나리온은 로마인들이 만든 은전인데, 인구세를 내는 데 사용되었다. 예수님의 이러한 대응은 바리새인들과 헤롯당의 질문에 의해 자신이 수세적 위치에 있지 않고, 오히려 주도적으로 논쟁을 이끌고 가고 있음을 보여 주며, 독자로 하여금 예수님이 이 동전을 가지고 무엇을 하려고 하는지 궁금증을 갖게 하는 기능을 한다. 또 예수님이 데나리온을 가져와 내게 보이라고 말한 것은 평상시에 예수님이 황제의 초상이 새겨진 데나리온 동전을 지니고 다니지 않았음을 뜻한다고 볼 수 있다.[2] 그렇다면 예수님은 무리들에게 좋은 인상을 심어 주었을 것이다.

16 그들이 가져오자 예수께서 그들에게 말씀하셨다. "동전의 초상과
글씨가 누구의 것이냐?" 그들이 예수께 대답했다. "가이사의
것입니다."

당시 데나리온 앞면에는 월계관을 쓴 가이사의 초상, 그리고 '티베리우스 황제, 신의 아들'이란 뜻의 라틴어 'TI CAESAR DIVI AUG F AUGUSTUS'가 새겨져 있었다. 이 라틴어는 약자인데, 본디말은 'Tiberius Caesar Divi Augusti Filius Augustus'(Tiberius Caesar Augustus, Son of Divine Augustus)다. 뒷면에는 아우구스투스의 부인인 왕비 리비아로 보이는 한 여인의 좌상이 새겨져 있고, 그 둘레에는 'PONTIF MAXIM'('대제사장'이라는 뜻)이라고 새겨져 있었다. 예수님도 당연히 동전에 새겨진 형상과 글씨의 주인공이 가이사라는 것을 알고 있었을 터인데, 굳이 바리새인들과 헤롯당에게 질문하여 가이사라는 대답을 받아낸 것은 17절에 언급된 '가이사의 것'이 무엇인지 이해할 수 있도록

돕는 기능을 한다.

> 17 예수께서 그들에게 말씀하셨다. "가이사의 것은 가이사에게 돌려주고, 하나님의 것은 하나님께 돌려 드려라." 그들은 예수님을 매우 놀랍게 여겼다.

'가이사의 것'이란 무엇이며, '하나님의 것'이란 무엇인가? 먼저 마이어스[3]는 유대인의 관점에서 볼 때 이 세상의 모든 것이 다 하나님의 것이기 때문에 사실상 가이사의 것은 아무것도 없으며, 따라서 예수님의 선언은 납세를 거부한 것으로 해석한다. 그러나 이들의 주장은 17절의 선언이 있기까지 예수님이 취한 행동(15b-16절)을 간과한 것이다. 예수님은 바리새인들과 헤롯당에게 동전을 가지고 오게 하여 그들에게 동전에 있는 초상과 글씨가 '누구의 것'이냐고 물어 그들로부터 '가이사의 것'이라는 대답을 받아냈다. 또 '돌려주다' 혹은 '빚을 갚다'라는 의미의 '아포디도미'(ἀποδίδωμι)는 가이사의 초상과 글씨가 새겨진 동전은 가이사의 것이므로, 가이사에게 돌려주는 것이 마땅하다는 의미로 해석되어야 한다. 따라서 '가이사의 것'은 16절에 나오는 가이사의 초상과 글씨가 새겨진 동전을 가리킨다. 그렇다면 예수님은 바리새인들과 헤롯당의 대답처럼 가이사의 초상과 글씨가 새겨진 동전의 주인을 가이사로 인정하심으로써 결국 납세를 인정하신 것이다.

그렇다면 '하나님의 것'이란 무엇인가? 먼저, 기브린[4]은 '가이사의 것'이 가이사의 형상과 글씨가 새겨진 동전을 가리키듯이 '하나님의 것'은 창세기 1장 26-27절에 언급된 하나님의 형상대로 창조된 사람을 암시하며, 이렇게 볼 때 '하나님의 것을 하나님께 드리라'는 예수님의 선언은 하나님의 형상대로 창조된 사람은 자기 자신 전체를 하나님께 드려야 한다는 뜻으로서, 하나님께 대한 헌신과 충성을 요구하는 것이라고 본다.

한편 태너힐[5]에 따르면 '가이사의 것'이 무엇인지에 대해서는 본문이 분명히 가르쳐 주고 있으나, '하나님의 것'은 그렇지 않다는 사실에 유의해야 한다. 예수님은 '가이사의 것'에 대해서는 그것이 무엇을 의미하는지 16절을 통해 밝히고 있다. 앞서 설명한 대로 예수님이 바리새인들과 헤롯당에게 데나리온을 가지고 오게 하고, 또 동전에 새겨진 형상과 글씨가 누구의 것이냐고 물어 그들로부터 가이사의 것이라는 대답을 얻어낸 것은 모두 '가이사의 것'이 무엇인지를 설명하려는 의도적 행동이다. 이러한 의도적 행동은 '가이사의 것'이 제한적인 것임을 보여 주려는 데 그 목적이 있다. 반면에 본문에는 '하나님의 것'을 설명하기 위한 어떤 행동도 없다. '하나님의 것'은 '당연히' 이 세상 모든 것에 대한 하나님의 주권을 의미하기 때문이다. 결국 예수님은 납세를 인정하면서도, 이 세상 만물에 대한 무한하고도 영원한 하나님의 주권을 의미하는 '하나님의 것'을 동시에 언급함으로써, '가이사의 것'을 상대화시키고 있는 것이다.

부활 논쟁(18-27절)

18 사두개인들이 예수께 왔다. 그들은 부활이 없다고 말하는
자들이었다. 그들이 예수께 물어 말했다.

사두개인들이 앞서 바리새인과 헤롯당처럼 대제사장과 서기관과 장로들이 보내서 왔는지 아니면 자발적으로 왔는지는 확실하지 않다. 마가복음에서 사두개인들은 여기에 처음이자 마지막으로 나온다. 사두개인들은 제사장 가문 출신의 귀족들이며, 보수적이었다. 그들은 바리새인들이 권위를 인정하는 구전 율법을 인정하지 않고 성문 율법만을 인정했다. 또 그들은 모세오경에만 권위를 부여했다. 사두개인들이 부활을 인정하지 않은 것도 토라에는 구약에 대한 암시나 언급이 없기 때문이다(사 26:19; 단 12:2; 욥 19:25-26에만 부분적으로 나타날 뿐이다). 사두개인들이 부활을 믿지 않았다는 것은 사도행전 4장 1-2절, 23장 8절에도 언급되어 있다.

그러나 이미 마가는 예수께서 세 차례에 걸쳐 당신의 부활을

예언하셨고(8:31; 9:31; 10:34), 내세에 관해서도 언급하셨으며(10:30), 죽은 야이로의 딸을 살리셨음(5:35-43)을 말했다. 그런데 사두개인들은 부활을 믿지 않는다. 갈등이 예상되는 건 당연하다.

19 "선생님, 모세가 우리에게 써주기를 만약에 어떤 사람의 형이
자식이 없이 아내만 남겨 두고 죽으면 그 동생이 아내를 취하여 자기
형의 후손을 낳아주어야 한다고 했습니다."
23 "[그들이 다시 살아나는] 부활 때에 그 여자는 그들 가운데
누구의 것이 되겠습니까? 일곱 형제 다 그녀를 아내로 취하지
않았습니까?"

사두개인들도 바리새인들과 헤롯당이 그랬던 것처럼(12:14) 예수님을 '선생님'으로 부르면서 수혼법(嫂婚法, the levirate law, 신 25:5-10; 창 38:8)을 예수께 말한다. 사두개인들은 '모세가 우리에게 써주었다'고 말함으로써 수혼법이 다른 사람이 아닌 '모세'가 써준 것이기에 그 권위와 효력이 분명하다는 것을 강조한다. 또 사두개인들이 모세가 우리에게 '말했다'라고 하지 않고, '써주었다'고 표현한 것은 이들이 구두 율법은 거부하고 성문 율법만 인정하기 때문인 것으로 보인다.

사두개인들의 질문은 일곱 형제가 다 아들을 낳지 못한 채 죽는다는 어처구니없는 상황을 설정하고 있다. 또 이런 황당한 질문은 그들이 예수님을 난처한 입장에 처하게 하려는 의도가 있는 속임수 질문임을 보여 준다. 마가는 이처럼 사두개인들, 그리고 바리새인들과 헤롯당이 공통적으로 예수님의 권위를 실추시키기 위한 목적에서 속임수 질문을 하는 자들로 묘사함으로써 이들을 한통속으로 제시하고 있다.

23절 '[그들이 다시 살아나는]'(ὅταν ἀναστῶσιν, 호탄 아나스토신)은 원본에 있었을 것으로 추정되지만 시내 사본(א)과 바티칸 사본(B) 등 양질의 사본에는 없어 대괄호로 본문 안에 넣었다. '부활할 때에'라는 말이 있기 때문에 굳이 "그들이 다시 살아나는"이란 말이 필요하지 않다고 생각하여 생략했을 것이다.

24 예수께서 그들에게 말씀하셨다. "너희가 성경도 모르고 하나님의
능력도 몰라 그렇게 잘못 생각을 하는 것이 아니냐?"

예수님은 사두개인들을 향해 "잘못 생각을 하는 것이 아니냐?"라고 말씀하시는데, 여기서 '잘못 생각을 하다'로 번역된 헬라어 '플라나오'(πλανάω)는 '너희들은 미혹(迷惑)당했다' 혹은 '너희들은 속임을 당했다', '잘못된 길로 인도됐다', '속았다'는 뜻이다. 사두개인들의 성경해석의 오류를 지적하는 단어다. 예수님의 대답(24-27절)은 '플라나오'가 대답이 시작될 때(24절)와 맨 마지막에(27절) 위치하여 그 가운데 있는 내용을 감싸는 구조(인클루시오, inclusio)이다. 이러한 구조는 24-27절이 사두개인들의 "해석학적 권위에 대한 마가의 정면 공격"[6]이라는 것을 보여 주며, 이런 공격을 통해 마가는 사두개인들의 성경해석의 오류를 부각시키고 있는 것이다. 특히 27절에서 '플라나오' 앞에 '크게'로 번역된 헬라어 '폴뤼'(πολύ)가 사용된 것은 사두개인들의 성경해석의 오류를 더욱 강조한다. 성경의 권위자로 자부하는 그들에게 성경을 알지 못한다고 말한 것은 매우 노골적인 비판이 아닐 수 없다.

나아가 사두개인들은 단지 하나님에 대해 오해하는 실수를 범하는 것에 그치지 않고, 부활이 없다는 그들의 교리적 신념에 의해 사람들을 미혹하는 자들(deceivers)이라고까지 말할 수 있다. 사람들을 미혹하는 사두개인들은 종말에 그리스도를 사칭하는 미혹케 하는 자들(πλανᾶν, 플라난, 13:5, 6)과 상응한다.[7] 예수님은 사람들을 미혹케 하는 이들이 자신을 '부활한 예수'(Jesus redivivus)로 주장할 것이라고 예언하셨는데, 이 점도 '부활'이란 주제로 이 두 본문이 관계되어 있음을 보여준다. 예수님과 사두개인들 사이에 있었던 부활논쟁은 단순한 성경해석의 문제를 넘어서 죽은 자를 다시 살리시는 하나님의 부활 능력을 거부하는 자들과의 대립이다.

25 "사람이 죽은 자들 가운데서 살아날 때에는 장가도 가지 않고,
시집도 가지 않는다. 하늘에 있는 천사들과 같을 것이다. 26 죽은

> 자들이 살아나는 일에 대해서는 모세의 책에서 가시나무 떨기에 관한 부분에 나오는데 하나님께서 모세에게 '나는 아브라함의 하나님이요 이삭의 하나님이요 야곱의 하나님이다'라고 말씀하셨다. 이것을 읽어 보지 못하였느냐?"

사람들이 부활한 후에는 결혼과 같은 이 세상에서 있었던 일들이 없을 것이다. 부활한 후에는 천사와 같을 것이다. 완전히 새로운 존재가 되어 새로운 삶을 살 것이다. 예수님은 부활을 입증할 구체적인 성경본문을 제시한다. 사두개인들이 토라를 근거로 하여 질문한 것에 대응하여 예수님도 사두개인들이 인정하는 토라로부터 자신의 주장을 펴고 있는 것이다. 즉 예수님은 "모세로써 모세를 반박하고 있는 것이다."[8]

예수님은 24절에서 사두개인들이 성경도 하나님의 능력도 알지 못한다고 비판한 것처럼, 여기서도 그들에게 '읽어 보지 못하였느냐'고 비판하신다. 예수님은 앞서 이 표현을 바리새인들에 대해(2:25), 또한 대제사장들과 서기관들과 장로들을 향하여(12:10) 사용하신 바 있다. 이제 사두개인들에 대해서도 '읽어 보지 못하였느냐'고 비판함으로써 모든 종교지도자들의 성경에 대한 무지를 비판한 셈이 된다. 모든 종교지도자들보다 뛰어난 예수님의 성경해석의 권위를 확인할 수 있다.

예수님이 언급한 성경본문은 출애굽기 3장 6절이다. 예수님은 하나님 자신이 '아브라함의 하나님이요 이삭의 하나님이요 야곱의 하나님'이라고 말씀하셨음을 상기시킨다. 사두개인들은 '모세'를 들어 수혼법의 효력을 주장했다면 예수님은 하나님이 어떤 하나님인가에 대한 '하나님 자신의 말씀'에 근거하여 부활이 있음을 주장하신다. 하나님이 모세에게 나타나 말씀하셨을 때는 이미 아브라함과 이삭과 야곱은 죽은 지 오래된 상태다. 그런데 하나님이 자신을 '아브라함의 하나님이요 이삭의 하나님이요 야곱의 하나님'이라고 말씀하셨다는 것은 그들이 비록 몸은 죽었으나 지금 살아 있다는 것을 의미한다.[9] 그래서 하나님은 죽은 자의 하나님이 아니라 산 자의 하나님이시다.

27 "하나님은 죽은 자들의 하나님이 아니라, 살아 있는 자들의
하나님이시다. 너희는 크게 잘못 생각하고 있다."

예수님의 논리 전개는 다음과 같다. 하나님은 아브라함과 이삭과 야곱의 하나님이시다. 또한 하나님은 죽은 자의 하나님이 아니라 산 자의 하나님이다. 그렇다면 아브라함과 이삭과 야곱은 비록 이 세상에서 죽은 자이지만, 그들은 지금 살아 있다. 그러므로 성경은 부활을 말하고 있다.

또 하나님이 아브라함과 이삭과 야곱과 맺은 언약의 영원한 효력이라는 관점에서 예수님의 선언을 해석할 수 있을 것이다. 하나님은 아브라함과 이삭과 야곱과 언약을 맺으셨고, 그들이 이 땅에서 살아 있는 동안 그들의 보호자와 돕는 자가 되어 주셨다. 그런데 이 언약 관계가 죽음으로 인하여 소멸된다면 하나님이 이 땅에서만 이들을 지켜 줄 수밖에 없다는 말이 된다. 그렇다면 하나님의 능력과 사랑은 제한적이다. 이것은 있을 수 없는 일이다. 하나님의 언약은 죽음도 폐지하지 못한다. 그렇기 때문에 부활은 있다. 하나님은 언약에 성실하시기 때문에 죽은 자들을 일으키실 것이다. 결국 예수님은 '언약에 성실한 하나님'에 근거하여 성경이 부활을 말하고 있음을 주장하고 있는 것이다.[10]

가장 큰 계명(28-34절)

28 서기관 중 한 사람이 그들이 논쟁하는 것을 듣더니 예수께서
그들에게 대답을 잘하는 것을 보고는 와서 예수께 물었다. "모든
계명 가운데 첫째 되는 계명이 무엇입니까?"

구약에 나오는 계명의 수는 613개다. 이 가운데 '~하라'는 긍정적 계명이 248개, '~하지 말라'는 금지 계명이 365개인데, 서기관들 사이에서는 613개 계명 가운데 어떤 계명이 더 크고 중요한 계명인지에 대해 논

란이 많았다. 대표적인 랍비인 힐렐은 "네가 싫어하는 일을 다른 사람에게 하지 말라"고 했고, 랍비 아키바는 "네 이웃을 네 자신과 같이 사랑하라"(레 19:18)고 말했다. 본문에 등장하는 서기관은 이 같은 가장 큰 계명에 관한 랍비들 간의 논쟁을 알고 있었을 것이고, 예수께서 종교 지도자들의 질문에 대답을 잘 하시는 것을 보고 지혜를 구한 것이다.

모든 계명 중에서 첫째 계명이란 가장 중요한 계명이란 뜻이며, 모든 계명을 떠받치는 근본이 되는 계명이요, 핵심이 되는 계명이란 뜻이다. 어떤 계명을 제대로 실천했는지를 판단할 수 있는 기준이 되는 계명이란 말이다. 그래서 마태복음 22장 40절은 하나님 사랑과 이웃 사랑을 "온 율법과 선지자의 강령(綱領)"이라고 번역했다. 즉 "모든 율법과 선지자가 이 두 계명 안에 달려 있다"는 뜻이다.

> **29** 예수께서 대답하셨다. "첫째는 이것이다. 들으라 이스라엘, 주 우리 하나님은 오직 한 분이신 주님이시다. **30** 네 마음을 다하고 네 목숨을 다하고 네 뜻을 다하고 네 힘을 다하여 주 너의 하나님을 사랑하라."

가장 큰 계명에 대해 예수님은 신명기 6장 4-5절을 인용하신다. 이 본문은 유대인들의 신앙고백문과도 같다. 그래서 경건한 유대인은 매일 이 구절을 가지고 기도한다. 예수님의 대답은 제1계명을 확인하신 것이다. 개역개정 신명기 6장 5절은 "너는 마음을 다하고 뜻을 다하고 힘을 다하여 네 하나님 여호와를 사랑하라"로 번역했는데, 마가복음 12장 30절과 비교할 때 두 번째 '목숨'이 추가된 것처럼 보인다. 그러나 헬라어로 비교하면 70인역 신명기 6장 5절은 '카르디아'(καρδία, 마음), '프쉬케,'(ψυχη, 목숨), '뒤나미스'(δύναμις, 힘) 순서로 나온다. 마가복음 12장 30절은 '카르디아', '프쉬케', '디아노이아'(διάνοια, 이해, 의지), '이스퀴스'(ἰσχύς, 힘) 순서로 나온다. 개역개정이 '프쉬케'(목숨)를 '뜻'으로 번역한 것은 적절하지 못하다. 이렇게 보면 마가는 신명기 6장 5절에 없는 '디아노이아'를 하나 추가한 셈이다. 또 마가는 '뒤나미스'를 '이스퀴스'

로 대체했으나 두 단어의 의미가 대동소이하다.

한편 33절에서 예수께 질문을 한 서기관은 다시 세 가지로 하나님 사랑을 말하는데, '카르디아'(마음), '쉬네시스'(σύνεσις, 지혜, 명철), '이스퀴스'(힘)의 순서로 되어 있다. '프쉬케'(목숨)는 생략되고, '디아노이아'(이해, 의지) 대신 '쉬네시스'(지혜, 명철)로 대체됐다.

한편 마태복음 22장 37절에는 '카르디아'(마음), '프쉬케,'(목숨), '디아노이아'(이해, 의지) 세 가지만 나오며, 개역개정은 '마음', '목숨', '뜻'으로 번역했다. 누가복음 10장 27절의 경우 '카르디아'(마음), '프쉬케,'(목숨), '이스퀴스'(힘), '디아노이아'(이해, 의지) 순서로 되어 있다. 마가복음처럼 4가지이지만, 뒤의 두 개가 순서가 바뀌었다. 개역개정은 '마음', '목숨', '힘', '뜻'으로 번역했다.

그렇다면 이 네 가지는 각각 어떻게 다를까? '카르디아'는 히브리어 '레브'(לֵב)를 번역한 것으로, '마음'이 가장 좋은 번역이다. 마음이란 우리의 중심을 말한다(신 8:2; 렘 17:10). '프쉬케'는 히브리어 '네페쉬'(נֶפֶשׁ)를 번역한 것이며, 보통 '목숨'으로 번역된다. 감정, 욕구 등 생명체의 특징을 총괄한다고 할 수 있다. '디아노이아'는 이해(understanding, mind), 성향/의지(disposition)라는 뜻인데, 70인역은 히브리어 '레브'(לֵב)를 '디아노이아'로 번역하는 경우가 많다. '이스퀴스'는 히브리어 '코흐'(כֹּחַ)를 번역한 것으로 능력, 힘을 뜻한다.[11]

> 31 "둘째는 이것이다. '네 이웃을 네 자신과같이 사랑하라.'
> 이것들보다 더 큰 다른 계명은 없다."

이웃 사랑 계명은 레위기 19장 18절의 인용이다. 네 이웃의 범위에 대해서 레위기는 이스라엘 사람으로 한정했다면 예수님은 원수까지 확대하셨다(마 5:43-47). '선한 사마리아인의 비유'에서는 이스라엘 사람들이 경멸했던 사마리아인이 선한 이웃의 모범으로 제시되고 있다(눅 10:25-37). 예수님은 첫째 계명인 하나님 사랑과 둘째 계명인 이웃 사랑을 구분하시지만 이 두 가지를 다른 계명보다 크다고 선언하셨다.

이웃 사랑의 중요성은 신약 곳곳에서 나타나고 있다. "온 율법은 네 이웃 사랑하기를 네 자신같이 하라 하신 한 말씀에서 이루어졌나니"(갈 5:14). "남을 사랑하는 자는 율법을 다 이루었느니라 간음하지 말라, 살인하지 말라, 도둑질하지 말라, 탐내지 말라 한 것과 그 외에 다른 계명이 있을지라도 네 이웃을 네 자신과 같이 사랑하라 하신 그 말씀 가운데 다 들었느니라 사랑은 이웃에게 악을 행하지 아니하나니 그러므로 사랑은 율법의 완성이니라"(롬 13:8-10).

묵상

가장 큰 계명은 '사랑'에 관한 계명이다. 사랑이 모든 계명의 핵심이다. 먼저 누구를 사랑하는가가 중요하다. 하나님을 사랑해야 한다. 신명기 6장 4-5절은 유일하신 여호와 하나님만을 사랑해야 한다고 선언하고 있다. 돈을 사랑해서는 안 된다. 그것은 일만 악의 뿌리이다(딤전 6:10). 우리는 하나님과 재물을 겸하여 섬길 수 없다(마 6:24). 또한 우리는 이웃을 사랑해야 한다. 하나님만 사랑하고 이웃을 사랑하지 않는다면 그것은 기복주의적, 이기적 신앙일 수 있다. 반대로 하나님을 사랑하지 않고 이웃을 사랑한다면 그것은 인본주의적 신앙이다. 하나님 사랑과 이웃 사랑, 이 둘은 구분은 되나 불가분의 관계에 있다.

하나님과 이웃을 '어떻게' 사랑해야 하는가도 중요하다. 예수님은 마음, 목숨, 뜻, 힘을 언급하셨다. 성경에서 '마음'이란 사람의 중심을 말한다. 마음으로 사랑하지 않는다는 것의 반대말은 형식적으로, 마지못해서 사랑하는 것이다. 성경은 하나님이 우리의 마음을 시험하신다고 자주 말하는데, 이것은 우리의 중심을 살피신다는 뜻이다. "만물보다 거짓되고 심히 부패한 것은 마음이라 누가 능히 이를 알리요마는 나 여호와는 심장(=마음)을 살피며 폐부를 시험하고 각각 그 행위와 그 행실대로 보응하나니"(렘 17:9-10. 신명기 8:2; 시편 139:23도 참조). 이사야가 비판했듯이 우리는 때때로 "입술로는 하나님을 존경하되 마음은 하나님에게서 먼"(사 29:13) 그런 신앙생활을 할 수 있다. 하나님이 원하는 사랑은 중심으로부터 우러나오는 사랑이다.

'목숨을 다하여 사랑해야 한다.' 기독교 역사를 보면 순교하기까지 하나님을 사랑한 사람들이 있다. 예수님은 제자들에게 당신이 당할 고난과 죽음을 예언하신 후 이렇게 말씀하셨다. "누구든지 자기 생명을 구하려고 하는 사람은 생명을 잃을 것이다. 그러나 나와 복음을 위하여 자기 생명을 잃는 사람은 생명을 구할 것이다"(8:35). 예수님의 제자가 된다는 것은 예수님과 복음을 위해 생명까지도 내놓는 것이다.

'뜻을 다하여 사랑해야 한다.' 분별력 있는 사랑, 지혜로운 사랑이다. 사랑의 지성적 차원이다. 바울은 빌립보 교인들을 위해 이렇게 기도했다. "내가 기도하노라 너희 사랑을 지식과 모든 총명으로 점점 더 풍성하게 하사 너희로 지극히 선한 것을 분별하며"(빌 1:9-10a).

'힘을 다하여 사랑해야 한다.' '힘'이란 육체적인 능력과 재산 등을 의미한다. 우리는 몸을 가지고 하나님을 사랑해야 한다. 이것은 봉사로 나타난다. 우리가 가지고 있는 재능을 가지고 하나님을 사랑해야 한다. 이것은 봉사 혹은 직업을 통해 하나님을 사랑하는 것이다. 또 우리는 물질을 가지고 하나님을 사랑해야 한다.

33 "또 마음을 다하고 지혜를 다하고 힘을 다하여 하나님을 사랑하는 것과 이웃을 자기 자신과같이 사랑하는 것은 모든 번제물과 희생제물보다 더 낫습니다."

서기관은 예수님 말씀에 전적으로 동의하면서 하나님 사랑과 이웃 사랑이 성전 제사보다 낫다고 평가한다. 유대 종교지도자 가운데 한 사람인 서기관의 입으로 성전 체제의 근간인 제사 제도의 열등함이 시인되고 있는 것이다. 예수께서 성전의 타락을 비판하시고 제사를 금하신 것(11:15-16)과 통한다. 사무엘도 여호와께서는 당신의 목소리를 청종하는 것이 번제와 다른 제사보다 더 좋아하신다고 말했고(삼상 15:22), 호세아에서도 여호와 하나님은 제사가 아니라 인애를, 번제보다 하나님 아는 것을 원하신다고 말씀하셨다(호 6:6).

34 예수께서 그가 지혜롭게 대답하는 것을 보시고 그에게 말씀하셨다. "네가 하나님 나라에서 멀지 않도다." 그 뒤로는 감히 예수께 더 묻는 사람이 없었다.

예수님은 서기관의 대답을 지혜롭다고 보셨다. '지혜롭게'로 번역된 헬라어 '누네코스'(νουνεχῶς)는 신약과 70인역을 통틀어 여기에만 나온다. 서기관의 대답 중 무엇이 지혜롭게 보였을까? 사실 서기관의 대답은 예수님이 하신 말씀을 거의 그대로 반복한 것이다. 그렇다면 예수님의 하신 말씀을 잘 이해했다는 의미에서 지혜롭다고 평가하신 것이다.

또 다른 중요한 점은 서기관이 하나님 사랑과 이웃 사랑을 성전 제사보다 낫다고 말한 점이다. 예수님은 바로 이 점을 높이 산 것 같다. 예수님의 무화과나무 저주 사건과 상징적 성전심판 행위에서 나타났듯이 성전으로 대표되는 이스라엘의 시대는 끝이 났다. 안식일 법도 마찬가지다. 배고픈 사람, 손 마른 사람을 사랑하는 것이 안식일의 근본정신인데, 바리새인들은 이것을 알지 못했다. 그러나 서기관은 예수님의 가르침을 잘 이해했다. 그래서 지혜롭다고 칭찬하신 것 같다.

예수님은 서기관이 하나님 나라에서 멀지 않다고 말씀하신다. 마가복음에서 '하나님의 나라'와 관련하여 칭찬을 받은 사람은 가장 큰 계명에 대해 물은 이 서기관과 아리마대 요셉("하나님 나라를 기다리는 자," 15:43) 두 사람뿐이다. 그러나 "하나님 나라에서 멀지 않도다"는 평가는 뭔가 이 서기관에게도 부족한 것이 있다는 느낌이 있다. 예수님은 하나님 나라 앞에서 회개할 것을 요구하셨다. 또 어릴 때부터 십계명을 지켜 온 한 사람에게 대해서는 그가 부족한 것이 하나 있는데, 그것은 그 소유를 다 팔아 가난한 자들에게 나눠 주는 일이었다. 그러나 이 서기관에게는 그 부족한 것이 무엇인지 본문에 나와 있지 않다. 어쨌든 뭔가 아쉬운 점이 있으셨기에 하나님 나라에서 멀지 않다고 여운을 남기신 것 같다.

예수님의 대답을 들은 사람들은 그 뒤로 감히 예수께 더 묻지 않았다. 예수님의 가르치는 권위가 모든 종교지도자들의 권위를 능가한다는 것을 말해 준다.

서기관 비판(35-44절)

36 "다윗 자신이 성령에 감동이 되어 말했다. '주님께서 내 주께
말씀하셨다. 내가 네 원수들을 네 발 아래에 굴복시킬 때까지 너는
내 우편에 앉아 있어라.'"

헬라어 원문에는 주어 '다윗'을 강조하는 아우토스(αὐτός)가 36, 37절 모두에 있다. 필자는 '자신이'로 번역했다. "주님께서 내 주께"에서 앞의 '주님'은 여호와 하나님을, 뒤의 '주님'은 그리스도를 가리킨다. 다윗은 그리스도를 나의 주님으로 부르고 있다. 그렇다면 어떻게 그리스도가 다윗의 자손이 될 수 있는가 하는 것이 예수님의 주장이다. 왜 예수님은 그리스도가 다윗의 자손이라는 서기관들의 해석을 거부하셨나? 당시 이스라엘 사람들이 생각한 다윗의 자손 그리스도는 자신들을 이방인의 압제로부터 해방시킬 정치적, 민족적 메시아였다. 예수님은 바로 이 점을 거부하신 것이다. 그리스도는 '다윗의 자손'을 넘어서 '하나님의 아들'이다(1:1, 11; 3:11; 5:7; 9:7; 15:39). 그리스도이신 예수님은 하나님만이 갖고 계신 죄 사함의 권세를 갖고 계셨고, 바다와 바람도 꾸짖어 잔잔케 하시는 창조주셨다.

38 예수께서 가르치실 때에 말씀하셨다. "서기관들을 조심하라.
그들은 긴 옷을 입고 다니는 것과 시장에서 인사를 받는 것, 39
또 회당에서 높은 자리에 앉는 것과 잔치에서 상석에 앉는 것을
좋아한다."

서기관들의 잘못된 성경해석을 비판하셨던 예수님은 이제 서기관들의 위선을 준엄하게 꾸짖으신다. 서기관들은 자신들의 위세를 돋보이게 하는 긴 옷을 입고 다녔다. 여기서 '긴 옷'(στολή, 스톨레)이란 종교지도자들이 입는 옷, 특히 종교 행사가 있을 때 입는 옷이다. 이 옷을 입고 으스대며 돌아다니는 것을 좋아한다는 뜻이다. 그들은 이 옷을 입고 성

전이나 회당에만 나타난 것이 아니었다. 사람들이 많이 다니는 시장에도 나타났고, 사람들로부터 인사받기를 좋아했다. 마태복음 23장 7절에 따르면 사람들로부터 '랍비'라는 소리 듣는 것을 좋아했다. 그들은 회당의 높은 자리와 잔치의 윗자리에 앉기를 원했다. 이상의 내용은 모두 그들의 허영과 교만을 보여 준다.

> 40 "그들은 과부들의 가산을 삼키고 남에게 보이기 위해서 길게 기도한다. 이런 자들은 더욱 중한 심판을 받게 될 것이다."

또한 서기관들은 사회적 약자인 과부들의 재산을 집어삼키는 탐욕스러운 자들이었다. 예수님 시대에 서기관들은 대부분 가난했다. 서기관들과 랍비는 가르쳐도 그 대가를 받을 수 없었기에 수공업에 종사하여 생계비를 벌거나 구호금에 의지하여 생활했다. 일부는 성전에 고용되어 성전세에서 급료를 받기도 했지만, 대부분은 가난했다. 그 유명한 랍비 힐렐도 반 데나리온을 받는 품꾼으로 일하기도 했다.[12, 13] 이런 상황에서 서기관들이 타락한 것 같다.

예수님이 '삼킨다'와 같은 노골적인 표현을 쓰실 정도로 서기관들의 약자 착취는 도를 넘어섰다. 당시 서기관들은 오늘날 변호사나 법무사 역할을 했는데, 과부가 서기관에게 죽은 남편의 재산 처분과 관련하여 부탁하면 서기관은 이 과정에서 지나친 수임료를 요구하거나, 빚을 갚지 못하면 집을 가로채는 등 다양한 방법으로 과부를 속여 이득을 취했을 것이다.[14]

자신이 경건하다는 것을 보이기 위해 길게 기도하는 것도 탐욕과 관련된다. '남에게 보이기 위해' 길게 기도하는 것은 자신이 얼마나 경건한지 자랑하는 것이다. 그런데 이 구절은 서기관이 자신의 경건함을 자랑하여 '저 사람에게 기도를 부탁하면 기도가 응답될 것'이라는 생각을 갖게 했고, 돈을 내고 서기관에게 기도를 부탁했다는 뜻이다. 기도 역시 탐욕과 관련되었다.[15]

이러한 서기관들이야말로 '강도의 소굴'로 타락한 성전체제의 대표적 단면을 보여 준다. 12장 41-44절에 등장하는 과부가 두 렙돈밖에 헌금하지 못한 이유도 종교지도자들로부터 착취를 당했기 때문일 수 있다. 서기관들은 백성의 지도자였기에 그들의 위선과 허영과 탐욕에 대한 하나님의 심판은 훨씬 더 무거울 것이 당연하다.

가난한 과부의 헌금(41-44절)

> 41 예수께서 헌금함 맞은편에 앉아서 사람들이 어떻게 헌금함에
> 돈을 넣는지 지켜보셨다. 많은 액수를 넣는 부자들이 많았다.

예수님은 부자들이 많은 액수를 넣는 것을 어떻게 아셨을까? 당시 성전 안 여인의 뜰 주변을 따라 3면의 벽에는 13개의 연보궤가 있었는데, 연보궤는 유대인이 나팔절 때 부는 양각 나팔처럼 돈을 넣는 입구는 좁고 밑바닥은 넓었다. 이곳에 동전을 던질 때 소리가 나는데, 많은 액수를 던질수록 큰 소리가 날 것이고, 그러면 사람들이 주목하게 될 것이다.

> 43 예수께서 제자들을 불러 그들에게 말씀하셨다. "내가 진실로
> 너희에게 말한다. 이 가난한 과부가 헌금함에 돈을 넣은 모든
> 사람들보다 더 많이 넣었다. 44 그들은 모두 풍족한 가운데서
> 넣었지만, 이 여인은 가난한 중에도 자신이 가지고 있는 전부, 곧
> 자신의 생활비 전부를 넣었다."

헌금하는 사람들 가운데 유독 예수님의 눈길을 끄는 사람이 있었다. 예수님은 이 과부가 헌금하는 것을 보고 큰 감동을 받으셨던지 일부러 제자들을 부르셨다. 이 과부는 어떤 점에서 예수님에게 감동을 주었을까? 과부가 낸 헌금은 기껏해야 두 렙돈(=한 고드란트, 64분의 1 데나리온)밖에 되지 않았다. 렙돈은 로마제국 이전부터 사용되던 헬라 화폐로서 구리로 된 동전이다. 반면 데나리온은 은전이었다. 로마제국의 또 다

른 구리동전으로 앗사리온과 고드란트가 있다. 2렙돈은 1고드란트였고, 4고드란트는 1앗사리온, 16앗사리온이 1데나리온이었다. 누가복음 12장 6절에 따르면 참새 5마리는 2앗사리온이었다.

적은 돈을 헌금했지만 예수님이 감동을 받으신 이유는 가난한 중에도 자신이 가지고 있는 전부를 드렸기 때문이다. 그녀의 헌금은 힘을 다하여 하나님을 사랑한다는 표현이었다. 또 '생활비'로 번역된 헬라어 '비오스'(βίος)는 '생명'(life)이라는 뜻이다. 그렇다면 '자신의 생활비 전부'(her whole life)란 자신의 생명을 드린 것이나 다를 바 없다. 이러한 과부의 행위는 10장 17-22절에 등장하는 한 부자 청년과 대조된다. 그 청년은 남자였고(당시 남자는 여자보다 많은 특권을 누렸다), 부자였다. 그러나 그 청년은 그가 가진 것을 다 팔아 가난한 자에게 주고 따르라는 예수님의 말씀을 받아들이지 못했다.

13장

13장
둘러보기

13:1-37

1 예수께서 성전에서 나가실 때 제자 중 한 사람이 예수께 말했다.
"선생님, 저 돌들과 저 건물들 좀 보십시오!" 2 예수께서 그에게
말씀하셨다. "네가 이 큰 건물들을 보고 있느냐? 돌 하나도 돌
위에 남지 않고 다 무너질 것이다." 3 예수께서 감람산에서 성전을
마주 대하여 앉아 계실 때 베드로와 야고보와 요한과 안드레가
따로 예수님께 물었다. 4 "우리에게 말씀해 주십시오. 이런 일들이
언제 일어나겠습니까? 또 이 모든 일들이 이뤄질 때쯤 무슨 징조가
있겠습니까?" 5 예수께서 그들에게 말씀하셨다. "누구에게도
미혹되지 않도록 주의하라. 6 많은 사람들이 내 이름으로 와서
'내가 바로 그 사람이다'라고 말하면서 많은 사람들을 미혹할
것이다. 7 너희가 전쟁과 전쟁에 대한 소문을 들을 때 놀라지 말라.
그런 일들이 반드시 일어나겠지만 아직 끝이 온 것은 아니다.
8 민족과 민족이, 나라와 나라가 서로 대적하여 일어날 것이고
곳곳에 지진과 기근이 있을 것이다. 이것들이 진통의 시작이다.
9 너희는 스스로 주의하라. 사람들이 너희를 공회에 넘길 것이고

회당에서 매질할 것이다. 또한 너희는 나 때문에 총독들과 왕들 앞에
서서 증언하게 될 것이다. 10 먼저 복음이 모든 민족에게 전파되어야
한다. 11 사람들이 너희를 끌고 가서 넘겨줄 때 무엇을 말해야 할지
미리 염려하지 말라. 그때그때 너희에게 주어지는 그것을 말하라.
말하는 이는 너희가 아니라 성령이시다. 12 형제가 형제를, 아비가
자식을 넘겨주어서 죽게 만들 것이다. 자식이 부모를 대적하여
일어나 부모를 죽게 만들 것이다. 13 너희는 내 이름 때문에 모든
사람들로부터 미움을 받을 것이다. 그러나 끝까지 견디는 그 사람은
구원을 받을 것이다. 14 멸망의 가증한 것이 서지 말아야 할 곳에
선 것을 보거든 (읽는 사람은 깨달으라), 그때에 유대에 있는 자들은
산으로 도망하라. 15 지붕 위에 있는 자는 내려오지 말고, 집 안에
무엇을 가지러 들어가지도 말라. 16 들에 있는 자는 겉옷을 가지러
가려고 뒤로 돌이키지 말라. 17 그날에는 아이를 가진 여인들과
젖 먹이는 여인들이 불행할 것이다. 18 이런 일이 겨울에 일어나지
않도록 기도하라. 19 그때가 환난의 날들이 될 것이기 때문이다. 이
같은 환난은 하나님께서 천지를 창조하신 태초 이래로 지금까지
있지 않았고, 앞으로도 없을 것이다. 20 주께서 그날들을 줄여
주시지 않았더라면 구원받을 사람이 없었을 것이다. 그러나
주께서는 택함 받은 자들을 위하여 그날들을 줄여 주셨다. 21 그때
누가 너희에게 '보라, 그리스도가 여기에 있다. 보라, 저기에 있다'
말하여도 믿지 말라. 22 거짓 그리스도들과 거짓 예언자들이 일어날
것이고, 표징과 이적들을 행하여 할 수 있는 한 택함 받은 자들을
미혹하려 할 것이다. 23 그러므로 너희는 주의하라. 내가 이 모든
것을 너희에게 미리 말한다. 24 그러나 환난이 지나간 후 그날에는
해가 어두워지고, 달이 빛을 내지 않을 것이다. 25 별들이 하늘에서
떨어지고, 하늘의 권능들이 흔들릴 것이다. 26 그때에 사람들이
인자가 큰 권능과 영광으로 구름을 타고 오는 것을 보게 될 것이다.
27 그때에 인자가 천사들을 보내 땅 끝에서부터 하늘 끝까지
사방에서 택함 받은 자들을 모을 것이다. 28 무화과나무로부터

비유를 배우라. 그 가시가 연해지고 잎이 돋아나면, 여름이
가까이 왔음을 알게 된다. 29 이와 같이 너희들도 이런 일들이
일어나는 것을 보거든 인자가 가까이 온 줄을 알라. 30 내가 진실로
너희에게 말한다. 이 세대가 가기 전에 이 모든 일들이 일어날
것이다. 31 천지는 없어질지라도 나의 말은 결코 없어지지 않을
것이다. 32 그러나 그날과 그때는 아무도 모른다. 하늘의 천사들도
모르고, 아들도 모른다. 오직 아버지만 아신다. 33 주의하라, 깨어
있으라. 그때가 언제인지 너희가 모르기 때문이다. 34 그것은 사람이
집을 떠나 멀리 나갈 때 그의 종들에게 권한을 주어 각자에게
일을 맡기고 문지기에게는 깨어 있으라고 명령하는 것과 같다.
35 그러므로 깨어 있으라. 집 주인이 언제 올지 혹 저녁이 될지,
한밤중이 될지, 아니면 닭이 울 때일지, 아니면 새벽이 될지 너희가
알지 못하기 때문이다. 36 그가 갑자기 와서 너희가 잠자고 있는 것을
보지 않도록 하라. 37 내가 너희에게 하는 말은 모든 사람에게 하는
말이다. '깨어 있으라.'"

13장은 예수께서 제자들과 함께 성전에서 나오실 때 제자들의 질문에 성전의 멸망을 선언하시는 것으로 시작한다(1-2절). 그리고 배경이 바뀌어 감람산에 앉으신 예수님은 4명의 제자들의 질문에 대답하신다. 사실상 13장은 예수님의 대답으로 채워져 있다. 예수님의 대답은 크게 징조(5-27절)와 시기(28-37절)로 구분된다. 하나님의 성전인 예루살렘 성전의 멸망은 세상의 멸망과 다를 바 없었다. 그래서 예수님의 예언은 성전 멸망을 넘어 종말과 인자의 재림을 알려 주는 징조까지 포괄하고 있다. 예수님은 종말의 징조만을 알려 주시는 데 그치지 않으시고 어떻게 살아야 할지를 일러 주신다. 그 삶은 깨어 있는 삶이다. 13장의 내용을 세분하여 정리하면 아래와 같다.

성전멸망 예언(1-2절)

종말에 관한 제자들의 질문(3-4절)

종말의 징조와 권면(5-27절)

- 미혹을 받지 않도록 주의하라(5-6절)
- 전쟁, 지진, 기근(7-8절)
- 핍박: 사람들의 박해, 가족들의 박해(9-13절)
- 멸망의 가증한 것에 관한 예언과 기타 사건들(14-20절)
- 거짓 그리스도들과 거짓 선지자들의 미혹을 주의하라(21-23절)
- 인자의 재림(24-27절)

종말의 시기와 권면(28-37절)

- 무화과나무의 비유(28-29절)
- 오직 아버지만이 그 때를 아시기에 주의하고 깨어 있어야 함(30-33절)
- 주인과 종의 비유: 주인이 언제 올지 모르기에 깨어 있어야 함(34-37절)

13장

풀어보기

성전 멸망 예언(1-2절)

1 예수께서 성전에서 나가실 때 제자 중 한 사람이 예수께 말했다.
"선생님, 저 돌들과 저 건물들 좀 보십시오!"

요세푸스에 따르면 성전 외벽에는 금이 입혀져 있어서 해가 돋을 때 "불타는 화려함"에 눈이 부실 정도였다(*Jewish War*, 5.222). 그리하여 "아무도 성전을 보지 않고서는 누구도 진정한 아름다운 건축물을 본 것이 아니다"(*m. Sukkah* 51:2)라고 말할 정도였다.[1] 또 돌 하나의 길이는 무려 20미터나 되었다고 한다(*Jewish War*, 5.224).

2 예수께서 그에게 말씀하셨다. "네가 이 큰 건물들을 보고 있느냐?
돌 하나도 돌 위에 남지 않고 다 무너질 것이다."

무화과나무가 뿌리째 말라 버린 일이 성전의 완전한 멸망을 상징하는 비유 행위였다면, 여기서 예수님은 성전의 철저한 멸망을 선언하신다.

실제로 주후 70년 로마 군대에 의해 성전은 파괴된다.

묵상

솔로몬이 성전 봉헌식을 한 후 여호와 하나님이 그에게 나타나셔서 성전 멸망에 대해 경고하신 바 있다. 하나님은 네 아비 다윗처럼 마음을 바르게 하여 내 법도와 율례를 지키면 네 이스라엘의 왕위를 영원히 견고하게 하겠노라고 솔로몬에게 약속하셨다. 그러나 만일 너와 네 자손이 나에게서 돌아서서 말씀을 지키지 아니하고 다른 신을 섬긴다면 "내 이름을 위하여 내가 거룩하게 구별한 이 성전이라도 내 앞에서 던져버"(왕상 9:7)릴 것이라고 엄중히 경고하셨다. 그러나 슬프게도 이후 이스라엘의 역사는 배도와 심판으로 얼룩졌다. 성전은 파괴됐다.

성전이 성전 되려면 말씀에 순종하는 삶이 있어야 한다. 솔로몬의 성전 건축에서 그 절정은 성전봉헌식이었다. 언약궤를 성전 지성소에 안치함으로써, 성전 건축은 마무리된다. 언약궤 안에는 율법을 대표하는 십계명이 기록된 돌판 두 개가 들어 있다. 성전이 하나님의 집인 이유는 하나님의 말씀이 있기 때문이다.

종말에 관한 제자들의 질문(3-4절)

3 예수께서 감람산에서 성전을 마주 대하여 앉아 계실 때 베드로와 야고보와 요한과 안드레가 따로 예수님께 물었다.

감람산은 성전이 서 있는 산(성전산)과 마주 대하고 있다. 그때 베드로와 야고보와 요한과 안드레가 따로 나와 예수님께 물었다. 이 4명의 제자들은 예수님이 처음 제자로 불렀던 이들이다. 이들이 '따로' 예수님께 질문하는 모습은 앞서 예수께서 비유의 의미를 제자들에게만 따로 설명하실 때 모습과 유사하다(4:10, 34. 그 외 9:2, 28 참조). 여기에서도 제자들에게만 주는 중요하고도 은밀한 교훈이 나올 것이라고 기대된다.

4 "우리에게 말씀해 주십시오. 이런 일들이 언제 일어나겠습니까? 또

이 모든 일들이 이뤄질 때쯤 무슨 징조가 있겠습니까?"

제자들의 질문은 두 가지다. 첫째 질문은 '이런 일들'이 언제 일어날 것인가이다. 여기서 '이런 일들'이란 문맥상 성전 멸망을 가리킨다. 복수형으로 된 이유는 성전 멸망과 관련한 일련의 사건들, 예를 들어서 정치적 폭동과 군대의 진압 등등을 포함하기 때문인 것 같다. 둘째 질문은 '이 모든 일들'이 이루어질 때 무슨 징조가 있을 것인가 하는 것이다. 여기서 '이 모든 일들'이란 성전 멸망을 넘어서 세상의 종말에 관한 내용들이다. 제자들은 성전 멸망과 세상의 종말을 연결시켜 생각하고 있는 것이다.

종말의 징조와 권면(5-27절)

5 예수께서 그들에게 말씀하셨다. "누구에게도 미혹되지 않도록 주의하라."

예수님은 먼저 '미혹되지 않도록 주의하라'고 경고하신다. '(너희들은) 주의하라'(βλέπετε, 블레페테)는 단어가 제일 먼저 나오면서 강조되고 있다. '블레페테'는 5절 외에도 9절, 23절, 33절에 나온다. 그만큼 주의를 촉구하시는 것이다. 또 유사한 의미로 '깨어 있으라'가 사용되고 있다(33, 37절). 예수님이 경고하신 주의해야 할 내용은 미혹되지 않는 것이다. '미혹하다'(πλανάω, 플라나오)는 6절과 22절에도 반복해서 나오고 있다.

6 "많은 사람들이 내 이름으로 와서 '내가 바로 그 사람이다'라고 말하면서 많은 사람들을 미혹할 것이다."

'내 이름', 즉 '예수의 이름'으로 왔다는 것은 예수님이 보냈다는 말이 아니다. 여기서는 예수님처럼 자신이 메시아 행세를 한다는 뜻이다. "내가 바로 그 사람이다"라고 말하는 것은 바로 자신이 그리스도라고 주장하는 것이다. '내가 바로 그 사람이다'의 헬라어는 '에고 에이미'(ἐγώ εἰμι)다. 마가복음에서 예수님이 당신의 신적 정체성을 드러내실 때 사용하시는 표현인데(6:50; 14:62 참조), 여기서는 '내가 메시아'라는 뜻을 담고 있다.

21-22절에서 예수님은 이러한 거짓 그리스도의 출현을 경고하셨다. 한국 교회에서 소위 '재림 예수'의 출현이 말세의 징조로 받아들여지고 있는 것처럼 주후 70년 예루살렘 멸망 직전까지 메시아 행세를 하는 자들이 여럿 있었다(굳이 주후 70년 이전까지로 범위를 설정하는 이유는 마가복음의 저작 연대가 대략 주후 70년 전후로 추정되기 때문이다. 우선 마가복음 독자를 고려하면서 본문을 해석해야 한다). 이에 대해서는 요세푸스의 《유대고대사》에 언급되어 있다. 사도행전에서도 랍비 가말리엘은 드다와 유다를 언급하고 있는데, 주후 40년대 중반 이후에 나타난 드다는 스스로를 자랑하며 약 400여 명의 사람이 그를 따랐다(행 5:36). 또 히스기야의 아들 갈릴리 유다 역시 사람들을 선동했는데, 그는 왕궁 병기고를 약탈하여 무장 봉기를 꾀했다. 그밖에 베뢰아의 시몬, 갈릴리 유다의 아들 므나헴 등이 있다.[2]

> 7 "너희가 전쟁과 전쟁에 대한 소문을 들을 때 놀라지 말라. 그런 일들이 반드시 일어나겠지만 아직 끝이 온 것은 아니다. 8 민족과 민족이, 나라와 나라가 서로 대적하여 일어날 것이고 곳곳에 지진과 기근이 있을 것이다. 이것들이 진통의 시작이다."

성전 멸망(그리고 종말에 대한) 첫 번째 징조가 거짓 그리스도의 출현이고, 둘째 징조는 전쟁과 지진과 기근(7-8절)이다. '전쟁과 전쟁에 대한 소문'에 대해 새번역은 '전쟁이 일어난 소식과 전쟁이 일어날 것이라는 소문'으로, 새국제역(NIV)과 새예루살렘성경(New Jerusalem Bible)은 "hear of wars and rumors of wars"로 번역했다. 실제로 주후 66년부터 유대는 로마에 대항하여 무장 봉기했다. 주후 70년 예루살렘이 초토화될 때까지 계속되었으며, 이것을 유대 전쟁이라고 부른다.[3] 또 로마는 강력한 파르티아 군대와 여러 차례 전쟁을 치렀다. 주후 62년에는 폼페이에서 대지진이 있었고, 67년에는 예루살렘과 이스라엘 여러 곳에서 지진이 있었다. 주후 48년 클라우디우스 황제 때의 대기근에 대해서는 사도행전 11장 28절에서도 언급되고 있다.

사실 전쟁과 지진과 기근은 역사에서 늘 있었다. 이 셋을 주후 70년 예루살렘 멸망의 징조뿐 아니라 종말의 징조로 볼 수 있을까? 그렇다. 비록 전쟁과 지진과 기근 세 가지가 늘 있었지만, 종말에 이르러는 더욱 심해질 것이다. '진통'을 뜻하는 헬라어 '오딘'(ὠδίν)은 '산고'(birth pang)를 뜻한다. 개역개정 성경은 '재난'으로 번역했으나 필자는 원어의 의미를 살려 '진통'으로 번역했다. 그만큼 고통이 심할 것이라는 말이다.

> 9 "너희는 스스로 주의하라. 사람들이 너희를 공회에 넘길 것이고 회당에서 매질할 것이다. 또한 너희는 나 때문에 총독들과 왕들 앞에 서서 증언하게 될 것이다."

세 번째 징조는 그리스도인에 대한 박해다. 이 박해는 예수님 때문에 당하는 박해다(9, 13절). 체포와 심문과 고문 등을 총체적으로 의미하는 '넘기다'(παραδίδωμι, 파라디도미)라는 단어는 세례자 요한이 투옥된 사실(1:14), 예수님이 유다의 배반으로 팔린 것(3:19; 14:10, 11, 18, 21, 41, 42, 44), 예수님의 고난 예언(9:31; 10:33), 산헤드린 공의회가 빌라도에게 예수님을 넘겨준 것(15:1), 빌라도가 예수를 십자가에 못 박도록 넘겨준 것(15:15)을 묘사할 때 사용되고 있다. 즉 세례자 요한, 예수님, 제자들은 하나님의 뜻을 이루기 위해 넘겨진다는 점에서 공통점이 있다.

여기서 공회는 예루살렘 공회일 수도 있지만, 지방에 있는 소규모 공회일 수도 있다. 예수님은 제자들이 총독들과 왕들 앞에 설 것이라고 말씀하시는데, 대표적으로 바울이 그랬다. 바울은 헤롯 아그립바 왕 앞에 서서 예수님을 증언했고(행 25:23-26:32), 구브로의 총독이었던 서기오 바울에게(행 13:12), 그리고 벨릭스 총독(행 24:24-25)과 베스도 총독(행 25, 26장) 앞에서 증언했다.

10 "먼저 복음이 모든 민족에게 전파되어야 한다."

여기서 '먼저'를 예루살렘 멸망 이전으로 생각할 수는 없다. 예루살렘 멸망 이전에 복음이 모든 민족에게 전파되는 일은 있을 수 없지 않은가? 지금 예수님은 예루살렘의 멸망을 넘어 종말의 징조를 말씀하시는 것으로 봐야 한다. 중층적 예언이다.

이미 진통은 시작되었다. 그러나 세상의 종말은 오지 않았다. 이 사이에 이뤄져야 할 일은 복음이 모든 민족에게 전파되는 것이다. 이 구절은 마태복음 28장 19-20절이나 사도행전 1장 8절에 비견될 수 있는 말씀이다. 27절에 따르면 예수님이 재림하실 때 "천사들을 보내 땅 끝에서부터 하늘 끝까지 사방에서 택함 받은 자들을 모을 것이다". 사방에 있는 택함 받은 자들에게 복음이 전해져야 이들이 복음을 듣고 구원을 받지 않겠는가?

여기서 말하는 '민족'(ἔθνη, 에쓰네)은 정의하기 어렵다. 언어로 구분한다면 한 국가 안에도 여러 민족이 존재할 수 있다. 또 '전파된다'는 것은 어느 정도까지 이뤄져야 전파되었다고 할 수 있는지도 문제로 남는다.[4]

11 "사람들이 너희를 끌고 가서 넘겨줄 때 무엇을 말해야 할지 미리 염려하지 말라. 그때그때 너희에게 주어지는 그것을 말하라. 말하는 이는 너희가 아니라 성령이시다."

이 구절은 복음을 전하다 법정에 서게 된 상황을 염두에 둔 것이다. 지금도 그렇지만 법정에 선다는 것 자체가 두려움을 준다. 예수님은 이것을 아시고 제자들을 위로하신다. 성령께서 말할 것을 주실 것이라고. 베드로가 산헤드린 공회원들 앞에서 담대히 말할 수 있었던 것도 성령 충만했기 때문이다(행 4:8). 스데반도 논쟁할 때 지혜와 성령으로 말했다(행 6:10). 누가복음 21장 15절에서는 "내가 너희의 모든 대적이 능히 대항하거나 변박할 수 없는 구변과 지혜를 너희에게 주리라"라고 말씀하셨다.

14 "멸망의 가증한 것이 서지 말아야 할 곳에 선 것을 보거든 (읽는 사람은 깨달으라), 그때에 유대에 있는 자들은 산으로 도망하라."

'멸망의 가증한 것'은 다니엘서 11장 31절, 12장 11절에서 온 것으로 '멸망 혹은 황폐를 가져오는 가증한 것'이란 뜻이다. 새국제역(NIV)은 'the abomination that causes desolation'으로 번역했다. '멸망의 가증한 것'이 서지 못할 곳에 선다는 말씀은 주후 70년 예루살렘 성전이 티투스(Titus) 장군이 이끄는 로마 군대에 의해 무참히 짓밟히고, 거기에 우상의 제단이 세워질 것을 예언하신 것이다. 누가는 아예 군대를 언급하고 있다. "너희가 예루살렘이 군대들에게 에워싸이는 것을 보거든 그 멸망이 가까운 줄을 알라"(눅 21:20).

'멸망의 가증한 것'은 원래 다니엘서 11장 31절(그 외 12:11; 9:27)에 언급된 내용이다. 주전 168년 자신을 '신의 현현'이라고 불렀던 안티오쿠스 에피파네스(Antiochus Epiphanes)가 예루살렘 성전에 제우스 신의 제단을 세우고, 유대인들이 혐오하는 돼지 피를 뿌리는 등 성전을 모욕한 사건을 가리킨다.[5]

13장에는 '그때에'라는 단어가 8회, '그날에'라는 말이 5회 나온다. 여기서 '그날'과 '그때'는 예루살렘 멸망 직전이자 예수님이 재림하심으로 세상이 끝나는 종말이 임박한 때를 가리킨다. '산'은 전쟁이나 재난이 났을 때 도피처가 되었다(창 14:10; 삼하 17:9 등). 하나님이 보낸 천사들이 롯과 그의 가족을 성에서 이끌어 낸 후 "산으로 도망하여 멸망함을 면하라"(창 19:17) 말한 바 있다.

15 "지붕 위에 있는 자는 내려오지 말고, 집 안에 무엇을 가지러 들어가지도 말라."

18 "이런 일이 겨울에 일어나지 않도록 기도하라."

이스라엘의 '지붕'은 우리나라와는 달리 일종의 활동 공간이다. 평평하게 되어 있어서 기도 장소로(행 10:9), 대화하고 교제하는 곳으로(삼상 9:25) 이용된다. 지붕에는 옥외 계단이 있어 집 밖으로 바로 나갈 수 있다.[6] 아이를 가진 여인들과 젖을 먹이는 여인들에게 화가 있다(17절)는 말은 이들이 아이 때문에 신속히 도망할 수 없기 때문이다. 18절에서 말하는 '겨울'은 비가 많이 오는 우기다. 우기에 도망치는 것은 어렵다. 물이 불어나 강을 건널 수도 없다.

20 "주께서 그날들을 줄여 주시지 않았더라면 구원받을 사람이 없었을 것이다. 그러나 주께서는 택함 받은 자들을 위하여 그날들을 줄여 주셨다."

주님은 심판을 내리실 때도 자비를 베푸신다. 그 이유는 주께서 택하신 자들을 위해서다. 아브라함이 롯을 위해 기도했을 때 하나님은 심판 보류를 위해 필요한 의인의 수를 줄여주시지 않았던가?

22 "거짓 그리스도들과 거짓 예언자들이 일어날 것이고, 표징과 이적들을 행하여 할 수 있는 한 택함 받은 자들을 미혹하려 할 것이다."

거짓 그리스도들과 거짓 예언자들도 능력이 있다. 표징과 이적들을 행할 수 있다. 데살로니가후서 2장 9절에서도 종말에 나타날 '불법한 자', '악한 자'는 능력과 표적과 기적을 일으킨다. 계시록 13장에 등장하는 땅에서 올라온 짐승은 거짓 선지자들을 가리키는데, 땅에 사는 자들로 하여금 바다에서 올라 온 짐승(신격화를 꾀한 로마 황제)에게 경배하게 한다. 이들은 하늘로부터 불이 내려오는 이적을 행하여 사람들을 미혹하고 우상을 만들도록 부추긴다(계 13:11-14). 소아시아의 일곱 교회에도 거짓 선지자들이 있었다. 에베소 교회의 "자칭 사도라고 하는 사람들"(계 2:2), 두아디라 교회의 "스스로 예언자라고 하는 이세벨"(계 2:20), 니골라당의 교훈(계 2:6, 15), 발람의 교훈(계 2:14), 이세벨의 교훈(계 2:20) 등은 당시 로마 황제 숭배에 참여하도록 부추기고 미혹하는 사람들의 가르침을 말한다.

> 24 "그러나 환난이 지나간 후 그날에는 해가 어두워지고, 달이 빛을
> 내지 않을 것이다. 25 별들이 하늘에서 떨어지고, 하늘의 권능들이
> 흔들릴 것이다."

여기서 '환난'은 앞서 5-23절에 언급된 환난들을 말한다. 환난이 지나가고 인자가 재림할 때쯤 해와 달과 별은 빛을 잃을 것이다(사 13:10 참조). 하나님은 해와 달과 별들을 넷째 날 만들어 낮과 밤을 주관하게 하셨는데(창 1:14-19) 그 광명체들이 빛을 잃고 하늘에서 떨어진다는 것은 첫째 창조가 끝이 나고 새 창조가 시작됨을 의미한다. 새 하늘과 새 땅이 나타나면 더 이상 밤이 없게 되고, 햇빛도 없다. 왜냐면 주 하나님이 친히 비치시기 때문이다(계 22:5).

해, 달, 별이 빛을 잃는다는 이 표현은 이사야서 13장 10절과 매우 유사한데, 이사야서 13장은 바벨론에 대한 하나님의 심판을 말하고 있다. 그렇다면 환난이 지나간 후 해, 달, 별이 빛을 잃는다는 것은 역사적으로 볼 때 예루살렘에 대한 하나님의 심판을 가리키며,[7] 또 종말론적으로는 악한 세상에 대한 하나님의 심판을 뜻한다. 에베소서에서 '하늘에 있는 통치자들'(3:10), '하늘에 있는 악의 영들'(6:12)은 악한 영적 세력들을 가리키지만 여기 25절에서 '하늘의 권능들'은 눈에 보이는 해, 달, 별들 같은 천체를 뜻하는 것으로 봐야 한다.

> 26 "그때에 사람들이 인자가 큰 권능과 영광으로 구름을 타고 오는
> 것을 보게 될 것이다. 27 그때에 인자가 천사들을 보내 땅 끝에서부터
> 하늘 끝까지 사방에서 택함 받은 자들을 모을 것이다."

이 세상의 빛을 주관하던 해, 달, 별은 빛을 잃었지만 이 세상을 심판하러 오시는 인자는 흔들림 없는 큰 권능과 찬란한 영광으로 오실 것이다. 그것을 모든 사람들이 똑똑히 보게 될 것이다. 인자는 천사들을 보내 온 세상에 흩어져 있는 '택함 받은 자들', 즉 예수님을 따르는 자들을 모을 것이다. 예수님은 제자들을 전도하러 보내셨고, "복음이 먼저 만국에 전파되어야 할 것"(13:10)이라고 말씀하셨다. 제자들의 전도를 통해 예수님을 믿게 된 자들이 만국에 있을 것이고, 바로 이들을 모으시겠다는 뜻이다. 구약에서 흩어진 자를 모으는 것은 심판이 끝나고 포로로부터 귀환하여 새로운 공동체를 이루는 것을 뜻한다(사 43:5-6 참조). 마태복음 25장 32절에 따르면 인자는 모든 민족을 모으셔서 영생에 들어갈 자는 오른편에, 영벌에 들어갈 자는 왼편에 두신다. 최후의 심판은 당연히 모든 사람을 대상으로 이뤄진다. 마가복음의 경우 인자가 천사들을 보내어 택하신 자들만 모을 것이라고 한 것은 택하신 자들을 향한 우선적 배려로 보인다.

종말의 시기와 권면(28-37절)

29 "이와 같이 너희들도 이런 일들이 일어나는 것을 보거든 인자가 가까이 온 줄을 알라."

"너희들도"에 해당하는 헬라어를 보면 2인칭 복수 인칭대명사 '휘메이스'(ὑμεῖς)와 그것을 강조하는 '카이'(καί)가 사용되었다. 헬라어에서는 동사에 숨은 주어가 있기 때문에 일반적으로는 인칭대명사를 사용하지 않고, 강조하는 경우만 사용한다. 이런 일들을 주목하여 보고, 인자의 재림이 가까이 온 것을 기억하라는 뜻이다.

30 "내가 진실로 너희에게 말한다. 이 세대가 가기 전에 이 모든 일들이 일어날 것이다."

'이 세대'는 예수님 당대와 저자 마가의 시대 두 가지를 뜻한다. 그렇다면 '이 모든 일들'이란 5-23절까지 언급된 내용이며, 이는 주후 70년 예루살렘 멸망을 통해 성취되었다. 그러나 오늘날 독자에게 '이 세대'는 종말에 이르기까지 인간의 전(全) 역사를 가리킨다. 예수님과 마가 시대의 사람들에게 예루살렘 멸망은 곧 세상의 종말이었기 때문에 예수님이 천체의 붕괴와 인자의 재림을 언급하신 것 같다.

묵상

'징조'(sign)란 어떤 것이 이뤄지기 전에 혹은 출현하기 전에 그 발생이나 출현을 미리 알려 주는 현상들을 말한다. 병에도 징조가 있다. 병은 갑자기 나타나지 않고, 어떤 징조를 보인다. 징조가 나타났을 때 빨리 병원에 가서 진단을 받고 치료받는 것이 중요하다. 사실 병의 징조가 나타났을 때 병원에 가는 것도 늦은 감이 있다. 이미 병이 생겼고, 어느 정도 진행이 되었기 때문이다.

제일 무서운 것이 징조가 없는 것이다. 예고 없이 어느 날 갑자기 닥치기 때문이다. 어디 질병뿐이랴? 말씀에 따라 행하지 않고, 죄악의 길을 가고 있을 때 하나님은 곧바로 징벌하지 않으시고, 징조를 보여 주신다. 깨닫고 회개하라는 메시지다. 그렇다. 징조의 목적은 회개에 있다. 회개야말로 곧 있을 하나님의 심판을 대비하는 유일한 방법이기 때문이다.

34 "그것은 사람이 집을 떠나 멀리 나갈 때 그의 종들에게 권한을 주어 각자에게 일을 맡기고 문지기에게는 깨어 있으라고 명령하는 것과 같다."

주인이 집을 떠나 멀리 나간다는 것은 예수님의 부재(不在)를 뜻한다. 예수님은 부활 승천하시면서 사도들에게 권한(ἐξουσία, 엑수시아)도 주시면서 일을 맡기셨다. 예수님은 사도들을 세우실 때 귀신을 내쫓는 권세(3:15; 6:7)를 주셨다. 여기서 종들이 사도들을 가리킨다면 그들이 해야 할 대표적인 일은 바로 전도다. 그러나 종들은 마가 공동체의 성도들일 수도 있다. 또 오늘날 마가복음을 읽는 모든 성도들이기도 하다. 그래서 예수님은 37절에서 "내가 너희에게 하는 말은 모든 사람에게 하는 말이다"라고 하셨다.

한편 '문지기'가 별도로 언급되어 있는데, 베드로를 따로 가리킨다고 볼 수 있다. 베드로가 제자들의 대표였고, 그가 겟세마네에서 깨어 있지 못해서 예수님으로부터 "시몬아 자느냐 네가 한 시간도 깨어 있을 수 없더냐"(14:37)라는 꾸지람을 듣기도 했다는 사실이 그 증거다.

> 35 "그러므로 깨어 있으라. 집 주인이 언제 올지 혹 저녁이 될지, 한밤중이 될지, 아니면 닭이 울 때일지, 아니면 새벽이 될지 너희가 알지 못하기 때문이다."

저녁, 한밤중, 닭이 울 때, 이른 아침, 이 네 가지 시간적 표현은 당시 로마식 시간 계산법에 따른 것으로 보인다. 로마식에 따르면 오후 6시부터 다음 날 오전 6시까지 12시간을 3시간씩 4등분하여, 오후 6-9시를 1경, 9-12시를 2경, 12-3시를 3경, 3-6시를 4경으로 불렀다. 예수께서 물 위를 걸어오신 시간은 4경에 해당한다. 집 주인이 갑작스럽게 오는 시간으로 낮 시간은 없고 저녁, 한밤중, 닭이 울 때, 새벽이 언급된 이유는 낮에는 누구나 깨어 있기 때문이다.

네 가지 시간대는 예수님이 체포되어 재판에 넘겨진 그날 밤과 관계있다. 예수님은 '저녁 때' 유월절 만찬을 제자들과 함께하시면서 제자들의 배반을 예언하셨다. '한밤중에' 겟세마네에서 기도하셨으나 제자들은 깨어 있지 못했다. 예수님이 체포되어 대제사장 집으로 끌려가 심문을 받으실 때 베드로는 예수님을 세 차례 부인했고, 그때 '닭이 울었다.' 예수님은 '새벽에' 결박되어 총독 빌라도에게 넘겨졌다.

묵상

믿는 성도들은 시대를 분별하는 것에 그쳐서는 안 된다. 예수님의 재림이 가까이 왔음을 알고 "깨어 있어야 한다". 영적으로 깨어 있다는 것은 예수님이 오늘 재림하실 수 있다는 영적인 긴장 속에서, 내가 예수님 앞에 신실한 모습으로 서려고 노력하는 삶이다. 이를 위해 첫째, 성도는 기도에 힘써야 한다. 깨어 있는 삶은 기도하는 삶이다. "만물의 마지막이 가까이 왔으니 그러므로 너희는 정신을 차리고 근신하여 기도하라"(벧전 4:7).

둘째, 자기에게 맡겨진 일(소명)에 충실해야 한다. 34절에 따르면 주인이 집을 떠나면서 종들에게 각각 임무와 그에 따른 권한을 부여했다. 따라서 종들은 깨어서 '일해야' 한다. 예수님의 재림을 믿고 소망하는 신앙이란 모든 것을 다 버리고 산속에 들어가 예수님이 언제 오시나 기다리기만 하는 신앙이 아니다. 우리에게 부여된 소명을 위해 일하면서 기다려야 한다. 예수님이 승천하실 때 제자들은 서서 하늘을 쳐다보고 있었다. 이때 흰 옷 입은 두 사람이 그들에게 "어찌하여 서서 하늘을 쳐다보느냐"(행 1:11)라고 질책했다. 제자들은 그 후에 예수님의 말씀을 기억하고 성령의 충만하심을 기다리며 기도했다. 그리고 성령이 임하신 후 생명을 다해 순교하기까지 복음을 전했다. 이것이 바로 참된 재림 신앙의 모습이다. 종말에 관한 비유인 '달란트 비유'(마 25:14-30)에서 예수님께 칭찬을 받은 종들은 열심히 일한 '착하고 충성된 종'이었다. 반면에 한 달란트 받은 종은 '악하고 게으른 종'이라고 꾸중을 들었다. 소명에 충실한 삶이 깨어 있는 삶이다.

14장

14장

둘러보기

14:1-72

1 유월절과 무교절이 되기 이틀 전이었다. 대제사장들과 서기관들은
어떻게 속임수로 예수를 잡아 죽일 수 있을지 궁리했다. 2 그러나
그들은 "백성들이 소동을 일으킬 수 있으니 명절에는 하지
말자"라고 말했다. 3 예수께서 베다니에 사는 한센병 환자였던
시몬의 집에서 식사를 하고 계실 때 한 여인이 값비싼 순수한 나드
향유 한 옥합을 가지고 와서 그 옥합을 깨뜨리더니 예수의 머리에
향유를 부었다. 4 어떤 사람들이 화를 내며 서로 말했다. "어째서
향유를 저렇게 낭비하는가? 5 이 향유를 팔면 삼백 데나리온
이상이 될 것이고, 그 돈을 가난한 사람들에게 줄 수 있었을 텐데"
하며 그 여자를 나무랐다. 6 예수께서 말씀하셨다. "내버려두어라.
어찌하여 그녀를 괴롭히느냐? 그는 내게 좋은 일을 하였다. 7 가난한
사람들은 항상 너희와 함께 있고, 너희가 원하면 언제라도 도울 수
있다. 그러나 나는 언제나 너희와 함께 있지 못한다. 8 이 여자는
자기가 할 수 있는 일을 했다. 내 몸에 향유를 부어 내 장례를 미리
준비한 것이다. 9 내가 진실로 너희에게 말한다. 온 세상 어디든지

복음이 전파되는 곳마다 이 여자가 한 일도 전해질 것이고, 사람들이
그를 기억하게 될 것이다." 10 열두 제자 가운데 하나인 가룟 유다가
대제사장들에게 예수를 넘겨주려고 그들을 찾아갔다. 11 그들은
유다의 말을 듣고 기뻐하며 그에게 돈을 주기로 약속했다. 그는
예수를 어떻게 넘겨줄지 기회를 엿보았다. 12 무교절 첫날, 곧 유월절
양 잡는 날에 제자들이 예수께 말했다. "저희가 가서 선생님께서
유월절 음식을 드실 수 있도록 준비하려고 합니다. 어디서 하면
좋겠습니까?" 13 예수께서 제자 둘을 보내시며 말씀하셨다. "성
안으로 들어가라. 그러면 물동이를 메고 가는 사람을 만날 것이다.
그를 따라가거라. 14 그가 들어가는 곳으로 가서 그 집 주인에게
'선생님께서 내가 내 제자들과 같이 유월절 음식을 먹을 방이
어디에 있느냐고 말씀하셨습니다'라고 말하여라. 15 그러면 그가
직접 너희에게 자리를 펴서 준비한 큰 다락방을 보여 줄 것이다.
거기서 우리를 위하여 준비하여라." 16 제자들이 떠나 성 안으로
들어가 보니, 예수께서 그들에게 말씀하신 그대로였고, 그들은
유월절을 준비했다. 17 날이 저물자 예수께서 열두 제자들과 함께
가셨다. 18 그들이 기대어 앉아 식사를 할 때 예수께서 말씀하셨다.
"내가 진실로 너희에게 말한다. 너희 가운데 한 사람, 곧 나와 함께
먹고 있는 사람이 나를 넘겨줄 것이다." 19 그들은 근심하며 한 명씩
"저는 아니지요?"라고 말하기 시작했다. 20 예수께서 그들에게
말씀하셨다. "열둘 가운데 하나, 곧 나와 함께 같은 그릇에 빵을 찍어
먹는 사람이다. 21 인자는 자기에 대해서 기록된 대로 떠나가겠지만,
인자를 넘겨준 그 사람에게는 화가 있을 것이다. 그는 차라리
태어나지 않았더라면 자신에게 좋았을 것이다." 22 그들이 먹고
있을 때 예수께서 빵을 취하여 축복하시고 떼어 그들에게 나눠
주시면서 말씀하셨다. "받아라. 이것은 내 몸이다." 23 또 잔을 들어
감사하시고 그들에게 주시니 그들 모두 잔을 마셨다. 24 예수께서
그들에게 말씀하셨다. "이것은 많은 사람을 위하여 흘리는 나의
피 곧 언약의 피다. 25 내가 진실로 너희에게 말한다. 내가 하나님

나라에서 새것을 마시는 그날까지 나는 포도나무에서 난 것을
다시는 마시지 않을 것이다." 26 그들은 찬송을 하고 감람산으로
갔다. 27 예수께서 그들에게 말씀하셨다. "너희가 다 나를 버릴
것이다. 기록되기를 '내가 목자를 치리니 양들이 흩어질 것이다'고
하였다. 28 그러나 내가 살아난 후에 너희보다 먼저 갈릴리로 갈
것이다." 29 베드로가 예수께 말했다. "모든 사람이 버릴지라도
저는 그렇지 않을 것입니다." 30 예수께서 그에게 말씀하셨다. "내가
진실로 너에게 말한다. 오늘 밤 닭이 두 번 울기 전에 너는 세 번 나를
부인할 것이다." 31 그러나 베드로는 힘주어 말했다. "선생님과 함께
죽을지언정 부인하지 않을 것입니다." 그러자 다른 모든 제자들도
그렇게 말했다. 32 그들이 겟세마네라고 하는 곳에 이르자 예수께서
제자들에게 말씀하셨다. "내가 기도하는 동안 너희는 여기에 앉아
있으라." 33 그리고 베드로와 야고보와 요한을 데리고 가셨다.
예수께서 심히 근심하시며 괴로워하셨다. 34 그리고 그들에게
말씀하셨다. "내 마음이 너무 괴로워 죽을 지경이다. 너희는 여기에
머물러 깨어 있으라." 35 그리고 조금 나아가셔서 땅에 엎드려 될
수만 있다면 이때가 자기에게서 지나가기를 기도하셨다. 36 예수께서
말씀하셨다. "아바 아버지, 아버지께는 모든 것이 가능하오니
제게서 이 잔을 거두어 주옵소서. 그러나 저의 뜻대로 마옵시고
아버지의 뜻대로 하옵소서." 37 그리고 돌아와 보시니 그들이 자고
있었다. 그래서 베드로에게 말씀하셨다. "시몬아, 자고 있느냐?
너는 한 시간도 깨어 있을 수 없느냐? 38 시험에 들지 않도록 깨어
기도하여라. 마음은 원하지만 육신이 약하도다." 39 예수께서 다시
가셔서 같은 말씀으로 기도하셨다. 40 다시 와서 보시니 그들은 또
자고 있었다. 그들의 눈이 심히 피곤했기 때문이다. 그들은 예수께
뭐라 대답해야 할지 알지 못했다. 41 세 번째로 오셔서 그들에게
말씀하셨다. "이제는 자고 쉬어라. 끝이 왔다. 때가 왔다. 보라,
인자는 죄인들의 손에 넘겨진다. 42 일어나 가자. 보라, 나를 파는
자가 가까이 왔다." 43 예수께서 아직 말씀하고 계실 때 열두 제자

가운데 하나인 유다가 이윽고 나타났다. 대제사장들과 서기관들과
장로들이 보낸 무리들이 칼과 몽둥이를 들고 그와 같이 왔다.
44 예수를 넘겨줄 자가 그들과 신호를 미리 짜놓았고 "내가 입을
맞추는 사람이 바로 그 사람이니 그를 잡아 단단히 끌고 가라"라고
말했다. 45 그러고서는 즉시 예수께 다가가서 "랍비여" 하고 말하며
그에게 입을 맞췄다. 46 그러자 그들은 예수를 붙잡아 체포했다.
47 곁에 서 있던 사람 가운데 하나가 칼을 빼더니 대제사장의 종을
쳐 그 귀를 잘라 버렸다. 48 예수께서 그들에게 말씀하셨다. "너희가
강도에게 하는 것처럼 칼과 몽둥이를 들고서 나를 잡으러 왔느냐?
49 내가 날마다 성전에서 너희와 함께 있으면서 가르쳤지만 너희는
나를 잡지 않았다. 그러나 이것은 성경을 이루기 위함이다."
50 제자들은 모두 예수를 버리고 달아났다. 51 그런데 한 청년이
벗은 몸에 홑이불을 두르고 예수를 따라가다가 그들이 그를 붙잡자
52 그는 홑이불을 버리고 벗은 몸으로 도망갔다. 53 그들은 예수를
대제사장에게로 끌고갔다. 대제사장들과 장로들과 서기관들이
모두 모여들었다. 54 베드로는 멀찍이 떨어져 예수를 뒤따라갔고,
대제사장의 집안 뜰까지 들어갔다. 그는 하인들과 함께 앉아 불을
쬐고 있었다. 55 대제사장들과 온 공회가 예수를 죽이려고 그를
고소할 증거를 구했지만 찾지 못했다. 56 많은 사람들이 예수를
고소하기 위해 거짓 증언을 했지만 증언들이 서로 일치하지
않았다. 57 어떤 사람들은 일어나서 예수를 고소하기 위해 거짓으로
증언으로 하며 말하기를 58 "이 사람이 '내가 사람의 손으로 지은
이 성전을 허물고 손으로 짓지 아니한 다른 성전을 사흘 만에 지을
것이다'라고 말하는 것을 우리가 들었습니다"라고 했다. 59 그러나
그들의 증언 역시 서로 일치하지 않았다. 60 그러자 대제사장이
한가운데 일어서더니 예수께 물었다. "이 사람들이 네게 불리한
증언을 하고 있는데 아무 말도 하지 않는가?" 61 그러나 예수께서는
침묵하시고 아무런 대답을 하지 않으셨다. 다시 대제사장이 예수께
물어 말했다. "네가 찬송을 받으실 분의 아들 그리스도냐?"

62 예수께서 말씀하셨다. "내가 바로 그 사람이다. 너희들은 인자가
전능하신 분의 우편에 앉아 있는 것과 하늘 구름을 타고 오는 것을
볼 것이다." 63 대제사장은 자기 옷을 찢으며 말했다. "우리에게
더 이상 무슨 증인이 필요하겠는가? 64 하나님을 모독하는 말을
여러분들이 들었소. 어떻게 생각하는가?" 그들은 모두 예수를
사형에 처해야 한다고 정죄했다. 65 어떤 사람들은 예수께 침을
뱉고 그의 얼굴을 가리고 주먹으로 치면서 그에게 "누가 때렸는지
맞춰 보아라"라고 말했다. 하인들도 예수를 손바닥으로 때렸다.
66 베드로가 집 안뜰 아래쪽에 있는데, 대제사장의 여종 가운데
하나가 와서 67 베드로가 불을 쬐고 있는 것을 보고 그를 자세히 보며
말했다. "당신도 나사렛 예수와 함께 있었다." 68 그러나 베드로는
부인하며 말했다. "나는 네가 무슨 말을 하는지 알지도 못하겠고,
깨닫지도 못하겠다." 그러고는 밖으로 나갔다. 69 그 여종이 그를
보고 곁에 있는 사람들에게 다시 말했다. "이 사람도 저들과
한패입니다." 70 그러나 그는 다시 한 번 부인했다. 잠시 후에 곁에
있던 사람들이 다시 베드로에게 말했다. "네가 갈릴리 사람이니
틀림없이 저들과 한패다." 71 그러나 베드로는 저주하며 맹세했다.
"나는 당신들이 말하는 저 사람을 알지 못하오." 72 그러자 곧 닭이
두 번째 울었고 베드로는 예수께서 자기에게 하신 말, "닭이 두 번
울기 전에 네가 나를 세 번 모른다고 할 것이다"라고 하신 말씀이
생각이 나서 엎드려 울었다.

14장부터 예수님의 수난 이야기가 본격적으로 전개된다. 그 시작은 예수님을 죽이려는 유대 종교지도자들의 음모이다. 여기에 가룟 유다의 배반이 가세한다. 그리고 이 두 이야기 사이에 예수님의 죽음을 준비하는 이름 없는 여인이 등장한다. 이 여인은 예수께 기름을 부어 장례를 준비하는 매우 상징적인 행동을 했다. 이것은 예수께서 십자가의 죽음을 통해 메시아가 되심을 보여준다. 이어서 예수님과 제자들의 유월절 만찬 이야기가 나오는데, 이 만찬에서 예수님은 당신의 죽음의 의

미를 설명하신다. 마지막 식사는 이제 예수를 믿는 모든 자가 그분의 살과 피를 먹고 마시며 십자가의 구원을 기념하고, 장차 있을 하늘의 잔치를 고대하는 성례가 되었다.

하지만 마지막 식사는 유다의 배신, 그리고 제자들의 배반을 예언하는 비통의 자리이기도 했다. 베드로와 다른 제자들은 충절을 약속하지만 예수님은 오히려 베드로가 세 번 부인할 것을 예언하신다. 이후 예수님은 제자들을 이끌고 마지막 기도의 자리로 가셨다. 마가는 겟세마네에서 예수님이 고뇌하시고 기도하시는 모습을 솔직하게 그린다. "마음이 너무 괴로워 죽을 지경이다"(34절)라는 묘사처럼 인간적인 면모가 여과 없이 드러난다. 하지만 예수님은 아버지의 뜻에 순종하신다. 기도의 목적은 소원 성취가 아니라 순종이다. 한편 예수님의 당부에도 불구하고 제자들은 깨어 기도하지 못한다.

예수님의 기도가 끝나자 기다렸다는 듯 비열한 배신자가 이끌고 온 무리들이 예수님을 체포하여 공회로 끌고간다. 이어 산헤드린 공회가 주도하는 불법적이고도 거짓 증언으로 점철된 심문이 속전속결로 진행된다. 예수님의 예언대로 베드로는 세 차례 부인한다. 죄인의 초라함과 비겁함이 속절없이 노출된다. 기도의 자리에서 깨어 있지 못한 자에게 임하는 자연스러운 귀결이다.

예수를 죽이려는 자, 예수의 죽음을 준비하는 자(1-11절)

유월절 식사와 유다의 배반 예언(12-21절)

유월절 식사의 의미 설명(22-26절)

베드로의 배반을 예언하시다(27-31절)

겟세마네의 기도(32-42절)

체포당한 예수(43-52절)

심문받는 예수(53-65절)

베드로의 배반(66-72절)

14장

풀어보기

예수를 죽이려는 자, 예수의 죽음을 준비하는 자(1-11절)

1-11절은 아래 그림에서 볼 수 있듯이 1-2절, 3-9절, 10-11절로 세분할 수 있으며, 이 세 가지 이야기는 '예수의 죽음'이라는 공통된 모티브가 있다. 또 예수께 향유를 부은 여인 사건이 앞뒤에 등장하는 남성들(종교지도자들과 유다)에 의해 둘러싸여 있는, 이른바 '샌드위치 구조'로 되어 있다.

1-2	대제사장들과 서기관들(남성)	예수 살해 모의	성전
3-9	한 무명의 여인(여성)	예수님의 죽음 예비	문둥병자의 집
10-11	12제자 중의 하나인 가룟 유다(남성)	예수님을 배반	성전

이러한 대조 기법을 통해 종교지도자들의 불신과 적대, 가룟 유다의 배신이 부각되고 있다. 또 사회적 지위가 높은 종교지도자들, 예수님의

열두 제자로서 특권을 누렸던 유다는 오히려 예수님을 죽이는 자로 나타나고, 이름 없는 여인이 자기의 모든 것을 드려 예수님의 죽음을 준비하는 자로 묘사된다. 이는 참된 제자란 지위나 신분(종교지도자 혹은 제자)과 관계없으며, 죽음을 통해 예수님이 메시아 되는 것이 하나님의 뜻임을 알고 행하는 자(3:35)라는 제자도의 주제를 강조한다.

1 유월절과 무교절이 되기 이틀 전이었다. 대제사장들과 서기관들은 어떻게 속임수로 예수를 잡아 죽일 수 있을지 궁리했다.

종교지도자들이 예수님을 당장 잡아들일 수 없었던 이유는 예수님이 백성들 사이에서 인기가 높았기 때문이다. 그래서 그들은 '속임수로' 예수님을 잡고자 했다. 음모요 흉계다. 여기에 기여한 자가 가룟 유다다. 그래서 유다가 찾아왔을 때 기뻐했던 것이다. 악의 세력도 합력하여 악을 이룬다.

3 예수께서 베다니에 사는 한센병 환자였던 시몬의 집에서 식사를 하고 계실 때 한 여인이 값비싼 순수한 나드 향유 한 옥합을 가지고 와서 그 옥합을 깨뜨리더니 예수의 머리에 향유를 부었다.

시몬은 과거에 한센병 환자였다가 예수님의 치유로 나은 사람 같다. 여인은 옥합을 깨뜨렸는데, 향유를 담은 옥합의 목 부분은 가늘다. 이 부분을 똑 쳐서 깨뜨렸을 것이다. '나드'(nard)는 인도산 식물 뿌리에서 추출해 낸 고가의 기름인데, 향기를 보호하기 위해 목이 긴 옥합에 넣어 밀봉했다고 한다.[1]

여인이 옥합을 깨뜨린 것은 옥합에 담긴 향유를 남김없이 붓겠다는 의미다. 헌신은 그런 것이다. 남김없이 다 드리는 것이다. 두 렙돈을 바친 여인도 그랬다. 두 렙돈은 이 여인이 가지고 있던 생활비 전부였다. 예수께 향유를 부은 여인 이야기는 네 개 복음서에 기록되어 있다. 향유를 부은 여인을 요한복음만 '마리아'로 밝히고 있고, 다른 세

복음서에서는 무명으로 나온다. 마가복음과 마태복음에 등장하는 향유 부은 여인은 분명 동일인이다. 요한복음의 경우(12:1-8) 유월절이라는 시간적 배경, 베다니라는 장소적 배경, 그리고 대화의 내용 등이 마가복음 및 마태복음과 상당히 유사하지만, 한센병 환자였던 시몬과 요한복음에 등장하는 나사로가 동일인물인지는 확신하기 어렵다. 누가복음의 경우(7:50) 향유를 부은 여인이 등장할 뿐 기타 등장인물과 내용 전개가 많이 다르다.

또 복음서마다 여인이 향유를 예수님의 몸 어디에 부었는지도 각기 다르다. 마가복음과 마태복음(26:7)에서는 예수님의 머리에 부었다. 구약에서 하나님이 택한 자(제사장, 왕, 선지자)에게 기름을 부을 때 머리에 부었다(레 8:12; 삼상 10:1; 왕하 9:3, 6; 23:30; 시 23:5 등). 누가복음(7:38, 46)의 경우 여인은 먼저 예수님의 발을 눈물로 적시고 자신의 머리털로 닦아 드렸다(유대인들은 식사를 할 때 바닥에 비스듬히 눕기 때문에 여인의 이런 행동이 가능하다). 시몬은 예수께 발 씻을 물조차 드리지 않았기 때문에 예수님의 발에는 먼지가 묻어 있었을 것이다. 여인은 이런 발을 자신의 눈물과 머리털로 닦아 드렸고, 그 후에 발에 향유를 붓고 입까지 맞췄다(오직 누가복음에 등장하는 여인만 예수님의 발에 입을 맞춘다). 이런 여인의 행동은 더할 수 없는 겸손과 애정과 헌신의 표현이다.

한편 요한복음의 경우 마리아가 향유를 예수님의 발에 붓고 자기 머리털로 닦는다. 이 역시 겸손과 사랑의 표현이다. 또 요한복음은 "향유 냄새가 집에 가득 하더라"(12:3)라고 묘사한다. 이 묘사는 다른 복음서에는 없다. 유지미 박사에 따르면 당시 로마 황제 제의의 배경에서 볼 때 마리아가 자기 머리털로 예수님의 발을 닦는 모습은 머리를 숙여 상대방의 발까지 닿는 궁정식 인사법을 보여 주며, 집 안 가득히 풍겼던 향유 냄새는 마리아가 지금 예수님을 왕이요 신으로 섬기고 있음을 보여 준다.[2]

4 어떤 사람들이 화를 내며 서로 말했다. "어째서 향유를 저렇게 낭비하는가?"

> 7 "가난한 사람들은 항상 너희와 함께 있고, 너희가 원하면 언제라도 그들을 도울 수 있다. 그러나 나는 언제나 너희와 함께 있지 못한다."

사람들은 여인의 행동을 '낭비'라며 화를 냈다. 향유를 팔면 300데나리온은 나올 것이고, 그 돈으로 가난한 자들을 돕는 것이 더 좋았을 것이라고 주장한다. 평상시 예수님이 가난한 자들을 돌보셨으니, 이들의 주장이 일면 옳은 듯하다. 그러나 예수님은 이 여인을 괴롭게 하지 말라고 하시며 오히려 이 여인이 "내게 좋은 일을 하였다"라고 말씀하신다. 가난한 자는 항상 너희들과 함께 있기 때문에 아무 때라도 도울 수 있지만, 예수님은 항상 함께 있지 않기 때문이다. 이것은 예수님이 곧 십자가 죽음을 당하실 것을 암시한다. 따라서 예수님에 대한 사랑을 표현할 수 있는 시간이 얼마 남지 않았다. 그러나 이보다 더 중요한 이유가 있다. '예수님에게 좋은 일'의 의미를 8절이 설명하고 있다.

> 8 "이 여자는 자기가 할 수 있는 일을 했다. 내 몸에 향유를 부어 내 장례를 미리 준비한 것이다. 9 내가 진실로 너희에게 말한다. 온 세상 어디든지 복음이 전파되는 곳마다 이 여자가 한 일도 전해질 것이고, 사람들이 그를 기억하게 될 것이다."

예수님은 이 여자가 한 일이 당신의 장례를 미리 준비한 것이라고 말씀하신다. 상식적으로 생각해 보면 이 여자가 한 일은 기념은커녕 욕먹을 짓이다. 멀쩡히 살아 있는 사람한테 가서 장례식을 미리 치르다니 기념이 아니라 비난받을 일이다. 이 문제를 이해하기 위해서는 마가복음 8장 27-34절로 돌아가야 한다.

예수님은 제자들에게 당신께서 많은 고난을 받고, 죽임을 당하고, 사흘 만에 살아나야 할 것을 가르치셨다. 그러자 베드로가 예수님을 '꾸짖었다'. 이에 예수님은 베드로를 '꾸짖으셨다'. 심지어 그를 '사단'이라고 부르시며, 베드로가 '하나님의 일'이 아니라 '사람의 일'을 생각하고 있다고 강하게 질책하셨다. 예수님이 고난을 당하고 죽는 일은 하나님의 일이고, 그것을 방해하는 것은 사람의 일, 즉 사단과 한통속이 되어 하나님의 뜻을 거역하는 일이란 뜻이다. 따라서 예수님의 죽음을 받아들이지 않는 베드로는 하나님의 뜻을 가로막는 자, 곧 사단이었던 것이다. 마가는 예수님의 십자가 죽음이 하나님의 뜻임을 누누이 강조한다. 세 번에 걸친 예수님의 수난 예언(8:31; 9:31; 10:33-34), 그리고 하나님 아버지의 뜻을 순종하겠다는 예수님의 겟세마네 기도(14:36)가 그 대표적인 증거다.

이런 맥락에서 보면 왜 예수께 향유를 부은 여인이 칭찬을 받았는지 짐작할 수 있다. 이 여인이 한 일은 예수님의 장사를 준비한 것으로, 하나님의 뜻에 부합한다. 예수님과 함께 지냈던 제자들(이들은 남자였다)은 사람의 일을 생각했지만, 당시에 인격적인 존재로 대우받지 못했던 이름 없는 여자는 하나님의 일을 생각했던 것이다. 이 여인이 예수님의 죽음을 이해하고 받아들이는 일이 어떻게 가능했는지 성경이 명확히 말하고 있지 않기 때문에 알 수는 없다. 하지만 예수님이 여인의 행동이 무엇을 뜻하는지 설명해 주셨기 때문에 여인이 그런 생각을 했다고 볼 수 있다.[3]

예수께 향유를 부은 이야기 바로 다음에는 가룟 유다가 예수님을 팔려고 종교지도자들에게 가는 내용이 나온다. 예수님을 죽이려고 벼르고 있던 종교지도자들(14:1-2)과 예수님을 팔아 죽음에 넘기는 가룟 유다(14:10-11)는 예수를 죽여 자기들의 기득권을 지키고, 예수를 팔아 넘겨 돈을 취하려고 했다. 그러나 그 사이에 나오는 한 '이름 없는' '여자'는 '힘을 다하여', 즉 자기 있는 모든 소유를 팔아 향유를 사서 예수님의 장사를 준비하고 있다. 얼마나 기막힌 대조인가? 이 여인이야말로 하나님의 일을 생각한 참 제자였다.

특히 우리는 이 여인이 예수님에게 향유를 부은 행위에 주목할 필요가 있다. 예수님은 이 여인으로부터 기름부음을 받음으로써 '기름부음을 받은 자', 즉 '메시아'가 되신 것이다. 여인이 예수께 향유를 부은 행위는 예수님이 십자가의 죽음을 통해 메시아가 될 것을 상징적으로 보여 준다. 복음이 전파되는 곳마다 이 여자가 한 일이 전해져 기억될 것이라고 크게 칭찬하신 것도 십자가의 고난을 통해 메시아가 되신다는 마가의 신학에서 이해되어야 한다.

또 예수께 향유를 부은 자가 선지자나 종교지도자가 아니라 무명의 여인이며, 장소 역시 거룩한 성전이 아니라 가장 부정한 병인 한센병 환자 집에서 이뤄졌다는 사실은 마가가 보여 주는 새로운 신앙공동체는 성전이 아니라 집이요, 권력자가 아니라 무명의 힘없는 자들임을 보여 준다.

> 10 열두 제자 가운데 하나인 가룟 유다가 대제사장들에게 예수를 넘겨주려고 그들을 찾아갔다. 11 그들은 유다의 말을 듣고 기뻐하며 그에게 돈을 주기로 약속했다. 그는 예수를 어떻게 넘겨줄지 기회를 엿보았다.

대제사장들은 예수님을 백성들 모르게 은밀히 체포하고자 했다. 그들의 기대를 만족시킨 자가 가룟 유다다. 마가는 유다가 예수님을 판 이유에 대해 말하고 있지 않지만 마태복음은 돈에 있었다고 말한다(마 26:15). 요한복음은 유다가 돈궤를 맡고 있었는데 돈궤에 넣은 돈을 훔쳐가는 도둑놈이라고 규정한다(요 12:6). 바로 앞에 나온 무명의 한 여인은 300데나리온이 넘는 비싼 향유를 예수께 드렸지만, 제자라고 하는 유다는 예수님을 팔아 돈을 챙겼던 것이다. 예수님과 함께 먹고 자며, 그분이 하신 일을 본 유다는 예수님을 팔아 돈을 받았다. 반대로 바로 앞에 나온 한 무명의 여인은 예수님과 함께 지낸 적도 없으면서 자신이 가지고 있는 모든 것을 드렸다. 얼마나 오랫동안 예수님을 믿었느냐는 그다지 중요하지 않다. 얼마나 그분의 사랑을 가슴 절절히 체험하였는가? 그 사랑에 감사하여 내 것을 다 드릴 수 있는 헌신이 있는가? 이것이 중요하다.

누가는 유다의 배신이 사탄이 그에게 들어갔기 때문이라고 설명한다(눅 22:3). 요한도 마귀가 '벌써' 유다의 마음에 예수님을 팔려는 생각을 '넣었다'(βεβληκότος, 베블레코토스, 현재완료분사)라고(요 13:2), 또 유다가 예수님이 주시는 떡 조각을 받아들였을 때 "곧 사탄이 그 속에 들어간지라"(요 13:27)라고 말한다. 이 구절들을 유다의 의지와는 무관하게 마귀라는 영적인 존재가 유다에게 배반하는 마음을 주었고, 그래서 유다가 마치 로봇처럼 어쩔 수 없이 마귀가 하라는 대로 행동한 것으로 이해하면 곤란하다.

가룟 유다는 예수님을 배반하지 않을 수도 있었다. 요한복음 13장 2절에서 마귀가 '벌써' 유다의 마음에 예수님을 팔려는 생각을 '넣었다'(현재완료분사)는 말은 마귀가 유다에게 배반의 마음을 넣은 것이 최후의 만찬 이전이라는 것이다. 그런데 유다는 그 마음을 거부하지 않고 품고 있었다. 그러다가 결국 사탄이 그 속에 들어간 것이다. 이것은 사탄이 유다를 온전히 점령해 버린 것이며, 유다는 이런 지경에 이르기까지 자신을 방치하고, 유혹을 뿌리치지 않았던 것이다.[4]

'가룟'이란 단어가 헬라어 '시카리오스'(σικάριος)에서 왔다고 보면 그는 열심당원 출신이었을 가능성이 있다. 이 점에 근거하여 유다는 예수님이 정치적 메시아임을 거부했기 때문에 실망한 나머지 배반했다고 보기도 하는데, 가능한 추측이나 분명한 증거는 있지 않다.

대제사장들은 예수님을 팔 계획을 말해 준 유다의 이야기를 듣고 기뻐하였다. '속임수로' 예수를 죽일 계획을 세우고 있었던 그들로서는 유다가 더할 나위 없이 좋은 수단이었던 것이다. 그러나 이 모든 것이 결국에는 하나님의 깊은 섭리 가운데 진행되는 것임을 그들이 알 리 없었다. 인간의 지혜는 하나님의 어리석음보다 못하다(고전 1:25).

유월절 식사와 유다의 배반 예언(12-21절)

12 무교절 첫날, 곧 유월절 양 잡는 날에 제자들이 예수께 말했다. "저희가 가서 선생님께서 유월절 음식을 드실 수 있도록 준비하려고 합니다. 어디서 하면 좋겠습니까?"

예수님이 예루살렘에 올라오셨을 때 그 시기는 이스라엘 사람들이 지키는 3대 명절 가운데 하나인 무교절이었다. 무교절은 이스라엘 백성들이 애굽에서 탈출할 때 누룩을 넣지 않은 빵을 먹었던 데서 유래한 절기다. 무교절의 첫날이 유월절이다. 이스라엘 사람들은 유월절이 되면, 유월절 저녁 만찬을 먹는다. 당시 이스라엘 사람들은 해가 저물 때 새로운 하루가 시작된다고 간주했기 때문에 무교절의 첫날 유월절은 만찬에서 시작되었다.

> 13 예수께서 제자 둘을 보내시며 말씀하셨다. "성 안으로 들어가라. 그러면 물동이를 메고 가는 사람을 만날 것이다. 그를 따라가거라."

예수님은 두 명의 제자가 성내에 들어가면 물 항아리를 가지고 가는 사람을 만나게 될 것이고, 이 사람을 따라가면 유월절 식사를 할 집을 찾을 것이라고 말씀하셨다. 성 안에서 물동이를 메고 가는 사람이 한두 사람이 아니었을 텐데 어떻게 알아볼 수 있을까? 당시에 물 항아리를 드는 사람은 보통 여자였다. 그런데 13절에서 예수님이 말씀하신 물동이를 메고 가는 사람은 남성형으로 되어 있다. '그를 따라가거라' 할 때 '그'는 남성형(αὐτῷ, 아우토)이다. 남자가 물 항아리를 드는 것은 드문 일이다. 그래서 제자들이 이 남자를 금방 알아볼 수 있었을 것이다. 주님은 우리가 그분의 말씀에 순종하기만 하면, 그분의 뜻을 알 수 있는 징표(sign)를 주셔서 우리를 인도하신다.

> 15 "그러면 그가 직접 너희에게 자리를 펴서 준비한 큰 다락방을 보여 줄 것이다. 거기서 우리를 위하여 준비하여라."

헬라어 원문 '카이 아우토스 휘민'(καὶ αὐτὸς ὑμῖν)은 주어를 강조하는 '아우토스'가 맨 앞에, 그리고 '너희에게'가 바로 그다음에 나온다. 이런 점을 살려 필자는 "그가 직접 너희에게"로 번역했다. 예수님은 제자들이 찾아간 그 집주인이 직접 자리를 베풀고 예비된 큰 다락방을 보일 것이라고 말씀하신다. 예수님은 당신과 제자들을 위한 하나님의 예비하심을 알고 계셨던 것이다. 제자 둘이 성에 들어가 보니 예수님이 말씀하신 그대로였다. 제자들은 고향 갈릴리를 떠나 예루살렘에 와 있었다. 민족의 명절인 유월절을 지내야 하는데, 어디서 지내야 할지 걱정이 많았을 것이다. 그러나 이미 모든 것은 예비되어 있었다.

> 18 그들이 기대어 앉아 식사를 할 때 예수께서 말씀하셨다. "내가
> 진실로 너희에게 말한다. 너희 가운데 한 사람, 곧 나와 함께 먹고
> 있는 사람이 나를 넘겨줄 것이다."

식사 도중에 예수님은 열두 제자 가운데 한 사람이 배반할 것이라고 예언하셨다. 예수님은 이미 유다가 자신을 팔기 위해 대제사장들을 찾아갔던 사실을 알고 계셨다. 그렇지만 예수님은 유다가 배반할 것이라고 직접 말씀하시지 않으셨다. 예수님이 배반을 당하여 죽임을 당하는 것이 하나님의 뜻이기 때문에 유다의 배반을 내버려두신 것이다. 만약 예수님이 유다를 지목하며 저자가 나를 배반했다고 하셨다면 다른 제자들이 유다를 가만 놔두지 않았을 것이고, 예수님을 피신시키려고 했을 것이다. 이것은 하나님 아버지의 뜻이 아니다.

> 20 예수께서 그들에게 말씀하셨다. "열둘 가운데 하나, 곧 나와 함께
> 같은 그릇에 빵을 찍어 먹는 사람이다. 21 인자는 자기에 대해서
> 기록된 대로 떠나가겠지만, 인자를 넘겨준 그 사람에게는 화가 있을
> 것이다. 그는 차라리 태어나지 않았더라면 자신에게 좋았을 것이다."

당시 이스라엘 사람들은 국물 그릇에 빵을 찍어 먹었는데, 보통 두세 사람이 하나의 국물 그릇을 함께 이용했다. 그릇에 손을 넣는다는 것은 친한 관계에 있는 사람들이 함께 식사한다는 뜻이다.[5] 예수님은 함께 식사를 나누었던 제자에게 배신을 당했던 것이다(시 41:9 참조).

그러나 예수님은 배신을 하나님의 섭리 안에서 이해하셨다. 인자는 자기에 대해서 기록된 대로 떠나갈 것이라는 말씀은 자신의

죽음이 이미 구약에 예언된 것이며, 하나님이 정하신 뜻임을 알고 여기에 순종하시겠다는 의지의 표명이다. 우리가 고난을 이길 수 있는 힘은 고난 속에서 하나님의 뜻을 발견하고 여기에 순종하는 마음, 고난을 넘어서 역사하시는 하나님을 바라보는 믿음으로부터 나온다.

유월절 식사의 의미 설명(22-26절)

22 그들이 먹고 있을 때 예수께서 빵을 취하여 축복하시고 떼어
그들에게 나눠 주시면서 말씀하셨다. "받아라. 이것은 내 몸이다."
23 또 잔을 들어 감사하시고 그들에게 주시니 그들 모두 잔을 마셨다.
24 예수께서 그들에게 말씀하셨다. "이것은 많은 사람을 위하여
흘리는 나의 피 곧 언약의 피다."

예수님은 당시 유월절 식사의 진행 순서에 따라 제자들과 마지막 만찬을 가지셨다. 유월절 식탁은 여호와 하나님이 이스라엘 백성을 구원하신 사건을 기념하는 예식이다. 이스라엘 백성이 하나님의 은혜와 권능으로 출애굽을 하였다면, 이제 구원은 예수님의 몸과 피로 이루어질 것이다. 빵으로 많은 사람들을 배불리셨던 예수님은 이제 당신의 몸이 많은 사람을 구원하고 영원한 생명을 주는 빵임을 선언하신다(요 6:35 참조).

예수님은 간명하게 빵이 당신의 몸이라고 말씀하신다. 한편 누가는 대속적 의미를 강조하여 "너희를 위하여 주는 내 몸"(눅 22:19)이라고, 바울도 "이것은 너희를 위하는 내 몸"(고전 11:24)이라고 했다. 그러나 빵이 예수님의 몸이라고 해서 그 빵을 떼어(broken) 주신 행동을 임박한 십자가의 고난과 죽음을 상징한다고 해석하는 것은 무리다. 제자들에게 주시기 위해 빵을 떼셨을 뿐이다. 오히려 당신의 몸을 상징하는 빵을 제자들에게 나눠 주셔서 제자들이 공유하게 된 것(shared)으로 봐야 한다.

예수님의 몸을 먹는 자들은 전혀 다른 몸을 가지게 된다. 놀

라운 체질 변화가 나타난다. 첫째 아담의 후손들은 모두 죄와 사망의 지배를 받기에 그 체질은 결국 흙먼지다(시 103:14). 하지만 둘째 아담이신 예수님의 몸과 피를 나눠 가진 자들은 완전한 체질 개선을 이뤄 영생을 누린다. 예수님의 몸을 먹고, 그의 피를 마실 때 예수님이 우리 안으로 들어오셔서 예수님과 우리는 연합이 된다. 하나가 된다. 그래서 그분이 죽으실 때 우리도 죽은 것이요, 그분이 다시 살아나실 때 우리도 다시 살아난 것이다. "아담의 몸의 일부가 하와의 몸을 이루듯이, 그리고 그들의 몸이 인류의 몸으로 나누어져 왔듯이, 예수님의 몸이 그 죽음으로 우리에게 나누어진다. 아담이 인류 공동체의 몸인 것처럼 그리스도의 몸도 인류 공동체의 몸이다."[6]

예수님은 잔에 대하여 "많은 사람을 위하여 흘리는 나의 피"라고 하셨는데, 이미 예수님은 "자기 목숨을 많은 사람의 대속물로 주려 함이니라"(10:45)라고 말씀하신 바 있다. 예수님이 나눠 주신 포도주는 많은 사람을 위해 흘리는 '언약의 피'다. '언약의 피'라는 표현은 모세가 시내산에서 하나님과 이스라엘 백성 사이에 언약이 체결될 때 사용한 표현이다. 모세가 여호와께 제사를 드린 후 그 피를 가지고 제단 위에 뿌리고, 또 언약서를 가져다가 백성에게 낭독하자 이스라엘 백성들은 여호와의 모든 말씀을 준행하겠다고 다짐한다. 그 후에 모세는 이스라엘 백성에게 이 피를 뿌리면서 "이는 여호와께서 이 모든 말씀에 대하여 너희와 세우신 언약의 피니라"(출 24:8)라고 선포한다. 즉 이 피는 하나님의 언약 백성이 되었음을 상징한다. 이제 예수님이 십자가에서 흘리신 피로 하나님과 우리 사이에 새로운 언약이 체결되고, 우리는 새 언약, 즉 '신약' 백성이 되는 것이다.

> 25 "내가 진실로 너희에게 말한다. 내가 하나님 나라에서 새것을 마시는 그날까지 나는 포도나무에서 난 것을 다시는 마시지 않을 것이다."

성찬식에서 마시는 포도주는 예수께서 십자가에서 당할 고난을 상징한다. 반면에 하나님 나라에서 새 포도주를 마신다는 것은 하나님의 나라가 온전히 이루어져 기쁨의 잔치가 열릴 것을 말한다. 예수님은 장차 이루어질 하나님의 영광스러운 미래를 바라본 것이다. 예수님이 이루신 구원의 역사는 단 한 번의 십자가 죽음으로 충분하기에, 예수님이 또다시 포도나무에서 난 것, 즉 고난의 포도주를 마실 필요가 없다. 반대로 하늘나라에서 베풀어질 천국 잔치에서 예수님과 우리는 포도주를 마시며 구원의 기쁨을 노래할 것이다. 이런 점에서 '새것'은 예수님의 구속 사역의 종말론적 차원을 보여 준다.

26 그들은 찬송을 하고 감람산으로 갔다.

유대인들은 유월절 식사 전에 시편 113-114편을, 식사 후에 115-118편을 찬양한다. 예수님과 제자들은 식사를 마친 후 찬송을 부르신 후에 다락방에서 나와 감람산으로 가신 것 같다.

베드로의 배반을 예언하시다(27-31절)

27 예수께서 그들에게 말씀하셨다. "너희가 다 나를 버릴 것이다.
기록되기를 '내가 목자를 치리니 양들이 흩어질 것이다'고 하였다.
28 그러나 내가 살아난 후에 너희보다 먼저 갈릴리로 갈 것이다."

유다의 배반을 예언하신 예수님은 이번에는 제자들 모두가 당신을 버릴 것이며, 이것은 구약성경(슥 13:7)에 기록되어 있다고 말씀하신다. 예수님은 자신이 당할 고난이 어떤 것인지 알고 계셨다. 자기를 따르던 자들의 배반. 철저한 고독 속에 버림받아야 할 죽음. 이러한 사실을 알고도 예수님은 하나님의 뜻에 순종하셨다. 또한 예수님은 자신이 부활한 후, 제자들보다 먼저 갈릴리로 가겠다고 말씀하신다. 비록 제자들이 예수님을 버리겠지만, 그러나 그것으로 끝나지 않는다. 예수님이 제자들을 처음 만나 그들을 부르시고, 함께 사역했던 갈릴리로 그들이 돌아오게 될 것이라고 기대하셨다. 빈 무덤에 있던 한 청년(천사?)이 여인들에게 전한 소식도 예수께서 제자들을 갈릴리에서 만나겠다는 것이었다(16:7).

> 29 베드로가 예수께 말했다. "모든 사람이 버릴지라도 저는 그렇지 않을 것입니다."

베드로는 자신이 세 번 예수님을 부인할 것이라는 말씀을 듣고서, 자신은 죽음을 무릅쓰고서라도 예수님을 결코 부인하지 않을 것이라고 '힘주어' 말했다. 그러나 베드로는 그의 약속을 지키지 못했다. 예수님을 따른다는 것은 인간의 의지로써만 할 수 없는 일이다. 힘주어 말한다고 될 일이 아니다. 성령이 도우셔야 한다. 나중에 베드로가 자신을 체포한 위세등등한 종교지도자들 앞에서 당당하게(4:13) 말씀을 전하였는데, 그가 성령충만했기 때문에 가능했다(행 4:8).

겟세마네의 기도(32-42절)

> 32 그들이 겟세마네라고 하는 곳에 이르자 예수께서 제자들에게 말씀하셨다. "내가 기도하는 동안 너희는 여기에 앉아 있으라."

제자들과 최후의 만찬을 마치신 예수님은 11명의 제자를 이끌고 감람산의 '겟세마네'라 부르는 곳으로 가셨다. '겟세마네'(Gethsemane)라는 이름은 '기름을 짜는 판'(oil press)이란 뜻이다. 예수님 당시 감람산은 감람나무 숲이었다. 감람나무를 가지고 감람유를 만드는 곳이 겟세마네였다. 요한복음 18장 1절은 겟세마네를 '동산'(κῆπος, 케포스)이라고 부른다. 그래서 우리가 '겟세마네 동산'이라고 부르는 것이다.

겟세마네 입구쯤에서 예수님은 베드로와 요한과 야고보를 제외한 8명의 제자들은 그곳에 있게 하시고, 그 3명만 데리고 기도하러 가셨다. 마가는 이때 예수님의 심정을 상세하게 묘사한다. 먼저 예수님은 십자가의 죽음을 앞두고 심히 고민하여 죽을 지경이셨다. 이런 지경이 되면 보통 사람은 자포자기하거나 때로는 목숨을 끊기도 하지만 예수님은 기도하셨다. 평상시 기도 훈련을 통해 기도가 몸에 배어 있었기 때문이다. "예수께서 나가사 습관을 따라 감람산에 가시매 제자들도 따라갔더니"(눅 22:39). 이 말씀에 따르면 예수님은 전에도 제자들과 함께 감람산에 오셔서 기도하셨다. 가룟 유다가 예수님이 겟세마네에서 기도하고 계신 것을 알고 이곳으로 무장한 사람들을 데리고 올 수 있었던 것도 이 때문이다. 예수님은 늘 기도하는 분이셨다. 새벽 일찍 일어나 빈들에서 기도하셨고, 오병이어의 이적을 행하신 후에도 기도하러 산에 올라가셨다(6:45-47). 누가복음에 따르면 예수님은 12명의 제자들을 택하실 때도 산에 올라가셔서 밤새 기도하셨다(눅 9:28-36).

> 36 예수께서 말씀하셨다. "아바 아버지, 아버지께는 모든 것이 가능하오니 제게서 이 잔을 거두어 주옵소서. 그러나 저의 뜻대로 마옵시고 아버지의 뜻대로 하옵소서."

예수님은 땅에 엎드려 기도하셨다. 마태복음 26장 39절에 따르면 예수님은 얼굴을 땅에 대시고 기도하셨고, 누가는 무릎을 꿇고 기도하셨다(눅 22:41)고 보도한다. 이런 자세는 간절한 기도를 드릴 때 취하는 자세다. 평상시에 유대인들은 서서 기도한다. 누가는 예수님의 간절한 기도 자세를 상세히 보도한다. "예수께서 힘쓰고 애써 더욱 간절히 기도하시니 땀이 땅에 떨어지는 핏방울 같이 되더라"(눅 22:44). 여기서 '힘쓰다'라는 말의 헬라어 '아고니아'는 운동선수가 경기에 힘쓰는 모습을 뜻한다. 땀이 핏방울같이 되어 떨어질 만큼 간절한 기도였다.

먼저 예수님은 하나님을 '아바 아버지'라고 부르셨다. '아바'는 아람어로서 '아빠'라는 뜻이다. 아버지와 아들의 친밀함을 강조하지만 그저 어린아이가 쓰는 말 정도로 볼 수는 없다. "가부장적 가족 안에서 아들이 존경의 마음을 담아 표현하는 친밀함"(the respectful intimacy of a son in a patriarchal family)[7]이라고 보는 것이 적절하다. 예수께서 하나님을 '아바'로 부른 것은 당대 유대 문헌에서는 찾기 힘든 사례이다. 바울도 하나님께서 하나님의 아들의 영을 우리 마음에 보내셔서 하나님을 아빠 아버지라 부르게 하셨노라고 말한다(갈 4:6; 롬 8:15).

"이 잔을 거두어 주옵소서"에서 잔은 하나님의 분노의 잔이다. 하나님의 심판을 뜻한다(시 75:8; 사 51:22; 렘 25:15; 겔 23:31-34 등). 온 인류의 죄악을 향한 하나님의 분노를 담은 잔. 예수님이 앞서 심히 근심하시고 죽을 지경까지 괴로워하신 것은 죽음을 앞두고 목숨이 아까워서가 아니라 인간의 죄악의 심대함을 보여 주는 것이다.

예수님은 아버지께는 모든 것이 가능하다고 말씀하신다. 당연히 하나님 아버지는 전지전능하시다. 그러나 여기서는 그런 일반적인 의미보다 예수님의 고난과 죽음 전체를 주관하시고 이끄시는 하나님의 주권을 강조한다. 아버지는 당신의 아들이 잔을 마시도록 예정하셨지만, 그 잔을 거둬들일 주권도 있으시다. 그러나 아들은 아버지의 뜻이 이뤄지길 기도했다. 예수님은 하나님의 전능하심이 자신의 소원을 위해 행사되어서는 안 된다는 것을 아셨다. 하나님의 전능하심은 하나님의 뜻을 위해 행사되어야 한다. 예수님은 제자들에게 "누구든지 나를 따르려거든 자기를 부인하고 자기 십자가를 지고 나를 따르라"(8:34)라고 하셨는데, 겟세마네 기도를 통해 직접 본을 보이셨다.

> **37** 그리고 돌아와 보시니 그들이 자고 있었다. 그래서 베드로에게
> 말씀하셨다. "시몬아, 자고 있느냐? 너는 한 시간도 깨어 있을 수
> 없느냐 **38** 시험에 들지 않도록 깨어 기도하여라. 마음은 원하지만
> 육신이 약하도다."

예수님은 앞서 13장에서 제자들에게 잠들지 말고 깨어 있으라 여러 차례 강조하셨다(13:33-37). 집에 돌아온 주인이 너희가 자는 것을 보지 않도록 하라고 당부하셨다(13:36). 그러나 지금 예수님이 발견하신 제자들의 모습은 자고 있는 모습이다. 베드로는 한 시간도 깨어 있지 못했다. 깨어 있는 것은 잠들지 않는다는 소극적 의미를 넘어 기도한다는

의미가 있다. 시험에 들지 않기 위해서다. 여기서 시험이 유혹(temptation)이냐 시련(trial 혹은 test)이냐 구분하는 것은 의미가 없다.

예수님은 반석이란 의미의 '베드로'라고 부르지 않고 원래 아람어 이름인 '시몬'으로 부르셨다. 제자들의 명단(3:16) 이후부터 베드로는 언제나 베드로로 불렸다. 그러다가 여기서 예수님은 '시몬'이라고 부르신다. 반석과 같이 굳세지 못하고, 제자답지 못하게 깨어 기도하지 못하는 모습은 예수님이 제자로 세우기 이전으로 돌아갔음을 보여 준다.[8] 시몬이란 이름에는 이런 의미가 함축되어 있는 것으로 보인다. 마가복음에서 예수님이 베드로를 부른 마지막 장면이기도 하다.

'시험에 들지 않도록'(ἵνα μὴ ἔλθητε εἰς πειρασμόν, 히나 메 엘쎄테 에이스 페이라스몬)을 직역하면 '시험에 들어가지 않기 위해서'다. 그렇다고 해서 시험 그 자체를 피해야 한다는 의미는 아니다. 찾아오는 시험을 피할 수는 없다. 시험이 올 때 믿음을 잃지 말라, 예수님을 따르는 일을 포기하지 말라는 의미로 봐야 한다. 예수님은 40일 동안 광야에 계실 때 사탄에게 시험을 받으셨지만 이기셨다. 또 예수님은 십자가의 고난과 죽음을 받아들이셨지만 하나님 아버지의 뜻을 이루셨다. 그러나 제자들은 예수님을 버리고 도망 가버렸다. 그들은 위기가 찾아왔을 때 예수님을 따르지 못했다.

'마음'(πνεῦμα, 프뉴마)은 원하지만 '육신'(σάρξ, 사르크스)이 약하다는 말씀은 제자들의 연약함을 보여 준다. 유다를 제외한 모든 제자들이 예수님을 배반하지 않을 것이라고 말했다(14:19). 특히 베드로는 죽을지언정 예수님을 부인하지 않겠다고 결연한 의지를 표명했다(14:31). 그것이 제자들의 마음이다. 그러나 그들의 육신은 피곤함과 졸음 때문에 깨어 기도하지 못했다.

또한 그들은 "예수께 뭐라 대답해야 할지 알지 못했"(40절)는데, 예수께서 산에서 변화하셨을 때도 그랬다. 베드로는 예수께 초막 셋을 지어 여기에 있자고 말했는데, 이런 모습에 대해 저자는 "그들은 두려워하고 있었고, 베드로도 어떻게 대답해야 할지 몰라 그렇게 말한 것이다"(9:6)라고 한다. 예수께 제대로 대답하지 못하는 베드로의 모습이 연약한 육신을 가진 자, 예수님의 가르침을 제대로 깨닫지 못하는 우둔한 자의 모습이다. 또 제자들이 체포의 위기에서 자신의 안위를 먼저 생각한 것도 예수님이 말씀하신 '육신'의 모습이다. 이런 육신의 약함으로부터 믿음을 지켜줄 수 있는 길은 바로 깨어 기도하는 것이다.

> 41 세 번째로 오셔서 그들에게 말씀하셨다. "이제는 자고 쉬어라.
> 끝이 왔다. 때가 왔다. 보라, 인자는 죄인들의 손에 넘겨진다. 42
> 일어나 가자. 보라, 나를 파는 자가 가까이 왔다."

예수님은 세 차례 기도하셨다. 모두 같은 내용이었을 것이다(39절). 같은 기도를 세 차례 하신 이유는 그만큼 기도의 내용이 심각하고 간절함을 보여 준다. '끝이 왔다'로 번역한 헬라어는 단 한 단어 '아페케이'(ἀπέχει)다. 개역개정 성경은 '그만 되었다'라고 번역했고, 신개정표준역(NRSV)이나 킹제임스성경(KJV)은 'it is enough'로 번역했다. 라틴어 성경도 'sufficit'로 번역했다. 이렇게 번역하면 제자들에게 이제 그만 자라는 뜻이 된다. 예수님이 이렇게 말씀하시는 이유는 당신이 체포될 시간이 왔기 때문이다. 그러나 이 경우 예수님은 "이제는 자고 쉬어라"라고 말씀하는 대신에 "아직도 자고 있느냐?"라로 말씀해야 논리적이 되지 않을까? 즉 "아직도 자고 있느냐? 이제 그만 자라. 때가 왔다"라는 취지로 말씀하셔야 한다.

한편 '아페케이'는 '끝났다'로 번역할 수도 있다. 실제로 베자 사본(D), 후리어 사본(W)은 '끝'이란 의미의 '토 텔로스'(τὸ τέλος)를 첨가하여 '끝났다'(the end has come)는 뜻을 명확히 하고 있다. 여기서 '끝났다', '끝이 왔다'는 말은 다음에 나오는 '때가 왔다'가 보여 주듯이 예수께서 체포되어 고난을 당하는 시간이 왔다는 의미다. 에반스(Evans)는 '아페케이'의 가장 일반적 의미가 '멀리 있다'(it is far-off)임을 강조하면서 '그것(=끝)이 아직 멀리 있는 줄 아느냐? 때가 되었다'는 의미로 해석한다.[9] 이런 관점에서 '이제는 자고 쉬어라'를 일종의 반어적 의미로 해석한다. 즉 끝이 왔고, 때가 왔으니 이제는 자도 된다는 의미다. 필자는 이런 관점에서 '끝이 왔다'로 번역했다.

세 차례의 기도를 마치신 후 예수님은 자신을 체포하러 온 자들이 가까이 왔음을 아셨다. "인자는 죄인들의 손에 넘겨진다"라는 말씀은 앞서 세 차례에 걸쳐 하신 수난 예언(8:31; 9:31; 10:33-34)에도 나온다. "일어나 가자"는 말씀은 예수께서 수난을 적극적으로 맞이하고 계심을 보여 준다. 예수님은 하나님 아버지의 뜻에 완벽히 순종하고 계시기에 담대할 수 있으셨다.

묵상

예수님이 간절히 기도했지만, 상황은 변하지 않았다. 그러나 기도 이전과 기도 이후 예수님에게 분명한 차이가 있다. 예수님이 세 번 기도하셨음은 온전히 하나님의 뜻을 구하며, 그 뜻에 대한 확신을 가지셨음을 의미한다. 하나님의 뜻이 십자가의 죽음임을 확신한 예수님은 고난에 대해 의연하게 대처하셨다. 앞서 예수님은 심히 고민하여 죽게 되었다고 말씀하셨고, 이때가 자기에게서 지나가기를 기도하셨다.

그러나 세 번의 기도 후 이렇게 말씀하신다. "때가 왔다. 보라, 인자는 죄인들의 손에 넘겨진다. 일어나 가자. 보라, 나를 파는 자가 가까이 왔다"(41-42절). 이때가 지나가기를 구하셨던 예수님이 때가 옴을 아시고 자기를 파는 자들을 향해 일어나 함께 가자고 제자들에게 말씀하신다. 고난의 현장 속으로 오히려 적극적으로 뛰어드는 모습이다. 기도하는 자는 의연하게 고난을 받아들일 수 있다.

체포당한 예수(43-52절)

43 예수께서 아직 말씀하고 계실 때 열두 제자 가운데 하나인 유다가
이윽고 나타났다. 대제사장들과 서기관들과 장로들이 보낸 무리들이
칼과 몽둥이를 들고 그와 같이 왔다.
45 그러고서는 즉시 예수께 다가가서 "랍비여" 하고 말하며 그에게
입을 맞췄다.

가룟 유다는 종교지도자들이 보낸 무리들과 함께 예수님을 체포하러 왔다. 예수님은 전에도 여러 차례 제자들을 데리고 겟세마네에 오셔서 기도하신 적이 있기 때문에(눅 22:39 참조) 유다는 예수님이 계신 곳을 알고 있었을 것이다. 이미 유월절이 시작되었음에도 불구하고 종교지도자들은 계명을 어기고, 예수님을 체포하기 위해 무장한 자들을 보냈다. 예수님이 안식일을 어긴다고 비난하던 저들이었지만(2:18-3:6), 자신들의 기득권을 유지하기 위해서는 서슴없이 계명을 어겼다.

유다는 예수님을 체포하기 위한 계략을 세웠다. 종교지도자들이 예수님을 멸하기 위해 음모를 꾸민 것(3:6; 11:18; 14:1)처럼 말이다. 또 유다는 무리들에게 "그를 잡아 단단히 끌어가라"라고 주의를 준다. 예수님이 보통 분이 아님을 알기 때문이다. 유다에게는 예수님이 더 이상 스승이 아니라 체포해야 할 죄인일 뿐이었다. 유다는 당시 관습에 따라 스승인 예수님에게 입을 맞추었다. 존경의 표시가 아니라, 위선의 극치였다.

> **46** 그러자 그들은 예수를 붙잡아 체포했다. **47** 곁에 서 있던 사람
> 가운데 하나가 칼을 빼더니 대제사장의 종을 쳐 그 귀를 잘라
> 버렸다.

예수님을 체포하려 하자 옆에 서 있던 사람들 가운데 하나가 자기 칼을 빼서 대제사장 하인의 귀를 잘라 버렸다. 요한복음 18장 10절에 따르면 칼을 사용한 사람은 베드로였고, 대제사장 하인의 이름은 '말고'였다. 마태복음 26장 52절에 따르면 예수님은 베드로에게 칼을 칼집에 꽂으라고 하시면서 칼을 가지는 자는 칼로 망한다고 말씀하셨다.

> **48** 예수께서 그들에게 말씀하셨다. "너희가 강도에게 하는 것처럼
> 칼과 몽둥이를 들고서 나를 잡으러 왔느냐? **49** 내가 날마다
> 성전에서 너희와 함께 있으면서 가르쳤지만 너희는 나를 잡지
> 않았다. 그러나 이것은 성경을 이루기 위함이다."

예수님은 앞서 종교지도자들이 성전을 '강도의 소굴'로 만들었다고 비판하신 적이 있다(11:17). 정작 강도는 성전을 타락시킨 종교지도자들이었다. 강도인 그들이 오히려 무장한 사람들을 보내 예수님을 강도인 것처럼 잡으려고 했다. 또 예수님은 "내가 날마다 성전에서 너희와 함께 있으면서 가르쳤지만 너희는 나를 잡지 않았다"라고 하신다. 예수님은 낮에 많은 사람들이 있는 자리에서 가르치셨다. 여러 날을 계속해서 가르치셨다. 그러나 종교지도자들은 예수님을 체포할 수 없었다. 왜냐하면 사람들이 예수님의 권위를 인정했기 때문이다(11:18; 12:12, 37). 종교지도자들이 밤에 유다를 이용해서 무기를 들고 예수님을 잡으려 했다는 것은 그들이 얼마나 비겁한지를, 또 예수님이 무죄하다는 것을 보여 준다.

예수님은 무리들이 자신을 체포하는 것이 부당함을 아셨다. 그러나 예수님은 그들에게 폭력으로 대응하지 않으셨다. 순순히 응하셨다. 그들을 제압할 힘이 없어서가 아니었다. 예수님은 당장에라도 12개 군단의 천사들을 부르실 수 있었다(마 26:53-54). 그러나 예수님은 그렇게 하지 않으셨다. 왜냐하면 성경을 이루기 위해서였다.

> 50 제자들은 모두 예수를 버리고 달아났다.
>
> 52 그는 홑이불을 버리고 벗은 몸으로 도망갔다.

예수님이 체포되자 모든 제자들이 다 예수님을 버리고 도망쳤다. 모든 것이 예수님의 예언대로 진행되어 갔다(14:27). 그런데 마가는 이름을 알 수 없는 한 청년이 예수님을 따라가다 붙잡히자 벌거벗은 채 도망을 가버린 사건을 전해 주고 있다. 마가는 왜 굳이 이 사건을 전해 주었을까? 이 청년은 누구일까? 일부 학자들은 마가복음의 저자가 마가 요한이며, 이 청년은 다름 아닌 저자 자신이라고 추측한다. 위더링턴(Witherington)은 가룟 유다가 체포대를 이끌고 유월절 만찬이 있었던 마가 요한의 집에 들이닥쳤지만, 예수님과 제자들이 없자 겟세마네로 갔으며, 마가 요한은 이 사실을 알리기 위해 급히 겉옷을 걸쳐 입고 따

라갔을 수 있다고 추측한다.[10]

한편 일부 학자들[11]은 벌거벗은 채 도망간 청년이 마가복음 10장 17-22절에 나오는 재물이 많은 사람과 같은 사람이라고 추측한다. 근거는 주후 180년 경에 기록된 알렉산드리아의 클레멘트가 쓴 서신을 보면 〈마가의 비밀복음서〉가 언급되는데, 여기에 벌거벗은 청년이 등장한다. 그런데 이 청년은 마가복음 10장에 나오는 그 부자 청년과 동일인물이다. 마가복음 14장 51절에서 벌거벗은 사람을 '청년'(νεανίσκος, 네아니스코스)이라고 부르는데, 마태가 예수님을 찾아온 부자를 '청년'(네아니스코스)으로 부른 것(마 19:20)도 이 두 사람이 동일인물이라는 인식이 있었음을 암시한다. 또 51절에 언급된 '베 홑이불'(σινδών 신돈)은 부자들만 입는 옷이기 때문에 이런 추측을 뒷받침한다.[12] 만약 그렇다면 부자 청년은 예수님과의 처음 만남에서는 예수님을 따르지 못했지만, 어떤 사연이 있어서인지는 몰라도 예수님이 체포되는 고난의 현장을 찾아왔고, 제자들이 다 예수를 버리고 도망갔지만, 자신만은 예수를 따라가다가 결국 그도 역시 사람들에게 잡히자 벗은 몸으로 도망하게 되었다. 또 예수님의 빈 무덤에 나타난 한 청년(막 16:5)의 헬라어가 '네아니스코스'라는 점에서 두 사람을 동일인으로 보기도 한다. 이상의 주장이 다 확실하지 않지만, 벗은 채로 도망 간 청년은 저자인 마가 요한이었을 가능성이 높다.

심문받는 예수(53-65절)

53 그들은 예수를 대제사장에게로 끌고 갔다. 대제사장들과 장로들과 서기관들이 모두 모여들었다.

종교지도자들이 보낸 무리들은 예수님을 체포하여 대제사장의 집으로 데리고 왔다. 당시 현직 대제사장은 가야바(마 26:57)였다. 요한복음에 따르면 예수님은 먼저 전직 대제사장으로 생각되는 안나스에게 갔다가 가야바에게 넘겨졌다(요 18:13, 24). 대제사장의 집에는 '모든' 종교지도자들이 모여 있었다("모두 모여들었다," 53절; "온 공회", 55절). 당시 유대 종교지도자들은 사두개파, 바리새파 등으로 나뉘어 있었지만, 예수님을 죽이고자 하는 데는 한마음이 되었다. 악한 목적을 위해 단결하는 지도자들의 모습은 시편 2편에서 이미 예언되었다. "어찌하여 이방 나라들이 분노하며 민족들이 헛된 일을 꾸미는가 세상의 군왕들이 나서며 관원들이 서로 꾀하여 여호와와 그의 기름 부음 받은 자를 대적하며"(시 2:1-2).

> 55 대제사장들과 온 공회가 예수를 죽이려고 그를 고소할 증거를
> 구했지만 찾지 못했다.

'그를 고소할'에 해당하는 헬라어 카타 투 예수(κατὰ τοῦ Ἰησοῦ)를 직역하면 '예수에게 대항하여', '예수에게 불리한'이며, 영어로는 'against Jesus'이다. 개역개정은 '예수를 쳐서'로 번역했다. 이하 56, 57절에서 '예수를 고소하기 위해' 역시 마찬가지다.

> 58 "이 사람이 '내가 사람의 손으로 지은 이 성전을 허물고 손으로
> 짓지 아니한 다른 성전을 사흘 만에 지을 것이다'라고 말하는 것을
> 우리가 들었습니다"라고 했다. 59 그러나 그들의 증언 역시 서로
> 일치하지 않았다.

종교지도자들은 예수님을 사형에 처하기 위해서 고소할 증거를 찾았지만 찾지 못했다. 그러자 어떤 사람들이 예수님에게 불리한 거짓 증언을 하기 시작했다. 즉 정당하고 투명한 심문 과정을 통해 죄과를 밝히려는 것이 아니라 이미 사형하기로 정해 놓고 여기에 부합하는 증거를 얻고자 했던 것이다. 적어도 형식적으로는 합법적인 절차를 취한 것처럼 보이려고 했으나, 내용은 정해진 결론을 위해 증거를 조작하려는 음흉한 불법이었던 것이다.

하지만 거짓 증언자를 내세운 그들의 계략은 헛수고였다. 어

떤 사람들이 예수께 대해 거짓 증언하기를, 예수가 손으로 지은 예루살렘 성전을 헐고 손으로 짓지 아니한 다른 성전을 사흘에 지을 것이라고 주장한 것이다. 하지만 증언이 서로 일치하지 않았다. 마태복음에 따르면 이 같은 증언을 한 사람은 두 사람이다(마 26:60-61). 이 두 사람의 말이 어떤 점에서 서로 일치하지 않았는지 마가는 설명하지 않는다.

거짓 증언은 십계명 중 제9계명을 어기는 것이다. 종교지도자들이 마땅히 앞장서서 말씀을 지켜야 하건만 이들은 자신들의 이익을 지키기 위해서 십계명을 범하는 것도 두려워하지 않았다.

> 60 그러자 대제사장이 한가운데 일어서더니 예수에게 물었다. "이 사람들이 네게 불리한 증언을 하고 있는데 아무 말도 하지 않는가?"
> 62 예수께서 말씀하셨다. "내가 바로 그 사람이다. 너희들은 인자가 전능하신 분의 우편에 앉아 있는 것과 하늘 구름을 타고 오는 것을 볼 것이다."

예수님은 사람들이 거짓 증거를 대며 고소하는 것을 들었지만 일체 대답하지 않으셨다. 이사야 선지자가 예언한 대로 예수님은 "곤욕을 당하여 괴로울 때에도 그 입을 열지 아니하였"(사 53:7)다. 예수님은 하나님의 뜻을 이루기 위해 모욕을 견디셨다. 그러나 대제사장이 "네가 찬송을 받으실 분의 아들 그리스도냐"라고 물었을 때, 예수님은 드디어 입을 여셨다. "내가 바로 그 사람이다"(62절). 당신께서 하나님의 아들이요 그리스도이심을 인정하신 것이다.

마가복음은 예수님이 그리스도요 하나님의 아들이심을 선포하는 것으로 시작하고 있다(1:1). 또 예수께서 세례를 받고 나오실 때(1:11)와 산에서 변화하셨을 때(9:7) 하늘의 음성(하나님 아버지)이 예수께서 아들이심을 선포하였고, 귀신들도 예수님이 하나님의 아들이심을 증언하였으며(3:11; 5:7), 베드로는 예수님을 그리스도로 고백하였다(8:29). 이제 예수님이 직접 자신의 정체를 당당하게 밝힌다. 그동안 예수님은 당신께서 하나님의 아들이시요 메시아이심이 공개적으로 드러나기를 원치 않으셨다(3:12; 8:30). 그러나 십자가의 죽음이 예견되는 그 자리에서는 당신의 정체를 밝히셨다. 예수님은 자신의 정체를 인정할 때, 사형에 처하게 될 것을 아셨다. 가장 위험한 순간에, 가장 결정적인 순간에 예수님은 자신의 정체를 밝히신 것이다. 예수님의 메시아 되심은 십자가의 죽음으로 완성되기 때문이다. 이런 용기는 하나님 아버지의 뜻이 이루지기를 결단하셨던 겟세마네의 기도가 있었기에 가능했다.

또한 예수님은 장차 자신이 인자로서 하나님의 우편에 앉으실 것을 예언하셨다. 하나님의 우편 보좌는 권능과 권세의 상징이다. 이 자리는 통치자의 자리요 심판자의 자리다(시 110:1, 단 7:13 참조). 지금은 예수께서 심문을 받으시지만, 그때는 종교지도자들이 심판을 받게 될 것이다. 예수님은 또한 하늘 구름을 타고 영광 가운데 다시 오실 것이다(13:26 참조). 예수님은 죽음의 위기 속에서도 하나님이 주실 궁극적인 승리를 바라보셨다.

> 63 대제사장은 자기 옷을 찢으며 말했다. "우리에게 더 이상 무슨 증인이 필요하겠는가? 64 하나님을 모독하는 말을 여러분들이 들었소. 어떻게 생각하는가?" 그들은 모두 예수를 사형에 처해야 한다고 정죄했다.

자기 옷을 찢는 행동은 극한의 분노나 슬픔을 뜻한다. 대제사장은 앞서 예수님이 하신 말씀, 즉 예수께서 하나님의 아들 그리스도이며, 하나님 우편에 앉은 것과 구름을 타고 오실 것이라는 말씀이 신성모독이라고 생각했다. 2장에서도 가버나움 한 집에서 예수님이 중풍병자에게 죄 사함을 선포하셨을 때도 그곳에 있던 서기관들은 예수님이 신성모독의 죄를 짓고 있다고 속으로 말했다. 왜냐면 하나님만이 갖고 있는 죄 사함의 권세를 예수께서 행사하셨기 때문이다.

> 65 어떤 사람들은 예수에게 침을 뱉고 그의 얼굴을 가리고 주먹으로

치면서 그에게 "누가 때렸는지 맞혀 보아라"라고 말했다. 하인들도 예수를 손바닥으로 때렸다.

사람들은 예수님을 모욕하고 조롱했다. "누가 때렸는지 맞혀 보아라"에 해당하는 헬라어는 '프로페튜손'(προφήτευσον)이다. 직역하면 '선지자 노릇을 하라'(개역개정)이다. 필자는 새번역과 공동번역 개정판처럼 선지자가 하나님이 주신 지혜로 어려운 것도 아는 것처럼 얼굴을 가리고 치는 자가 누구인지 알아 맞혀 보라는 뜻으로 의역했다.

'누가 때렸는지 맞혀 보아라'는 이 말은 네가 선지자인 것을 증명해 보라는 말인데, 예수님은 베드로가 세 차례 부인하실 것을 예언하셨고, 실제로 이뤄졌다. 이야기에 등장하는 자들은 알지 못하지만 독자들은 안다. 문학비평에서는 이것을 '극적 아이러니'(dramatic irony)라고 하는데,[13] 등장인물들은 알지 못하고 저자와 독자만 인지한다. 독자는 등장인물의 무지함과 예수님의 진실됨을 확인하게 된다.

베드로의 배반(66-72절)

66 베드로가 집 안뜰 아래쪽에 있는데, 대제사장의 여종 가운데 하나가 와서

71 그러나 베드로는 저주하며 맹세했다. "나는 당신들이 말하는 저 사람을 알지 못하오."

54절에 따르면 베드로는 '멀찍이' 떨어져 예수님을 뒤따라 와서 대제사장의 집안 뜰까지 들어갔다. 이후 55절부터 65절까지는 대제사장의 집 안에서 이뤄진 예수님에 대한 심문 내용이다. 다시 66절부터 베드로 이야기가 나온다. 즉 '베드로—예수—베드로'의 샌드위치 구조로 되어 있다. 이런 구조는 당당하고도 의연하게 심문을 받으시는 예수님과 반면에 예수님을 부인하는 비겁한 베드로를 대조적으로 보여 준다.

대제사장 집에서 일하는 여종이 베드로를 보고 "당신도 나사

렛 예수와 함께 있었다"라고 말하자 베드로는 그 사실을 부인했다. 베드로는 그동안 예수님과 함께 있으면서 그분의 가르침을 배우고, 그분이 행하시는 이적을 보았건만, 이 순간 그 사실을 부인해 버렸다. 예수님은 제자들을 자기와 함께 있게 하기 위해서 그들을 택하셨다(3:14). 그렇다면 베드로는 예수님이 자기를 부르신 근본적인 이유까지 부인한 것이다. 또 여종이 곁에 있는 자들에게 베드로도 예수와 한패라고 말하자 이번에도 부인한다. 제자란 모름지기 예수님에게 속한 사람이다. 그러나 베드로는 이것마저 부인했다.

세 번째로 곁에 있던 사람들(이제 여종 한 명이 아니라 여러 사람이다)이 "네가 갈릴리 사람이니 틀림없이 저들과 한패다"라고 말한다. 그의 말 억양이 갈릴리 사람인 것을 드러냈을 것이다(마 26:73). 앞서 여종이 베드로에게 "당신도 나사렛 예수와 함께 있었다"라고 말했는데, 예수님이 나사렛 사람이기에 베드로가 갈릴리 사람이라는 것은 곧 베드로가 예수님과 같은 지역 출신이요 같은 패거리라는 뜻이다.

예수님은 제자란 자기를 부인하고 자기 십자가를 져야 한다고 말씀하셨다(8:34-35). 그러나 베드로는 자기를 부인한 것이 아니라, 예수님을 부인했다. 베드로는 저주하며 맹세까지 했다. 베드로가 예수님을 저주했는지, 자신을 저주했는지 구체적으로 알 수 없다. 이스라엘 사람들은 자신의 말이 진실임을 보이기 위해, 만약 자기 말이 거짓이라면 내게 저주가 임해도 좋다고 말했다(삼상 20:13; 25:22; 삼하 19:13; 왕상 2:23 등). 베드로는 이 관행에 따른 것으로 보인다. 그러나 베드로가 예수님과 한패임을 적극 부인하기 위해 예수님을 부인한 것으로도 볼 수 있다. 베드로는 "나는 당신들이 말하는 저 사람을 알지 못하오"라고 말한다. 예수님을 그리스도로 고백했던 그가 지금은 '저 사람'이라고 부르고 있다.

같은 시간 대제사장 집 안에서는 예수님이 종교지도자들 앞에서 당신이 하나님의 아들이요 그리스도이심을 당당히 밝히시고 영광 가운데 재림하실 것을 선포하셨다. 겟세마네에서 간절히 기도하는 가운데 하나님의 뜻에 순종하셨던 예수님은 죽음의 위협 속에서도 당당하셨지만, 깨어 기도하지 못했던 베드로는 세 번씩 예수님을 부인하는 나약하고 비겁한 사람이 되었다.

> 72 그러자 곧 닭이 두 번째 울었고 베드로는 예수께서 자기에게 하신 말, "닭이 두 번 울기 전에 네가 나를 세 번 모른다고 할 것이다"라고 하신 말씀이 생각이 나서 엎드려 울었다.

엎드려 우는 베드로. 이것이 마가복음에 나오는 베드로의 마지막 모습이다. 다른 복음서에서는 베드로가 예수님의 빈 무덤을 찾아가고, 부활하신 예수님을 만나지만, 마가복음에서는 여기가 마지막 장면이다. 자신의 배반을 예언하신 예수님의 말씀이 생각이 나서 땅바닥에 엎드려 우는 베드로는 그래도 희망이 엿보인다. 참회의 눈물을 흘렸기 때문이다. 그래서 예수님은 제자들에게 갈릴리에서 다시 보자고 하신 것이 아닐까?(14:28; 16:7).

15장

15장

둘러보기

15:1-47

1 새벽에 즉시 대제사장들이 장로들과 서기관들과 함께 회의,
곧 전체 공회를 열었다. 그리고 예수를 결박하여 끌고가 빌라도에게
넘겨주었다. 2 빌라도가 그에게 물었다. "네가 유대인의 왕이냐?"
예수께서 그에게 대답하여 말씀하셨다. "네가 말하였다."
3 대제사장들이 여러 가지로 예수를 고발하였다. 4 빌라도가 다시
그에게 물어 말했다. "너는 아무 대답도 하지 않느냐? 사람들이
얼마나 많은 것으로 너를 고발하는지 보라." 5 그러나 예수께서는 더
이상 아무 대답도 하지 않으셨다. 그러자 빌라도는 이상하게 여겼다.
6 명절이 되면 백성들의 요구에 따라 죄수 하나를 놓아 주는 관례가
있었다. 7 민란을 일으켜 사람을 죽이고 옥에 갇힌 사람 가운데
바라바라 불리는 자가 있었다. 8 무리가 빌라도에게 가서 자신들의
관례대로 해줄 것을 요청했다. 9 빌라도가 그들에게 대답하여
말했다. "너희들은 내가 저 유대인의 왕을 놓아 주기를 원하느냐?"
10 그는 대제사장들이 시기하여 예수를 넘겨준 것을 알고 있었기
때문이다. 11 그러나 대제사장들이 무리를 선동해 오히려 바라바를

대신 풀어 달라고 요청했다. 12 빌라도가 다시 그들에게 말했다.
"그러면 유대인의 왕이라 하는 이 사람을 내가 어떻게 했으면
좋겠느냐?" 13 그들이 다시 소리를 질렀다. "십자가에 못 박으시오!"
14 빌라도가 그들에게 말했다. "도대체 이 사람이 무슨 나쁜 일을
했다는 것이냐?" 그들이 더욱 크게 소리를 질렀다. "십자가에 못
박으시오!" 15 결국 빌라도는 무리를 만족시키기 위해 바라바는
놓아 주고 예수는 채찍질한 후 십자가에 못 박도록 넘겨주었다.
16 군인들이 예수를 총독 관저의 뜰로 데리고 갔다. 그들은 온 부대를
집합시켰다. 17 그들은 예수에게 자색 옷을 입히고 가시관을 엮어
머리에 씌우고 18 "유대인의 왕 만세"라고 말하며 그에게 인사했다.
19 그들은 갈대로 그의 머리를 치고, 침을 뱉고, 무릎 꿇고 그에게
절했다. 20 이렇게 희롱한 후에 다시 자색 옷을 벗기고, 그의
옷을 도로 입혔다. 그리고 십자가에 못 박기 위해 끌고 나갔다. 21
알렉산더와 루포의 아버지인 구레네 사람 시몬이 시골에서 올라와
지나가게 되었는데, 군인들이 그에게 예수의 십자가를 지게 했다.
22 그들은 예수를 골고다라는 곳으로 데리고 갔다. 골고다는
번역하면 '해골의 장소'라는 뜻이다. 23 그들은 몰약을 탄 포도주를
예수께 주었으나 예수께서는 받지 않으셨다. 24 또 그들은 예수를
십자가에 못 박고 그의 옷을 나누었는데, 누가 어느 것을 가질지
제비를 뽑았다. 25 예수를 십자가에 못 박은 것은 아침 아홉 시였다.
26 예수의 죄패에는 '유대인의 왕'이라고 적혀 있었다. 27 그들은
예수와 함께 강도 두 사람을 십자가에 못 박았는데, 한 사람은 그의
우편에, 다른 한 사람은 그의 좌편에 매달았다. 28 (없음) 29 지나가던
사람들이 고개를 흔들면서 예수를 모욕하며 말했다. "아하! 성전을
헐고 사흘 만에 짓겠다는 자여. 30 너 자신이나 구원하여 십자가에서
내려오라." 31 대제사장들과 서기관들도 그렇게 조롱하면서 서로
말했다. "그가 남은 구원했지만 자신은 구원하지 못하는구나.
32 이스라엘의 왕 그리스도는 지금 십자가에서 내려와 우리로 보고
믿게 하라." 또 함께 십자가에 못 박힌 자들도 예수를 모욕했다.

33 낮 열두 시가 되자 어둠이 온 땅을 덮더니 오후 세 시까지
계속되었다. 34 오후 세 시에 예수께서 큰 소리로 부르짖으셨다.
"엘리 엘리 라마 사박다니!" 이것을 번역하면 "나의 하나님, 나의
하나님, 어찌하여 나를 버리셨습니까?"라는 뜻이다. 35 곁에 서 있던
어떤 사람들이 이 말을 듣고 말했다. "보라, 그가 엘리야를 부른다."
36 또 어떤 사람은 달려가서 해면을 신 포도주에 적셔 갈대에 꿰어
그에게 마시게 하며 말했다. "엘리야가 와서 그를 내려 주는지
지켜보자." 37 예수께서 큰 소리를 지르시고 숨지셨다. 38 그리고
성전 휘장이 위에서 아래까지 두 쪽으로 찢어졌다. 39 예수를 마주
보고 서 있던 백부장이 예수께서 그렇게 숨지시는 것을 보고 말했다.
"진실로 이분은 하나님의 아들이셨다." 40 여인들도 멀리서 지켜보고
있었는데, 이들 가운데는 막달라 마리아, 작은 야고보와 요세의
어머니 마리아, 살로메가 있었다. 41 이들은 예수께서 갈릴리에
계실 때 따르며 섬기던 사람들이었다. 그 외에도 예수와 함께
예루살렘에 올라온 여인들이 많이 있었다. 42 이미 날이 저물었는데,
그날은 예비일, 즉 안식일 전날이었다. 43 아리마대 사람 요셉이
용감하게 빌라도에게 가서 예수의 시신을 내어 달라고 요청했다.
그는 존경을 받는 공회원이요 하나님의 나라를 기다리는 자였다.
44 빌라도는 예수가 벌써 죽었을까 의아하게 생각하여 백부장을
불러 예수가 죽은 지 오래되었는지 물어보았다. 45 빌라도는
백부장에게 알아보고 난 후 요셉에게 시신을 내주었다. 46 요셉은
세마포를 사 가지고 와서 예수의 시신을 내려다가 세마포로 싸서
바위를 파서 만든 무덤에 안치하고 돌을 굴려 무덤 입구를 막아
놓았다. 47 막달라 마리아와 요세의 어머니 마리아는 어디에 예수의
시신이 안치되었는지를 지켜보았다.

14장에 이어 종교지도자들은 예수님을 처형하기 위해 신속하게 움직였다. 총독 빌라도에게 예수님을 끌고가 여러 가지로 고발한다. 빌라도는 예수님께 질문하나 예수님은 침묵으로 일관하신다. 빌라도는 명절

에 죄인을 놓아주는 전례를 이용하여 예수님을 풀어 주고 싶어 했으나 대제사장이 무리를 충동하여 바라바를 요구한다. 정치적 안정을 원했던 빌라도는 결국 군중의 요구에 따라 예수님을 십자가 처형에 내준다. 영화 〈패션 오브 크라이스트〉(The Passion of the Christ)가 생생하게 보여 주었듯 예수님은 로마 군병들로부터 모진 채찍질을 받으셨다. 그러나 마가는 로마 군병들의 채찍질은 언급하지 않고, 그들의 조롱을 더 많이 전한다(17-20절). 예수님이 왕인 것처럼 자색 옷을 입히고 가시관을 엮어 씌우고 경례를 하고 '유대인의 왕'이라고 부르는 이 모든 행동은 조롱이지만 역설적으로 예수님이 왕이심을 드러낸다.

십자가의 현장에도 믿음의 사람들이 있었다. 예수님을 대신해서 십자가를 진 구레네 사람 시몬, 예수님을 하나님의 아들로 고백한 로마 백부장, 그리고 예수님의 시신을 장사 지낸 아리마대 요셉이 그들이다. 마가복음에서는 십자가 현장에 열두 제자들이 나타나지 않는다. 이 세 사람이 참된 제자임을 마가는 암시하고 있는 것이다. 이상의 내용을 바탕으로 단락을 구분하자면 다음과 같다.

빌라도의 심문(1-5절)

바라바를 선택한 무리, 예수를 처형하도록 넘겨준 빌라도(6-15절)

군인들이 예수를 조롱하다(16-20절)

십자가에 달리시고 조롱을 받으시다(21-32절)

예수의 죽음과 기이한 현상들(33-38절)

백부장의 고백과 여인들(39-41절)

아리마대 요셉이 예수를 장사 지내다(42-47절)

15장

풀어보기

빌라도의 심문(1-5절)

1 새벽에 즉시 대제사장들이 장로들과 서기관들과 함께 회의, 곧 전체 공회를 열었다. 그리고 예수를 결박하여 끌고가 빌라도에게 넘겨주었다.

14장 55절에서도 대제사장들과 장로들과 서기관들, 그리고 온 공회가 모여 있었다. 이 모임은 정식 회의라기보다는 새벽에 열 공식 전체 회의의 신속한 진행을 위해 모인 예비적 성격이었던 것 같다. 그래서 다시 여기서 전체 공회를 열었다고 말한 것이다. 대제사장들과 장로들과 서기관들은 예수 처형을 매우 신속하게 진행했다. 이들은 '새벽에', '즉시', '전체' 공회원들을 소집했다. 바울이 지적한 대로 죄인인 인간은 "그 발은 행악하기에 빠르고 무죄한 피를 흘리기에 신속"(롬 3:15; 사 59:7)하기만 하다. 유대교 안에 있던 다양한 분파들이 연합전선을 구축하여 예수님을 죽이려고 했다. 누가복음에 따르면 빌라도와 헤롯 안티파스가 서로 원수지간이었지만, 예수님을 죽이는 데는 서로 친구가 되었다. "헤롯과 빌라도가 전에는 원수였으나 당일에 서로 친구가 되니라"(눅 23:12).

빌라도는 주후 26년(혹은 27년), 로마 황제 티베리우스에 의해 유대 지역의 제5대 총독으로 임명되어 주후 36년까지 다스렸다. '총독'으로 번역된 헬라어는 '헤게몬'(ἡγεμών)이다. 유대 역사가 요세푸스와 필로는 빌라도를 '에피트로포스'(ἐπιτροπος)로 부른다. 1961년 가이사랴에서 발견된 한 비문에 따르면 그의 직책은 라틴어로 'Praefectus Iudaeae'였는데, 이 직책은 500~1,000명으로 구성된 지원부대의 사령관을 뜻한다.[1] 빌라도의 본군은 가이사랴에 주둔해 있었으며, 예루살렘 성전 안에 있는 안토니아 요새에는 분견대를 두었다. 당시 주둔군은 약 120명의 기병대와 2,500~3,000명의 보병이 있었다고 한다. 그러나 빌라도 휘하의 군대는 대외적 전쟁에 투입되는 군대라기보다 이스라엘 내의 치안에 치중하는 경찰의 성격이 더 강한 것으로 보인다. 총독은 그가 관할하는 지역 안에서 사법체계의 우두머리였다. 유대 종교지도자들이 예수님을 십자가형에 처하려고 빌라도에게 간 것은 바로 이런 이유에서였다. 또 총독은 조공과 세금을 거둬 관할 지역의 필요를 위해 사용하거나 본국 로마로 보내는 등 재정적 일도 담당했다.[2] 총독은 주로 가이사랴에 머물렀지만(바울을 심문한 벨릭스와 베스도는 가이사랴에 있었다) 유월절과 같이 이스라엘의 특별한 절기 동안에는 예루살렘에 머물렀던 것 같다.

> 2 빌라도가 그에게 물었다. "네가 유대인의 왕이냐?" 예수께서
> 그에게 대답하여 말씀하셨다. "네가 말하였다."

예수님은 "네가 유대인의 왕이냐"라는 빌라도의 질문에 대해서만큼은 (마가복음에서는) "네 말이 옳도다"라며 인정하셨다(15:2). 즉 마가는 십자가의 고난 중에도 예수님의 왕이심을 강조하고 있는 것이다. 이후에도 빌라도는 예수님을 유대인의 왕이라고 부르는데(9, 12절), 비록 빌라도가 진심으로 인정한 것은 아니지만, 예수님의 정체를 드러내는 역할을 한 셈이다.

> 3 대제사장들이 여러 가지로 예수를 고발하였다.

예수님을 빌라도 총독에게 끌고간 대제사장들은 '여러 가지로' 예수님을 고발했다. '고발하다'를 뜻하는 헬라어 '카테고레오'(κατηγορέω)는 바리새인들이 예수님을 고발하기 위해 안식일을 범하는지 엿보고 있을 때에도 사용된 바 있으며(3:2), 공관복음에서는 예수님에 대한 종교지도자들의 고발에 대해서만 사용되는 용어다. 누가복음에 따르면 빌라도는 예수님이 갈릴리 사람이라는 말을 듣고 헤롯 안티파스에게 보낸다. 대제사장들과 서기관들은 헤롯 안티파스 앞에서도 예수님에 대해 '힘써' 고발하였다'(눅 23:10).

'여러 가지로'로 번역된 말의 헬라어는 '많이'(πολλά, 폴라)라는 뜻이다. 마가복음에는 이들이 어떤 내용으로 고소했는지 언급되어 있지 않다. 누가복음에 따르면 예수님이 백성을 미혹하고, 가이사에게 세금 바치는 것을 금하였으며, 자기가 왕 그리스도라고 말하며 다닌다는 이유로 고소했다(눅 23:2).

바라바를 선택한 무리, 예수를 처형하도록 넘겨준 빌라도(6-15절)

> 6 명절이 되면 백성들의 요구에 따라 죄수 하나를 놓아 주는 관례가
> 있었다. 7 민란을 일으켜 사람을 죽이고 옥에 갇힌 사람 가운데
> 바라바라 불리는 자가 있었다.

당시에는 유월절과 같은 명절이 되면 죄수 하나를 풀어 주는 관례가 있었다. 우리나라에서 광복절이나 성탄절이 되면 대통령이 특별 사면을 단행하는 것과 유사하다. 군중들은 빌라도에게 이런 관례대로 죄수 하나를 석방해 달라고 요구했다. 바라바는 민란을 일으켰고 살인죄로 체포된 유명한 죄수였다(마 27:16). 그가 참여한 민란이 로마제국에 항거한 독립운동이었는지, 즉 그가 젤롯당원이었는지 여부는 확실하지 않

다. 그는 사실 예수님 좌우편 십자가에 달린 강도들처럼 십자가에 처형될 자였다. 예수님의 십자가는 원래 바라바가 져야 할 십자가였다.

마태복음 27장 17절을 보면 빌라도는 바라바와 예수님, 둘 중에 누구를 놓아 주기를 원하느냐고 사람들에게 묻는다. 일부 사본(f^{1} *pc* sy^{s} Or^{pt})에 따르면 바라바의 이름은 바라바 예수였다. 이에 따라 마태복음 27장 17절을 번역하면 "내가 누구를 너희에게 놓아 주기를 원하느냐 바라바라 하는 예수냐 아니면 그리스도라 하는 예수냐"가 된다(개역개정 성경은 난외주를 통해 이를 밝히고 있다). 즉 두 명의 예수 가운데 한 명을 택하라는 말이다.

또 '바라바'라는 아람어 이름은 '아들'이란 뜻의 '바르'와 '아버지'라는 뜻의 '아바'가 결합된 단어로서, 직역하면 '아버지의 아들'이란 뜻이다. 복음서에서 예수님은 하나님 아버지의 아들이 아니었던가? 그렇다면 빌라도가 제시한 선택은 두 명의 '아버지의 아들' 가운데 한 사람을 택하는 문제였다.

> 10 그는 대제사장들이 시기하여 예수를 넘겨준 것을 알고 있었기 때문이다.

빌라도는 유대 종교지도자들이 예수를 '시기하여'(διὰ φθόνον, 디아 프쏘논) 죽이려고 한다는 것을 알고 있었다. 하게도른(Hagedorn)과 나이라이(Neyrey)는 아리스토텔레스의 시기에 대한 정의에 따라 시기를 다른 사람의 성공 때문에 받는 스트레스로서, 성공한 사람을 공격하고 깎아내리는 특징을 가졌다고 정의한다.[3] 이러한 시기의 특징은 고대 지중해의 농업 사회의 사회경제적 조건과 심리적 조건과 밀접한 관련이 있다. 첫째, 시기는 '제한된 재화' 때문에 생긴다. 재물이든 명예든 그것은 제한되어 있기 때문에 모든 사람이 원하는 만큼 차지할 수 없다. 따라서 어떤 사람의 성공은 다른 사람의 몰락을 동반하게 된다. 둘째, 시기는 인간관계가 경쟁적인 사회에서 생겨난다. 셋째, 고대 지중해 세계에서 가장 핵심적 가치는 '명예와 수치'였다. "명예란 가장 기본적으로 마을 사람 혹은 이웃사람들이 평가하는 어떤 사람의 가치(worth), 지위(standing), 그리고 명성(reputation)을 의미한다."[4] 고대 지중해 세계 사람들은 명예를 사랑했고, 가장 지고한 목적으로 삼고 이것을 획득하고자 강렬하게 경쟁하였다. 시기는 이 명예를 획득하기 위한 경쟁과정에서 생겨난다는 것이 그들의 주장이다.

실제로 종교지도자들이 예수님을 시기한 이유는 예수님의 성공, 즉 그의 명성이 높아졌기 때문이다. 예수님이 놀라운 이적과 가르침을 베풀 때마다 수많은 사람들이 따랐다(1:28; 1:45; 2:1-2; 2:13, 15; 3:7, 20; 4:1; 5:20-21; 6:14, 34, 53-56; 7:24; 8:1, 27; 10:1, 46; 11:1-11, 18; 12:37). 예수님의 명성이 높아지자, 종교지도자들은 예수님을 공격했다. 복음서에 나오는 논쟁들은 예수님의 명예에 대한 종교지도자들의 공격이다. 그러나 예수님은 그들의 공격에 재치 있게 대응하여, 사람들은 더욱더 예수님의 권위를 인정하게 되고, 종교지도자들은 더욱더 권위를 잃게 된다.

더욱이 예수님은 성전에 대해 타락한 강도의 소굴로 비판하시고, 대제사장들의 독점적 권한이었던 사죄선언을 예수님이 행사하셨기 때문에(2:10) 종교지도자들은 자신들의 기득권을 빼앗긴다는 두려움과 불안 때문에 예수님을 시기했던 것이다. 종교지도자들의 예수님에 대한 시기는 예수님을 음해하는 소문을 퍼뜨리는 것으로도 나타나기도 했다(3:22, 30). 그러다가 그것으로 부족하여 예수님을 체포하여 공회에 세웠다. 종교지도자들이 예수님을 산헤드린 공회에서 심문한 것은 그에게 수치를 주기 위해서였다.

사도행전에서도 종교지도자들, 특히 사두개인들이 사도들을 시기한다. "대제사장과 그와 함께 있는 사람 즉 사두개인의 당파가 다 마음에 시기가 가득하여 일어나서"(행 5:17). 가뜩이나 사도들이 전하는 복음의 내용이 마음에 들지 않은데, 거기다가 사도들이 백성들에게 인기를 얻고 있어서 시기했던 것이다.

15 결국 빌라도는 무리를 만족시키기 위해 바라바는 놓아 주고
예수는 채찍질한 후 십자가에 못 박도록 넘겨주었다.

빌라도는 "무리를 만족시키기 위해" 바라바를 놓아주었다. 자칫 무리들의 요구를 들어주지 않을 경우 민란이 날 것을 우려했기 때문이다. 성경에는 언급되어 있지 않은 빌라도의 뒷이야기를 유대 역사가 요세푸스와 필로를 통해 알 수 있는데, 이 두 사람에 따르면 빌라도는 총독으로 부임하여 유대인의 민심을 잃은 몇 가지 조치를 취했다.[5] 예를 들어서 빌라도는 황제의 상(像)이 새겨진 로마 군기를 예루살렘에 세워 유대인들로부터 반감을 샀다. 이전의 총독들은 유대인의 마음을 상하지 않게 하려고 로마 군대가 예루살렘에 들어올 때 황제숭배의 어떤 표시도 허락하지 않았었다. 빌라도의 이 같은 행동에 분노한 유대인들은 대표단을 가이사랴에 파견했다. 이들은 군기를 제거해 달라고 닷새 동안이나 요구했다. 그러나 엿새째 되는 날 빌라도는 일단의 군인들을 군중 속에 보내어 칼로 진압하려고 했으며, 유대인들은 율법을 어길지언정 차라리 죽겠다고 목을 내놓으며 항거했다. 빌라도는 전국적인 폭동으로 확산될 것을 우려하여 예루살렘에서 황제의 상이 새겨진 군기를 철수한다.

또 빌라도는 황제의 이름이 새겨진 금방패를 예루살렘에 있는 헤롯의 옛 궁전에 세워 놓았다. 이에 헤롯의 네 아들을 포함한 유대 지도자들이 빌라도를 찾아가 방패를 치우도록 요구했다. 그러나 빌라도가 거부하자 이들은 티베리우스 황제에게 서신을 보내고, 편지를 받아본 티베리우스 황제는 진노하여 빌라도에게 즉각 방패들을 예루살렘에서 치워 가이사랴에 있는 아우구스도 신전에 갖다놓도록 지시했다.

또 빌라도는 수로를 건설하기 위해 성전에 있는 보물창고에서 '고르반'으로 알려진 기금을 취했는데, 나중에 빌라도가 예루살렘을 방문했을 때 성난 유대인들이 그를 에워싸자, 군인들에게 명하여 곤봉으로 진압했다. 이 과정에서 많은 사상자가 발생했다. 또 다른 유혈사태는 주후 36년에 있었다. 사마리아 출신의 거짓 선지자가 출현하여 모세가 그리심 산에 묻어 두었다고 전해지는 거룩한 그릇들을 보여 주겠노라고 사람들을 현혹했다. 이에 많은 사람들이 실제로 그리심 산 발치에 있는 마을에 무장을 한 채 집결하였다. 빌라도는 기병대와 중무장한 보병대를 보내어 길을 차단했다. 결국 전투가 벌어져 일부는 죽고 일부는 투옥되었다. 주동자들은 후에 처형되기도 했다. 이에 사마리아인들이 시리아 총독인 비텔리우스(Vitellius)에게 항의했다. 비텔리우스는 곧 빌라도를 직위해제하고 로마로 돌아가도록 조치를 취했다. 유세비우스에 따르면 빌라도는 주후 39년 자살했다.

이런 내용을 근거로 추측해 보면 빌라도는 가뜩이나 좁아진 자신의 정치적 입지를 지키기 위해서라도 무리들의 요구를 들어주었을 것이다. "빌라도는 로마의 법질서의 상징이기보다는 정치적인 편의를 추구하는 로마 제국의 연약성과 불법성을 대표하는 인물"[6]이었다.

군인들이 예수를 조롱하다(16-20절)

> 16 군인들이 예수를 총독 관저의 뜰로 데리고 갔다. 그들은 온 부대를
> 집합시켰다.

개역개정 성경은 '브라이도리온이라는 뜰 안으로'라고 번역했는데, '브라이도리온'(πραιτώριον)은 라틴어 'praetorium'을 헬라어로 음역한 것으로 '총독관저'를 가리킨다.

> 17 그들은 예수에게 자색 옷을 입히고 가시관을 엮어 머리에 씌우고
> 20 이렇게 희롱한 후에 다시 자색 옷을 벗기고, 그의 옷을 도로
> 입혔다. 그리고 십자가에 못 박기 위해 끌고 나갔다.

고대 세계에서 자색 옷은 사치스러운 옷으로서 주로 왕이 입었다(삿 8:26; 에 8:15; 눅 16:9 참조). 가시관은 왕관을 상징한다. 또 군인들은 마치 왕을 대하듯 예의를 갖춰 예수님에게 '유대인의 왕'으로 호칭하며 인사했다. 군인들은 갈대로 예수님의 머리를 계속해서 때렸다. 예수님은 가시관을 쓰고 계셨기 때문에 머리를 때리면 가시가 머리를 찌르게 된

다. 여기서 '갈대'는 왕이 지니는 '홀'(笏, scepter)을 상징한다.

로마 군인들의 이 같은 행동은 예수님을 조롱하는 것이지만, 부지불식간에 그들은 예수님의 참된 정체를 고백하고 있다. 예수님이 십자가에 달리셨을 때 종교지도자들이 예수님을 "이스라엘의 왕 그리스도"(32절)로 비웃었는데, 이 역시 예수님이 왕이심을 자기들도 모르는 사이에 강조하는 것이다. 앞서 살펴본 것처럼 빌라도는 예수님을 유대인의 왕으로 세 차례 말한다(2, 9, 12절). 후에 대제사장들과 서기관들도 예수님을 '이스라엘의 왕'으로 불렀다(15:31). 그리고 예수님이 달리신 십자가의 명패에도 '유대인의 왕'이란 글씨가 새겨져 있었다. 예수님을 죽이는 데 관여한 자들의 입을 통해 예수님은 왕으로 고백되고 있는 것이다.

이렇게 이야기 속의 등장인물이 한 말이 정반대의 진실을 이야기할 때 '언어적 아이러니'(verbal irony)라고 한다.[7] 로마 군인들이나 종교지도자들은 조롱하는 의미로 예수님을 유대인의 왕이라고 말했지만, 독자들이 보기엔 예수님의 참된 정체를 말한 것이다. 하나님의 역사는 참으로 놀랍다. 또 예수님이 수난 속에서 유대인의 왕으로 고백되었다는 것은 그분의 십자가 고난과 죽음이 오히려 예수님이 메시아요 온 우주를 통치하실 왕이 되는 순간임을 말해준다.

십자가에 달리시고 조롱을 받으시다(21-32절)

21 알렉산더와 루포의 아버지인 구레네 사람 시몬이 시골에서 올라와 지나가게 되었는데, 군인들이 그에게 예수의 십자가를 지게 했다.

로마 군인들은 구레네 사람 시몬에게 예수님의 십자가를 대신 지게 했다. 십자가의 가로 기둥은 라틴어로 '파티불룸'(Patibulum), 세로 기둥은 '스티페스'(Stipes)라고 한다. 십자가형을 당하는 자들은 '파티불룸'만 지고 형장으로 갔고 형장에는 이미 '스티페스'가 세워져 있었다. 거기서 스티페스와 파티블룸을 끼워 맞추게 되어 있었다. 실제로는 십(十)자라기보다는 영어 'T' 모양에 가깝다.

당시 로마 군병은 피지배국 사람에게 강제 부역을 시킬 수 있는 권한이 있었다. 마태복음 5장 41절에서 '억지로 오리를 가게 한다'는 말씀은 이런 배경에서 이해될 수 있다. 시몬은 구레네 출신이다. 구레네는 오늘날 북아프리카 리비아의 북동부에 위치했던 도시다. 그는 이스라엘 밖에 사는 디아스포라 유대인으로서 절기가 되어 예루살렘을 찾은 것 같다. 그래서 피부색이 검었을 가능성이 높고,[8] 이 때문에 여러 사람들 가운데서 로마 군인의 눈에 띄었을 것이다.

시몬에게는 아들이 최소한 두 명 있었는데, 그들의 이름은 알렉산더와 루포였다. 이 두 아들의 이름을 마가가 알고 있었고, 또 마가복음을 읽는 독자에게 이들의 이름을 밝혔다는 사실은 마가복음 독자들이 이들을 알고 있었다고 볼 수 있다. 40절에서 소개된 여인들 가운데 마리아를 작은 야고보와 요세의 어머니로 설명한 것 역시 마가복음의 독자들이 작은 야고보와 요세를 알고 있었음을 암시한다.

그렇다면 알렉산더와 루포는 성도였을 것이다. 일부 학자는 로마서 16장 13절에서 언급된 '루포'를 시몬의 아들 루포와 일치시키기도 한다. 이 점을 근거로 마가복음의 독자들은 로마에 있었을 것이라고 추측하기도 한다. 또 1941년 이스라엘에 있는 동굴 무덤이 발견되었는데, 이 무덤은 구레네 출신 유대인들을 위한 무덤이었다. 그런데 이 무덤에는 '시몬의 아들 알렉산더'라는 글씨가 새겨진 납골묘가 있었다고 한다.[9]

묵상

살다보면 소위 '재수없는 날'이 있게 마련이다. 재수없는 일 중에서 제일[10] 참기 어려운 것 중 하나는 나쁜 일에 내가 뽑히는 일이다. 그 많은 사람 중에서 하필이면 내가 '걸려서' '쪽팔리는 일'을 해야 한다면 정말 '재수없는' 일이 아닐 수 없다. 구레네 사람 시몬이 그랬다. 수치스러운 십자가를 많은 사람들이 보는 앞에서, 그것도 내가 잘못해서 지는 것이 아니라, 나와는 전혀 상관없는 사람의 십자가를 대신 져야 한다면 얼마나 창피하고 재수 없는 일이겠는가? 시몬에게 그날은 정말로 재수없던 날이었다. 시몬이 골고다 언덕에 올라오기까지 얼마나 투덜대며 불평했을지 가히 상상이 간다. 하지만 예수님은 자신의 잘못도 아닌데 그 수모를 당하시면서 우리를 대신하여 십자가를 지셨음을 생각해 보자.

시몬은 골고다 언덕에서 십자가에 달리신 예수님을, 그것도 가까운 거리에서 지켜볼 수 있었을 것이다. 마가복음에 따르면 예수님을 따르던 열두 제자들은 그곳 골고다 언덕에 아무도 없었다. 예수님을 절대로 배신하지 않겠다던 베드로도 없었다. 오히려 재수 없게 뽑힌 '구레네 사람 시몬'이 십자가의 현장에 있었을 뿐이다. 그래서 그는 복된 사람이다. 십자가에 달린 예수님을 봤기 때문이다. 그는 십자가를 진 사람, 곧 예수님을 따르는 사람이기 때문이다. "누구든지 나를 따라오려거든 자기를 부인하고 자기 십자가를 지고 나를 따를 것이니라"(8:34). 그날은 가장 재수없는 날이 아니라, 가장 재수 좋은 날, 하나님의 오묘한 은혜를 맛본 날이 아닐 수 없다. 나에게 찾아 온 고난과 시련을 통해 예수님을 만나게 되고, 더 깊이 알게 되었다면 그 시련은 축복이다.

22 그들은 예수를 골고다라는 곳으로 데리고 갔다. 골고다는 번역하면 '해골의 장소'라는 뜻이다.

'골고다'는 '해골의 장소'(place of the skull)라는 뜻이다. 죄수들이 십자가에 달려 죽은 곳, 해골이 쌓인 곳, 죽음의 장소라는 뜻이다. '갈보리'(Calvary)로도 부르는데, 영어 'Calvary'는 해골을 뜻하는 라틴어 'Calvaria'에서 왔다.

23 그들은 몰약을 탄 포도주를 예수께 주었으나 예수께서는 받지 않으셨다.

몰약(myrrh)을 탄 포도주는 일종의 마약과도 같아서 고통을 덜어주는 역할을 한다. 그러나 예수님은 십자가의 고통을 온전히 감수하시기 위해 진통제도 거부하셨다. 한편 다른 해석도 있다. 여기서 몰약을 탄 포도주를 준 사람이 군인들인데, 지금까지 예수님을 조롱하고 학대하더니 왜 지금은 자비를 베풀어 고통을 잊게 하는 몰약 탄 포도주를 주었을까? 그래서 에반스(Evans)는 이런 해석을 반대하며 다른 주장을 내세운다. 몰약이나 기타 다른 향을 탄 포도주는 고급 포도주다. 군인들은 앞서 예수님을 조롱한 것처럼 지체 높은 사람이 마시는 이런 고급 포도주를 예수님에게 줌으로써 예수님을 조롱하고 있는 것이다. 그래서 누가복음(23:36)은 군인들이 예수님을 희롱하면서 신포도주(vinegar)를 줬다고 말한다.[11] 에반스의 주장에도 일리가 있지만, 그러나 십자가형과 같은 극형에 처해지는 자에게 고통을 덜어주는 마약 성분의 포도주를 주는 것이 일반적이었던 점을 고려할 때 예수님도 마찬가지였을 것이다.[12]

24 또 그들은 예수를 십자가에 못 박고 그의 옷을 나누었는데, 누가 어느 것을 가질지 제비를 뽑았다.

죄수의 옷은 형을 집행하는 자들의 몫이었다. 로마 군인들이 제비를 뽑아 예수님의 옷을 나눠 가진 것은 시편 22편 18절("내 겉옷을 나누며 속옷을 제비 뽑나이다")의 성취다.

25 예수를 십자가에 못 박은 것은 아침 아홉 시였다.

15장에 나타난 바, 예수님이 돌아가시던 행적은 3시간 단위로 기록되어 있다. 먼저 예수님은 '새벽에' 빌라도에게 넘겨졌는데, 여기서 새벽은 해 뜰 무렵(오전 6시)일 것이다. 그리고 빌라도에게 심문을 받고, 군인들에게 조롱당하신 후 오전 9시(25절) 십자가에 못 박히셨다. 사람들이 십자가에 달린 예수님을 조롱했다. 이후 낮 12시(33절)에 온 땅에 어둠이 뒤덮였고 오후 3시까지 3시간 동안 계속됐다. 그리고 오후 3시(34절) 마침내 예수님은 큰 소리를 지르시고 돌아가셨다. 이후 날이 저물었을 때(아마도 저녁 6시경, 42절) 아리마대 요셉이 예수의 시신을 가져다가 장사를 지냈다.

27 그들은 예수와 함께 강도 두 사람을 십자가에 못 박았는데, 한
사람은 그의 우편에, 다른 한 사람은 그의 좌편에 매달았다.

강도 두 사람은 아마도 바라바와 같이 민란에 참여했던 사람들일 것이다(눅 23:32, 39에서는 '행악자'로 언급된다). 예수님은 당신을 체포하러 온 자들에게 "너희가 강도에게 하는 것처럼 칼과 몽둥이를 들고서 나를 잡으러 왔느냐?"(14:48)라고 말씀하신 바 있다. 지금은 두 강도 사이에, 마치 그들과 같이 강도처럼 십자가에 달리신 것이다.

29 지나가던 사람들이 고개를 흔들면서 예수를 모욕하며 말했다.
"아하! 성전을 헐고 사흘 만에 짓겠다는 자여."
32 "이스라엘의 왕 그리스도는 지금 십자가에서 내려와 우리로 보고
믿게 하라." 또 함께 십자가에 못 박힌 자들도 예수를 모욕했다.

고개를 흔드는 것은 조롱의 표시다. 사람들은 십자가에 달리신 예수님을 조롱하고 멸시하면서 이렇게 말한다. "너 자신이나 구원하여 십자가에서 내려오라"(30절), "지금 십자가에서 내려와 우리로 보고 믿게 하라"(32절). 이 같은 사람들의 조롱은 사탄의 마지막 유혹이었다. 예수님은 마음만 바꾸면 당장이라도 십자가에서 내려가실 수 있었다. 그러나 만약 예수님이 십자가에서 죽지 아니하신다면 인류의 구원은 불가능하게 된다. 마태복음에 따르면 종교지도자들은 예수님께 이렇게 조롱했다. "그가 하나님을 신뢰하니 하나님이 원하시면 이제 그를 구원하실지라 그의 말이 나는 하나님의 아들이라 하였도다 하며"(마 27:43). 예수님은 진정 하나님을 신뢰했다. 하나님은 능히 십자가에 달리신 당신의 아들도 구원하실 수 있다. 그러나 하나님의 뜻은 예수님이 십자가에서 돌아가시는 것이기에 예수님에게 이 소리는 최후의 유혹이었을 것이다. 예수님은 이 유혹의 소리를 견디어 내셨다. 죽기까지 순종하셨다

(빌 2:8). 이렇게 하여 "내 뜻대로 하지 마시고 아버지의 뜻대로 하소서" 라는 예수님의 기도는 응답되었다.

또 종교지도자들은 예수님에게 이렇게 소리쳤다. "그가 남은 구원했지만 자신은 구원하지 못하는구나"(31절). 역설적이게도 이 말은 사실이다. 예수님은 많은 사람을 구원하셨고, 또 구원하실 것이지만, 자신이 살기 위해 십자가에서 내려오지 않으셨다.

예수의 죽음과 기이한 현상들(33-38절)

33 낮 열두 시가 되자 어둠이 온 땅을 덮더니 오후 세 시까지 계속되었다.

낮 12시가 되자 온 땅에 어두움이 임했다. 이 어두움은 예수님이 운명하신 오후 3시까지 계속됐다. 아모스 선지자는 심판의 날인 여호와의 날에는 대낮에 어두움이 있을 것이라고 예언한 바 있다(암 8:9-10). 또한 예수님도 종말에 인자가 재림할 때 해가 어두워질 것이라고 말씀하신 바 있다(막 13:24). 온 땅에 어둠이 임한 것은 예수님의 죽음이 세상에 대한 하나님의 심판인 것을 보여 준다(욜 2:2; 습 1:15). 세상의 빛(요 1:9; 8:12)이신 예수님이 돌아가신다면 세상에 어둠이 내리는 것은 당연하다.

34 오후 세 시에 예수께서 큰 소리로 부르짖으셨다. "엘리 엘리 라마 사박다니!" 이것을 번역하면 "나의 하나님, 나의 하나님, 어찌하여 나를 버리셨습니까?"라는 뜻이다.

예수님의 마지막 절규는 하나님에 대한 원망이 아니며, 절망의 부르짖음도 아니다. 이 절규는 왜 하나님 아버지께서 그의 아들을 십자가에서 죽게 하셨는지 그 이유를 생각해 보라는 우리를 향한 질문이다. 하나님의 아들 예수께서 버림을 받았다고 외치실 만큼 인간의 죄악에 대한 하나님의 심판은 심히 크고 두려웠다.

또 예수님의 부르짖음은 하나님에 대한 궁극적 신뢰이며, 그분께 자신을 맡기는 전적인 위임이다. 우리는 예수님의 부르짖음을 시편 22편의 관점에서 봐야 한다. 예수님이 십자가에서 말씀하신 것은 시편 22편 1절 앞부분이다("내 하나님이여 내 하나님이여 어찌 나를 버리셨나이까"). 시편 22편은 다윗이 고난 가운데 노래한 시편이다. 다윗은 사람들로부터 심한 조롱과 멸시를 당하였다. 사람들이 그를 에워싸고, 마치 사자가 먹잇감을 잡아먹으려는 듯 그를 잡아먹고자 했다. 다윗은 하나님께 간절히 기도하고 밤낮으로 부르짖었으나, 하나님이 응답하지 않으시는 것 같았다. 그래서 다윗은 "내 하나님이여 내 하나님이여 어찌 나를 버리셨나이까 어찌 나를 멀리 하여 돕지 아니하시오며 내 신음 소리를 듣지 아니하시나이까?"(시 22:1)라고 탄식한다. 여기까지만 보면 시편 22편은 하나님을 원망하는 시 같다. 그러나 시편 22편은 하나님의 신실하심을 굳게 믿고 구원을 간구하는 기도, 그리고 하나님의 주권을 찬양하는 것으로 끝난다. "그는 곤고한 자의 곤고를 멸시하거나 싫어하지 아니하시며 그의 얼굴을 그에게서 숨기지 아니하시고 그가 울부짖을 때에 들으셨도다"(시 22:24).

예수님은 십자가의 모진 고통 속에서 시편 22편으로 하나님께 기도하셨다. 예수님은 하나님 아버지께서 자신을 결코 버린 것이 아니라 지금 이 순간에도 붙들고 계심을 확신하셨다. 그래서 '나의' 하나님이라고 부른 것이다. 예수님이 큰 소리를 지르시고 운명하신 것은 하나님에 대한 원망 때문에 소리를 지른 것이 아니라 하나님에 대한 믿음 속에서 마지막으로 힘을 다해 기도하신 것이다.

> 35 곁에 서 있던 어떤 사람들이 이 말을 듣고 말했다. "보라, 그가
> 엘리야를 부른다." 36 또 어떤 사람은 달려가서 해면을 신 포도주에
> 적셔 갈대에 꿰어 그에게 마시게 하며 말했다. "엘리야가 와서 그를
> 내려 주는지 지켜보자." 37 예수께서 큰 소리를 지르시고 숨지셨다.

'해면을 신 포도주에 적셔서 갈대에 꿰어 예수님께 마시게 했다'는 언급은 시편 69편 21절의 말씀이 이뤄진 것이다. 신 포도주는 물로 희석한 포도주 식초를 말하는 것으로 값싼 갈증해소 음료였다. 죽어 가는 예수님께 누군가가 베푼 자비였다. 당시에는 누군가에게 긍휼을 베푸는 종교적 의무의 하나로 사형수들에게 진통제 역할을 하는 향신료 술을 제공하는 것이었다고 한다.[13] 예수님이 '엘리 엘리 라마 사박다니'(아람어로 하면 '엘로이 엘로이 레마 사박타니')라고 큰소리로 부르짖는 것을 들은 사람들은 예수님이 엘리야를 부른다고 생각했다. 발음이 비슷해서 착각했던 것이다. 말라기 4장 5절에 따르면 여호와 하나님께서는 마지막 날에 엘리야를 보내신다고 했기 때문에 엘리야가 와서 무죄한 자신을 구해달라고 예수님이 간구하는 것으로 오해한 것일 수 있다.

마이어스(Myers)는 마가복음의 처음, 중간, 마지막에 각각 나오는 세 가지 사건에 주목한다. 예수께서 세례를 받고 나오실 때의 사건, 변화산 사건, 그리고 골고다에서 일어난 사건은 예수님의 정체를 드러내 주는 묵시적 사건이다. 아래 도표를 참조하라(독자의 이해를 돕기 위해 일부 수정 보완했다).[14]

세례	변화산	십자가
하늘이 갈라지고 비둘기가 내려오다	옷이 희게 빛나고 구름이 덮다	성소 휘장이 갈라지고 어둠이 온 땅을 덮다
하늘로부터의 소리 "너는 내 사랑하는 아들이다"	구름으로부터의 소리 "이는 내 사랑하는 아들이다"	백부장의 고백 "진실로 이분은 하나님의 아들이셨다"
세례자 요한 (엘리야와 같은 외모 / 예수님이 엘리야로 지칭)	엘리야가 나타나 예수님과 대화함	사람들이 예수께서 엘리야를 부른다고 생각

엘리야는 크고 두려운 심판의 날인 '여호와의 날'이 임하기 전에 선구자로 올 사람이었다. 그렇다면 예수께서 십자가에 달려 돌아가실 때 온 땅에 어둠이 임한 일이나 사람들이 예수께서 엘리야를 부른다고 생각한 것은 예수님의 십자가에서 여호와의 날이 성취되고 있음

을 보여 준다. 즉 예수님은 온 인류의 죄악에 대한 하나님의 심판을 받으신 것이고, 자기 목숨을 많은 사람의 대속물로 주신 것이다(10:45). 또 성전 휘장이 찢어진 것도 성전에 대한 하나님의 심판을 보여 준다. 아래서 자세히 설명한다.

묵상

영화를 보면 영웅이 날아와서 위기에 처한 사람을 구하곤 한다. 얼마나 멋있나! 그런 것처럼 엘리야가 와서 예수님을 구해 주면 얼마나 드라마틱할까! 이것이 바로 십자가 주변에 있던 사람들의 생각이었다. 그러나 예수님은 엘리야를 보내 구원해 달라고 하지 않으셨다.

예수님은 군인, 지나가던 사람들, 종교지도자들이 퍼붓는 조롱을 그대로 참으셨다. 그들의 조롱이 사실이기 때문에 변명의 여지가 없어서 참으신 것이 아니었다. 아무리 듣기 싫어도, 나를 비웃는 사람들의 조롱이 부인할 수 없는 사실이라면 부끄럽고 속상해도 참을 수밖에 없다.

예수님이 사람들의 조롱을 참으신 이유는 힘이 없었기 때문도 아니다. 예수님을 향한 조롱이 사실이 아니었지만, 예수님은 무기를 들고 있는 군인들이 무서워서 참으신 것이 아니다. 지나가던 사람들이 숫자가 많아서 저항할 엄두를 못 냈기 때문도 아니었다. 종교지도자들이 막강한 종교권력을 휘두르고 있었기 때문에 어떻게 해 볼 생각을 아예 하지 못했기 때문에 참으신 것도 아니다.

예수님을 향한 조롱과 비웃음은 다 사실 무근이었다. 예수님이 힘과 권세가 없으셨기 때문에 그저 묵묵히 참았던 것도 아니다. 예수님은 진리의 길을 걸으셨고, 힘과 권세도 있으셨다. 그러나 십자가의 조롱과 고난을 당하는 길이 죄인들을 구원하시기 위해 하나님 아버지께서 정하신 뜻이었기 때문에 순종하신 것이다. 나를 근거 없는 사실을 가지고 모함하고 조롱할 때 그들을 제압할 충분한 힘과 권세가 있는데도 참는다는 것이 얼마나 어려운가? 예수님이 바로 그 길을 걸으셨다. 예수님은 십자가의 구원을 이루시기 위해서 자신의 권세를 사용하실 수 있는 유혹을 거부하셨다.

38 그리고 성전 휘장이 위에서 아래까지 두 쪽으로 찢어졌다.

왜 예수님이 돌아가실 때 성소 휘장이 찢어졌을까? 여기서 성소 휘장은 성소와 지성소를 구분하는 휘장을 말한다. 지성소는 세상에서 가장 거룩한 곳이다. 하나님이 임재하시는 곳이다. 대제사장조차 1년에 한 차례밖에 들어가지 못한다. 그런데 예수님이 십자가에 죽으실 때 하나님이 계신 곳으로 가는 그 휘장이 찢겨졌다. 이제부터는 예수님의 십자가를 통해 누구나 하나님께로 나갈 수 있게 되었다는 뜻이다. 부패하고 타락한 성전은 더 이상 하나님의 집이 아니다. 오직 예수님의 십자가만이 하나님의 임재의 자리로 우리를 인도할 수 있다. 그래서 히브리서 기자는 이렇게 말했다. "그러므로 형제들아 우리가 예수의 피를 힘입어 성소에 들어갈 담력을 얻었나니 그 길은 우리를 위하여 휘장 가운데로 열어 놓으신 새로운 살 길이요 휘장은 곧 그의 육체니라" (히 10:19-20).

한편 주후 1세기 유대 역사가 요세푸스에 따르면 이 휘장에는 하늘이 그려져 있었다. 그렇다면 성소 휘장이 찢어졌다는 말은 휘장에 그려진 하늘이 찢어졌다는 말이다. 예수님이 세례를 받으실 때 하늘이 갈라진 사건과 놀랍게도 일치한다. 마가복음에 나타난 예수님의 일생은 하늘이 갈라진 것으로부터 시작하여 하늘이 갈라진 것으로 끝이 난다. 하늘이 갈라져 성령이 내려오셔서 하나님의 구원이 시작되었고, 성소 휘장의 하늘이 갈라져 타락한 성전은 끝이 나고 예수님의 찢겨진 몸이 우리를 구원하는 길이 되었다. 갈라진 하늘, 찢어진 휘장. 이것이 하나님의 구원을 이루신 예수님의 삶의 처음과 마지막이었다.

백부장의 고백과 여인들(39-41절)

39 예수를 마주 보고 서 있던 백부장이 예수께서 그렇게 숨지시는
것을 보고 말했다. "진실로 이분은 하나님의 아들이셨다."

로마 백부장이 예수님을 하나님의 아들로 고백한 것은 매우 중요하다. 당시 로마 제국에서는 로마 황제가 신의 아들로 신격화되고 있었다. 그

런데 로마 백부장은 그동안 숭배해 오던 황제가 아니라 바로 저 힘없이 십자가에 달려 죽으신 예수님이 '하나님의 아들'이라고 고백하고 있는 것이다.

백부장은 무엇 때문에 이런 고백을 하게 되었을까? 39절에 따르면 "그렇게 숨지시는 것을 보고" 예수님을 하나님의 아들로 고백했다. 그러면 그렇게 숨지셨다는 것은 뭘까? 로마 백부장이 바로 앞 38절에서 언급된 바, 성전 휘장이 찢겨진 것을 보고 예수님을 하나님의 아들로 고백했다고 보기도 하는데,[15] 옳지 않다. 골고다 언덕에 있는 로마 백부장이 성전 휘장이 찢겨지는 것을 어떻게 볼 수 있단 말인가? 성전 휘장이 찢겨진 사건은 화자가 독자에게 십자가의 의미를 설명하는 부분이다.

성소 휘장이 찢어진 일을 제외하면 백부장이 십자가 처형 현장에서 경험한 "그렇게 숨지시는 것"은 다음과 같다. 먼저 온 땅에 어둠이 임한 일(33절)이다. 백부장은 이 일을 통해 심상치 않은 일이 벌어지고 있다고 생각했을 것이다. 또 예수께서 큰 소리로 "엘리 엘리 라마 사박다니"라고 외친 것(34절)과 마지막으로 큰 소리를 지르시고 숨을 거두신 것(37절)이 있는데, 백부장은 힘없이 처량하게 죽어 가는 다른 죄수들과는 달리 예수님의 이런 모습에서 의연함을 봤을 것이다. 누가복음에 따르면 예수님은 "아버지 내 영혼을 아버지 손에 부탁하나이다"라고 큰 소리로 말씀하신 후 숨을 거두셨다(눅 23:46). 죽음의 순간에도 아버지 하나님을 신뢰하는 가운데 평화롭게 돌아가시는 모습이다. 그렇다면 예수님은 진실로 하나님의 아들이라는 백부장의 고백은 예수께서 의연하게 죽음을 맞이한 영웅이라는 의미가 된다.

이런 견해가 어느 정도 합리적인 설명일 수는 있다. 그러나 "그렇게 숨지시는 것"은 예수님의 십자가 죽음 전체를 가리키는 것으로 봐야 한다. "그렇게 숨지시는 것"이 구체적으로 어떤 것을 지시하는지 분명하지 않은 이유는 십자가의 고난과 죽음 전체를 말하기 때문이다.

또 중요한 사실은 마가복음에서 예수님을 하나님의 아들로 고백한 첫 번째 '사람'이 바로 로마 백부장이라는 점이다. 마가복음에서 예수님이 하나님의 아들로 선포되거나 고백되는 경우는 네 번이다. 마가복음의 표제어라고 할 수 있는 1장 1절에서, 그리고 예수님이 세례를 받고 요단강에서 올라오실 때(1:11), 변화산에서(9:7), 마지막으로 백부장의 고백이다. 이 밖에 귀신들이 예수님을 하나님의 아들로 고백했다(3:11; 5:7). 마가복음에 등장하는 '사람' 가운데 예수님을 '하나님의 아들'로 고백하는 사람은 백부장뿐이다.[16]

종교지도자들은 오히려 예수님이 "찬송받으실 하나님의 아들 그리스도"임을 인정하셨을 때(14:61-62), 참람하다고 하며 예수님을 죽이기로 결의했고, 예수님을 모독했다. 또 예수님의 제자들은 예수님이 놀라운 능력으로 이스라엘을 로마 제국으로부터 해방시켜 주실 정치적 메시아로만 이해했다. 그런데 놀랍게도 그동안 예수님을 만나 보지 못한 로마 백부장은 예수님이 돌아가시는 것을 보고 그분이 하나님의 아들이심을 고백한다.

백부장은 예수님이 행하신 이적을 한 번도 보지 못했을 것이다. 그는 십자가에 달린 예수님을 봤을 뿐이다. 로마 백부장은 예수님의 십자가 죽음을 처음부터 끝까지 봤다. 마가가 백부장이 "예수를 마주 보고 서 있었다"(39절)라고 설명한 것 역시 십자가에 달려 죽으신 예수님의 생생한 증인이라는 점을 강조하는 표현이다. 오직 십자가에 달려 죽으신 예수님을 만난 사람만이 그분을 하나님의 아들로 고백할 수 있다. 바로 이 점을 마가는 전하려고 했던 것이다.

> 40 여인들도 멀리서 지켜보고 있었는데, 이들 가운데는 막달라
> 마리아, 작은 야고보와 요세의 어머니 마리아, 살로메가 있었다.
> 41 이들은 예수께서 갈릴리에 계실 때 따르며 섬기던 사람들이었다.
> 그 외에도 예수와 함께 예루살렘에 올라온 여인들이 많이 있었다.

십자가의 현장 바로 그곳은 아니지만 멀리서 예수님의 죽음을 바라보는 사람들이 있었다. 이들은 여인들이었다. 이들은 예수님으로부터 큰 사랑을 받았기에 그분을 좇고 섬겼다. 그리고 십자가의 현장까지 왔던

것이다. 하지만 가까이 가지 못한 채 멀리서 지켜보고 있었다. 자칫 예수님을 따르는 사람들로 오해받을까 두려워서일 것이다. 두려워하는 여인들의 모습은 16장에서 빈 무덤에 있던 청년의 말을 듣고 난 뒤에도 나타난다.

아리마대 요셉이 예수를 장사지내다(42-47절)

43 아리마대 사람 요셉이 용감하게 빌라도에게 가서 예수의 시신을 내어 달라고 요청했다. 그는 존경을 받는 공회원이요 하나님의 나라를 기다리는 자였다.

사복음서 모두에서(막 15:43; 마 27:57; 눅 23:51; 요 19:38) 좋은 평가를 받은 인물이 아리마대 요셉이다. '아리마대'는 사무엘상 1장 1절에 언급된 '라마다임소빔'(사무엘의 아버지 엘가나가 살던 곳)과 동일한 지명으로 추측되며, 예루살렘으로부터 북서쪽으로 약 32킬로미터가량 떨어진 곳에 있다. 그는 존경받는 공회원이었다. '공회원'(βουλευτής, 불류테스)은 당시 이스라엘의 최고 종교기관이었던 산헤드린 공회에 소속된 사람을 뜻한다.[17]

요셉이 이렇게 저명한 사람이었기 때문에 빌라도에게 가서 예수님의 시신을 요구할 수 있었을 것이다. 한편 마태는 그가 부자였다고 소개한다(마 27:57). 그래서 예루살렘 가까이에 자신의 무덤을 갖고 있을 수 있었다. 또 마태는 요셉을 예수님의 제자로 소개한다(마 27:57). 그는 예수님이 무죄하다고 믿었기 때문에 예수님을 사형에 처해야 한다는 산헤드린 공회 의결에 참여하지 않았다(눅 23:51). 그러나 요한복음의 경우 요셉이 예수님의 제자이지만 유대인이 두려워 이 사실을 숨겼다고 말한다(요 19:38).

또 그는 하나님의 나라를 '기다리는' 사람이었다. 마가복음에서 '하나님의 나라'와 관련하여 칭찬을 받은 사람은 가장 큰 계명에 대해 물은 서기관("네가 하나님의 나라에 멀지 않도다", 12:34)과 아리마대 요셉

두 사람뿐이다. '기다리다'란 말의 헬라어 '프로스데코마이'(προσδέχομαι)는 '환영하다'(welcome), '맞아들이다'(accept, receive)라는 뜻이 있다. 요셉은 하나님의 나라를 간절히 사모했으며, 그 하나님의 나라를 바로 예수님에게서 발견한 사람이다.

아리마대 요셉은 빌라도에게 가서 예수님의 시체를 내어 달라고 요구했다. 앞서 세례자 요한이 죽었을 때 그의 제자들이 요한의 시신을 가져다가 장사했던 것과 유사하다. 유대율법에 따르면 나무에 달려 죽은 사람은 해가 지기 전까지 처리해야 한다. 하나님이 기업으로 주신 땅을 더럽히지 않기 위해서다(신 21:22-23).

요셉이 빌라도에게 예수님의 시신을 내어 달라고 부탁한 것은 큰 용기가 필요한 일이었다. 자칫 요셉도 예수님과 한통속으로 간주될 수 있었기 때문이다. 이것을 두려워했기 때문에 베드로는 세 번씩이나 예수님을 부인하지 않았던가? 제자들은 모두 자기 목숨 하나 부지하기 위해 예수님을 버리고 십자가 현장에는 나타나지 않았다. 그러나 요셉은 십자가 현장까지 간 사람이었다. 예수님은 자기를 부인하고 자기 십자가를 지고 당신을 좇는 사람이 제자라고 하셨다(8:34). 그렇다면 요셉이야말로 진정한 예수님의 제자라고 할 수 있다.

16장

16장

둘러보기

16:1-20

1 안식일이 지난 뒤 막달라 마리아와 야고보의 어머니 마리아와
살로메는 예수의 시신에 바르려고 향품을 샀다. 2 안식 후 첫날 매우
일찍, 해가 돋을 때에 그들은 무덤으로 갔다. 3 그들은 "누가 우리를
위해 무덤 입구에 있는 돌을 굴려 줄까" 하고 서로 말했다. 4 그런데
여인들이 눈을 들어 보니 이미 돌이 굴려져 있었다. 그 돌은 매우
컸다. 5 그들이 무덤에 들어가서 흰 옷을 입은 한 청년이 오른쪽에
앉아 있는 것을 보고는 깜짝 놀랐다. 6 그가 말했다. "놀라지
말라. 너희들은 십자가에 못 박히신 나사렛 예수를 찾고 있구나.
그러나 그는 살아나셨고, 여기에 계시지 않는다. 보아라, 그를
두었던 곳이다. 7 그러니 너희들은 이제 가서 제자들과 베드로에게
말하여라. '예수께서 너희보다 먼저 갈릴리로 가실 것이다. 그분의
말씀대로 너희는 거기서 그분을 보게 될 것이다.'" 8 여인들은
무덤에서 뛰쳐나와 도망갔다. 벌벌 떨면서 넋을 잃고 말았다. 그들은
무서워서 아무에게도 아무 말도 못했다. 9 예수께서 안식 후 첫날
새벽에 살아나신 뒤에 제일 먼저 막달라 마리아에게 나타나셨다.

그녀는 전에 예수께서 일곱 귀신을 쫓아내 주셨던 여자였다.
10 마리아는 예수와 함께 지내던 사람들에게 가서 전했다. 그들은
슬퍼하며 울고 있었다. 11 그러나 그들은 예수께서 살아 계시다는
것과 마리아가 예수를 직접 보았다는 말을 듣고도 믿지 않았다.
12 그 후에 그들 가운데 두 사람이 걸어서 시골로 내려가고 있었는데
예수께서 다른 모습으로 그들에게 나타나셨다. 13 그들은 돌아가서
다른 제자들에게 이 사실을 알렸으나 믿지 않았다. 14 그 후에 열한
제자가 음식을 먹고 있을 때, 예수께서 그들에게 나타나셔서 그들이
믿음이 없는 것과 마음이 완악한 것을 꾸짖으셨다. 왜냐면 그들은
예수께서 살아나신 것을 본 사람들의 말을 믿지 않았기 때문이다.
15 또 예수께서 그들에게 말씀하셨다. "너희는 온 세상에 나가서
만민에게 복음을 전파하라. 16 누구든지 믿고 세례를 받는 사람은
구원을 받겠지만, 믿지 않는 사람은 정죄를 받을 것이다. 17 믿는
자들에게는 이런 표적들이 따를 것이다. 곧 그들이 내 이름으로
귀신을 쫓아내며 새 방언을 말하며 18 뱀을 집어 올리고 독을 마셔도
해를 입지 않을 것이고 병든 자에게 손을 얹으면 낫게 될 것이다."
19 주 예수께서 말씀을 마친 뒤에 하늘로 들려 올라가셔서 하나님
우편에 앉으셨다. 20 제자들은 곳곳에 다니면서 복음을 전파했는데,
주께서 그들과 함께 일하셨고 표적들이 따르게 하셔서 말씀을
확증해 주셨다.

16장은 세 여인이 안식 후 첫날 새벽에 예수님의 시신에 향유를 바르기 위해 가는 장면으로 시작한다. 그들은 무덤을 막아 놓은 돌을 어떻게 치우고 들어갈까 걱정하지만 이미 돌은 굴려져 있었다. 무덤에 들어간 여인들은 한 청년을 만나게 되고, 그에게서 예수님이 살아나셨다는 소식과 갈릴리에서 만나자는 말을 전해 듣는다. 이 생각지도 못한 소식에 여인들은 너무도 두려워 떨며 아무 말도 하지 못했다. 원래 마가복음은 이렇게 끝났을 것이다. 여인들의 두려움은 믿음의 반응이 아니다. 독자들은 예수께서 이미 예언하신 대로(8:31; 9:31; 10:33-34) 부활하

셨음을 알고 갈릴리로 가야 할 것을 안다.

이어지는 내용은 예수님이 마리아와 시골로 가던 두 사람과 열한 제자들에게 각각 나타나시는 이야기다. 누가복음 24장 내용과 닮았다. 예수님은 열한 제자들에게 복음 전파를 명하시면서 그들에게 표적과 방언과 능력이 나타날 것을 약속하신다. 이미 6장에서도 예수님은 제자들에게 더러운 귀신을 쫓는 권세를 주시고 전도하러 보내신 바 있다. 제자란 세상에 나가 예수님이 그리스도요 하나님의 아들이심을 전파하고 능력으로 하나님의 나라를 이뤄가야 한다. 이후 예수님은 승천하시고 제자들은 예수님의 말씀에 순종하여 나가 전도하고 표적을 행한다. 16장을 세분하면 아래와 같다.

천사가 세 여인에게 예수의 부활을 전하다(1-8절)

제자들의 믿음 없음과 완악함을 꾸짖으시다(9-14절)

제자들에게 복음 전파를 명하시다(15-20절)

16장

풀어보기

천사가 세 여인에게 예수의 부활을 전하다(1-8절)

1 안식일이 지난 뒤 막달라 마리아와 야고보의 어머니 마리아와
살로메는 예수의 시신에 바르려고 향품을 샀다.

앞서 여인들은 예수님이 돌아가신 것을 보았고, 그 시신이 어디에 묻혔는지를 확인해 두었다(15:47). 안식일이 끝난 후 여인들은 예수님의 시신에 바를 향품을 샀다. 안식일은 토요일 해질 무렵에 끝이 난다. 이때 상점도 다시 여는데, 여인들은 이 시간에 가서 향품을 사두었던 같다. 그러나 그 시간은 무덤을 찾아가기에는 너무 늦은 시간이었다. 그래서 여인들은 다음 날 '새벽, 해가 돋을 때' 무덤을 찾아갔던 것이다.

당시에 시신에 향품을 바르는 일은 여인이 담당했다. 이스라엘에서는 시신 처리와 관련하여 남자와 여자가 하는 일이 구분되었는데, 남자들은 시체를 무덤까지 운구했다. 보통 전문적으로 곡하는 여인들과 피리 부는 사람들이 따랐다(마 9:23 참조). 시체가 무덤에 놓이면 여자들이 시체에 향유를 바르고 세마포로 싸는 일을 했다. 향유를 바

른 이유는 부패 방지가 아니라, 시체 썩는 냄새를 중화시키기 위해서였다. 시체 처리를 마치면 동굴 입구를 둥근 모양의 큰 돌로 막고 거기에 회칠하여 표시를 한다. 신생 무덤임을 알리는 표시인 것이다.[1]

요한복음은 니고데모가 몰약과 침향 섞은 것을 가지고 와서 예수님의 시신에 발랐다고 보도한다(요 19:39-40). 마가복음에 등장하는 여인들은 이 사실을 몰랐던 것 같다. 예수님이 돌아가신 당일에 이 일을 하지 못했기 때문에 안식일 다음 날 새벽을 위해 향품을 산 것이다.

2 안식 후 첫날 매우 일찍, 해가 돋을 때에 그들은 무덤으로 갔다.

유대인들은 안식일을 기점으로 요일에 이름을 붙인다. 일요일은 '안식 후 첫날', 월요일은 '안식 후 둘째 날' 등과 같은 식이다. 사도행전(20:7)에서도 여전히 일요일은 '안식 후 첫날'로 불린다(개역개정 성경은 '주간의 첫 날'로 번역). 필자는 헬라어 원문을 직역하여 '안식 후 첫날'로 번역했다. 그러나 계시록(1:10)에서는 일요일이 '주의 날', 즉 '주일'로 불린다.

"매우 일찍, 해가 돋을 때에"는 일종의 두 단계 진행 기법으로 '새벽, 즉 해가 돋을 때'라는 뜻이다.

예수님의 부활은 새벽에 일어났다. 비록 여인들은 근심하며 찾아갔지만 하나님은 이미 죽은 자 가운데서 예수님을 다시 살리셨다. 구약에서 새벽은 하나님의 구원의 시간으로 종종 나타난다.[2] 하나님이 소돔과 고모라를 멸하시고 롯의 가족을 구해 내신 시간도 이른 아침이었다(창 19:27-29). 새벽에 하나님은 애굽 군대를 어지럽히시고 홍해의 마른 땅으로 이스라엘 백성들을 건너게 하셨다(출 14:24). 다리오 왕이 사자 굴에 던져진 다니엘을 찾아가 그의 살아 있음을 확인한 시간도 새벽이었다(단 6:19).

묵상

마가가 전하는 예수님 이야기에는 여러 여인 등장한다. 시몬 베드로의 장모(1:30-31), 열두 해 혈루증 앓던 여인(5:25-34), 귀신 들린 딸을 둔 수로보니게 여인(7:24-30), 300데나리온이 넘는 값비싼 향유를 예수님께 드린 무명의 여인(14:3-9) 등 예수님이 그 믿음을 칭찬하신 여러 여인이 나온다.

비록 멀찍이서 지켜보긴 했지만 십자가와 무덤까지 따라갔던 사람도 여인들이었다. 막달라 마리아, 작은 야고보와 요세의 어머니 마리아, 그리고 살로메다. 이들은 갈릴리에서부터 예수님을 따르며 섬겼다(15:41). 예수님을 따르고 섬기는 사람이 바로 예수님의 제자가 아닌가? 마가복음에서는 열두 제자 중 어느 누구도 십자가 현장에 보이지 않는다. 오직 여인들과 아리마대 요셉만이 있었다. 또한 이 세 여인은 예수님의 시신이 안치된 무덤까지 갔다. 이 세 여인은 예수님을 사랑하되, 무덤까지 따라간 사람들이었다. 나는 예수님을 위해 어디까지 갈 수 있을까?

3 그들은 "누가 우리를 위해 무덤 입구에 있는 돌을 굴려 줄까" 하고
서로 말했다.

예수님을 사랑하여 무덤에 찾아갔지만 여인들에게는 염려가 있었다. 무덤 입구를 막고 있는 큰 돌을 치우는 일이었다. 하지만 여인들의 걱정과는 달리 돌은 이미 치워져 있었다. 왜냐면 예수님은 이미 부활하셨기 때문이다. 여인들은 예수님이 부활하셨을 것이라고는 생각하지 못했기 때문에 향품도 샀고, 돌을 치울 걱정도 한 것이다. 여인들은 예수님을 사랑했다. 그러나 예수님을 정확하게 알지는 못했다. 부활에 대한 믿음은 없었던 것이다. 예수님이 이미 우리를 위해 문제를 해결해 놓으셨음을 믿는다면 오늘의 걱정은 사라질 것이다. "너희 염려를 다 주께 맡기라 이는 그가 너희를 돌보심이라"(벧전 5:7).

4 그런데 여인들이 눈을 들어 보니 이미 돌이 굴려져 있었다. 그
돌은 매우 컸다. 5 여인들이 무덤에 들어가서 흰 옷을 입은 한 청년이

오른쪽에 앉아 있는 것을 보고는 깜짝 놀랐다.

이미 큰 돌이 굴려져 있었다는 것은 예수께서 부활하셔서 무덤에서 나오셨음을 뜻한다. 제 아무리 큰 돌도 예수님을 무덤에 가둬 둘 수는 없다. 무덤에 있던 어떤 청년(νεανίσκος, 네아니스코스)은 흰 옷을 입고 있었다. 그가 천사인지 사람인지는 확실하지 않다. 헬라어 '네아니스코스'는 겟세마네에서 벗은 몸으로 도망친 청년을 가리킬 때도 사용된 단어다(14:51). 이 두 사람이 동일인이라고 보기도 하지만 근거는 없다. 청년이 흰 옷을 입고 있었다는 묘사는 예수께서 영광스러운 모습으로 변화되셨을 때의 묘사("그 옷은 이 세상 어떤 빨래꾼이라도 더 이상 희게 할 수 없을 정도로 새하얗게 빛났다", 9:3)를 생각나게 한다. 보통 인간이 아니라는 뜻이다.

또 그가 오른쪽에 앉아 있다는 묘사 역시 무언가를 전하거나 가르칠 때 취하는 권위 있는 자세라는 점,[3] 여인들이 깜짝 놀란 것도 캄캄한 무덤에서 생각지도 않던 사람을 보았다는 사실을 넘어 영적 존재 앞에서 느끼는 두려움일 것이다. 그래서 누가복음에서는 '청년' 대신에 "찬란한 옷을 입은 두 사람"(눅 24:4)이라고 언급되며, 나중에 여인들은 이들을 천사로 부른다(눅 24:23). 마태복음에서는 아예 '주의 천사'(마 28:2)로 부른다.

6 그가 말했다. "놀라지 말라. 너희들은 십자가에 못 박히신 나사렛 예수를 찾고 있구나. 그러나 그는 살아나셨고, 여기에 계시지 않는다. 보아라, 그를 두었던 곳이다. 7 그러니 너희들은 이제 가서 제자들과 베드로에게 말하여라. '예수께서 너희보다 먼저 갈릴리로 가실 것이다. 그분의 말씀대로 너희는 거기서 그분을 보게 될 것이다.'"

청년은 예수님이 살아나셨다고 전하기에 앞서 예수님을 '나사렛' 예수요, '십자가에 못 박히신' 분으로 소개한다. 이 땅에 계셨고, 십자가에 달려 죽으신 바로 그 예수가 부활하셨다는 말이다. 앞서 예수님은 부활을 예언하셨는데(8:31; 9:31; 10:34; 12:10), 이제 그 말씀이 이뤄진 것이다. 그러나 마가복음에서는 부활하신 예수님이 제자들에게 나타나지 않으신다(8절까지를 원본으로 보았을 때). 다만 갈릴리에서 만날 약속이 전해질 뿐이다. 이 약속은 이미 예수께서 최후의 만찬 자리에서 하신 약속이다(14:28). 그리고 다시 부활의 현장에서 이 약속이 전해지고 있다. 부활하신 예수님을 볼 수 있는 곳은 갈릴리다. 예수님의 부활과 마지막 사명 부여는 마가복음의 결말이면서 동시에 새로운 시작이다.

그러면 왜 예수님은 갈릴리로 가시려고 하시는가? 갈릴리는 어떤 곳인가? 마가복음에서 갈릴리와 예루살렘은 단순히 지리적 공간을 넘어 신학적으로 중요한 의미가 있다. 마가복음에서 이 두 공간은 서로 대립하고 있다. 갈릴리는 예수님이 사역을 시작한 곳이다. 1장 1절을 제외하고 예수님에 대한 처음 설명은 '갈릴리 나사렛' 출신이라는 것이었다. 예수님의 등장은 그가 '갈릴리 나사렛'에서 요단강에 와서 요한에게 세례를 받는 장면으로부터 시작된다(1:9). 또 예수님은 '갈릴리에 와서' 하나님의 복음을 선포하셨고, '갈릴리 바닷가'를 지나다가 4명의 제자를 부르셨다(1:16).

예수님은 갈릴리, 그리고 두로와 시돈과 같은 인근 이방 지역에서 귀신을 쫓아내시고, 병자를 치유하고, 각종 이적을 행하셨고, 말씀을 전하시고 가르치셨다. 즉 악의 세력이 떠나가고, 사탄의 때가 끝이 나고 하나님의 통치가 이루어진 곳이 갈릴리와 인근 이방 지역이다. 예수님은 바로 이곳에서 제자들과 함께 계속해서 하나님의 나라를 이루어 가길 원하신다. 그래서 부활하신 예수님은 제자들에게 갈릴리에서 만나자고 하신 것이다.

'갈릴리'는 '고리'(ring) 혹은 '원'(circle)이라는 뜻으로, 주변 이방 지역에 의해 둘러싸여서 영향을 받는 장소, 그래서 성전이 있는 거룩한 성 예루살렘과는 달리 부정한 곳이라는 인식이 있었다.[4] 그러나 마가는 이것을 뒤집은 것이다.

마가복음에서 왜 예루살렘은 부정적으로, 갈릴리는 긍정적으로 묘사되는지에 오랜 연구가 있었다. 로마이어,[5] 막센[6], 켈버[7] 등이 대표적인 학자다. 막센은 마가복음에 대한 편집비평적 접근의 효시라고 할 수 있는 그의 책에서 갈릴리는 단순히 지리적인 개념이 아니라 신학적인 의미를 담고 있다고 본다. 마가복음 전체의 지리적 틀은 마가의 편집이며, 신학적이다.[8] 막센은 14장 28과 16장 7절은 예수의 부활 현현이 아니라, 인자 예수의 재림을 의미한다고 해석하면서, 마가는 이 예수의 임박한 재림을 기다리고 있던 갈릴리의 기독교 공동체를 위해서, 또 다른 곳에 있는 기독교 공동체에게 갈릴리로 올 곳을 촉구하기 위해서 마가복음을 썼다고 주장한다. 한마디로 "마가는 '갈릴리 복음서'(a Galilean Gospel)를 쓴 것이다."[9]

켈버도 마가복음에 관한 한 로마이어와 막센의 사상적 계보 안에 있다고 할 수 있다. 켈버는 마가복음이 유대 전쟁 이후 갈릴리 기독교를 그 배경으로 하고 있는데, 마가 공동체는 갈릴리에 있었고, "마가는 북쪽 기독교(a northern Christianity)의 대표자로서 남쪽 예루살렘 중심의 기독교(a southern Jerusalem-type Christianity)와 대립하고 있었다"[10]라고 주장한다. 마가복음에서 예수님의 가족들과 제자들이 매우 부정적으로 묘사되고 있는 이유도 이들이 예루살렘 교회의 중심이었기 때문이다. 켈버는 마가복음 13장을 분석하면서 예루살렘 교회는 예루살렘이 인자 예수의 재림 장소라고 거짓 예언하는 자들에게 이끌렸는데, 마가는 이것을 반박하면서 인자의 재림 장소는 갈릴리임을 주장하고 있다는 것이다.[11] 또한 켈버에 따르면 마가복음에서 갈릴리는 매우 폭넓은 개념으로서 데가볼리와 두로와 시돈 지경까지를 포함한다.[12] 갈릴리는 유대 기독교인과 이방 기독교인이 하나가 되는 것이며, 이것은 예수가 의도한 것이다. 예수가 갈릴리 사역을 하면서 이방 지역을 오간 것은 바로 이것을 의미한다.

라이트푸트(Lightfoot) 역시 마가복음에 나타난 갈릴리와 예루살렘의 선명한 대립에 대해 이렇게 말한다. "그러므로 마가복음에서 이야기가 진행할수록 갈릴리와 예루살렘은 서로 대립하고 있다. 경멸받는 자들과 죄인들의 갈릴리는 하나님에 의해 복음의 자리요, 인자의 계시 장소로 택함을 받은 것으로 나타나고 있다. 반면에 유대 경건과 애국심의 본거지인 거룩한 성 예루살렘은 냉혹한 적개심과 죄악의 중심지가 되었다. 갈릴리는 계시의 장소요, 예루살렘은 배척의 장소이다. 갈릴리는 주님의 사역의 시작과 중간 장면이고, 예루살렘은 마지막 장면이다."[13]

7 "그러니 너희들은 이제 가서 제자들과 베드로에게 말하여라.
'예수께서 너희보다 먼저 갈릴리로 가실 것이다. 그분의 말씀대로
너희는 거기서 그분을 보게 될 것이다.'"

제자들이 부활하신 예수님을 갈릴리에서 보게 될 것이라는 청년의 전언(16:7)은 예수님과 제자들의 관계 회복을 암시하고 있다는 점에서 새로운 시작이다. 예수님이 갈릴리에서 제자들을 다시 만나자고 하신 것은 당신을 배반한 제자들에게 다시 기회를 주시고자 함이요, 관계의 회복을 원하신다는 뜻이다. 여기서 우리는 예수님이 제자들보다 '먼저' 갈릴리로 가셨다는 사실에 주목해야 한다. 예수님은 제자들을 부르실 때에도 "나를 따라오너라"라고 말씀하셨다(1:17). 고난과 죽음의 현장 예루살렘으로 올라가시는 길에서도 예수님은 제자들 "앞에 서서" 가셨다(10:32). 예수님은 우리 보다 앞서 가시며 우리를 인도하신다. 제자란 예수님의 뒤를 따라가는 자들이다.

8 여인들은 무덤에서 뛰쳐나와 도망갔다. 벌벌 떨면서 넋을 잃고
말았다. 그들은 무서워서 아무에게도 아무 말도 못했다.

청년의 지시에 대해 여인들이 두려워하며 아무에게도 아무 말도 전하지 못했다는 묘사의 의미에 대해 다양한 견해가 있다. 먼저 라이트푸트는 여인들의 두려움이 예수님의 부활 계시에 대한 '거룩한 경외심'의 표현이며, 따라서 그들이 두려워한 것은 하나님의 계시에 대한 적절한 반응이라고 본다.[14] 그러나 마가복음에서 12회(4:41; 5:15, 33, 36; 6:20, 50; 9:32; 10:32; 11:18, 32; 12:12; 16:8) 사용되고 있는 '포베오마이'(φοβέομαι, '두려

워하다')는 대부분 부정적인 의미를 함축하고 있다.[15]

물론 '포베오마이'는 일반적인 코이네 헬라어 용법에서 부정적인 의미도 있고, 신의 현현 앞에서의 '거룩한 경외심'이란 긍정적 의미도 있다.

그러나 마가는 주로 부정적인 뜻으로 사용하고 있다. 예를 들어서 예수께서 바람과 바다를 잔잔케 하였을 때, 사람들은 그것을 보고 "심히 두려워하였다"(4:41). 제자들의 두려움은 신적 권능을 행하는 예수님에 대한 '거룩한 경외심'의 표현일 수 있을 것이다. 그러나 예수님은 그들의 두려움과 믿음 없음을 함께 꾸짖으셨다(4:40). 마가는 제자들의 두려움과 예수님의 정체에 대한 그들의 무지를 연결시키고 있다(4:41). 또 예수께서 산에서 변화하였을 때 함께했던 제자들은 "심히 무서워하였다"(9:6). 물론 제자들의 두려움 역시 신적인 계시 혹은 신의 현현 앞에서 인간이 느끼는 '거룩한 경외심'일 수 있다. 그러나 마가는 제자들의 두려움의 감정과 '깨닫지 못함'("저가 무슨 말을 할는지 알지 못함이더라," 9:6)을 함께 언급하고 있다.

이런 마가복음의 큰 흐름에서 볼 때 여인들의 두려움도 부정적인 의미로 봐야 한다. 더군다나 여인들은 청년의 지시를 듣고 무덤에서 도망하여 아무에게도 아무 말도 하지 못했다. 부머샤인(Boomershine)은 여인들의 도망과 침묵, 그리고 두려움의 감정이 독자에게 주는 효과에 주목한다.[16] 독자는 제자들의 도망이나 한 청년의 도망과 마찬가지로 여인들의 도망에 대해 동정하면서도 잘못된 것이라고 판단을 내릴 것이다.

또 부머샤인은 16장 8절에서 마가복음의 주요 모티브였던 '메시아의 비밀' 모티브가 역전되고 있다고 주장한다. 예수께서 십자가에서 처형당하고 다시 살아날 때까지는 그의 메시아의 신분이 드러나서는 안 되었지만, 그가 예언한 대로 부활한 이후에는 그가 메시아임을 전해야 한다(9:9). 그런데 여인들은 오히려 침묵했다. 이러한 여인들의 모습은 예수님의 침묵명령에도 불구하고 "예수께서 자기에게 어떻게 큰 일 행하셨는지를 데가볼리에 전파"(5:20)하였던 거라사 귀신 들렸던 자와 대조를 이룬다. 지금은 말해야 할 때다. 말해야 할 지금, 침묵하고 있는 여인의 모습은 독자들에게 침묵하지 말 것을 촉구한다.

> 이러한 결말은 부활 소식을 전해야 하는 사명 속에 암시된, 책임과 두려움 간의 강력한 갈등을 구체화하고 있다. …… 이러한 결말의 의도는 침묵의 스캔들과 선포의 두려움 사이의 갈등 경험이다. 침묵으로 반응한 것이 완전히 잘못되었다는 깨달음의 충격 속에서, 이에 대한 반응으로 이 이야기는 두려움에도 불구하고 부활을 선포하도록 촉구한다. …… 그러므로 마가의 결말이 주는 효과는 예수가 부활한 이후 그의 메시아 되심을 선포하라는 사명에 대한 응답으로 침묵한 것에 대해 회개하도록 촉구하는 것이다. 또한 사도적 사명에 따르는 두려움을 일소할 것을 촉구한다.[17]

쥬엘(Juel)도 이런 결말은 마가복음에서 줄곧 나타난 '눈 어두움'(blindness)과 '밝히 봄'(insight), '숨김'(concealment)과 '드러냄'(openness)의 긴장으로 끝나고 있다고 주장한다.[18] 로즈(Rhoads)도 유사한 입장이지만 보다 희망적인 면을 강조한다. "그것은 누군가가 복음을 선포할 것이라는 희망을 부르짖고 있다. …… 따라서 이상적인 독자들(the ideal readers)은 이 이야기를 끝내도록, 일어난 사건에 대해 선포하도록 부름을 받고 있다. 독자들만이 끝까지 신실하게 남았다. 독자들은 여인들처럼 도망갈 것인가, 아니면 비록 두려움과 죽음이 있지만 담대하게 선포할 것인가 하는 선택이 주어졌다. …… 마지막에 이상적인 독자들은 예수가 부재한 상황에서, 예수가 다시 올 때까지, 하나님에 대한 믿음으로 예수처럼 살도록 위임을 받고 있는 것이다."[19]

결국 마가는 예수님과 제자들의 관계 회복에 대해 가능성과 불가능함을 모두 제시하고 있는 것이다. 이러한 종결은 일종의 수사학적 전략으로서 마가는 이런 종결을 통해 독자로 하여금 여인들의 도망과 침묵과 두려움이 잘못되었음을 깨닫게 하고, 독자가 두려움을 극복하고 예수님의 부활 소식을 전파할 것을 촉구하고 있는 것이다.

9 예수께서 안식 후 첫날 새벽에 살아나신 뒤에 제일 먼저 막달라
마리아에게 나타나셨다. 그녀는 전에 예수께서 일곱 귀신을 쫓아내
주셨던 여자였다.
14 그 후에 열한 제자가 음식을 먹고 있을 때, 예수께서 그들에게
나타나셔서 그들이 믿음이 없는 것과 마음이 완악한 것을
꾸짖으셨다. 왜냐면 그들은 예수께서 살아나신 것을 본 사람들의
말을 믿지 않았기 때문이다.

예수님의 무덤을 찾은 여인들은 예수님이 부활하셨다는 사실과 갈릴리로 가셨다는 소식을 천사로부터 전해 듣고 너무 두려워 아무에게도 아무 말도 하지 못했었다. 그러나 막달라 마리아는 부활하신 예수님이 자신에게 나타나시자 용기를 내어 제자들에게 이 사실을 전했다. 그런데 그들은 부활의 소식을 듣고도 믿지 않았다. 누가복음 24장 11절에 따르면 "사도들은 그들의 말이 허탄한 듯이 들려 믿지 아니하"였다. 또 다시 예수님은 두 제자에게 나타나셨다. 그들 역시 다른 제자들에게 예수님의 부활을 말했다. 그러나 제자들은 여전히 믿지 못했다. 이 이야기는 누가복음에 나오는, 엠마오로 가던 두 제자 이야기와 흡사하다. 그들은 길에서 예수님을 만난 후 제자들에게 이 소식을 전한다. 누가복음에는 제자들이 믿지 않았다는 언급은 없다. 다만 얼마 후에 예수님이 제자들에게 나타나셔서 그들의 두려움과 의심을 지적하신다(눅 24:38). 마가복음에서도 예수님이 열한 제자에게 직접 나타나셔서 그들의 '믿음 없음'과 '마음이 완악한 것'을 꾸짖으셨다.

이렇듯 9-14절은 제자들의 믿음 없음을 계속해서 부각시킨다. 그들이 예수님의 부활을 믿지 않은 이유는 마음이 완악했기 때문이다. '마음의 완악함'은 마가가 줄곧 제자들의 심각한 문제로 지적한 것이다(6:52; 8:17 등). 예수님을 거부했고, 결국 십자가에 죽인 종교지도자들의 마음도 완악했다(3:5; 10:5 참조). 마음이 완악하다는 점에서 제자들과 종교지도자들은 같다. 그러나 마가는 제자들의 변화를 말한다. 15-20절이 그것을 보여 주고 있다.

15 또 예수께서 그들에게 말씀하셨다. "너희는 온 세상에 나가서
만민에게 복음을 전파하라.
20 제자들은 곳곳에 다니면서 복음을 전파했는데, 주께서 그들과
함께 일하셨고 표적들이 따르게 하셔서 말씀을 확증해 주셨다.

예수님은 제자들의 믿음 없음을 꾸짖으셨지만, 그들을 포기하지는 않으셨다. 먼저 예수님은 믿는 자는 복음 전파의 사명이 있다고 말씀하신다. 예수님의 공생애가 '하나님의 복음을 전파하는 것'(1:14)이었듯이, 부활하신 예수님을 만난 제자들의 삶도 복음을 전파하는 삶이어야 한다. 예수님이 시작하신 복음 전파의 일을 제자들이 이어 가야 한다.

또한 예수님은 믿는 자들에게 표적이 따를 것이라고 하셨다. 구체적으로 언급된 표적은 귀신을 쫓아내는 능력, 새 방언을 말하는 능력, 해를 받지 않는 능력, 치유의 능력 등이다. 실제로 사도행전은 사도들과 제자들이 이런 능력을 행하고 있음을 보여 준다. 다만 독을 마셔도 해를 입지 않는 것은 사도행전에 나오지 않는다(바울이 독사에 물렸으나 아무 해를 입지 않은 사건은 등장한다, 행 28:3-6). 이 모든 능력은 성령께서 주시는 능력이다. 방언을 '새 방언'이라고 한 이유도 '새 시대'의 약속으로 주어진 성령의 충만함을 받아 행하는 방언이기 때문이다.

믿는 자들은 이 능력을 '예수의 이름으로'(17절) 발휘할 수 있다. 우리는 이 능력이 '복음 전파를 위해' 예수님이 우리에게 주신 권세임을 기억해야 한다. 20절에 따르면 제자들이 두루 복음을 전파할 때, 주님이 그들과 함께하셔서 이적이 나타났다. 이 이적들은 제자들이 선포한 말씀을 확증하는 역할을 했다. 이적은 그 자체가 목적이 아니라 사람들이 복음을 믿도록 도움을 주는 데 있다. 사도행전에서도 이적은 선포된 말씀을 확증하는 역할을 한다. "두 사도가 오래 있어 주를 힘입어 담대히 말하니 주께서 그들의 손으로 표적과 기사를 행하게 하여 주사 자기 은혜의 말씀을 증언하시니"(행 14:3). 또 에베소서에서 바울이 행한 많은 놀라운 이적은 "주의 말씀이 힘이 있어 흥왕하여 세력을 얻"(행 19:20)게 하는 역할을 한다.

19절은 예수님의 승천을 언급하는데, 시편 110편 1절(막 12:36)의 예언대로 예수님은 승천하셔서 지금 하나님의 우편에 앉아 계신다. 온 우주의 통치자가 되신 것이다. 그 주님이 복음을 위해 헌신하는 그의 제자들과 함께하셔서 능력을 베푸신다.

참고 문헌

권혁승, "구약 절기에 대한 유대교의 해석과 절기 준수." 〈그말씀〉(2012년 1월), 10-30쪽.
그레고리 빌·미첼 킴 지음, 《성전으로 읽는 성경 이야기》, 채정태 옮김(부흥과 개혁사, 2016).
그레엄 골즈워디 지음, 《하나님의 아들》, 강대훈 옮김(부흥과개혁사, 2016).
류모세, 《열린다 성경: 식물 이야기》(두란노, 2008).
_______, 《열린다 성경: 생활풍습 이야기(상)》(두란노, 2010).
_______, 《열린다 성경: 생활풍습 이야기(하)》(두란노, 2010).
_______, 《열린다 성경: 동물 이야기》(두란노, 2010).
리처드 보컴·트레버 하트, 《십자가에서: 예수님을 만났던 사람들이 본 십자가의 의미》, 김동규 옮김(터치북스, 2021).
마커스 보그 지음, 《미팅 지저스》, 구자명 옮김(홍성사, 1995).
맥스 루케이도 지음, 《내 안에 계신 예수님》, 윤종석 옮김(두란노, 2003).
박수암, 《성서주석 마가복음》(대한기독교서회, 1993).
_______, 《요한계시록》 개정증보2판(대한기독교서회, 2018).
양용의, 《마가복음 어떻게 읽을 것인가》(성서유니온선교회, 2010).
요아킴 예레미아스 지음, 《예수의 비유》, 허혁 옮김(분도출판사, 1974).
_______, 《예수시대의 예루살렘》, 한국신학연구소 번역실 옮김(한국신학연구소, 1992).
유지미, "여인의 향기", 〈그말씀〉(2006년 7월), 116-122쪽.
윤철원, "내러티브 비평과 예수 재판의 새로운 읽기", 김영봉·오덕호 엮음, 《누가복음 새로 읽기》(한들, 2001).
이미경, "수로보니게 여인과 예수 이야기에 나타난 이중적 담론, 개-되기, 모성성 탐구", 〈신약논단〉 제17권 제1호(2010년 봄), 1-36쪽.
조엘 마커스 지음, 《앵커 바이블 마가복음 II(8-16장)》, 장성민 옮김(CLC, 2016).
조재형, 《초기 그리스도교와 영지주의》(동연, 2020).
조태연, 《예수 운동: 그리스도교 기원의 탐구》(대한기독교서회, 1996).
_______, 《예수 이야기 마가 2: 하나님 나라와 여행》(대한기독교서회, 2002).
차재승, 《십자가, 그 신비와 역설》(새물결플러스, 2013).

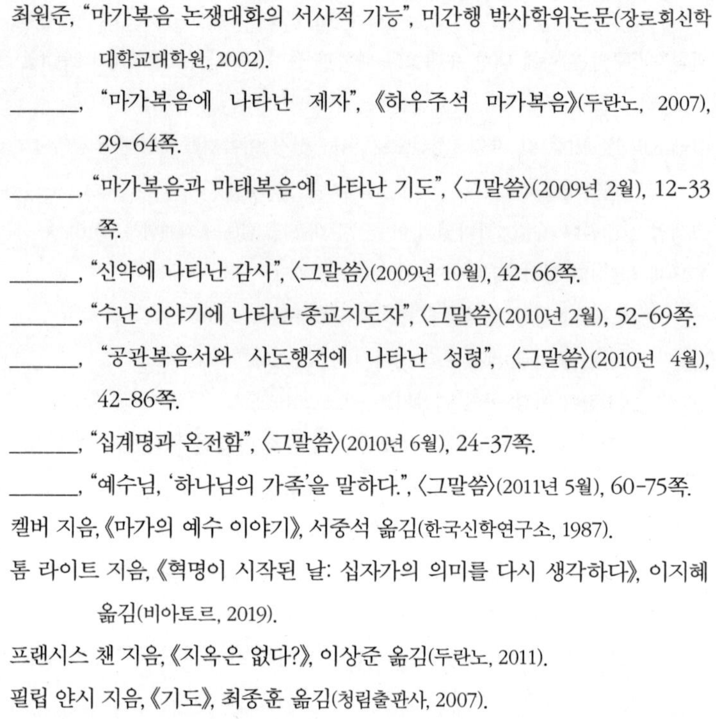

최원준, "마가복음 논쟁대화의 서사적 기능", 미간행 박사학위논문(장로회신학대학교대학원, 2002).

______, "마가복음에 나타난 제자", 《하우주석 마가복음》(두란노, 2007), 29-64쪽.

______, "마가복음과 마태복음에 나타난 기도", 〈그말씀〉(2009년 2월), 12-33쪽.

______, "신약에 나타난 감사", 〈그말씀〉(2009년 10월), 42-66쪽.

______, "수난 이야기에 나타난 종교지도자", 〈그말씀〉(2010년 2월), 52-69쪽.

______, "공관복음서와 사도행전에 나타난 성령", 〈그말씀〉(2010년 4월), 42-86쪽.

______, "십계명과 온전함", 〈그말씀〉(2010년 6월), 24-37쪽.

______, "예수님, '하나님의 가족'을 말하다.", 〈그말씀〉(2011년 5월), 60-75쪽.

켈버 지음, 《마가의 예수 이야기》, 서중석 옮김(한국신학연구소, 1987).

톰 라이트 지음, 《혁명이 시작된 날: 십자가의 의미를 다시 생각하다》, 이지혜 옮김(비아토르, 2019).

프랜시스 챈 지음, 《지옥은 없다?》, 이상준 옮김(두란노, 2011).

필립 얀시 지음, 《기도》, 최종훈 옮김(청림출판사, 2007).

Allison, D. C. *The New Moses: A Matthean Typology.* Edinburgh: T&T Clark, 1993.

Beck, Robert R. *Nonviolent Story: Narrative Conflict Resolution in the Gospel of Mark*. Maryknoll: Orbis Books, 1996.

Bock, Darrell L. *Luke 1:1-9:50.* Vol. 1. Baker Exegetical Commentary on the New Testament. Grand Rapids, Mich.: Baker Books, 1994.

Boomershine, Thomas E. "Mark 16:8 and the Apostolic Commission." *JBL* 100-2(June 1981): 225-39.

Brooks, James A. *Mark*. The New American Commentary 23. Nashville: Broadman & Holman Publishers, 2001.

Clark, K. W. "Galilee, Sea of." *Interpreter's Dictionary of the Bible*(= IDB), Vol. II. Abingdon Press, 1962.

Cranfield, C. E. B. *The Gospel According to Saint Mark*. Cambridge: Cambridge Uni. Press, 1966.

Danove, Paul L. "The Narrative Rhetoric of Mark's Ambiguous Characterization of the Disciples." *JSNT* 70(June 1998): 21-38.

Daube, D. "Responsibilities of Master and Disciples in the Gospels." *NTS* 19-4(Ocbober 1972): 1-15.

Davies, W. D. and Allison, D. C. *A Critical and Exegetical Commentary on the Gospel according to Saint Matthew*. Vol. I, Vol. II. Edinburgh: T&T Clark, 1988, 1991.

Derrett, J. D. M. "Legend and Event: The Gerasene Demoniac: An Inquest into History and Liturgical Projection." *Studies in the New Testament*, Vol. III. Leiden: Brill, 1977.

Dillon, Richard J. "'As One Having Authority'(Mark 1:22): The Controversial Distinction of Jesus' Teaching." *CBQ* 57-1(January 1995): 92-113.

Dodd, C. H. *The Parables of the Kingdom*, revised edition. New York: Charles Scribner's Sons, 1961.

Donahue, John R. *The Gospel in Parable. Metaphor, Narrative, and Theology in the Synoptic Gospels*. Philadelphia: Fortress Press, 1988.

Dowd, Sharyn Echols. *Reading Mark: A Literary and Theological Commentary*. Macon: Smyth & Helwys Pub., 2000.

Evans, Craig A. *Mark 8:27-16:20*. Word Biblical Commentary(= WBC) 34b. Nashville: Thomas Nelson Publishers, 2001.

Fisher, K. M. and U. C. von Walde. "The Miracles of Mark 4:35-5:43: Their Meaning and Function in the Gospel Framework." *BTB* 11-1(January 1981): 13-16.

Fowler, Robert M. *Let the Reader Understand: Reader-Response Criticism and the Gospel of Mark*. Minneapolis: Fortress Press, 1991.

France, R. T. *The Gospel of Mark: A Commentary on the Greek Text.* The New International Greek Testament Commentary. Grand Rapids: William B. Eerdmans Publishing Company, 2002.

Fuller, R. H. *The Formation of the Resurrection Narratives.* New York: Macmillan, 1971.

Garrett, Susan R. *The Temptations of Jesus in Mark's Gospel.* Grand Rapids: William B. Eerdmans Publishing Company, 1998.

Giblin, Charles H. "'The Things of God' in the Question Concerning Tribute to Caesar(Lk 20:25; Mk 12:17; Mt 22:21)." *CBQ* 33-4(October 1971): 510-27.

Green, Joel B. *The Gospel of Luke.* The New International Commentary on the New Testament. Grand Rapids: William B. Eerdmans Publishing Company, 1997.

Guelich, Robert A. *Mark 1-8:26.* Word Biblical Commentary 34a. Dallas: Word Books, 1989.

Hagedorn, Anselm and Neyrey, Jerome H. "'It Was out of Envy That They Handed Jesus over'(Mark 15.10): The Anatomy of Envy and the Gospel of Mark" *JSNT* 69(1998): 15-56.

Hagner, Donald A. *Matthew 14-28.* WBC 33b. Dallas: Word, Incorporated, 2002.

Hedrick, Charles W. "The Role of 'Summary Statements' in the Composition of the Gospel of Mark: A Dialog with Karl Schmidt and Norman Perrin." *NovT* 26-4(October 1984): 289-311.

Heil, John Paul. *The Gospel of Mark as Model for Action: A Reader-Response Commentary.* New York: Paulist Press, 1992.

Hoehner, H. W. "Pontius Pilate." in *Dictionary of Jesus and the Gospels,* edited by Joel B. Green, Scot McKnight, and I. Howard Marshall. Illinois: Downers Grove, 1992.

Hooker, Morna Dorothy. *The Gospel According to Saint Mark.* Peabody: Hendrickson, 1991.

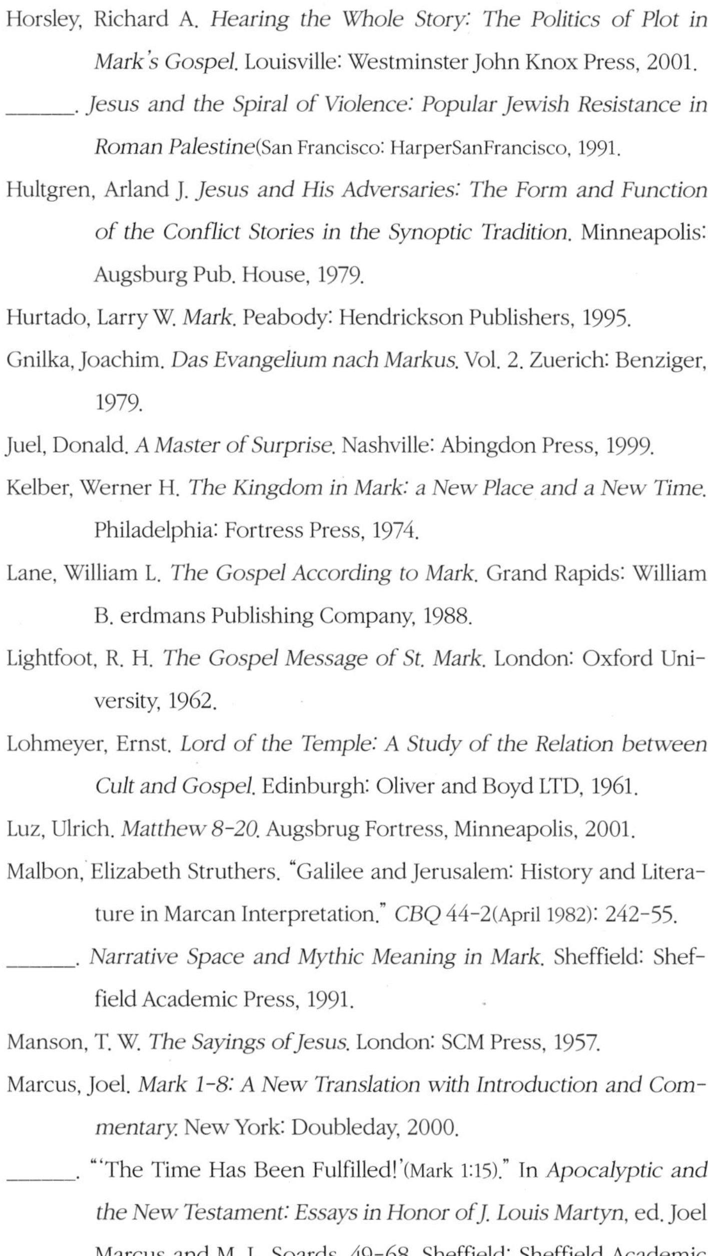

Horsley, Richard A. *Hearing the Whole Story: The Politics of Plot in Mark's Gospel*. Louisville: Westminster John Knox Press, 2001.

______. *Jesus and the Spiral of Violence: Popular Jewish Resistance in Roman Palestine*(San Francisco: HarperSanFrancisco, 1991.

Hultgren, Arland J. *Jesus and His Adversaries: The Form and Function of the Conflict Stories in the Synoptic Tradition*. Minneapolis: Augsburg Pub. House, 1979.

Hurtado, Larry W. *Mark*. Peabody: Hendrickson Publishers, 1995.

Gnilka, Joachim. *Das Evangelium nach Markus*. Vol. 2. Zuerich: Benziger, 1979.

Juel, Donald. *A Master of Surprise*. Nashville: Abingdon Press, 1999.

Kelber, Werner H. *The Kingdom in Mark: a New Place and a New Time*. Philadelphia: Fortress Press, 1974.

Lane, William L. *The Gospel According to Mark*. Grand Rapids: William B. erdmans Publishing Company, 1988.

Lightfoot, R. H. *The Gospel Message of St. Mark*. London: Oxford University, 1962.

Lohmeyer, Ernst. *Lord of the Temple: A Study of the Relation between Cult and Gospel*. Edinburgh: Oliver and Boyd LTD, 1961.

Luz, Ulrich. *Matthew 8-20*. Augsbrug Fortress, Minneapolis, 2001.

Malbon, Elizabeth Struthers. "Galilee and Jerusalem: History and Literature in Marcan Interpretation." *CBQ* 44-2(April 1982): 242-55.

______. *Narrative Space and Mythic Meaning in Mark*. Sheffield: Sheffield Academic Press, 1991.

Manson, T. W. *The Sayings of Jesus*. London: SCM Press, 1957.

Marcus, Joel. *Mark 1-8: A New Translation with Introduction and Commentary*. New York: Doubleday, 2000.

______. "'The Time Has Been Fulfilled!'(Mark 1:15)." In *Apocalyptic and the New Testament: Essays in Honor of J. Louis Martyn*, ed. Joel Marcus and M. L. Soards, 49-68. Sheffield: Sheffield Academic

Press, 1989.

Marshall, Christopher D. *Faith as a Theme in Mark's Narrative*. Cambridge: Cambridge University Press, 1989.

Matera, Frank J. "The Incomprehension of the Disciples and Peter's Confession(Mark 6,14-8,30)." *Biblica* 70-2(1989): 153-72.

McCurley, Foster R. *Ancient Myths and Biblical Faith: Scriptural Transformations*. Philadelphia: Fortress Press, 1983.

The Mishnah. Translated by Herbert Danby. Oxford: Oxford Uni. Press, 1933.

Myers, Ched. *Binding the Strong Man: A Political Reading of Mark's Story of Jesus*. Maryknoll: Orbis Books, 1988.

Neyrey, Jerome H. "The Idea of Purity in Mark's Gospel." *Semeia* 35(1986): 91-128.

Nineham, D. E. *The Gospel of St. Mark*. The Pelican New Testament Commentaries. Harmondsworth: Penguin books, 1983.

Petersen, Norman R. *Literary Criticism for New Testament Critics*. Philadelphia: Fortress, 1978.

Rhoads, David M., Joanna Dewey, and Donald Michie. *Mark as Story: An Introduction to the Narrative of a Gospel*. 2d ed. Minneapolis: Fortress Press, 1999.

______. "Mission in the Gospel of Mark." *Currents in Theology and Mission* 22-5(October 1995): 340-55.

Robinson, J. M. *The Problem of History in Mark*. London: SCM Press, 1962.

Sanders, E. P. *Jesus and Judaism*. Philadelphia: Fortress, 1985.

Schwartz, Daniel R. "Pontius Pilate." in *Anchor Bible Dictionary*(= ABD), Vol. 5. editied by Davied Noel Freedman. New York: Doubleday, 1992.

Schweizer, Eduward. *The Good News According to Mark*. Atlanta: John Knox, 1970.

Smith, Stephen H. "Mark 3,1-6: Form, Redaction and Community Function." *Biblica* 75-2(1994): 153-74.

______. "The Function of the Son of David Tradition in Mark's Gospel." *NTS* 42-4(October 1996): 523-39.

Tannehill, Robert C. *The Sword of His Mouth*. Philadelphia: Fortress Press, 1975.

______. "The Disciples in Mark: The Function of a Narrative Role." *JR* 57-4(October 1977): 386-405.

Taylor, Vincent. *The Gospel According to St. Mark*. 2d ed. London: Macmillan, 1966.

Theological Dictionary of the New Testament(= TDNT). Edited by G. Kittel. Translated by G. W. Bromiley. Grand Rapids: William B. Eerdmans Publishing Company. Vol. II(1964).

Tolbert, Mary Ann. *Sowing the Gospel: Mark's World in Literary-Historical Perspective*. Minneapolis: Fortress Press, 1989.

Via, Dan Otto. *The Parables: Their Literary and Existential Dimensions*. Philadelphia: Fortress Press, 1967.

Waetjen, Herman C. *A Reordering of Power: A Sociopolitical Reading of Mark's Gospel*. Minneapolis: Fortress Press, 1989.

Westerholm, Stephen. *Jesus and Scribal Authority*. Lund: CWK Gleerup, 1978.

Witherington III, Ben. *The Gospel of Mark: A Socio-Rhetorical Commentary*. Grand Rapids: William B. Eerdmans Publishing Company, 2001.

주

마가복음 둘러보기

1. 마가복음 둘러보기 'Q'(큐)는 독일어 'Quelle'(원천, 자료)의 약자인데, 마태복음과 누가복음에 공통적으로 나오는 말씀 자료를 말한다. 오늘날 많은 학자들이 공관복음서 세 권 중 마가복음이 제일 먼저 기록되었고, 마태복음과 누가복음은 마가복음을 기본 골격으로 다른 자료가 추가되어 구성되었다고 보는데, 마태와 누가가 사용한 공통 자료를 'Q'라고 부른다. Q는 이야기로 된 공관복음서와는 달리 대부분 말씀으로 이뤄진 말씀 복음서(Sayings Gospel)이다. 도마복음서도 Q처럼 예수님의 말씀만 모아 놓은 복음서이다. Q에는 예수님의 수난 이야기가 없으며, 예수님을 현자(sage)로 묘사한다. 예수님이 행하신 이적이나 수난 이야기가 없고, 잠언처럼 지혜의 말씀만 기록한 것이다. 예수님이 광야에서 시험을 받으신 이야기가 Q에 있기는 하지만 이는 후대에 첨가된 것으로 본다.
2. Joel Marcus, *Mark 1-8: A New Translation with Introduction and Commentary*(New York: Doubleday, 2000), 33-37쪽.
3. 13장까지 예수님의 행동은 '상승적 행동'(rising action)이지만, 14장부터 그의 죽음까지는 '하강적 행동'(falling action)이라고 부르기도 한다. Robert R. Beck, *Nonviolent Story: Narrative Conflict Resolution in the Gospel of Mark*(Maryknoll: Orbis Books, 1996), 44쪽.
4. "서사는 저자가 이야기 시간(story time)과 플롯 시간(plotted time)과 읽기 시간(reading time)을 서로 관련시킴으로써 내재 독자의 경험을 조율(orchestrate)하는 시간 예술"이다. Norman R. Petersen, *Literary Criticism for New Testament Critics*(Philadelphia: Fortress, 1978), 50쪽.
5. '짧은 종결'의 사본으로 4세기 혹은 5세기의 고대 라틴어 사본인 코덱스 보비엔시스(Codex Bobbiensis)가 있는데 '짧은 종결' 그 자체는 이미 2세기에 생긴 것으로 보인다. William L. Lane, *The Gospel According to Mark*(Grand Rapids: William B. Eerdmans Publishing Company, 1988), 603쪽.
6. 양용의, 《마가복음 어떻게 읽을 것인가》(성서유니온선교회, 2010), 385쪽을 보면 9-20절이 다른 복음서의 어느 본문과 유사한지 정리된 도표가 있다.
7. 로마 황제는 '구세주'로도 불렸다. Craig A. Evans, *Mark 8:27-16:20*, WBC 34b(Nashville: Thomas Nelson Publishers, 2001), lxxxii-lxxxiii를 보라.

8. W. 켈버 지음, 서중석 옮김, 《마가의 예수 이야기》(한국신학연구소, 1987), 113쪽.
9. 제자도에 관한 부분은 졸저 "마가복음에 나타난 제자", 《하우주석 마가복음》(두란노, 2007), 29-58쪽을 요약한 것이다.
10. 태너힐은 다음과 같이 말한다. "만약 이야기가 제자들과 예수의 적대자들 사이의 유사성을 제안한다면 이는 제자들에 대한 부정적인 평가를 나타낸다. 또 만약 이야기에서 엑스트라들(minor characters)이 제자들이 해야 했으나 하지 않은 일들을 행할 때, 이 대조는 제자들의 실패에 대한 우리의 인식을 증대시킨다. 이야기 안에서 제자들과 다른 사람들 간의 유사와 대조의 관계, 혹은 지지와 적대에 주목하면 저자에 의해 형성된 제자들 이야기의 이해도가 높아진다." Robert C. Tannehill, "The Disciples in Mark: The Function of a Narrative Role," *JR* 57-4(October 1977): 391-392쪽.
11. J. M. Robinson, *The Problem of History in Mark*(London: SCM Press, 1962), 21-53쪽.
12. Joel Marcus, "'The Time Has Been Fulfilled!'," in *Apocalyptic and the New Testament: Essays in Honor of J. Louis Martyn*, ed. Joel Marcus and M. L. Soards(Sheffield: Sheffield Academic Press, 1989), 49-68쪽.
13. Donald Juel, *A Master of Surprise*(Nashville: Abingdon Press, 1999), 33쪽.
14. W. Kelber, *The Kingdom in Mark: a New Place and a New Time*(Philadelphia: Fortress Press, 1974), 16쪽.
15. 마가복음에서 2회 사용되고 있는(5:7; 6:48) '바사니조'(βασανίζω)는 종말론적 의미를 가지고 있다. 요한계시록 20장 10절에서 하나님의 모든 적대세력들이 영원한 괴로움을 받게 될 것을 말할 때도 사용되고 있다. 마태는 '때가 이르기 전에'라는 말을 첨가(8:29)함으로써 '바사니조'가 악한 세력들의 마지막 운명을 예고하는 단어임을 보여주고 있다.
16. 마커스 보그 지음, 구자명 옮김, 《미팅 지저스》(홍성사, 1995), 86쪽.
17. 조태연, 《예수 운동: 그리스도교 기원의 탐구》(서울: 대한기독교서회, 1996), 265쪽.
18. Jerome H. Neyrey, "The Idea of Purity in Mark's Gospel," *Semeia* 35(1986), 94쪽.
19. 마커스 보그, 《미팅 지저스》, 88쪽.

20. *The Mishnah*, trans. Herbert Danby(Oxford: Oxford Uni. Press, 1933), 605-606쪽.
21. 위의 책, 100-216쪽.
22. Neyrey, "The Idea of Purity in Mark's Gospel," 95-96쪽.
23. 예수님은 "부정함의 경계를 침입하면서 거룩함을 전염시키는" 분이셨다. David Rhoads, "Mission in the Gospel of Mark," *Currents in Theology and Mission* 22-5(October 1995), 346쪽.

1장

1. 일부 사본에는 '하나님의 아들'이라는 말이 없다. 원본에 '하나님의 아들'이 있었는지가 논란이다. 필자는 있었던 것으로 본다. 또 개역개정 성경과 개역한글성경 모두 '하나님의 아들 예수 그리스도'로 번역했지만, 헬라어 원문은 '예수 그리스도 하나님의 아들'의 순서로 되어 있다. 예수께서 그리스도요 하나님의 아들이라는 말이다.
2. 그레고리 빌, 미첼 킴 지음, 채정태 옮김, 《성전으로 읽는 성경 이야기》(부흥과개혁사, 2016), 106쪽.
3. 2절에서 '나'는 여호와 하나님이며, 내 사신은 출애굽기 본문에서는 하나님이 보내실 천사를 뜻한다. "네 앞에"에서 '네(너)'는 원래 이스라엘을 가리킨다. 마가는 말라기에 없는 '너의'를 첨가하여 '네 길', 즉 예수님의 길을 3절에 나오는 '주의 길'과 일치시키고 있다.
4. 요한이 메뚜기와 석청을 먹으며 살았다는 언급은 에덴동산의 삶을 연상시킨다고도 본다. 유대교 문헌 *Joseph and Aseneth* 16:14를 보면 아스낫은 에덴동산의 벌들이 만든 꿀을 먹는다. 또 요한이 낙타 털옷을 입고 가죽 띠를 띤 것은 아담과 하와가 하나님이 지어주신 가죽옷을 입은 것과도 연관된다. Marcus, *Mark 1-8*, 157쪽.
5. 성령세례에 대해선 졸저, "공관복음서와 사도행전에 나타난 성령" 《그말씀》(2010년 4월 호), 74-85쪽 참조.
6. Davies, W. D. and Allison, D. C., *A Critical and Exegetical Commentary on the Gospel according to Saint Matthew*, Vol. I(Edinburgh: T&T Clark, 1988), 331-334쪽.

7. Marcus, *Mark 1-8*, 159-160, 165-166쪽.
8. 박수암, 《성서주석 마가복음》(대한기독교서회, 1993), 139; 양용의, 《마가복음 어떻게 읽을 것인가》, 45쪽.
9. Robert A. Guelich, *Mark 1-8:26*, Word Biblical Commentary 34a(Dallas: Word Books, 1989), 38-39쪽; D. E. Nineham, *The Gospel of St. Mark*, The Pelican New Testament Commentaries(Harmondsworth: Penguin books, 1983), 64쪽.
10. 그레엄 골즈워디 지음, 강대훈 옮김, 《하나님의 아들》(부흥과 개혁사, 2016), 56쪽.
11. 아담 유형론(Adam Typology)으로 예수님의 광야 시험 사건을 설명한 대표적인 학자로 Marcus, *Mark 1-8*, 169-171쪽을 보라.
12. 맥스 루케이도, 《내 안에 계신 예수님》(두란노, 2003), 107-108쪽.
13. 하나님의 때를 말할 때 언제나 '카이로스'를 쓰지는 않는다. 갈라디아서 4장 4절("때가 차매 하나님이 그 아들을 보내사 여자에게서 나게 하시고 율법 아래 나게 하셨다")에서는 일반적인 시간을 의미하는 '크로노스'(χρόνος)가 사용됐다. 카이로스와 크로노스를 절대적으로 양분하는 것은 옳지 않다.
14. Marcus, *Mark 1-8*, 184-185쪽.
15. Foster R. McCurley, *Ancient Myths and Biblical Faith: Scriptural Transformations*(Philadelphia: Fortress Press, 1983), 58쪽.
16. 예수님이 기도하신 시간은 주로 밤과 새벽이었다. 예수님이 오병이어의 이적을 행하신 후 기도하러 산에 올라가신 것도 해가 저물고 난 뒤였고(6:35, 45-47). 겟세마네 동산에서의 기도(14:32 이하) 역시 밤중이었다. 예수님이 12명의 제자들을 택하실 땐 산에서 철야 기도하셨으며, 변화산 사건 역시 밤중에 일어났다(눅 9:32, 37 참조). 마가복음의 기도에 대해서는 졸저, "마가복음과 마태복음에 나타난 기도" 《그말씀》(2009년 2월), 12-33쪽 참조.
17. 필립 얀시 지음, 최종훈 옮김, 《기도》(서울: 청림출판사, 2007), 136쪽.
18. Charles W. Hedrick, "The Role of 'Summary Statements' in the Composition of the Gospel of Mark: A Dialog with Karl Schmidt and Norman Perrin," *NovT* 26-4(October 1984): 289-311쪽 참조.

2장

1. 마가복음에서 '로고스'는 23회 사용되고 있는데, 이 가운데서 1장 45절, 4장 14, 15, 16, 17, 20, 33절, 8장 32절(cf. 9:10, 32)에 나오는 '로고스'는 복음과 같은 의미라고 할 수 있다. 박수암, 《마가복음》, 182쪽 참조.
2. 류모세, 《열린다 성경: 생활풍습 이야기(하)》(두란노, 2010), 166쪽.
3. TDNT 2(1964), s. v. "διαλογίζομαί" by G. Schrenk.
4. Elizabeth StruthersMalbon, *Narrative Space and Mythic Meaning in Mark*(Sheffield: Sheffield Academic Press, 1991), 135-136쪽.
5. E. P. Sanders, *Jesus and Judaism*(Philadelphia: Fortress, 1985), 174-211쪽; Ben Witherington III, *The Gospel of Mark: A Socio-Rhetorical Commentary*(Grand Rapids: William B. Eerdmans Publishing Company, 2001), 121쪽.
6. Guelich, *Mark 1-8:26*, 105쪽.
7. Ernst Lohmeyer, *Lord of the Temple: A Study of the Relation between Cult and Gospel*(Edinburgh: Oliver and Boyd LTD, 1961), 29쪽.
8. D. Daube, "Responsibilities of Master and Disciples in the Gospels," *NTS* 19-4(October 1972), 5쪽.
9. Marcus, *Mark 1-8*, 233, 236쪽; Larry W. Hurtado, *Mark*(Peabody: Hendrickson Publishers, 1995), 45쪽.
10. Lohmeyer, *Lord of the Temple*, 29쪽.
11. '아파이로'(ἀπαίρω)는 예수님의 죽음을 가리키는 이사야 53장 8절("그가 살아 있는 자들의 땅에서 끊어짐은[αἴρεται, 아이레타이] 마땅히 형벌 받을 내 백성의 허물을 때문이라 하였으리요")과 관련된다고 볼 때 '강제 제거' 또는 '폭력적 죽음'이라는 의미가 있다. Vincent Taylor, *The Gospel According to St. Mark*, 2d ed.(London: Macmillan, 1966), 211; Lohmeyer, *Lord of the Temple*, 60쪽.
12. Marcus, *Mark 1-8*, 238쪽.
13. 권혁승, "구약 절기에 대한 유대교의 해석과 절기 준수," 《그말씀》(2012년 1월), 12쪽.
14. 위의 글, 13쪽.

15. *The Mishnah*, 106쪽.
16. Morna Dorothy Hooker, *The Gospel According to Saint Mark*(Peabody: Hendrickson, 1991), 102쪽.
17. Robert M. Fowler, *Let the Reader Understand: Reader-Response Criticism and the Gospel of Mark*(Minneapolis: Fortress Press, 1991), 106쪽.
18. 박수암,《마가복음》, 195; Hooker, *Mark*, 103쪽.
19. Stephen Westerholm, *Jesus and Scribal Authority*(Lund: CWK Gleerup, 1978), 99-100쪽.

3장

1. *Mishnah*. Yoma 8:6에 따르면 랍비 맛띠디아는 이렇게 말한 것으로 전한다. "만약에 어떤 사람이 목이 아플 경우에 사람들은 안식일이라도 약을 그의 입에 넣어 줄 수 있다. 왜냐하면 생명이 위태로울 수도 있기 때문이다. 생명이 위태로울 경우 안식일법을 제쳐둘 수 있다(overrides)." *The Mishnah*, 172쪽.
2. T. W. Manson, *The Sayings of Jesus*(London: SCM Press, 1957), 190쪽.
3. Marcus, *Mark 1-8*, 252쪽.
4. Kelber, *The Kingdom in Mark*, 21, 98쪽.
5. Stephen H. Smith, "Mark 3,1-6: Form, Redaction and Community Function", *Biblica* 75-2(1994), 167-169쪽.
6. Taylor, *Mark*, 224. 그러나 마커스는 헤롯의 손자인 아그립바 1세와 증손자인 아그립바 2세(주후 53년부터 1세기 말까지 이스라엘 북쪽의 일부 지역을 통치)일 가능성이 더 높다고 본다. 이들은 헤롯 대왕과 유대 하스모니안 왕조의 공주 마리암 사이에서 난 자손이었기에 혈통 면에서 유대인들에게 더 신임을 얻었으며, 또 바리새인들의 계승자들에게 좋은 평을 들었기 때문이다. Marcus, *Mark 1-8*, 249-250쪽.
7. 박수암,《마가복음》, 200쪽.
8. R. T. France, *The Gospel of Mark*, The New International Greek Testament Commentary(Grand Rapids: William B. Eerdmans Publishing Company, 2002), 163쪽.

9. 제2성전기에 사탄은 여러 가지 별칭이 있었다. 예를 들어 '아스모데우스'(토빗서 3:8), '벨리알'(Belial 혹은 Beliar, 희년서 1:20; 고후 6:15), '마스테마' 등이 있다. W. D. Davies and D. C. Allison, *A Critical and Exegetical Commentary on the Gospel according to Saint Matthew*(Edinburgh: T.&T. Clark, 1991), 2:195-196쪽.
10. Guelich, *Mark 1-8:26*, 170쪽.
11. Richard J. Dillon "'As One Having Authority'(Mark 1:22): The Controversial Distinction of Jesus' Teaching" *CBQ* 57-1(January 1995): 92-113쪽 참조.
12. Sharyn Echols Dowd, *Reading Mark: A Literary and Theological Commentary*(Macon: Smyth & Helwys Pub., 2000), 36-37쪽. 다우드는 여기서 '하나님의 뜻을 행한다'는 말의 의미를 고대 그리스 마법 파피루스(Greek magical papyri)에 근거하여 밝히고 있는데, 이에 따르면 하나님의 뜻을 행하는 것은 이적 행사자(miracle worker)와 마술사(magician)를 구분하는 기준이 된다. 이적 행사자는 신의 뜻에 따라 이적을 일으키지만, 마술사는 신들을 부려 신들이 마술사 자신의 뜻을 행하게 한다.
13. 예수님이 말한 가족의 의미에 대해서는 졸고, "예수님, '하나님의 가족'을 말하다", 〈그말씀〉(2011년 5월), 60-75쪽 참조.

4장

1. 류모세, 《열린다 성경: 생활풍습 이야기(하)》(두란노, 2010), 135-150쪽.
2. 요아킴 예레미아스 지음, 허혁 옮김, 《예수의 비유》(분도출판사, 1974), 144-146쪽. C. H. Dodd, *The Parables of the Kingdom*, revised edition(New York: Charles Scribner's Sons, 1961), 145-147쪽도 비슷한 견해다.
3. '씨 뿌리는 자의 비유'에 나타난 4가지 유형이 마가복음 전체에 걸쳐 나타난다고 보는 입장에 대해서는 Mary Ann Tolbert, *Sowing the Gospel: Mark's World in Literary-Historical Perspective*(Minneapolis: Fortress Press, 1989)를 보라. 톨버트는 '씨 뿌리는 자의 비유'와 '악한 농부의 비유'(막 12:1-12)가 마가복음 전체의 구조와 전개를 결정하고 있다고 본다. "마가복음 이야기 전체는 이 두 비유가 만든 유형들(typologies)을 구현하고 확대

한다"(128-129쪽). 이 글에서 4가지 땅에 해당하는 인물들에 대한 설명은 이 책을 참조했다.

4. Marcus, *Mark 1-8*, 313; Guelich. *Mark 1-8:26*, 223쪽.
5. Tolbert, *Sowing the Gospel*, 170쪽.
6. Marcus, *Mark 1-8*, 332쪽.
7. 위의 글, 338쪽.

5장

1. Marcus, *Mark 1-8*, 341-342쪽 참조.
2. 조태연, 《예수 이야기 마가 2: 하나님 나라와 여행》(서울: 대한기독교서회, 2002), 46쪽.
3. J. D. M. Derrett, "Legend and Event: The Gerasene Demoniac: An Inquest into History and Liturgical Projection", *Studies in the New Testament*, Vol. III(Leiden: Brill, 1977), 52쪽.
4. Guelich, *Mark 1-8:26*, 281쪽.
5. 류모세, 《열린다 성경: 생활풍습 이야기(상)》(두란노, 2010), 107쪽.
6. K. M. Fisher and U. C. von Walde, "The Miracles of Mark 4:35-5:43, Their Meaning and Function in the Gospel Framework", *BTB* 11-1(January 1981): 14쪽.
7. France, *The Gospel of Mark*, 239쪽.

6장

1. Darrell L.Bock, *Luke, 1:1-9:50*, Volume 1, Baker Exegetical Commentary on the New Testament(Grand Rapids, Mich.: Baker Books, 1994), 823쪽.
2. Marcus, *Mark 1-8*, 396쪽.
3. 졸저, "신약에 나타난 감사", 〈그말씀〉(2009년 10월), 42-46쪽 참조.
4. Marcus, *Mark 1-8*, 407쪽.
5. 졸저, "마가복음과 마태복음의 기도", 〈그말씀〉(2009년 2월), 14-15쪽.
6. 박수암, 《마가복음》, 329; Marcus, *Mark 1-8*, 436쪽 참조.

7장

1. '몸을 씻다'에 해당하는 헬라어는 '밥티손타이'(βαπτίσωνται)이다. '몸을 담그다'라는 뜻인데, A D W Q f1. 13 등과 같은 사본이 이렇게 되어 있다. 한편 다른 유력한 사본들(ℵ B pc sa)에 따르면 '물을 뿌리다'라는 뜻의 '흐란티손타이'(ῥαντίσωνται)가 사용되고 있어 어떤 것이 원래 읽기인지 불분명하다. 개역개정 성경은 '물을 뿌리다'로 번역했고, 새번역과 공동번역 개정판은 '몸을 씻다'로 번역했다. 새예루살렘성경(NJB, New Jerusalem Bible)은 'without first sprinkling themselves'로 번역하여 '몸에 물을 뿌리다'를 지지했다. 그러나 신개정표준역(NRSV)은 'unless they wash it'로 번역하여 시장에서 사온 물건을 깨끗이 씻는 것으로 이해했다. 새국제역(NIV)은 'unless they wash'로 번역하여 무엇을 씻는지 불분명하다. 필자는 '더 어려운 본문 우선의 원칙'(*lectio difficior*)에 따라 "몸을 씻지 않고서는"으로 번역했다.
2. Richard A. Horsley, *Hearing the Whole Story: The Politics of Plot in Mark's Gospel*(Louisville: Westminster John Knox Press, 2001), 212쪽.
3. 켈버, 《마가의 예수 이야기》, 49쪽.
4. 이미경, "수로보니게 여인과 예수 이야기에 나타난 이중적 담론, 개-되기, 모성성 탐구", 〈신약논단〉 제17권 제1호(2010년 봄), 13쪽.
5. 위의 글, 14쪽.
6. 류모세, 《열린다 성경: 동물 이야기》(두란노, 2010), 78-79쪽.
7. 이미경, "수로보니게 여인과 예수 이야기에 나타난 이중적 담론, 개-되기, 모성성 탐구", 1-36쪽.
8. 사람의 몸에 있는 여러 구멍들(생식기, 항문, 귀, 입 등)은 사람의 몸 내부와 외부의 경계이자 통로다. 따라서 정결함을 유지하려면 이 구멍들을 대단히 조심스럽게 보호해야 했다. 무엇이 들어오고 나가는지 세세하게 관심을 기울여야 했다. 까다로운 음식법 규정은 사람의 입을 통해 무엇이 들어와야 하고, 들어오지 말아야 하는지를 밝힌 것이다. Neyrey, "The Idea of Purity in Mark's Gospel", 103-104쪽.
9. C. E. B. Cranfield, *The Gospel According to Saint Mark*(Cambridge: Cambridge Uni. Press, 1966), 252쪽.

8장

1. 두 개의 급식 이적은 독립적으로 일어났다고 보기도 하지만, 원래 한 차례 있었던 사건이었는데 이야기가 전해지는 과정에서 두 가지 형태로 발전했다고 보는 학자들도 일부 있다. 이것을 이중 전승(double tradition)이라고 한다.
2. 레인(Lane)은 예수님이 '집중교육사역'(an intensive teaching minstry)을 하셨음이 암시되어 있다고 본다. *The Gospel According to Mark*, 272쪽.
3. 마커스는 예수께서 사흘 만에 부활하신 것처럼 하나님의 구원하시는 능력은 사흘째 나타난다는 것을 암시한다고 본다. 호세아 6장 2절도 셋째 날에 우리를 일으키실 것이라고 말한다. Marcus, *Mark 1-8*, 492쪽. 빛나는 통찰력이다. 하지만 이것이 칠병이어 이적 이야기의 핵심 주제는 아니다.
4. 여기에 대해서는 France, *The Gospel of Mark*, 303쪽 참조.
5. Frank J. Matera, "Incomprehesion of the Disciples and Peter's Confession(Mark 6,14-8,30)", *Biblica* 70-2(1989), 168-171쪽.
6. 유사한 견해로 박수암, 《마가복음》, 380-381쪽을 보라.
7. Susan R. Garrett, *The Temptations of Jesus in Mark's Gospel*(Grand Rapids:William B. Eerdmans Publishing Company, 1998), 79쪽.
8. 톰 라이트 지음, 이지혜 옮김, 《혁명이 시작된 날: 십자가의 의미를 다시 생각하다》(비아토르, 2019), 80쪽. 이하 십자가형에 대해선 이 책의 제3장 '1세기 배경에서 본 십자가'(77-100쪽)를 참조하였다.
9. 위의 책, 85쪽.
10. 위의 책, 87쪽.
11. France, *The Gospel of Mark*, 344-345쪽.

9장

1. David Noel Freedman, "Hermon, Mount", *The Anchor Bible Dictionary*, Vol. 3(New York: Doubleday, 1996), 159쪽.
2. Evans, *Mark 8:27-16:20*, 36쪽.
3. 박수암, 《요한계시록》(개정증보2판)(대한기독교서회, 2018), 287쪽.
4. R. H. Fuller, *The Formation of the Resurrection Narratives*(New York: Macmillan, 1971), 67쪽.

5. Dale C. Allison, *The New Moses: A Matthean Typology*(Edinburgh: T&T Clark, 1993), 98-100쪽.
6. Christopher D. Marshall, *Faith as a Theme in Mark's Narrative*(Cambridge: Cambridge University Press, 1989), 117-118쪽.
7. Eduward Schweizer, *The Good News According to Mark*(Atlanta: John Knox, 1970), 188쪽.
8. Marshall, *Faith as a Theme in Mark's Narrative*, 119-120쪽.
9. Dowd, *Reading Mark*, 104쪽 참조.
10. Evans, *Mark 8:27-16:20*, 65쪽.
11. France, *The Gospel of Mark*, 378쪽.
12. "Gehenna", *The Anchor Bible Dictionary*(New York : Doubleday, 1996, c1992), Vol. 2, 927쪽.
13. Evans, *Mark 8:27-16:20*, 72쪽.
14. "이런 이미지들은 모두 지옥에서 일어날 말로 다 할 수 없는 형벌의 개념들을 보여 주는 강력한 도구들이다.", "불과 이를 가는 것은 깊은 아픔과 고통을 묘사하며, 어둠은 하나님으로부터의 분리를 말해 주고, 죽지 않는 구더기는 영원히 끝나지 않는 기간에 대한 표현이나 영원한 죽음의 수치를 강조하는 표현이다." 프랜시스 챈 지음, 이상준 옮김, 《지옥은 없다?》(두란노, 2011), 170쪽.
15. Lane, *The Gospel According to Mark*, 349쪽; Evans, *Mark 8:27-16:20*, 72쪽.
16. 박수암, 《마가복음》, 445-446쪽; John Paul Heil, *The Gospel of Mark as Model for Action: A Reader-Response Commentary*(New York: Paulist Press, 1992), 201쪽.

10장

1. 예레미아스 지음, 한국신학연구소 번역실 옮김, 《예수시대의 예루살렘》(한국신학연구소, 1992), 450-451쪽. 당시 여성의 사회적 지위 전반에 대해 이 책의 450-470쪽을 보라.
2. 개역개정 성경에는 [자기 아내와 합하여]가 없다. 이 부분은 창세기 2장 24

절에 있으며, 마태복음 19장 5절에도 있다. 마가복음의 경우 어떤 사본(D, W)에는 있지만, 다른 사본(א, B)에는 없다. 원본에는 이 부분이 없는 것으로 보이나 강력한 사본의 증거가 있어 대괄호로 본문에 삽입했다. 새번역 성경도 필자의 입장과 같다.

3. Horsley, *Hearing the Whole Story*, 221쪽.
4. Witherington III, *The Gospel of Mark*, 278쪽.
5. Robinson, *The Problem of History in Mark*, 48쪽.
6. 이하 부자 청년에 관한 내용은 졸저, "십계명과 온전함", 〈그말씀〉(2010년 6월), 24-37쪽을 요약, 수정했다.
7. Joel B. Green, *The Gospel of Luke*(Grand Rapids: William B. Eerdmans Publishing Company, 1997), 654쪽.
8. Ulrich Luz, *Matthew 8-20*(Augsburg Fortress, Minneapolis, 2001), 518-523쪽 참조.
9. Evans, *Mark 8:27-16:20*, 101쪽.
10. Evans, *Mark 8:27-16:20*, 108쪽.
11. James A. Brooks, *Mark*, NAC 23(Nashville: Broadman & Holman Publishers, 1992), 171쪽.
12. Stephen H. Smith, "The Function of the Son of David Tradition in Mark's Gospel", *NTS* 42-4(October 1996): 527-528쪽.

11장

1. 박수암, 《마가복음》, 489쪽.
2. 이상의 내용은 류모세, 《열린다 성경: 식물 이야기》(두란노, 2008), 13-19쪽 참조.
3. 박수암, 《마가복음》, 505쪽.
4. 예레미아스 지음, 한국신학연구소 번역실 옮김, 《예수시대의 예루살렘》(한국신학연구소, 1992), 287-299쪽.

12장

1. Dan Otto Via, *The Parables: Their Literary and Existential Dimen-*

sions(Philadelphia: Fortress Press, 1967), 136쪽.

2. John R. Donahue, *The Gospel in Parable: Metaphor, Narrative, and Theology in the Synoptic Gospels*(Philadelphia: Fortress Press, 1988), 54-55쪽.
3. Hurtado, *Mark*, 193쪽.
4. Ched Myers, *Binding the Strong Man: A Political Reading of Mark's Story of Jesus*(Maryknoll: Orbis Books, 1988), 311-312쪽.
5. Charles H. Giblin, "'The Things of God' in the Question Concerning Tribute to Caesar(Lk 20:25; Mk 12:17; Mt 22:21)," *CBQ* 33-4(October 1971), 522쪽.
6. Robert C. Tannehill, *The Sword of His Mouth*(Philadelphia: Fortress Press, 1975), 173-177쪽.
7. Myers, *Binding the Strong Man*, 317쪽.
8. 마가복음에서 플라나오(πλανάω)는 이 4개 구절에서만 사용되고 있다. 요한계시록에서도 사탄은 '미혹케 하는 자'(ὁ πλανῶν 호 플라논. 12:9; 20:3, 8, 10)로 나타나고 있다.
9. Joachim Gnilka, *Das Evangelium nach Markus*, Vol. 2(Zuerich: Benziger, 1979), 159쪽.
10. Arland J. Hultgren, *Jesus and His Adversaries: The Form and Function of the Conflict Stories in the Synoptic Tradition*(Minneapolis: Augsburg Pub. House, 1979), 124쪽.
11. Herman C. Waetjen, *A Reordering of Power: A Sociopolitical Reading of Mark's Gospel*(Minneapolis: Fortress Press, 1989), 191쪽.
12. Evans, *Mark 8:27-16:20*, 264쪽.
13. 서기관에 대한 내용은 예레미아스, 《예수시대의 예루살렘》, 154-159쪽.
14. France, *The Gospel of Mark*, 491. 마커스는 서기관이기도 했던 대제사장이 십일조 미납의 이유로 과부의 재산을 몰수하는 사례를 반영한다고 본다. 조엘 마커스 지음, 장성민 옮김, 《앵커 바이블 마가복음 II(8-16장)》(CLC, 2016), 1,455쪽.
15. France, *The Gospel of Mark*, 491쪽.

13장

1. 그레고리 빌, 미첼 킴 지음, 채정태 옮김, 《성전으로 읽는 성경 이야기》(부흥과 개혁사, 2016), 117쪽.
2. Evans, *Mark 8:27-16:20*, 306쪽 참조.
3. 호슬리(Horsley)에 따르면 주후 6년부터 66년까지 무장 봉기를 부추기는 조직적이고도 폭력적인 저항은 없었다. 그는 예수 당시 젤롯당은 무장 폭동을 일으킨 조직적 결사체가 아니었으며, 젤롯당이 로마의 통치에 저항하는 조직적 운동으로 나타난 것은 67-68년이라고 주장한다. Richard A. Horsley, *Jesus and the Spiral of Violence: Popular Jewish Resistance in Roman Palestine*(San Francisco: HarperSanFrancisco, 1991), x-xi.
4. France, *The Gospel of Mark*, 517쪽.
5. 이와 관련된 유대 절기가 '하누카'(חנוכה)다. 하누카는 '봉헌'(dedication)이란 뜻인데, 요한복음 10장 22절에는 '수전절'(修殿節)로 나온다("예루살렘에 수전절이 이르니 때는 겨울이라"). 이는 안티오쿠스 4세에 의해 더럽혀진 성전을 다시 깨끗하게 했다는 의미다. 안티오쿠스 에피파네스라고도 불린 왕은 매우 잔인하여 남녀노소 가리지 않고 많은 사람을 학살했으며, 성전을 더럽혔다. 하나님의 성전에 제우스 신상을 세우고 제사를 지냈다. 제물로 바쳐진 돼지의 피가 성전에 뿌려졌다. 또 안티오쿠스 4세는 안식일과 할례를 폐했다. 율법 책을 불살랐다. 이에 분개하여 유다 마카비와 그 형제들을 중심으로 유대인들이 독립 운동을 일으키고 마침내 성전을 탈환한다. 마카비는 제사장들을 시켜 성전을 정결하게 했다.
6. 박수암, 《성서주석 마가복음》, 574쪽.
7. Evans, *Mark 8:27-16:20*, 328쪽.

14장

1. 박수암, 《마가복음》, 601쪽.
2. 유지미, "여인의 향기", 〈그말씀〉(2006년 7월), 116-122쪽.
3. "마리아는 기꺼이 죽음을 받아들이고자 했던 예수님의 그 크신 사랑을 직관적으로 깨달았고 그 사랑에 대한 응답으로 자신 역시 사랑의 마음으로 그 고통을 수용한다." 리처드 보컴, 트레버 하트, 《십자가에서: 예수님을 만

낫던 사람들이 본 십자가의 의미》(터치북스, 2021), 25쪽.

4. 졸저, "수난 이야기에 나타난 종교지도자," 〈그말씀〉(2010년 2월): 56-57쪽.
5. 박수암, 《마가복음》, 616쪽.
6. 차재승, 《십자가, 그 신비와 역설》(새물결플러스, 2013), 68쪽.
7. France, *The Gospel of Mark*, 584쪽.
8. 마커스, 《마가복음 II》, 1,678, 1,694쪽.
9. Evans, *Mark 8:27-16:20*, 416쪽.
10. Witherington III, *The Gospel of Mark*, 382쪽. Cranfield, *The Gospel According to Saint Mark*, 438-439쪽도 유사한 견해다.
11. Evans, *Mark 8:27-16:20*, 427-429쪽; Myers, *Binding the Strong Man*, 369쪽.
12. 조재형은 그의 책 〈초기 그리스도교와 영지주의〉(동연, 2020)에서 벗은 몸으로 도망 친 청년 이야기를 영지주의 관점에 해석하면서 이 옷에 주목한다. 203-229쪽, 특히 213-219쪽을 참조하라.
13. David M. Rhoads, Joanna Dewey, and Donald Michie, *Mark as Story: An Introduction to the Narrative of a Gospel*, 2nd edition(Minneapolis: Fortress Press, 1999), 60-61. '상황적 아이러니'(situational irony)라고도 한다. Mark Allan Powell, *What is narrative criticism*(Minneapolis: Fortress Press, 1990), 30-31쪽.

15장

1. H. W. Hoehner, "Pontius Pilate", in *Dictionary of Jesus and the Gospels*, edited by Joel B. Green, Scot McKnight, and I. Howard Marshall (Illinois: Downers Grove, 1992), 615쪽.
2. Daniel R. Schwartz, "Pontius Pilate", in *The Anchor Bible Dictionary*, Vol. 5, edited by Davied Noel Freedman(New York: Doubleday, 1992), 397쪽.
3. Anselm Hagedorn and Jerome H. Neyrey, "'It Was out of Envy That They Handed Jesus over'(Mark 15.10): The Anatomy of Envy and the Gospel of Mark," *JSNT* 69(1998), 18-19쪽.

4. 위의 글, 23쪽.
5. 빌라도에 관해서는 앞서 언급한 Hoehner, "Pontius Pilate"와 Schwartz, "Pontius Pilate"을 요약한 것이다.
6. 윤철원, "내러티브 비평과 예수 재판의 새로운 읽기," 김영봉, 오덕호 공저, 《누가복음 새로 읽기》(한들, 2001), 206쪽.
7. Rhoads, *Mark as Story*, 60쪽.
8. Witherington III, *The Gospel of Mark*, 394쪽.
9. 위의 글.
10. 구레네 사람 시몬 이야기를 문학적 상상력을 발휘해 쓴 이현주 목사의 '재수 없던 날'을 참조하라. 이현주, 《예수와 만난 사람들》, 개정판(생활성서사, 2007), 189-198쪽.
11. Evans, *Mark 8:27-16:20*, 501쪽.
12. Donald A. Hagner, *Matthew 14-28*, WBC 33b(Dallas: Word, Incorporated, 2002), 834쪽.
13. 리처드 보컴, 트레버 하트, 《십자가에서》, 138쪽.
14. Myers, *Binding the Strong Man*, 391쪽.
15. Evans, *Mark 8:27-16:20*, 510쪽.
16. 마태복음에서는 백부장뿐만 아니라 백부장과 함께 예수를 지키던 자들도 고백했다(마 27:54). 누가복음에서는 백부장만 고백하지만 내용이 다르다. "하나님께 영광을 돌려 이르되 이 사람은 정녕 의인이었도다"(눅 23:47).
17. 마커스, 《마가복음 II》, 1,850쪽.

16장

1. 성서 시대의 장례 풍습에 대해서는 류모세, 《열린다 성경: 생활풍습 이야기(하)》(두란노, 2010), 92-133쪽을 참조하라.
2. 마커스, 《마가복음 II》, 1,875-1,876쪽.
3. France, *The Gospel of Mark*, 678쪽.
4. Elizabeth Struthers Malbon, "Galilee and Jerusalem: History and Literature in Marcan Interpretation," *CBQ* 44-2(April 1982), 242-255쪽 참조. 특히 251쪽.

5. Ernst Lohmeyer, *Galiläa und Jerusalem*(Göttingen: Vandenhoeck & Ruprecht, 1936).
6. Willi Marxsen, *Der Evangelist Markus: Studien Zur Redaktionsgeschichte Des Evan-geliums*(Göttingen: Vandenhoeck & Ruprecht, 1956). 영어 번역은 J. Boyce 외 몇 명에 의해 이루어졌다. *Mark the Evangelist: Studies on the Redaction History of the Gospel*(Nashville: Abingdon Press, 1969).
7. Werner H. Kelber, *The Kingdom in Mark : a New Place and a New Time*(Philadelphia: Fortress Press, 1974).
8. 제2장 The Geographical Outline, 54-116쪽을 보라.
9. Marxsen, *Mark the Evangelist*, 92쪽.
10. Kelber, *The Kingdom in Mark*, 64-65쪽.
11. 켈버의 저서 *The Kingdom of Mark*의 부제가 '새로운 장소와 새로운 시간'(a New Place and a New Time)인 것은 이런 맥락에서 나왔다.
12. 위의 책, 165쪽.
13. R. H. Lightfoot, *Locality and Doctrine in the Gospels*(New York/London: Harpers & Bros., 1938), 124-125쪽; Malbon, "Galilee and Jerusalem", 244쪽에서 재인용.
14. R. H. Lightfoot, *The Gospel Message of St. Mark*(London: Oxford University, 1962), 88-91, 97쪽.
15. Paul Danove, "The Narrative Rhetoric of Mark's Ambiguous Characterization of the Disciples", *JSNT* 70(June 1998), 30-31쪽.
16. Thomas E. Boomershine, "Mark 16:8 and the Apostolic Commission", *JBL* 100-2(1981), 233-239쪽.
17. 위의 글, 237-238쪽.
18. Donald Juel, *A Master of Surprise*(Nashville: Abingdon Press, 1999), 116쪽.
19. David M. Rhoads, Joanna Dewey, and Donald Michie, *Mark as Story: An Introduction to the Narrative of a Gospel*, 2nd edition(Minneapolis: Fortress Press, 1999), 143. 또 켈버는 이렇게 말한다. "부재(不在)하는 예수는 선포되는 복음으로 대체된다." Kelber, *The Kingdom in Mark*, 4쪽.

그리스도인을 위한 통독 주석 시리즈

마가복음

Mark
Commentary Series for Christian to Read through

지은이 최원준
펴낸곳 주식회사 홍성사
펴낸이 정애주
국효숙 김의연 김준표 박혜란 송민규 오민택
오형탁 임영주 주예경 차길환 허은

2021. 8. 13. 초판 1쇄 인쇄 2021. 8. 27. 초판 1쇄 발행

등록번호 제1-499호 1977. 8. 1.
주소 (04084) 서울시 마포구 양화진4길 3 전화 02) 333-5161 팩스 02) 333-5165
홈페이지 hongsungsa.com 이메일 hsbooks@hongsungsa.com 페이스북 facebook.com/hongsungsa
양화진책방 02) 333-5161

© 최원준, 2021

• 잘못된 책은 바꿔 드립니다. • 책값은 뒤표지에 있습니다.

ISBN 978-89-365-1491-4 (03230)